国家社会科学基金“中国近现代伦理启蒙研究”（06CZX019）项目成果
国家社会科学基金重大招标课题“现代伦理学诸理论形态研究”（10&ZD072）中期成果
“2011计划”“公民道德与社会风尚协同创新中心”成果
江苏高校哲学社会科学重点研究基地东南大学“道德哲学与中国道德发展”研究所成果
国家“985”三期“哲学社会科学创新基地”研究成果

中国近现代伦理启蒙

徐嘉 著

中国社会科学出版社

图书在版编目（CIP）数据

中国近现代伦理启蒙／徐嘉著．—北京：中国社会科学出版社，2014.11
ISBN 978－7－5161－3976－9

Ⅰ.①中… Ⅱ.①徐… Ⅲ.①伦理学—研究—中国—近现代
Ⅳ.①B82

中国版本图书馆 CIP 数据核字（2014）第 036916 号

出 版 人 赵剑英
选题策划 冯 斌
责任编辑 冯 斌
特约编辑 丁玉灵
责任校对 韩海超
责任印制 戴 宽

出 版 中国社会科学出版社
社 址 北京鼓楼西大街甲 158 号（邮编 100720）
网 址 http://www.csspw.cn
中文域名：中国社科网 010－64070619
发 行 部 010－84083685
门 市 部 010－84029450
经 销 新华书店及其他书店

印刷装订 环球印刷（北京）有限公司
版 次 2014 年 11 月第 1 版
印 次 2014 年 11 月第 1 次印刷

开 本 710×1000 1/16
印 张 23.75
插 页 2
字 数 402 千字
定 价 66.00 元

凡购买中国社会科学出版社图书，如有质量问题请与本社联系调换
电话：010－64009791

总　序

东南大学的伦理学科起步于20世纪80年代前期，由著名哲学家、伦理学家萧昆焘教授、王育殊教授创立，90年代初开始组建一支由青年博士构成的年轻的学科梯队，至90年代中期，这个团队基本实现了博士化。在学界前辈和各界朋友的关爱与支持下，东南大学的伦理学科得到了较大的发展。自20世纪末以来，我本人和我们团队的同仁一直在思考和探索一个问题：我们这个团队应当和可能为中国伦理学事业的发展作出怎样的贡献？换言之，东南大学的伦理学科应当形成和建立什么样的特色？我们很明白，没有特色的学术，其贡献总是有限的。2005年，我们的伦理学科被批准为“985工程”国家哲学社会科学创新基地，这个历史性的跃进推动了我们对这个问题的思考。经过认真讨论并向学界前辈和同仁求教，我们将自己的学科特色和学术贡献点定位于三个方面：道德哲学；科技伦理；重大应用。

以道德哲学为第一建设方向的定位基于这样的认识：伦理学在一级学科上属于哲学，其研究及其成果必须具有充分的哲学基础和足够的哲学含量；当今中国伦理学和道德哲学的诸多理论和现实课题必须在道德哲学的层面探讨和解决。道德哲学研究立志并致力于道德哲学的一些重大乃至尖端性的理论课题的探讨。在这个被称为“后哲学”的时代，伦理学研究中这种对哲学的执著、眷念和回归，着实是一种“明知不可为而为之”之举，但我们坚信，它是我们这个时代稀缺的学术资源和学术努力。科技伦理的定位是依据我们这个团队的历史传统、东南大学的学科生态，以及对伦理道德发展的新前沿而作出的判断和谋划。东南大学最早的研究生培养方向就是“科学伦理学”，当年我本人就在这个方向下学习和研究；而东南大学以科学技术为主体、文管艺医综合发展的学科生态，也使我们这些90年代初成长起来的“新生代”再次认识到，选择科技伦理为学科生长点是明智之举。如果说道德哲学与科技伦理的定位与我们的学科传统有关，那么，重大应用的定位就是基于对伦理学的现实本性以及为中国伦理道德建设作出贡献的愿望和抱负而作出的选择。定位“重大应用”而不是一般的“应用伦理学”，昭明我们在这方面有所为也有所不为，只是试图在伦理学应用的某些重大方面和重大领域进行我们的努力。

基于以上定位，在“985工程”建设中，我们决定进行系列研究并在长期积累的基础上严肃而审慎地推出以“东大伦理”为标识的学术成果。“东大伦理”取名于两种考虑：这些系列成果的作者主要是东南大学伦理学团队的成员，有的系列也包括东南大学培养的伦理学博士生的优秀博士论文；更深刻的原因是，我们希望并努力使这些成果具有某种特色，以为中国伦理学事业的发展作出自己的贡献。“东大伦理”由五个系列构成：道德哲学研究系列；科技伦理研究系列；重大应用研究系列；与以上三个结构相关的译著系列；还有以丛刊形式出现并在20世纪90年代已经创刊的《伦理研究》专辑系列，该丛刊同样围绕三大定位组稿和出版。

“道德哲学系列”的基本结构是“两史一论”。即道德哲学基本理论；中国道德哲学；西方道德哲学。道德哲学理论的研究基础，不仅在概念上将“伦理”与“道德”相区分，而且从一定意义上将伦理学、道德哲学、道德形而上学相区分。这些区分某种意义上回归到德国古典哲学的传统，但它更深刻地与中国道德哲学传统相契合。在这个被宣布“哲学终结”的时代，深入而细致、精致而宏大的哲学研究反倒是必须而稀缺的，虽然那个“致广大、尽精微、综罗百代”的“朱熹气象”在中国几乎已经一去不返，但这并不代表我们今天的学术已经不再需要深刻、精致和宏大气魄。中国道德哲学史、西方道德哲学史研究的理念基础，是将道德哲学史当作“哲学的历史”，而不只是道德哲学“原始的历史”、“反省的历史”，它致力探索和发现中西方道德哲学传统中那些具有“永远的现实性”的精神内涵，并在哲学的层面进行中西方道德传统的对话与互释。专门史与通史，将是道德哲学史研究的两个基本纬度，马克思主义的历史辩证法是其灵魂与方法。

“科技伦理系列”的学术风格与“道德哲学系列”相接并一致，它同样包括两个研究结构。第一个研究结构是科技道德哲学研究，它不是一般的科技伦理学，而是从哲学的层面、用哲学的方法进行科技伦理的理论建构和学术研究，故名之“科技道德哲学”而不是“科技伦理学”；第二个研究结构是当代科技前沿的伦理问题研究，如基因伦理研究、网络伦理研究、生命伦理研究等等。第一个结构的学术任务是理论建构，第二个结构的学术任务是问题探讨，由此形成理论研究与现实研究之间的互补与互动。

“重大应用系列”以目前我作为首席专家的国家哲学社会科学重大招标课题和江苏省哲学社会科学重大委托课题为起步，以调查研究和对策研究为重点。目前我们正组织四个方面的大调查，即当今中国社会的伦理关系大调查；道德生活大调查；伦理—道德素质大调查；伦理—道德发展状况及其趋向大调查。我们的目标和任务，是努力了解和把握当今中国伦理道德的真实状况，在此基础上进行理论推进和理论创新，为中国伦理道德建设提出具有战略意义和创新意义的对策思路。这就是我们对“重大应用”的诠释和理解，今后我们将沿着这个方向走下去，并贡献出团队和个人的研究成果。

“译著系列”、《伦理研究》丛刊，将围绕以上三个结构展开。我们试图进行的努力是：这两个系列将以学术交流，包括团队成员对国外著名大学、著名学术机构、著名学者的访问，以及高层次的国际国内学术会议为基础，以“我们正在做的事情”为主题和主线，由此凝聚自己的资源和努力。

马克思曾经说过，历史只能提出自己能够完成的任务，因为任务的提出表明完成任务的条件已经具备或正在具备。也许，我们提出的是一个自己难以完成或不能完成的任务，因为我们完成任务的条件尤其是我本人和我们这支团队的学术资质方面的条件还远没有具备。我们期图通过漫漫兮求索乃至几代人的努力，建立起以道德哲学、科技伦理、重大应用为三元色的“东大伦理”的学术标识。这个计划所展示的，与其说是某些学术成果，不如说是我们这个团队的成员为中国伦理学事业贡献自己努力的抱负和愿望。我们无法预测结果，因为哲人罗素早就告诫，没有发生的事情是无法预料的，我们甚至没有足够的信心展望未来，我们唯一可以昭告和承诺的是：

我们正在努力！

我们将永远努力！

樊　浩

谨识于东南大学“舌在谷”

2007 年 2 月 11 日

目　　录

导　言

中国近现代思潮汹涌澎湃、此起彼伏，但无论如何，“启蒙”总是无可置疑的主题之一。中国近代思想启蒙始自 19 世纪中叶，经历了一个漫长而曲折的过程。但是，由于问题本身的复杂性与研究维度的差异，因而对这一思潮的理解也充满了分歧。我们所要探讨的是中国近代以来启蒙的特殊形态。因为“启蒙”既具有普世的价值追求，又随着不同历史情境而产生不同的表现形态。历史已经证明，启蒙运动的形式复杂而多样，历数意、英、法、德、荷、俄各国的启蒙，其目标、方式、路向皆大相径庭，即使是英格兰和苏格兰这样的近邻，启蒙样态也迥然不同，更何况中国与西方国家在社会结构、政治制度、思维方式上存在着巨大差异，启蒙必然有其独特的形态。如果说，因为相似的宗教传统与不同的社会历史条件使得欧洲诸国的启蒙运动既有统一性，又各具特色，表现出启蒙的历史多样性。那么，中国近代社会的历史语境、问题意识、文化传统则决定了中国的启蒙历程必然有其特定的内涵和形态。这也是本项研究的重点所在：伦理观念的革新在很大程度上与“启蒙”产生了“共鸣”——传统伦理的解体与崭新的伦理观念的产生与传播引领了中国近代思想的转型，“伦理启蒙”构成了中国启蒙思潮的重要主题与核心内容。“伦理启蒙”动摇了中国封建社会的“伦理型政治”的合法性基础，瓦解了宗法伦理这一封建专制制度的基石，唤醒了民族意识，激发了爱国观念，从而成为中国近代社会进步的重要思想动力。本研究课题不是全面地梳理关于中国近代启蒙的方方面面，而只是通过一个特定的视角——具有启蒙意义的伦理思想的产生、发展，来展示中国近代启蒙运动的规律及其发展历程。

一 “启蒙”的精神本质

中国近代以来的启蒙首先是“伦理启蒙”。启蒙虽然具有与西方启蒙相同或相似的本质特征，但“中国问题”的特殊性决定了“伦理启蒙”的必然性。

“启蒙”是一个泛文化概念，它在多重意义上使用。首先，无论中国还是西方，“启蒙”都是一个自古就有的词汇，并且在通常意义上表达了相似的意思。“启蒙”在德语中是“Aufklären”，在法语中是“Luire”，在英语中是“Enlighten”，它们的中心字根皆为“光”、“照亮”，一般意义就是传递知识，使人从无知走向有知。在汉语中，“启蒙”最早见于东汉应劭的《风俗通义·皇霸六国篇》：“每辄挫衄，亦足以祛蔽启蒙矣。”根据《汉语大词典》，“启蒙”的本义有二：一是开导蒙昧，使之明白事理。二是使初学者得到基本的、入门的知识。其次，“启蒙运动”确立了“狭义的启蒙”的内涵。“启蒙运动”是近代欧洲的一个历史事件，从17世纪的法国开始，逐渐席卷整个欧洲，它试图把这个世界从神话、迷信和宗教的绝对权威的支配下解放出来。启蒙运动所确立的一系列观念为西方现代文明奠定了基础。对于欧洲的启蒙运动，我们现在一般称之为“狭义的启蒙”，法语中的Lumières，德语中的Aufklärung，英语中的Enlightenment等词就是表达了“狭义的启蒙”的含义，它不但表示一个特殊的历史时期，更代表了被视为启蒙时代的本质特征的理智努力。这一意义上的“启蒙”与柏拉图在《理想国》中讲的“光源隐喻”相契合：光，喻义为智慧，智慧源于理性，理性是一种决定性的力量，人通过理性之光的引导而从黑暗走向光明，摆脱无知、偏见与盲从。可见，中国传统意义上的启蒙与这种“狭义的启蒙”有着不同的含义：前者在于通过初步教育，使无知者“接受”以往历史的积淀而形成的知识、规范和价值，故这是一种“蒙启”，是对一无所知者灌输固有的知识。而后者恰恰相反，它要怀疑和重新审视那些固有的、习以为常的规范，突破现有的知识和信仰。19世纪末，伴随着西学东渐，汉语中的“启蒙”也被赋予了同欧洲启蒙运动所倡导的“启蒙”相同的意义，与观念进步、思想解放联系在一起。于是，具有特定意义的“启蒙”在中国出现了。我们所要探讨的，即是这一语境下的“启蒙”。

那么，这种意义上的“启蒙”的本质是什么？虽然欧洲启蒙运动的高潮要到18世纪法国启蒙运动时才出现，但其丰富的内涵却是在近代欧洲历时200多年的思想解放运动（这一时期也被称为“启蒙时代”）中逐渐形成的，其主题是破除对基督教神权与神学的迷信和盲从。根据美国政治哲学家约翰·罗尔斯（John Rawls，1921—2002）的看法，中世纪基督教具有诸多特征，归结起来，就是宗教信仰的权威化、神圣化，其权威力量支配了整个西方世界，无所不在。[①] 在这样一个神权的社会里，神圣秩序和教条完全统治了人的身心，人生的目标被定位为忠诚于对神的信仰、通过禁欲而求得灵魂的救赎。天主教会依据《圣经》的创世说设定了科学探索的禁区，人的理智仅在于认识神所创造的那种既定的、必然的秩序。所有这一切，不但使人昧于真理，受制于自然的束缚，更因为神学对“君权神授”的维护，使得封建制度具有合法性依据。因此，欧洲启蒙运动的一条主线是反对天主教会和教权主义，如英国哲学家以赛亚·伯林（Isaiah Berlin，1909—1997）所言，启蒙运动要求否定宗教启示的权威，否定神学经典及其公认的解释者，否定传统、各种清规戒律和一切来自非理性的、先验的知识形式的权威。[②] 故法语以 lumière naturelle（自然之光）表达启蒙时代所崇尚的理性，以区别于 lumière révélée（神启之光），表示真理是理性所把握的客观规律，而不是来自上帝的启示。这是欧洲各国启蒙运动的某种共同特征。

这里的问题是，欧洲的启蒙运动作为一个极其复杂的“历史性事件的总体”，包含着社会转型的各种因素，其所涉及的内涵既有精神的、体制的，也有伦理的、政治的。所有这些，对不同国家来说，难以用一句话概括，那么，这种基于欧洲历史文化的地缘经验能否引申出普遍意义的“启蒙精神”呢？

抽象地说，启蒙运动开拓了人类的精神空间。这种变化通过对“理性”精神的张扬表现出来，因此这一时期也被称为“基于信仰的理性时代”——“理性”成为一种信仰。德国思想家卡西勒（Cassirer Ernst，1874—1945）在《启蒙哲学》中说：“所有形形色色的精神力量汇聚到了

---

① ［美］约翰·罗尔斯：《道德哲学史讲义》，张国清译，三联书店2003年版，第10页。

② ［英］以赛亚·伯林：《反潮流：观念史论文集》，冯克利译，译林出版社2002年版，第1页。

一个共同的力量中心。形式的差别和多样性，只是一种同质的形成力量的充分展现。当18世纪想用一个词来表述这种力量的特征时，就称之为‘理性’。‘理性’成了18世纪的汇聚点和中心，它表达了该世纪所追求并为之奋斗的一切，表达了该世纪所取得的一切成就。”① 欧洲启蒙运动时期的基本观点是“理性自主”，这是在所有知识领域都牢固确立的一个概念。但是，“理性”一直以来都是一个分歧极大的概念，人们常常在不同的场合、不同的情况下使用理性一词。就其基本含义来说，理性与科学的合理性或知识相联系，是指理智意义上的、人类运用自己的认识能力（思想、逻辑判断与推理能力等）来把握生活世界的客观规律，并以此指导自己的行为。就此而言，“启蒙时代”的理性与其本义相一致。但是，这一时期对理性的张扬的特殊之处在于，理性的使命不仅是获取和扩展知识，也是确立这种思维方式。不仅是认识真理，更是在获得真理的过程中发现理性的真正力量。最为关键的一点是，启蒙时代之提倡“理性”主要解决的是独立思考的勇气而不是能力。因此，在理解启蒙的精神本质时，了解“启蒙哲学最卓越的代言人”康德（Immanuel Kant，1724—1804）关于启蒙的经典定义，对我们是有启迪意义的。1784年，在启蒙运动接近尾声时，康德对这一历时数世纪、跨越全欧洲的思想解放运动进行了全面的概括，揭示了“启蒙”的本质。指出了理性对于启蒙的意义：

> 启蒙运动就是人类脱离自己所加之于自己的不成熟状态。不成熟状态就是不经别人的引导，就对运用自己的理智无能为力。……Sapere aude！要有勇气运用你自己的理智！这就是启蒙运动的口号。
>
> 永远有公开运用自己理性的自由，并且唯有它才能带来人类的启蒙。②

运用理性的自由，就是康德所揭示的跨越时空的，在不同的文明形态中具有普遍意义的“启蒙”的特质。“启蒙”是人类精神空间的扩展，是一个克服思维定式的过程。这对于一个习惯于思维定式的人来说，精神活

---

① ［德］E. 卡西勒：《启蒙哲学》，顾伟铭等译，山东人民出版社1988年版，第3—4页。

② ［德］康德：《答复这个问题：“什么是启蒙运动”》，载《历史理性批判文集》，何兆武译，商务印书馆2005年版，第23、25页。

动超越固有的界限并不简单，这并不是因为没有智力能力，而是由于巨大的传统力量禁锢了其精神活动，使其没有勇气运用自己思考的能力。正如康德所指出的，人类的“不成熟状态”不在于缺乏理性，而在于沉湎于既成的思想惯性，这种怯懦与惰性无人引导就不能自觉地摆脱。启蒙的要点在于，“要有勇气运用你自己的理智”和“公开运用自己理性的自由”，也就是说，敢于并且能够自由地运用理性是启蒙的条件。如此，才能批判一切不合理的宗教权威与世俗权威，使人们长期被禁锢的头脑达到历史性的解放。

不仅如此，康德所言之“理性”，并非局限于狭义的智性，而是在“更深的层次上统摄人类全部心灵能力的理性”；前者能够获得知识的无限扩展，后者则更受道德力量的驱使，包含了强烈的价值意蕴。[①]“理性”意味着“合理性”，这不仅是认识，亦是价值判断，是评判的灵魂。因此，理性是价值之源。启蒙运动为近现代社会奠定了一系列基础性的价值，如“自由”、“平等”、“人道原则”、“天赋权利”等等。在中世纪，人的一切思想都来自神的启示，而在启蒙时代，则以理性为基础。无论是自然真理，还是伦理原则、立法依据，都建立在理性的基础之上。总之，康德以深邃的洞察力揭示了理性之于启蒙具有根源性的价值。对此，福柯（Michel Foucault，1926—1984）认为，康德表达了这样的观念：除了“理性”的权威，思想不服从任何权威，哲学的质疑根植于“启蒙”中。这种哲学质疑使那些习以为常的历史、现实乃至主体自身均成为问题而受到追问。启蒙不是执著于对一些教义的忠诚，“而是为了永久地激活某种态度，也就是激活哲学的‘气质’，这种‘气质’具有对我们的历史存在作永久批判的特征”[②]。福柯的看法进一步提升了启蒙的普遍意义。“启蒙运动”包含了各种不同的学说，其具体内容必然随各国的历史特点和政治、文化背景而异。而“启蒙”的普遍性在于，它对一切既定制度或观念进行批判性审视，这种审视挑战了既成的秩序，使那些习以为常的事物受到追问，追问神圣是否神圣，权威何以权威，合理性依据是否合理。随着这种追问的不断延伸，不断扩展的人类精神也不断突破各种界限，获得

---

① 参见何兆武《再版译序》，载《历史理性批判文集》，商务印书馆 2005 年版。

② ［法］米歇尔·福柯：《何为启蒙》，载《福柯集》，顾家琛译，上海远东出版社 1998 年版，第 536 页。

更大的自由空间。

那么，欧洲启蒙运动所针对的思想的禁区、精神的枷锁源于何处？欧洲中世纪的精神束缚以及由此导致的社会的黑暗、民众的蒙昧，很大程度上来自对上帝的盲目信仰和对宗教权威的无理性的膜拜，而宗教作为一种巨大的、无处不在的力量，渗透在政治、法律、伦理、艺术等各个领域。宗教所宣称的“天赋观念”规定了精神活动的范围，具有毋庸置疑的神圣性和不可动摇性。而18世纪所崇尚的“理性”，恰恰不再是先于一切经验、把握事物绝对本质的“天赋观念”。它不是一座精神宝库，不是知识、原理和真理的容器，而是一种引导人们去发现真理、检验真理和确定真理的独创性的理智力量。这种能力、力量最重要的功用，就在于它不仅瓦解了人们源自启示、传统和权威而所信仰的一切，而且又重新建立起一座崭新的知识大厦。一旦“我思”的力量在人的身上觉醒，并把国家和社会的现存秩序传唤到思想法庭上，向它的真理性和有效性提出挑战，上面所讲的一切便会发生。所以我们看到，启蒙以批判宗教神学为理论切入点，所针对的是当时笼罩欧洲的以宗教权威为中心的专制主义和存在于民众中的愚昧主义。正如康德所说：“我把启蒙运动的重点，亦即人类摆脱他们所加之于其自身的不成熟状态，主要地是放在宗教事物方面。”① 因此，所谓的启蒙思想家，即是各个领域突破神学限制的自然科学家、人文主义者。在卢梭那里，人的一切行为不再依靠上帝的安排，良心才是人内心的道德法官。② 在霍布斯那里，宗教源于对未知自然力量的恐惧与敬畏，神被还原为人的想象物。在斯宾诺莎那里，借助语言学的方法，圣经被还原为普通的文本。而在伏尔泰的《论各民族的精神与风俗》（简称《风俗论》）里，风俗作为人类的生活全景的统称，历史第一次被描写为人自身的历史，而不是“神的意志”支配的历史。伏尔泰以世界各民族的精神和风俗发展的“历史哲学”代替了“历史神学”，用一种启蒙的历史观代替了神圣历史的框架，重新诠释了世界历史。③

① ［德］康德：《答复这个问题：“什么是启蒙运动”》，载《历史理性批判文集》，第31页。

② ［法］卢梭：《爱弥尔：论教育》下卷，李平沤译，商务印书馆1978年版，第401—402页。

③ ［美］詹姆斯·施密特（J. Schmidt）编：《启蒙运动与现代性：18世纪与20世纪的对话》，徐向东等译，上海人民出版社2005年版，第359—360页。

“启蒙”始于对真理神启的怀疑，终于对神学权威的颠覆和人的自我解放。依靠理性所确立的价值观念——生存以人为本而不是为了荣耀上帝，尊重法律而不是宗教评判，天赋人权而非君权神授，追寻自然规律而反对世界神创，等等，西方国家在此基础上，以理性的方式奠定了现代文明的基础性价值理念：天赋权利（自然权利）、自由、平等、人道原则等等。从这一意义来说，启蒙运动是“人的觉醒”的过程，是挣脱、排除一切宗教的、意识形态上的束缚的过程。当然，其具体内容必然会随着各国的社会结构、历史阶段和文化背景而有所差异。也就是说，一切旨在推动人类社会进步的、对既成制度或各种观念的批判性思考，以及所有促进上述价值实现的思想，都应当被纳入启蒙的范畴。

二 启蒙的“中国问题”

如果说，欧洲启蒙运动是以批判神学的形式而展开的，那么，推动中国近代启蒙的“中国问题”是什么呢？应当说，启蒙在 18 世纪的欧洲和 19 世纪的中国在理论思维和实践路径上各有其不同的特点。虽然在终极意义上，中国近代启蒙思潮与欧洲启蒙运动所追求的核心价值具有一致性：启蒙的使命——以理性精神启迪民智，以自由民主精神反对封建专制——这在从封建社会向近代资本主义社会的过渡过程中，是基本的、具有普遍性的历史任务。然而，中国发生启蒙运动的历史条件与欧洲迥然不同，当西方国家进入近代时，中国正处在封建社会的稳固体制内。中国为了应对西方列强的侵略，摆脱亡国灭种的民族危机，被迫开始了自己的启蒙历程。这种情况与 18 世纪的欧洲是不同的。中国的启蒙因形势急迫而迅速启动，所以思想准备并不充分，对基本理论未能作深入的思考，一开始就进入了有着明确功利目标的“实践”层面。历史没有给中国一个宽松的环境、没有给知识精英一个从容的心态去思考启蒙的学理。所以，中国的启蒙运动只能关注那些对社会现实会产生直接作用的思想观念。这意味着，从直接目标而言，中国的启蒙自有其特殊的问题意识与时代语境。主要有以下两个方面：

一是启蒙与中国社会面临的社会危机与民族危机相关。在欧洲启蒙运动中，由哲学家展开的学理层面的探究经历了漫长的时期，启蒙运动的种种理念一直在哲理层面被反复地思考，进行充分的辩论。漫长的思想酝酿、平和的心态、水到渠成的结果，曲折而缓慢地影响了社会历史的演进。但对于近代中国来说，防止主权迅速沦丧、挽救民族危亡是压倒一切的任务。因此，从政治领袖到知识精英，所有的努力皆以防止亡国灭种、追求国家富强为己任，这也是产生中国近代各种思潮的现实背景。正如美国汉学家本杰明·史华兹（Benjamin I. Schwartz，1916—1999）在其力作《寻求富强：严复与西方》中所指出的，严复（1854—1921）是中国引进现代西方思想的第一人，而严复启蒙思想的核心即是以“寻求富强”为目的。这也是同时代一批思想者所共同关注的焦点。可以说，“寻求富强”引导着中国近代启蒙的方向。由此，中国近代启蒙思潮就与民族主义交织在一起，而民族主义的兴起是中国近代启蒙思潮的重要内容，也是中国近代启蒙的一个特征，这一特征是欧洲启蒙运动所完全没有的。因为欧洲国家在启蒙过程中没有面临着主权沦丧、民族危亡的问题。而在中国，民族独立、建立民族国家却是第一位的。

所以，中西启蒙在这个问题上的深刻的差异在于，西方启蒙运动以个人价值优先的方式带动了民族主义的兴起，中国的启蒙运动则直接肇始于民族危机。具体而言，西方的启蒙觉醒首先是个人主体意识的觉醒，如何摆脱基督教对个人的精神束缚，争取个人独立地位的获得乃是西方启蒙运动的出发点。但在对抗教皇统治时，个人的力量总显得微不足道，这从哥白尼的恐惧战兢、布鲁诺的获刑和伽利略的被囚中，我们不难看到这一点。恰逢其时的是，欧洲长期以来的教皇与世俗君主的冲突也日益剧烈，如何摆脱罗马教廷的束缚，也是世俗君主的利益所在。于是，代表个人价值的启蒙与代表民族独立的民族运动走到了一起。就此而言，在西方，个人价值是民族价值的前提，民族意识不能漠视个人价值。与之不同的是，中国的启蒙意识之觉醒首先是民族意识之觉醒，如何拯救民族于水火，乃是中国启蒙者首先思考的问题。在这个意义上，救亡唤醒了启蒙；在救亡的重压下，中国的启蒙一直以民族国家的价值为重，民族利益高于个人价值。因此，中国的启蒙面临着双重任务，一方面它需要批判传统伦理的束缚，以促进民族的近现代化，另一方面，它又要寻找传统伦理中的民族观念，以启迪民众的民族意识，激起人们的爱国热情，强化民族的凝聚力。正因如此，在中国的启蒙进程中，民族主义思潮就成为启蒙思潮的重要组成部分。

二是面对的精神枷锁不同。正如严复所言，欧洲启蒙源于宗教思想的禁锢，“中国事与相方者，乃在纲常名教。事关纲常名教，其言论不容自繇（注：自由），殆过西国之宗教”[①]。美国当代汉学家微拉·施瓦支（Vera Schwarcz）也持相同的看法，认为家庭权威与神权专制的差异使得欧洲与中国的启蒙具有不同的内涵：在康德的时代，启蒙意味着“祛魅”，即用从自然界所领悟的真理来去除宗教迷信。但在近代中国，启蒙所追求的“祛魅”，则是要将中国从2000年来的封建纲常礼教中解放出来。中国社会之精神麻木可以追溯到几千年前的孔教，或更准确地说是“礼教”[②]。这是对中西启蒙差异的相当精辟的见解。

微拉·施瓦支所言之“礼教”，是指为维护宗法等级制度而制定的礼法条规和道德标准。从历史上说，“礼”源于三代，至西周成为制度，其特征如王国维（1877—1927）所言：“（周之）制度典礼者，道德之器也。周人为政之精髓，实存于此。”[③] 礼即广义的制度，即礼制或礼法，它以亲亲、尊尊、贤贤、男女有别等伦理要求作为此制度的基础，衍生出《经礼》三百、《曲礼》三千等诸多制度典礼。礼制或礼法以维护社会等级制度为目标，既是治理国家的根本纲领，又是制定律法的依据。它深入到社会生活之中，成为人们的基本信仰与行为准则。故《礼记·礼运》曰：“是故夫礼，必本于天，殽于地，列于鬼神，达于丧、祭、射、御、冠、昏、朝、聘。故圣人以礼示之，故天下国家可得而正也。”从春秋晚期起，“礼”深得孔子的推崇。孔子提倡的儒家伦理思想继承了周礼的基本精神，强调“君君、臣臣、父父、子子”（《论语·颜渊》），要求人们安于名位，遵守礼制，不能僭越。在儒家学派中，荀子特别重视礼；《荀子·礼论》曰：“礼起于何也，曰：人生而有欲，欲而不得，则不能无求，求而无度量分界，则不能无争，争则乱，乱则穷。先王恶其乱也，故制礼义以分之。”这里的礼泛指伦理政治制度及与之相应的规范系统，它包含道德规范，又不限于道德规范。自汉武帝“罢黜百家，独尊儒术”后，西汉儒者所总结、论证的

---

① 严复：《〈群己权界论〉译凡例》，载《严复集》第一册，中华书局1986年版，第134页。

② ［美］微拉·施瓦支：《中国的启蒙运动——知识分子与五四运动》，李国英等译，山西人民出版社1989年版，第3—4页。

③ 王国维：《殷周制度论》，载《王国维集》第4册，中国社会科学出版社2009年版，第135页。

“三纲”便成为治国纲领。到了东汉时期的《白虎通》，礼制的规定具体化为三纲六纪，并将其定为律法，使三纲六纪既是伦理要求，又是法制要求。陈寅恪（1890—1966）先生认为：“夫政治社会一切公私行动莫不与法典相关，而法典为儒家学说具体之实现。故二千年来华夏民族所受儒家学说之影响最深最巨者，实在制度法律公私生活之方面。”[①] 至宋明理学，“礼”所规定的内容，皆被视为“理”的呈现。朱熹（1130—1200）《读大纪》中说：“宇宙之间一理而已……其张之为三纲，其纪之为五常，盖皆此理之流行，无所适而不在。”从而成为钳制人们一切言行的精神枷锁。

可以说，儒家倡导的纲常礼教既是人伦之理，又是制度、律法，由家及国，浑然一体，为伦理与政治之有机结合。这种伦理政治与现代西方的“法理政治”不同。正如梁启超（1873—1929）所言：“凡国家皆起源于氏族，此在各国皆然。而我国古代，于氏族方面之组织尤极完密，且能活用其精神，故家与国之联络关系甚圆滑，形成一种伦理的政治。”[②] 又说，儒家言政治，“以目的言，则政治即道德，道德即政治。以手段言，则政治即教育，教育即政治”[③]。可以说，这种伦理与政治相结合的意识形态，从积极意义上说，它将“止于至善”与治国、平天下相互诠释，使得伦理目标同时也是政治目标，政治目标蕴涵着道德理想，这也是伦理政治之价值所在。但另一方面，随着封建制度的没落，儒家伦理的弊端也日益凸显，纲常礼教严重地束缚着中国人的精神。尤其是近代以来，儒家伦理及其制度化结构成为社会进步、国家富强的最深层的障碍。

因此，“启蒙”既有其因相似的时代大背景而形成的共性，又有其与具体的文化、历史、民族相联系而产生的个性。中国近代的启蒙思潮与西方的启蒙运动相似，都是以“理性”开拓人类的精神空间，但欧洲中世纪的精神枷锁来自宗教，而中国的启蒙需要摆脱的精神桎梏则来自封建伦理。救亡图存、富国强兵、变革封建专制制度的要求决定了中国近代需要“伦理启蒙”。

---

① 陈寅恪：《审查报告三》，见冯友兰《中国哲学史》附录，中华书局 1947 年版。

② 梁启超：《先秦政治思想史》，东方出版社 1996 年版，第 44—45 页。

③ 同上书，第 101 页。

三 “伦理启蒙”及其内涵

“伦理启蒙”的必要性在于以儒家伦理为核心的传统伦理对于封建专制秩序的维护，这种维护表现在诸多方面：

其一，儒家伦理是皇权的合法性与封建专制秩序的合理性的思想基础。一般而言，政治合法性是指政府实施统治的正统性或正当性，或者说，政府实施统治在多大程度上被民众视为合理的和符合道义的。在欧洲，王权来自神权，即所谓“君权神授”，神权是政治的合法性依据。对于神所创造的既定的、必然的秩序，只能遵循而不能质疑。启蒙所要解决的问题就是摧毁这个合法性依据。与此不同，中国的封建基石则源于传统伦理的“天”的观念。君权源于“天”（天命、天道、天理）的权威，不但如此，儒家伦理亦是封建秩序合理性的解释系统。从汉武帝开始，以儒家伦理为中心的儒学得到了政治权力的支持而成为思想的权威，它反过来又为现实的封建专制的合理性提供了权威说明。而权力与儒学之间的这种互动机制又通过教育体制、隋唐以后的科举制度而不断得到强化。这一点在“‘科学’的伦理启蒙”一章中还有详论，此处不赘。

其二，人伦原则与政治制度同构，宗法家庭伦理的逻辑衍生出政治伦理的规范。在中国传统社会中，宗法家族组织是社会的基本结构，包含了细致而严密的伦理要求。儒家典籍《礼记·礼运》曰：“何谓人义？父慈，子孝；兄良，弟弟；夫义，妇听；长惠，幼顺；君仁，臣忠；十者谓之人义。”“人义”即人之道义、应然之则，应当要遵循的道德规范。可以看出，宗法家族伦理不仅是家庭道德要求，还延伸到君臣上下的政治要求，成为治理国家的制度层面上的规范，故蔡元培（1868—1940）说：“家长制度者，实行尊重秩序之道，自家庭始，而推暨之以及于一切社会也。一家之中，父为家长，而兄弟姊妹又以长幼之序别之。以是而推之于宗族，若乡党，以及国家。君为民之父，臣民为君之子，诸臣之间，大小相维，犹兄弟也。”[①] 在儒家看来，家庭（族）是伦理的发源地，建立在血缘基础上的伦理关系的“亲亲”之情又包含有“尊尊”之道。因为一家一族之中，有着严格的上下、长幼、亲疏、尊卑的差别，故其伦理要求

---

① 蔡元培：《中国伦理学史》，东方出版社 1996 年版，第 7 页。

是既要亲其所亲又要尊其应尊。宗法家族伦理所强调的“家长制”赋予一家之长以无上的权威，而由父系家长制演变而成的“宗法制”，则进一步保证了这种统治的承袭性。推至于一国之中，皇帝宛如家长、族长，君臣比父子，诸臣如兄弟，故《礼记·祭统》曰：“忠臣以事其君，孝子以事其亲，其本一也。”因此，宗法家族伦理与政治原则一脉相承。由于宗法家族伦理是中国古代社会秩序的基石，因此，维护宗法等级关系的道德原则和行为规范，也就必然要与政治、律法制度联系在一起。对此，陈独秀（1879—1942）说：“宗法社会，以家族为本位，而个人无权利，一家之人，听命家长。……宗法社会尊家长，重阶级，故教孝；宗法社会之政治，郊庙典礼，国之大经，国家组织，一如家族，尊元首，重阶级，故教忠。忠孝者，宗法社会封建时代之道德，半开化东洋民族一贯之精神也。”[①] 孝与忠内在的精神就是无条件的依附与服从，君主专制制度与父权中心的大家族制度的内在要求是一致的。家族伦理与政治原则同构，这也是“三纲五常”的根本精神。所以，当皇权统治与社会秩序受到挑战时，恪守忠、孝、节这些核心伦理规范者就会受到国家的重奖。[②]

其三，伦理观念与世俗生活的交融成为封建秩序生存的土壤。传统伦理观念在漫长的历史过程中逐渐融入民众的行为、习俗、情感和思维方式之中，自觉或不自觉地成为人们的生活方式与处世态度，而构成某种民族性的、共同的心理和行为习惯的特征，积淀为一种稳定的“文化—心理”结构，发挥着维持封建生活秩序，保护社会结构稳定的作用。余英时先生写过一篇题为《“天地君亲师”的起源》的短文，追溯“天地君亲师”的理论渊源，指出早在《荀子·礼论》中就有这种说法：“礼有三本：天地者，生之本也；先祖者，类之本也；君、师者，治之本也。无天地，恶生？无先祖，恶出？无君、师，恶治？三者偏亡焉，无安人。故上事天，下事地，尊先祖而隆君、师。是礼之三本也。”其发人深省处在于，天地君亲师这五个字在中国人的日常生活里深入人心，成为不用思索的“里

---

① 陈独秀：《东西民族根本思想之差异》，载《独秀文存》，安徽人民出版社1987年版，第28—29页。

② 据《清实录》记载，从1796年到1911年，皇帝颁布的奖赏多达二百万件。其中，奖励忠君行为者占60%，褒奖贞节者占39%，奖赏孝行者占1%。而这二百万件奖赏中，有近三分之二是在鸦片战争失败后、封建统治危机加深的1851—1875年这25年里颁出的。忠君是政治伦理的核心，奖励忠君行为的比例高达60%，说明在忠、孝、节中，忠君乃是封建伦理的中心之中心。（参见刘创楚、杨庆堃《中国社会与文化》，香港中文大学2001年版，第176页）

巷常谈”。据余先生所记的亲身经历，直到1938年的旧历年，贴在放祖先牌位的厅堂中间墙上的红纸春联，只是把其中的“君”改成了“国”，变成了“天地国亲师”，这种变化“虽然也透露了一点‘现代化’的痕迹，但整个价值系统的结构显然原封未动”①。不只是天地君亲师如此，旁及其他，这种作为生活方式而不假思索的、深入人心的伦理观念，几乎不随着政治结构、社会组织以及经济制度的变革而发生改变，具有一定的相对独立性。顾准（1915—1974）说，中国宗教意识不发达，然而，政治权威的平民化，却不比驱逐宗教精神更容易。② 所谓“政治权威的平民化”，是指中国传统文化中稳固的道德训条，它已深入社会意识的方方面面。正是因为伦理观念所表达的价值诉求在“人伦日用”中的实现，所以传统伦理既深厚稳定，又坚若磐石，并恒久地发挥作用。

此外，儒家对科学的伦理态度也有阻碍科学的发展的方面。一般而言，儒家并不直接反对科学，但儒学在知识与道德的关系中展现出的是一种“仁智合一而以仁为笼罩者”的思想体系。一方面，注重德性之知相对降低了自然之知的地位。另一方面，由于儒家经典成为知识阶层学习与掌握的最重要知识，故其阻碍中国传统社会自然科学的发展在所难免。

综上所述，中国传统社会中以纲常名教为主导的传统伦理思想，对国人的精神世界与行为方式的影响无所不在。它不但在形而上的层面为封建专制的合法性提供了终极依据，而且伦理原则通过制度化而深入社会生活的方方面面。上自朝廷的礼仪、制度、律法，下至社会礼俗、族规家法、日用人伦、行为规范，无不包括在内。从达官显贵、乡绅士人到目不识丁的农夫村妇，无不懂得忠孝节义、礼义廉耻。可以说，以纲常礼教为核心的伦理观念笼罩了中国社会的一切。因此，在中国近代遭遇空前的社会危机与民族危机而将原因诉诸科技落后和封建专制时，日益僵化、教条化并与封建制度相结合的儒家伦理终于成为批判的对象。也就是说，传统伦理思想成为中国救亡、富强和走向近现代社会的阻碍，因而破除这种旧伦理观念，建立新的伦理观，就成为必须解决、不可回避的历史任务。

所以，当我们以一种“中国中心观”即站在中国人的角度，来探讨近代启蒙思想的内在动因与特殊机理时，“伦理启蒙”无疑体现了中国启

---

① 余英时：《现代儒学论》，上海人民出版社1998年版，第166页。

② 顾准：《顾准文集》，贵州人民出版社1994年版，第353页。

蒙思潮的本质特征。质言之，伦理表现为一种客观的规范的形式，是一种当然之则。一定时期的伦理原则或规范是社会普遍的道德准则和评价标准。伦理准则具有公共性质，作为一般原则，它超越于个体道德意识。而就其作用方式而言，它要依靠刚性与非刚性的方法，内化于主体意识，形成个体道德。伦理与道德的关系总是展现为一个交互作用的过程。伦理作为一种普遍性的、客观的道德要求，以教育与修养为中介，使主体形成相应的道德观念。而主体对外部规范的取舍与认同，也总是以这种或那种普遍的伦理要求为根据。另一方面，个体的道德意识也会影响社会的伦理观念，特别是当个体道德意识因符合社会发展规律而引领时代思潮的时候，便通过社会的认同而转化为新的伦理观念。反之，当旧的道德意识因违背社会发展规律而被社会否定时，对旧的伦理观念的变革的时代便到来了。近代中国的伦理启蒙便是如此。它的任务是颠覆传统伦理的核心——纲常礼教对人的钳制，建立新的伦理价值体系，故称之为“伦理启蒙”。“伦理启蒙”是对既成的伦理规范的突破。这对于其先驱者来说，他们的道德意识不仅超越了固有伦理观念的封限，还以此对传统伦理展开了批判、质疑，从而引领了时代之思潮，带动了社会伦理观念的革新。

当然，中国的“伦理启蒙”与西方的启蒙的结果是大致相同的。欧洲启蒙运动最终形成了一个新的价值体系，比如理性、自由、民主、平等、人权等等。中国的“伦理启蒙”也是要实现这些普遍价值，也是追求自由、平等、人权等伦理价值目标。事实上，正是对这些价值的提倡，促进了中国近代的伦理启蒙：以理性、科学为标尺看待传统伦理的形上依据，必然动摇“天”、“天道”、“天理”之说；提倡自由、平等，必然批判人身依附的三纲之说，自由意志、人格独立意识也由此而生；弘扬民主，则必须建立调控人与社会、国家关系的新准则，使公德观念之产生成为必然。自由、平等、民主既是现代社会政治上的要求，同时也是伦理上的要求，两者浑然一体，不可分离。这些价值的实现不但依靠宪政制度的保护，同时也要求伦理观念的配合。在个人与他人、与家庭、与社会、与国家的伦理关系方面，自由、平等、民主意识的融入，是突破传统纲常礼教等级关系、建立新的人伦关系的关键，也是中国近代伦理启蒙的价值目标。而在实现伦理启蒙的当下任务或目标之救亡图存过程中，也不能不与传统伦理作斗争，如以民族主义、爱国主义反对封建主义愚忠、愚孝等，也符合“伦理启蒙”的基本精神特征。

中国的伦理启蒙虽因外来的强烈冲击而勃然兴起，却有着内在的、深刻的根源，它早在明末清初已现端倪。以顾炎武、黄宗羲、王夫之等为代表的思想家们对“三纲”之程度不同的批判，已经触及了封建伦理的形上基础与现实根源，成为中国走向近现代的先行者。对此，张芝联（1918—2008）先生评价说，尽管他们希望将国家从专制与教条主义中解放出来，创造一个美好的政府和社会的理想流于虚幻，但200年后他们的事迹被援引，他们的著作被重印，并被如饥似渴地阅读。作为政治、社会改革及经典批判研究的先驱，将这群学者冠名为“启蒙哲人”是完全合理的。[①] 不过，中国的内生的伦理启蒙思潮因为种种复杂的历史原因一度中断，当一个半世纪后启蒙再度兴起时，中国面临着民族危亡、国家沦丧的危险境地。

本课题主要以1840年到1949年之间的伦理启蒙思想发展为线索，通过历史和逻辑相统一、观点和材料相结合的方法，期望揭示伦理启蒙兴起、发展的本质、规律和特点。现代新儒家张君劢指出：“海禁大通以来，吾国始与西欧国家较量文化优劣。吾国朝野初期所感者，为西方船坚炮利，次期所觉者为科学技术之精良为政治制度中法治与民主之优越，终则觉其伦理关系与学术方法无一不超过吾人。至此而四千年文化全部武装缴械矣。”[②] 当然，这三个阶段不是截然分开的，而是彼此渗透、交叉的。有识之士主张从器物层面学习西方时，也关注制度层面的变革，而在制度层面引进西学时，也关注了道德革命。值得指出的是，伦理道德层面的启蒙虽然是在第三阶段才凸显出来，其实是贯穿始终的，只是不同阶段有着不同的侧重点。鸦片战争失败以后，经世治用派所提倡的“师夷”说，是近代伦理启蒙的开端，洋务派办实业是在“中体西用”的框架内进行的，明显束缚于纲常名教；戊戌变法、辛亥革命进行改良与变革社会制度，相应地以西方近代伦理观念猛烈抨击三纲；在这一过程中，“公众只能是很缓慢地获得启蒙。通过一场革命或许很可以实现推翻个人专制以及贪婪心和权势欲的压迫，但却绝不可能实现思想方式的真正改革”[③]。根

① 张芝联：《未完成的启蒙：中国的经验》，载《二十年来演讲录》，三联书店2007年版，第31页。

② 张君劢：《儒家哲学之复兴・自序》，中国人民大学出版社2006年版。

③ ［德］康德：《答复这个问题：“什么是启蒙运动”》，载《历史理性批判文集》，第25页。

深蒂固的封建伦理残余使辛亥革命建立的民主制度举步维艰，充分说明了伦理启蒙深入进行之必要。而伦理观念的革新不同于知识的更新，国民只有经过长期熏陶才能养成的伦理素养，既无法一蹴而就，也不能孤立地进行；因此，五四新文化运动以激烈地反传统为主流，以道德革命、打倒孔家店为口号，力图全面革新中国的文化与道德。随着新文化运动的展开，出现了各种不同的观点与主张，于是发生了科玄论战，促使伦理启蒙通过器物层面、社会制度层面，而向精神世界层面即向科学观、价值观、伦理观扩展。本研究认为，中国近现代“伦理启蒙”是在各种社会思潮的彼此激荡中前进的，是在科学思潮、民族主义思潮、自由主义思潮的传播中，在文化激进主义与文化保守主义的论争中，逐步拓展、日益深入的。陈独秀指出：“吾敢断言曰：伦理的觉悟，为吾人最后觉悟之最后觉悟。”[①]“伦理之觉悟”是“伦理启蒙”的最高目标。

① 陈独秀：《吾人最后之觉悟》，载《独秀文存》，第41页。

第一章　内源性伦理启蒙的理论形态与历史意义

中国的伦理启蒙是内生的还是外来的？如果是内生的，那么，始于何时？表现为何种理论形态？其历史意义又如何？正如欧洲早期的思想启蒙产生于自身一样，中国的伦理启蒙亦源于自身，它始于晚明甚至更早，延绵不绝地至于清末。中国早期伦理启蒙思潮不是一个有组织的学派所掀起的统一的思潮，而是一种反映各种社会成分和复杂因素的思想倾向。明代中叶以后，随着工商业的发展和平民阶层的兴起，一种新的自我意识逐渐萌生，由此产生了背离程朱理学、批判封建名教的各种观念。而明清之际的动荡，更引发了思想家们对封建专制制度的深刻反思与批判，终于汇成了一股伦理启蒙的思潮。早期伦理启蒙思潮发端于阳明心学的分化，其后学者企求一步步挣脱正统封建伦理的束缚，慢慢成为“非名教所能羁络”的“异端”，而他们所引发的以明末清初顾炎武（1613—1682）、黄宗羲（1610—1695）、王夫之（1619—1692）等为代表的思想家们对“三纲”程度不同的批判，更从根本上冲击了封建伦理的形上基础与现实根源，成为中国走向近现代的先行者。这是中国近代伦理启蒙最初的原动力。

一　理学伦理模式及其精神桎梏

宋代中期以后，以程朱理学为代表的正统理学一直是官方的意识形态。仅从思维水平而言，这是中国伦理思想的成熟形态。故虽有明代阳明心学的崛起，并在短短数十年间风行天下，但到了明清之际，程朱理学再次占据主导地位，并日益僵化，禁锢了知识界与上层士大夫的思想，阻碍了中国社会发展。启蒙的基本要求是首先打破理学伦理的枷锁。

（一）宋以前的儒家伦理模式

中国封建时代的伦理体系，自汉代以后逐渐形成了以“三纲六纪”、“三纲五常”为核心内容、以“天人之际”为基本思维范式的思想体系。这个伦理体系源于先秦儒家，奠基于董仲舒（前109—前104），理论化、制度化于《白虎通》，在中国历史上影响巨大。

“三纲”中表达的伦理关系先为孔子、孟子所注重，[①] 后来又为荀子所强调。《荀子·大略》曰：“君臣不得不尊，父子不得不亲，兄弟不得不顺，夫妇不得不驩。”《荀子·致士》曰：“君者，国之隆也；父者，家之隆也。隆一而治，二而乱。”这里实质上已开“三纲”专制主义之端绪。《韩非子·忠孝》强化了这一倾向，认为：“臣事君，子事父，妻事夫，三者顺则天下治，三者逆则天下乱，此天下之常道也。”一般认为，这成为“三纲”思想的直接源头。尔后，汉代董仲舒明确提出了“三纲”范畴：

> 是故仁义制度之数，尽取之天。天为君而覆露之，地为臣而持载之，阳为夫而生之，阴为妇而助之，春为父而生之，夏为子而养之。……王道之三纲，可求于天。
>
> 君臣父子夫妇之义，皆取诸阴阳之道，君为阳，臣为阴，父为阳，子为阴，夫为阳，妻为阴。[②]

后世之“三纲”基本思想实奠基于此处。董仲舒不但顺着先秦伦理思想的发展趋势，本着“小大不逾等，贵贱如其伦，义之正也”[③] 的原则，集中提出了与封建等级制度相匹配的君臣、父子、夫妻关系，并且把君尊臣卑、父尊子卑、夫尊妻卑的关系建立在天地阴阳之道的哲理基础

---

① 《论语·颜渊》中有“君君臣臣、父父子子”的说法，认为君臣、父子关系是双向义务关系，故君礼而臣忠，父慈而子孝。《孟子·离娄下》曰：“君之视臣如手足，则臣视君如腹心；君之视臣如犬马，则臣视君如国人；君之视臣如土芥，则臣视君如寇仇。”此与后世三纲的专制性质有很大不同。

② 董仲舒：《春秋繁露·基义》，参见《文渊阁四库全书》，上海人民出版社、迪志文化出版有限公司1999年版。下引古籍文献，如无版本说明，皆出自《文渊阁四库全书》。

③ 董仲舒：《春秋繁露·精华》。

上："行有伦理，副天地也"[①]，人间的人伦尊卑关系，皆是依据天道的昭示而建立的。虽然董仲舒首创"三纲"范畴，但并未明确"三纲"为何者，而东汉班固（32—92）撰《白虎通》，不仅初次明确表述了"三纲"是"君为臣纲，父为子纲，夫为妻纲"，而且详细论述了由"三纲"而产生的诸父、兄弟、族人、诸舅、师长、朋友等人伦关系，即"六纪"。"六纪为三纲之纪者也，师长，君臣之纪也，以其皆成己也。诸父兄弟，父子之纪也，以其有亲恩连也。诸舅朋友，夫妇之纪也，以其皆有同志为纪助也。"可见，"三纲"是封建伦理关系的核心，决定了其他人伦关系，故曰："纲者，张也。纪者，理也。大者为纲，小者为纪。"[②] 三纲六纪使封建伦理体系更加清晰完整，"人副天数"的理论形态更为严密。不但如此，三纲亦与五常连用。三纲概括了封建人伦纲要，五常乃调控纲要的基本道德要求，三纲五常代表了客观的人伦关系与主体所应遵循的道德要求。与纲纪一样，"纲"主导着"常"的意义，比如"仁"在一般意义可释为"仁者，爱人"，体现了人与人应该互爱的人道精神，但是在"三纲"的宗法等级原则支配下，变成"亲亲有术，尊贤有等"，"仁"于是屈从于亲疏有序、尊卑有别的宗法等级关系。"义"也是如此，固然其表达为"义者宜也"，但在"义利之辨"中，义反映的只能是家族利益和以君主为代表的整体利益。所以，三纲五常与三纲六纪，其核心都在"三纲"。

三纲六纪源于天，天道决定了人道，人间的伦理规范乃效法天地阴阳而来。《白虎通·论三纲之义》又说：

> 三纲法天地人，六纪法六合。君臣法天，取象日月屈信，归功天地。父子法也，取象五行转相生也。夫妇法人，取象六合阴阳，有施化端也。[③]

"三纲六纪"体现了封建社会的等级秩序，并以天人感应、人副天数的神学形式赋予了"三纲六纪"的合理性与权威性。后世常以"三纲五

---

① 董仲舒：《春秋繁露·人副天数》。

② 班固：《白虎通·三纲六纪》。

③ 同上。

常”泛指封建伦理的核心内容，也出于自董仲舒至《白虎通》。董仲舒提出：“夫仁、谊、礼、知、信五常之道，王者所当修饬也。”[①] 他首次在儒家提倡的诸多道德规范中择取出五种，把它们作为恒常不变的行为准则，并与五行相配，而《白虎通·情性》则首次明确规定了五常的含义：

> 五常者何？谓仁、义、礼、智、信也。仁者不忍也，施生爱人也。义者宜也，断决得中也。礼者履也，履道成文也。智者知也，独见前闻，不惑于事，见微者也。信者诚也，专一不移也。故人生而应八卦之体，得五气以为常，仁、义、礼、智、信是也。

三纲五常的哲理基础是“天人感应”，并掺杂了阴阳五行说。董仲舒认为，天是有意志的人格之天，为“万物之祖”、“百神之君”，按自己的形象与精神创造了人，人的一切均为天之副本；人受天的支配，人间的贵贱尊卑关系是天定下的秩序，《春秋繁露·天辨在人》曰：“阳贵而阴贱，天之刑也。”具体而言，“凡物必有合。合必有上，必有下……阴者，阳之合，妻者，夫之合，子者，父之合，臣者，君之合，物莫无合，而合各有阴阳”[②]。不仅如此，天对人还有赏罚的能力，天通过符瑞与灾异，对在位的王者分别表示鼓励、赞赏或劝诫。《春秋繁露·天人三策》中说：“观天相与之际，甚可畏也。国家将有失道之败，而天乃出灾害以谴告之；不知其省，又出怪异以警惧之；尚不知变，而败乃至。以此见天心之仁爱人君而欲止其乱也，自非大亡道之世者，天尽欲扶持而全安之。”这种在天人感应的思路背后，便是在君权之上再安放一个有意志的、具有无限权力的“天”，通过“屈民而伸君，屈君而伸天”、“王者承天意以从事”的做法，一方面宣扬君的权力来自天，君权神授；另一方面又对君有所约束，希望君主“法天而行”而有所敬畏。

天人感应说将自然界某些偶然发生的特异现象神秘化，对自然与人事进行种种比附，与社会政治治乱、国家安危紧密相连，认为两者有必然的因果关系，是极不科学的，其解释的主观随意性很强。这是谶纬神学的重要理论依据。到东汉时，王莽篡政与刘秀称帝都利用图谶或符命作为实现

---

① 班固：《前汉书·董仲舒传》。

② 董仲舒：《春秋繁露·基义》。

其政治目的之合法性依据。可以说，《白虎通》完善的以天人感应为中心的儒学伦理模式尽管为巩固封建统治提供了合理性论证，但这些论证却是粗疏不堪、牵强附会的，具有很大的随意性，所以在理论上是经不起推敲的。与撰《白虎通》的东汉史学家班固同时代的思想家王充（27—97）深刻地看到了这一点，他在其《论衡·谴告》中指出："上天之心，在圣人之胸；及其谴告，在圣人之口。"又曰："人有喜怒，故谓天喜怒。推人以知天，知天本于人。""天意"固然强化或迎合了封建专制的伦理要求，但"天意"的神秘性与超验性使得对"天意"的解释难以驾驭，特别是表达"天意"的"谶纬"更能被随心所欲地利用。这种理论上的粗陋性在黄巾大起义时暴露无遗。东汉末年，张角广泛传播"苍天已死，黄天当立，岁在甲子，天下大吉"的谶语，本为王权服务的"天意"转而成为农民起义的舆论工具。故汉代以后，以有意志的天作为社会人伦的形上依据已不可取，客观上要求以更为理性化的方式为封建伦理进行论证。

无论是三纲六纪还是三纲五常，皆是秉天意而来，体现了从董仲舒到《白虎通》为社会人伦寻找超验依据的理论倾向。有两点值得注意：其一，董仲舒奠基的、建立在这一"天—人"关系基础上的理论形态，依然保持了儒家力图限制君权的道德理想。在"三纲"地位确立的同时，也试图约束君主专制。其二，从本质上说，天意是人间的君权、父权、夫权意识的折射，但这一理论将封建伦理原则说成是"天意"，使其成为神圣不可动摇的条律，为封建伦理提供了有力的论证。

所以，三纲六纪自有其理论上的价值。陈寅恪曾言："三纲六纪之说，其意义为抽象理想最高之境，犹希腊柏拉图所谓 Idea 者。"① 贺麟（1902—1992）也认为："由五伦到三纲，即是由自然的人世间的道德进展为神圣不可侵犯的有宗教意味的礼教。"②"三纲"如同柏拉图式的纯道德理念或范型、康德的绝对的道德律令，比五伦更深刻、更有力量，其本质精神是忠于绝对的道德理念、恪守纯粹义务。从《春秋繁露》到《白虎通》，"三纲"说不仅为汉代及其后的封建社会提供了主导性的伦理模

---

① 陈寅恪：《王观堂先生挽词并序》，载《陈寅恪集·诗集》，三联书店 2009 年版，第 12 页。

② 贺麟：《五伦观念的新检讨》，载《文化与人生》，商务印书馆 1988 年版，第 60 页。

式，从理论形态而言，其所探索的以“天意”作为世间道德规范终极依据的思路，对后世伦理模式也影响深远。正是在这一意义上，宋明理学以高度抽象的本体论的思维方式，完善了封建伦理思想体系。

（二）理学伦理模式

宋儒建立了以超验之天（天理）为伦理根据、以三纲五常为主要内容的伦理模式，但其本体化的思维方式却远超汉代“人副天数”那种粗糙的比附。理学以“理”或“天理”代替了有意志的、神秘的“天”，朱熹说：“未有天地之先，毕竟是先有此理。”[①]“天地之间，有理有气。理也者，形而上之道也，生物之本也；气也者，形而下之器也，生物之具也。是以人物之生，必禀此理，然后有性，必禀此气，然后有形。”[②]“理”是天地之间万事万物的存在根据与本质，气是万事万物之外部形态，理气相依，理主气从。当然，朱熹的理气论的重心不仅在于提供一幅宇宙论的图景，更重要的是说明封建伦理纲常的来源与意义，他说：

> 宇宙之间，一理而已，天得之而为天，地得之而为地，而凡生于天地之间者，又各得之以为性，其张之为三纲，其纪之为五常，盖皆此理之流行，无所适而不在。[③]

天理的本质内涵是封建伦理纲常、普遍的道德规范。道德规范被赋予天理的形式，使得纲常名教有了不言自明的权威，为个体规定了应该恪守的行为准则、必须服从的外在秩序。理学的首要特点即在于将“理”或“天理”归结为超越时空的绝对本体，成为一种建立在本体论基础上的道德形而上学。现代新儒家的代表人物牟宗三（1909—1995）先生的看法对说明这一问题很有启发意义，他区分了“道德的形上学”与“道德底形上学”的差别。“道德底形上学”（Metaphysics of morals）指关于“道德”的一种形上学的研究，其主体是道德，而非形上学本身。“道德的形上学”（Moral metaphysics）则是以形上学为主，表示的是以道德为进路

---

① 朱熹：《朱子语类》卷一。

② 朱熹：《晦庵集·答黄道夫》卷五十八。

③ 朱熹：《晦庵集·读大纪》卷七十。

而达宇宙之本源，即依道德的进路对万物存在的说明，由道德进入形上学。前者是道德的形上学解释，是道德哲学，后者是形上学本身。牟宗三认为，中国传统的道德哲学涵育着“道德的形上学”，从两汉至宋明，道德的本体化已经成形。这种道德的本体化、普遍化、神圣化实际上也形成了本体的道德化的思维模式。牟氏认为，“道德的形上学”由道德实体的展露而建立，而道德实体的展露又由人的道德实践而显现。这种道德实体不仅是人类道德行为的根据，亦是生化的源泉，它不仅仅是道德的本体，还是一切存在的本体。总之，这一具有伦理属性的本体是宋明理学与心学的共同特征，它是天道、人心、人性融会贯通的本体。牟宗三说：

> 就事言，良知明觉是吾实践德行之道德的根据；就物言，良知明觉是天地万物之存有论的根据。故主观地说，是由仁心之感通而与天地万物为一体，而客观地说，则此一体之仁心顿时即是天地万物之生化之理。①

这段话明确说明了“道德的形上学”的特征。作为知的主体，其具主观性；作为天道（理），其具客观性；作为生化之源的“乾坤万有之基”，其又具绝对性。它直达于内、贯通于天，既内在又超越，沟通了形而下与形而上两个世界，而在行仁尽性的实践中步步呈现。虽然牟宗三是以宋明心学而言“道德的形上学”，但这一思维特征也完全适用于程朱理学。因此，董仲舒的“天人感应”理论，在宋代理学那里，已被提升为一个成熟的具有本体论特征的理论体系。“天理”作为一种本体化的存在，其超验的性质决定了伦理要求不但是应然之则，也是必然之则。“君臣、父子、夫妇、长幼、朋友之常，是皆必有当然之则，而自不容已，所谓理也。”② 天理是不可违背的绝对律令，具有强制性，遵循天理是“天之所以命我而不可不为之理也”。当伦理规范上升为天理，被赋予超验的性质，则往往会具有异己的、强制的力量。

于是，董仲舒的以天人感应为基础的神学伦理模式为以朱熹为代表的、以天理为本体的理学伦理模式所代替。理学伦理之所以精致，不但在

---

① 牟宗三：《现象与物自身》，台湾学生书局1984年版，第442—443页。

② 朱熹：《大学或问》卷二。

于其本体化的思维方式，亦在于“理”与“心”之间的密切联系，对心性关系的缜密分析。一方面，“心者人之神明，所以具众理而应万事者也”[①]。就具体的感性生命来说，心是主体具有的灵明知觉能力，不啻主宰着身，且“心包万理”；另一方面，虽然“万理具于一心”，心却不等同于理，就心、性、理的关系而言，三者既有区别又相互关联：“理在人心，是之谓性”，“性者，人之所受乎天者”，也就是说，与理具有同一性的是性，“性即理也，在心唤做性，在事唤做理。……性是实理，仁义礼智皆具”[②]。所以，“心以性为体”[③]。心与性的这种关系，是与天道观的逻辑一致的。就人而言，既禀得天理而有其性，又禀得气以成形。禀受清气者不妨碍其所得天理之正，禀受浊气者则障蔽了精粹不杂、纯善无恶之性，故有圣贤愚顽不肖之别。心性关系的进一步展开，即是道心、人心之别：一心含有人心和道心两种属性，道心是“原于性命之正”的一面，它超越了个体的性质，与性相通，“性则是道心”，即与天理同类。人心是“生于形气之私”的一面，主要与人的感性存在（形体）相联系，关联着“情”和“欲”。如何使人的行为合于天理？在理论上即是处理好心、性、情的关系。朱熹说：

> 心之全体，湛然虚明，万理具足。……以其未发而全体者言之，则性也；以其已发而妙用者言之，则情也。
>
> 性是未动，情是已动，心包得已动未动。盖心之未动则为性，已动则为情，所谓“心统性情也”。欲是情发出来底，心如水，性犹水之静，情则水之流，欲则水之波澜。但波澜有好底有不好底。欲之好底如“我欲仁”之类，不好底则一向奔驰出去，若波涛翻浪。[④]

喜、怒、哀、乐、爱、恶、欲未发是性，已发是情，性是未动而情是已动，情的发动，如果符合中和原则，就是善，有失于中和原则，就是不善。人心之中，性是体，情是用，心合体用。性是未动，情是已动，心合动静。性是理，情如失控则是欲，是故心合理欲。性是纯善，情则有不

---

① 朱熹：《孟子·尽心上》注。

② 朱熹：《朱子语类》卷五。

③ 同上。

④ 同上。

善，故心主善恶。此中种种说法归结到底即是“心统性情”，即以心中之“性”统帅、主宰心中之“情”（欲）。朱熹论情，大体继承了唐代韩愈、李翱提出的性善情恶之说，但朱子之说为后世瞩目，乃是对欲的态度。欲是人的欲望，是情的一种表现。朱熹不是反对所有的人的欲望，他说：“饮食者，天理也，要求美，人欲也。”[①]“饥则食，渴则饮”，满足人人皆有的自然本能是天理，而超越礼制规定要求美食华服则成人欲。享用同样的美食华服，合乎礼制的为天理、公利，反之则为人欲、私利。因此，同一行为有“循理而公于天下者”，也有“纵欲而私于一己者”，前者属“天理”范畴，后者则是“人欲”。因此，所谓人心听命于道心，道心主宰人心、净化人心等教化思想，不是针对所有人而言，“存天理，灭人欲”是一种二重标准。朱熹说：“人之一心，天理存，则人欲亡；人欲胜，则天理灭；未有天理人欲夹杂者。”又说：“学者须是革尽人欲，复尽天理，方始是学。”[②] 以上种种说教，对于普通人来说，无疑是禁欲主义的。可见，一方面，道心是天理的内化，它更多地带有超越个体的性质，是主体道德实践的内在根据，体现着主体的道德自觉性，另一方面，天理以一种无所不在的绝对律令的形式，强制人们服从。当然，在理学体系中，不论是人心无条件服从于道心还是天理的他律，行为必须服从具有普遍性的纲常的约束。任何道德律令都依靠内心自觉与规范制约发生作用，而程朱理学无疑更强调后者。因此，后世所谓“以理杀人”，本质上即是批判名教对人的身心的束缚。这种纲常不但扼杀了主体的内在意愿，而且剥夺了主体自主的权利。

因此，中国封建时代为王权所重视的、提供意识形态理论依据的儒家伦理思想，经过董仲舒到二程、朱熹的努力，把一定历史条件下的伦理原则、道德规范形而上学化，终于将其论证成为超历史的、永恒的法则，称之为“道”或“天理”。理学对形上本体的强化，使得封建伦理具有了刚性的力量，“饿死事极小，失节事极大”[③]，守节是对伦理规范的遵循，之所以成为神圣教条，因为它是对天理的维护，这不仅是男尊女卑的观念，相对于天理的要求，封建伦理甚至优先于个体生命。一方面，这一伦理性

---

① 朱熹：《朱子语类》卷十三。

② 同上。

③ 程颐、程颢：《二程遗书》卷二十二。

的本体具有不言自明的神圣权威；另一方面，“天理”又通过“理一分殊”的方式，体现为以纲常名教为核心内容的道德规范。

天理的核心是封建纲常名教，具体化为人性论、心性论、理欲论、义利论、修养论、知行观等诸理论形态，由此形成了博大精深的理论体系。理学论证了封建道德规范是“天理”的体现，是必然遵循的“绝对命令”，其理论之圆融、思辨之精深、体系之完整、逻辑之严密，使儒家伦理进入了成熟阶段，达到了新的学术高峰，这在理论上是有贡献的。但是，如果以历史运动的前进性为标准，从社会发展进程来考察，那么，理学无疑是一股阻滞历史进步的精神力量。宋明道学家不但把宗法伦理观念客观化为“塞乎天地”的绝对精神，将封建等级秩序神圣化为“天理当然”，使人只能墨守于既成的“天下之定理”，“君臣、父子、兄弟、夫妇、朋友，皆人所不能无者。但学者须要穷格得尽。事父母，则当尽其孝；处兄弟，则当尽其友。如此之类，须是要见得尽”①。这些纲常伦理之理，只可认识，无须探讨，不容置疑，而只能践行，便导致了蒙昧主义。理学用“道心”钳制“人心”，“天理”诛灭“人欲”，鼓吹“饿死事极小，失节事极大”，“圣人千言万语，只是教人明天理、灭人欲”，也导致了禁欲主义，使无数“贞女”、“节妇”、“烈女”付出了青春与生命。理学提出“天下无不是底父母”②、“君要臣死，臣不得不死；父要子亡，子不得不亡”等极端要求，将人们引向愚忠愚孝的道路。南宋以后，程朱理学演化为官方哲学，成为读书人步入仕途的敲门砖，谋取个人功名利禄的假道学。日益僵化的理学只能发挥巩固封建专制的作用，失去了维系人心的力量。所以梁启超在其1920年写成的《清代学术概论》中指出：“故晚明理学之弊，恰如欧洲中世纪黑暗时代之景教（基督教）。其极也，能使人之心思耳目皆闭塞不用，独立创造之精神，销蚀达于零度。”③

二　个体的觉醒

传统的封建伦理经程朱的发展，特别是朱熹对纲常名教的形而上学的

---

① 朱熹：《朱子语类》卷十五。

② ［宋］罗从彦（1072—1135）：《延平书院志》，载《豫章文集》卷十七。

③ 梁启超：《清代学术概论》，东方出版社1996年版，第9页。

建构，使封建伦理成为至上的绝对化的本体。它尽管控制着人的精神世界，却难以转化为实际行动。王阳明（1472—1529）的心学本着补救理学之弊的目标，提出了“致良知”的理论，意在“破心中贼”，扭转理学日益僵化、虚伪化的倾向。

（一）心学伦理模式

王阳明建立了以超验之心为伦理依据、以三纲五常为主要内容的心学伦理模式。心学力图把外在于人的绝对道德律令转变为主体本有的道德意识，把人之内心变成伦理观念的发源地，以此唤起人之道德自觉。心学的主旨并非理学的对立面，它主观上只是为了扭转理学“外假仁义之名，而内以行其自私自利之实”① 的流弊，为强化封建纲常所作的一种努力，但客观上却成为孕育乃至瓦解理学伦理体系的一种革命性力量。特别是在新的历史条件下，由王阳明后学引申出的启蒙思想，更是开启了走向近代思想的先河。

如果说程朱一系的核心是“心以性为体”、“性即理”，那么，阳明则言“心即理”。从相同的一面来说，阳明所谓心的本质属性是“天理”，他说：“心即理也，此心无私欲之蔽，即是天理”，“以此纯乎天理之心，发之事父便是孝，发之事君便是忠，发之交友治民便是信与仁”②，以理为心之体，以普遍的道德律作为心的规定，而发见之于事则各有具体的伦理要求，这一点与朱子“理一分殊”的本质相同。王阳明说：“良知者，心之本体。”③“夫心之本体即天理也。”④ 良知作为心的核心内容，不但与生而俱，“见父自然知孝，见兄自然知弟，见孺子入井自然知恻隐，此便是良知，不假外求”。而且还是普遍的，是超越时间与空间的永恒伦理法则，“无间于天地，无分于古今”。因此，从内容而言，“性即理”与“心即理”并无太大区别。然而差异也是明显的：首先，程朱注重理的外在性、神圣性、主宰性，理入心为心之性，其实是以天理规定人心。而阳明之心虽然以普遍必然之理为本质，但强调了心的自主性。心既是先验的、普遍的必然之理，又是个体的、自主的应然之则，“吾心之良知，即

① 王阳明：《传习录》中。
② 王阳明：《传习录》上。
③ 王阳明：《传习录》中。
④ 王阳明：《传习录》下。

所谓天理也"[①]。"吾心"一词，即彰显了与程朱理学的重大差异。如果说程朱的"性即理"与陆王的"心即理"都是在探讨外在的伦理规范与个体的内在意识之间的关系，那么，程朱强调良知"出于天而不系于人"，即良知来源于超验的天理，心听命于外在的要求。而王阳明却注重"尔那一点良知，是尔自家底准则"[②]，良知虽然具有普遍的天理，却并不依附于外在的超验理性，其个体的道德意识（信念、情感、意志）占有主导地位。王阳明说："良知只是个是非之心，是非只是个好恶。只好恶，就尽了是非，只是非，就尽了万事万变。"[③] 道德评价中有理性的判断，同时也诉诸个人的情感、意志和信仰。对此，萧萐父先生称之为"化理为情，以情入理"。其次，心还与感性存在相联系：

> 凡知觉处便是心。如耳目之知视听，手足之知痛痒，此知觉便是心也。
>
> 耳、目、口、鼻、四肢，身也，非心安能视听言动？心欲视听言动，无耳、目、口、鼻、四肢，亦不能。故无心则无身，无身则无心。[④]

心不只是一团血肉，不只是一种感性的存在，还一定与人的耳目手足相关联，对四肢百骸具有主宰、支配意义，故"无心则无身，无身则无心"。进一步说，"喜、怒、哀、惧、爱、恶、欲，谓之七情。七者俱是人心合有的"[⑤]。此七情是人心中本有，固然不能说此情均合于天理，但王阳明确实也展现了人所具有的感性存在的一面。

心学的直接目的是，改变程朱之学的"天理"外在于人心而造成的困境，即当天理仅是一种外在于个体的伦理要求时，其重点在于强制而忽视了自愿，漠视了人的意志自由，如此一来，天理的要求怎能成为主体的真正的道德自觉而付诸实践？陆九渊（1139—1193）批评理学时说："天

---

① 王阳明：《传习录》中。
② 王阳明：《传习录》下。
③ 同上。
④ 同上。
⑤ 同上。

理人欲之言，亦自不是至论，若天是理，人是欲，则是天人不同矣。”①这不是肯定人欲的合理性，而是反对把天理与作为主体的人的欲求完全分裂为二而对立起来。在他看来，天理在本质上不应当是一种异己的力量。朱熹言“必使道心常为一身之主”，而阳明曰：“故其事亲也，求尽吾心之孝，而非以为孝也；事君也，求尽吾心之忠，而非以为忠也。”② 不是依据抽象的道德律令而实践，而是良知本身的自主的意愿。阳明的“心即理”是希望天理内化为个体之心，不再是外在的规范，从而使个体的道德意识成为普遍的伦理规范的发源地。只有天理与主体意识如此亲密无间，道德才能获得内在的力量。所以，在本质上，尽管本意是维护纲常名教，但由于强化个体的主观意识，必然会弱化天理的神圣性与权威性。“良知是尔自家底准则”，说明是非善恶的标准不在外部而在自身，这凸显了一种强烈的个体意识，从而构成了以良知为本体的心学伦理模式。在社会矛盾空前激烈的晚明时期，这个伦理模式进一步化育出“异端”思想，成为明清之际伦理启蒙思潮之先导。

（二）心学伦理之启蒙意蕴

为什么心学的发展会走向反封建伦理的启蒙思想？如果说，在殷商以前是“神道设教”，假借鬼神之道以行事，在两汉时期以“天意”行事，那么在宋明时期则是以“天理”行事。“天理”是绝对的、至上的教条，天理主宰和强制人的行为选择和决定，使主体的一切带上了命定的性质。这是对人的个性的扭曲、精神的禁锢、情感的抑制，个人权利被扼杀，人的生命被践踏。理学用血缘、亲情、等级、名分压制了人的精神生活和物质生活，乃至生理欲求。天理化的伦理规范不仅压抑了主体的内在意愿，还通过外在强制而剥夺了主体的各种权利。与此不同，心学在调和个体之心与绝对“天理”的同时，强调了主体的自觉性、能动性，激发了个体意识，这种“自主”意识在很大程度上鼓励了人的独立思考，天理也好，师训也罢，是非善恶皆由我而断，从而使心学成为冲击理学精神束缚的一大理论渊源。蔡元培指出：“（王阳明）矫朱学末流之弊，促思想之自由，

① 陆九渊：《象山集——象山语录》卷一。

② 王阳明：《王文成全书·题梦槎奇游诗卷》卷二十四。

而励实践之勇气者，其功固昭然不可掩也。”① 由“心即理”引出的“心外无理”，逻辑上确实蕴涵了这种可能性，这在王门后学终于发展出了理学的异端。在此必须强调的是，这种作用不是直接的，因为心学所倡导的以本心自作主宰的个体意识，从突出道德上的自主性，到否定传统的纲常名教，要求主体的自主权利，是一个深刻的观念转换过程，这一过程虽与心学的影响有着某种思想联系，却又包含着心学所无法容纳的内容，必须突破心学的框架方能实现。这一历史进程，首先从泰州学派的兴起体现出来。阳明心学自明中叶以后成为一时之风尚，流传既广，其后学思想的分化与演进即不可避免。其中泰州学派的诸多学者从不同的方向背离了王学。从学理上说，王阳明的良知是个体之心与外在“天理”的融合，这种状态下的良知在逻辑上存在着向多种方向发展之可能。黄宗羲说：

> 阳明先生之学，有泰州、龙溪而风行天下，亦因泰州、龙溪而渐失其传。泰州、龙溪时时不满其师说，益启瞿昙之秘而归之师，盖跻阳明而为禅矣。……泰州之后，其人多能赤手以搏龙蛇，传至颜山农、何心隐一派，遂复非名教之所能羁络矣。②

黄宗羲所说的龙溪之学，指以王畿（1498—1583，号龙溪）为代表的王门后学，从心的超越性方面发展了良知说。王畿将王阳明“四句教”③ 改为“四无说”，即“心是无善无恶之心，意是无善无恶之意，知是无善无恶之知，物是无善无恶之物”④。王畿以良知为宗，以觉悟本心为修养方法。视良知为最高的精神本体，这不违阳明本意，但其良知的内涵却是无善无恶的明觉之体，与阳明有所不同，故黄宗羲言其“盖跻阳明而为禅矣”，确实，就内涵而言，王畿所言之心已离开王学而接近于禅学。更重要的是，泰州学派发展了心学的个体性倾向，将“理”融于个体之心，或者说以个体之心主导了外在之“理”。泰州学派肯定主体并不是消极地顺从天命，而是具有自我抉择的能力，一旦以个体化的主观意识

---

① 蔡元培：《中国伦理学史》，载《蔡元培全集》第二卷，中华书局 1984 年版，第 100 页。

② 黄宗羲：《明儒学案·泰州学案》卷三十二。

③ 参见《传习录》下：无善无恶是心之体，有善有恶是意之动，知善知恶是良知，为善去恶是格物。

④ 黄宗羲：《明儒学案·泰州学案五》卷三十六。

言良知，则不可避免地会关注自身的价值、自我要求，并且将人的现实需要与伦理要求联系起来，使良知融于社会生活，这从王艮（1483—1541）、何心隐（1517—1597）、李贽（1527—1602）等人的思想中得到了具体展现。王艮先师从王阳明，后开创泰州学派，他作《明哲保身论》提出了“尊身立本”、身为道德之本的保身论：

> 知保身者，则必爱身。能爱身，则不敢不爱人。能爱人，则人必爱我。人爱我，则吾身保矣。①

“身”不是以抽象的道德属性规定的人，而是人的个体存在，道德行为以安身、爱身、保身、尊身为本，对个体生命的关注与爱护是伦理道德的基础。只有这样，才能爱家，及至爱国家、天下。② 因此，王艮把“身”提高到了至尊的地位。他说：“身与道原是一件，至尊者此道，至尊者此身，尊身不尊道，不谓之尊身。尊道不尊身，不谓之尊道。须道尊身尊，才是至善。”③ 也就是说，“身”具有与“道”一样的地位，不尊重生命，即不是尊道。个体生命是最高的价值目标。不仅如此，在其“淮南格物”说中，王艮进一步说，“身与天下国家”均为“物”，吾身如“矩”，天下国家如“方”。以矩衡量方，可知方之不正由于矩之不正，所以修身必须在“吾身”上做，而不能“在方上求”；矩正则方正，即要使天下国家得到治理，当以安身为本。所以说：

> 止至善者，安身也。安身者，立天下之本也。本治而末治，正己而物正也，大人之学也。是故身也者，天地万物之本也；天地万物，末也。④

王艮认为，修身立本也，立本安身也。安身以安家而家齐，安身以安

---

① 黄宗羲：《明儒学案·泰州学案一》卷三十二。

② 仅以爱身而言，这一思想在后世得到了其他思想家的呼应，比如唐甄认为，良知是内在于主体的个体道德意识：“良知，在我者也。”以此出发，他提出了“先爱其身”的看法，表现了对个体感性存在的注重，而其理想则是“有益于己，无伤于人”。（《潜书》）

③ 黄宗羲：《明儒学案·泰州学案一》卷三十二。

④ 同上。

国而国治，安身以安天下而天下平也。故曰“修己以安人”，“修己以安百姓”，“修其身而天下平”。不知安身，便去干天下国家事，是谓之失本也。“其身正而天下归之，此正己而物正也，然后身安也。”以自我之身为尺度而正天下国家，即是将自我视为平天下的决定性力量，这是一种高度的自尊。由此出发，便合乎逻辑地对种种反人道的封建伦理进行责疑：

> 知爱人而不知爱身，必至于烹身、割股、舍生、杀身，则吾身不能保矣。吾身不能保，又何以保君父哉？[①]

生命具有无上的价值，应是道德行为的目标，而那种为奉行孝道而烹身、割股，为忠君而舍生、杀身，皆是残害身体而不是爱身、保身的行为，没有道德价值。在为“天理”所强化的道德观念中，三纲所要求的忠、孝、节皆漠视个体的感性需要与幸福，甚至无视人的生命，如张巡杀妾式的忠，郭巨埋子式的孝，等等。王艮把个人的生命价值置于纲常伦理之上，虽然不是首倡，但无疑是对“以理杀人”的一种抨击。

如果说王艮从个体性原则出发，主要强调了以尊重个体生命为最高价值，那么泰州学派的另一代表何心隐则从相似的原则出发，肯定了人的物欲的合理性。何心隐曾获郡试第一名，但在听到王艮的学说后，便离开科举道路，师从王艮弟子颜山农，以反对周敦颐之“无欲”说名世。其立说源于心学：“夫人，则天地心也。而仁，则人心也。心，则太极也。”[②]何氏以仁为心之规定，以心为宇宙本体，其学具有阳明心学的特征。但何心隐所言之心，明显指向现实的人，他说：“性而味，性而色，性而声，性而安佚，性也。乘乎其欲者也。”[③]人性本有味、色、声、安佚等感性之欲，离开了人的这些自然欲望即无人性。可见，在何心隐那里，王阳明心性中的义理已经淡化，而味、色、声、安佚等欲望则浓烈起来。既然欲望出自人之本性的自然要求，因而就不应视为恶的根源，“窒欲”、“无欲”的禁欲主义说教就应废止。由此出发，何氏提出了颇能反映平民要求的“育欲”论：

---

① 黄宗羲：《明儒学案·泰州学案一》卷三十二。

② 何心隐：《何心隐集·原学原讲》，中华书局1960年版，第17页。

③ 何心隐：《何心隐集·寡欲》，第40页。

> 昔公刘虽欲货，然欲与百姓同欲，以笃前烈，以育欲也。太王虽欲色，亦欲与百姓同欲，以基王绩，以育欲也。育欲在是，又奚欲哉？仲尼……七十从其所欲，而不逾乎天下之矩，以育欲也。①

欲望人皆有之，与欲仁、欲义一样，皆出自人之本性，圣人从其所欲而不失其高尚，故重要的不是禁欲而是“育欲”。“育欲”的关键在于“与百姓同欲”，不但承认还要满足百姓之合理的欲望。何心隐的理论看似平淡无奇，但在理论上却改变了心学对心性的看法，人性不但个体化，而且其自然欲望也得到肯定，理学与心学所赖以成立的德性主义人性论，自觉或不自觉地走向了自然主义人性论。不仅如此，何心隐还提出“君臣友朋，相为表里”②，认为君臣之间以朋友之道处之，这便将矛头指向了“君为臣纲”。故黄宗羲的《明儒学案》言泰州学派“传至颜山农、何心隐一派，遂复非名教所能羁络矣”，绝非虚言。虽然王艮、何心隐的理论只是某种端倪，尚不成体系，但却在某种程度上突破了理学与心学的樊篱。到了李贽那里，离经叛道的精神可说是达到了极点。李贽师从泰州学派创始人王艮之子王襞（1511—1587），接受了心学，并进一步发展了由心性个体性、肯定个体存在（保身）到追求个体利益的厘路。他大胆地反对“以孔子之是非为是非”，提出了“颠倒千万世之是非”③，激烈地冲击了封建纲常，而被称为“异端之尤”。

如果说，王阳明以“心即理”的命题在心性领域中统一了客观义理与个体意识，那么，泰州学派则继承了王阳明良知说的主体性精神，伸展其个体性向度，将心学的个体意识发展为心之主宰，由此衍生出了王艮的尊身论，亦引发了何心隐的“育欲论”和“异端之尤”李贽的“童心论”或“私心论”，以及有人人平等含义的“致一”论。这些探讨不仅开启了对人性的性质、内容的争论，推动了自然主义人性论反对德性主义人性论的种种学说，而且带动了这一时期的“理欲之辨”。以此为起点，明

---

① 何心隐：《何心隐集·聚和老老文》，第72页。

② 何心隐：《何心隐集·与艾冷溪书》，第66页。

③ 李贽：《藏书·世纪列传总目前论》，《藏书》（全二十册），中华书局1974年版，第17页。

清之际的顾炎武、王夫之、唐甄、黄宗羲[①]等思想家从实现个体利益出发，对封建专制的诸多伦理要求提出了批判，远远超出了心性领域，而具有了更深刻的历史内涵。

三 自然主义人性论

心学对人的个体性的关注，促使阳明后学对人性问题展开了多方面思考，最终成为时代的一个焦点，伦理启蒙亦以此展开。人性是人生而有之的普遍本性，人性论是伦理思想体系赖以构建的内在依据。孔子罕言性与天道，但孟子的性善论、荀子的性恶论却各自在其伦理思想体系中占有特殊的地位。从此，立足于人性论的这种思维模式、伦理传统便被延续下来，宋明时期尤其风行。

传统伦理有关人性的理论庞大而复杂，贯穿了孟、荀以后的整个中国伦理思想史。至宋明，理学与心学相继形成了完备的人性论。进步思想家对理学的人性论进行了各种责疑，这些责疑虽然未摆脱抽象人性论的框架，却是中国伦理启蒙的先导，在本质上是对纲常名教的权威的挑战。

中国封建时代的儒家伦理思想，基本上围绕“天人之际”展开，它以人性论沟通天人关系，落实于建立人伦秩序，最后形成为君权至上、孝悌为本、等级分明、重义轻利的价值体系。在宋明理学那里，这个思维范式已成为一种固定的形态，而伦理思想体系也被构建得异常严密、精致和完备。宋明新儒学认为，“天”、“人”本是一体，不论是“天道”还是“心性”，都是作为本体的“理”（程朱学派）或“心”（陆王学派）的体现。天理是超越天地万物的神圣存在，它与人性的关系是“在天曰理，在人曰性”，“天理”同“心性”名异而实同（“性即理”或“心即理”），都是世间万物乃至人伦道德的本体。因此，人性的性质是理学论证其道德合理性、应然性和必然性的重要依据。

① 就黄宗羲的思想源流而言，无疑上承阳明心学。他在其著名的思想史论《明儒学案》中，所收录及评点的学者及他们的观点，都以王守仁为中心，从中可以看出明清之际的学术思想潮流，也体现出黄宗羲本人的学术倾向与王门学派的渊源十分显著。（参见黄宗羲《明儒学案序》，载《明儒学案》，中华书局 1985 年版）

（一）自然主义人性论的含义

中国传统的人性论思想尽管源远流长，百家殊唱，但概要而言，无外乎自然主义人性论和德性主义人性论两种基本主张。前者以人的自然本能来规定人性，肯定人的自然欲望，以此作为道德的合理性依据，便肯定个体合理的利欲；后者赋予人性以道德内涵，认为道德理性是人之为人的根本标志，程度不同地贬抑个体的利欲。客观而论，德性主义人性论使德性根植于人性，维护了人的尊严，肯定了人格的崇高，启迪人的道德自觉，具有积极的一面。但是，这一人性论要求个体无条件服从封建道德规范，从而成为维护封建专制的理论工具。宋代张载创“人性二重说”或“人性二元论”，使德性主义人性论的发展进入了历史新阶段。理学家们皆认同人性由“天命之性”（或“天地之性”、“义理之性”）与“气质之性”构成。“天命之性”是纯乎“天理”的“本然之性”，至善而完备，人之本质即在于此。而“气质之性”则“理与气杂”而成，有善有恶，是恶之根源；认为“无人欲之蔽则复其初”，通过“变化气质”以恢复本然的义理之性，回归于道德本体。人性二元论将封建道德规范先验地植根于人的本性之中，以否定人的情感、欲求和个体权利为其本质特征，以论证君权至上的封建宗法等级制度为普遍而永恒的法则为其归宿。它强调“天理人欲，不容并立”，道义与利益，去此存彼。由此引申出“存天理，灭人欲”与存义去利、兴公废私的道德修养论。这就粗暴地抹杀了人的个体利益，限制了人的意志自由，泯灭了人的自我。因而不难理解，为什么明、清之际的启蒙思想家们集中探讨人性理论，激烈批判“人性二元论”或德性主义人性论。看似琐碎的理论分辨，实际上包含着对当时封建专制主义的诸多否定的因素，乃至对整个传统伦理体系都有某种颠覆性的作用。

明代中期以后，随着中国手工业与商业的发展、平民阶层的崛起和个体意识的初步凸现，从16世纪的泰州学派开始，绵延至明末清初顾炎武、黄宗羲、王夫之三大思想家。中国早期的启蒙思潮从自然主义人性论的视角，以责疑理学的德性主义人性论这种特有的方式展现出来。这一厘路，以李贽的人性论最有代表性，他首先以“童心”言人心，再将人心归结为“私心”，认为此即人之本心或本性。人类的本然之心若“赤子之心”，这是人之所以为人之心，而不是先验的、抽象的义理之心。他说：

> 夫童心者真心也；若以童心为不可，是以真心为不可也。夫童心者，绝假纯真，最初一念之本心也；若失却童心，便失却真心，失却真心，便失却真人。人而非真，全不复有初矣。童子者，人之初也，童心者，心之初也。夫心之初曷可失也！[①]

童心是人类的本初之心，亦是本真之心；童心是先验的，是人之内心所具之真实的思想意识，它的特点是不加掩饰、真实无假，这是最可贵的。童心是个体本真存在的根据，一旦失去童心，便不再是真人，而成假人。很明显，“童心”继承了心学一派的“良知”说。但“良知”说是为了提高主体的道德意识，从内心唤起对纲常礼教的道德自觉，加强修持，克除私欲，成圣成贤。而“童心说”所关注的不是个体如何成为圣贤，而是个体如何存在，童心不是人成圣的根据，而是人存在的根据。它一方面强调了个体的本然状态对于超验本质的优先性，充分肯定每个个体自身存在的价值。李贽说：“今之人，皆庇于人者也。”即依附于宗法关系而使个体存在失去独立性，等级关系限制了个体权利，但是，“夫天生一人，自有一人之用”[②]。每一个个体，都有自身的存在价值。故“童心说”所表达的是对个体存在的尊重。另一方面，“童心说”也论证了“天理”的虚伪和个人欲利的合理性。作为本体论前提，童心不同于心体（良知）的主要之处在于，童心中既不含有内在的义理，也不要求服从外在的天理。因而从童心出发，必然会服从个体至上的原则。“我以自私自利之心，为自私自利之学，直取自己快当。”[③] 不过，人也有失去童心、真心而由真人变为假人的情况。这就产生了“然童心胡然而遽失也”的问题，对此，李贽的回答是：“读书识义理”后，义理主于人心，功名之心日益加重，虚伪的理学造成童心失而假心出。李贽否定理学的“义理之心”，推崇“最初一念之本心”，其旨在于说明“人必有私”，即人的本性是自私的，而自私是合理的：

---

① 李贽：《焚书·童心说》卷三，中华书局1961年版，第97页。

② 李贽：《焚书·答耿中丞》卷一，第16页。

③ 李贽：《焚书·寄答留都》增补一，第267页。

> 夫私者，人之心也。人必有私，而后其心乃见；若无私，则无心矣。……此自然之理，必至之符，非可以架空而臆说也。然则为无私之说者，皆画饼之谈，观场之见。①

自私是人类之心，亦是普遍的人性，行为之动机，职事之动力，耕田者为收获，为学者为功名，为官者为爵禄，皆是私利使然，此是自然之理，并无过错。区别在于，“匹夫无假”，一般的市井小夫并不掩饰自己在追逐一己之利，而道学先生却“谈道无真”，“阳为道学，阴为富贵，被服儒雅，行若狗彘”。假道学者做事无不私，开口无不公，“此所以必讲道学以为取富贵之资也”②。即使是孔子之圣，“苟无司寇之任，相事之摄，必不能一日安其身于鲁也决矣”。也就是说，不管小民、大人、圣人，人性必私。因此，李贽提出“民情之所欲”即是善，道德规范不应压抑与禁止人们天赋的私心，而应顺应人的自然本心，伦理道德要服务于日用生活，“由仁义行”必须在“百姓日用处提撕一番”：

> 穿衣吃饭，即是人伦物理；除却穿衣吃饭，无伦物矣。世间种种皆衣与饭类耳，故举衣与饭而世间种种自然在其中，非衣饭之外更有所谓种种绝与百姓不相同者也。③

其实，泰州学派的开创者王艮就提出“百姓日用即道”④的命题。程朱理学把道（天理）上升为先验的、外在的伦理原则，但王艮则认为道德本质上并非某种超验的原则或实体，而是人们日常生活的反映，人的现实需要才是道德的核心和基础。李贽师从王艮之子王襞，王襞承继父业，认为“饥食渴饮，夏葛冬裘，至道无余蕴矣”。主张在生活日用中体会至善之道。李贽无疑延续并发挥了这一思想，也认为穿衣吃饭代表了一般意义的利与欲，伦理关系与道德要求皆从中而来，若漠视了百姓这种基本物质生活，伦理道德即沦为空洞的说教，失去了存在的基础。他从其自然人性论出发，得出了私欲是合理的，是“天理自然”。从理论形式上看，李

---

① 李贽：《藏书·德业儒臣后论》第十册，卷三十二，第1827—1828页。

② 李贽：《续焚书·三教归儒说》卷二，中华书局1975年版，第76页。

③ 李贽：《焚书·答邓石阳》卷一，第4页。

④ 黄宗羲：《明儒学案·泰州学案一》卷三十二。

贽的“夫私者，人之心也”与韩非的“自为”、“自利”人性论有相似之处，但意义却大不相同。韩非是用自为之心、“因人之情性”来制定统治之术，为人君运用“法”、“术”治国出谋划策。而李贽则从肯定“人必有私”的“自然之理”出发，给民之所欲以善的价值规定。阳明心学在强调意识的自主性的同时，也为个体性原则的片面膨胀提供了某种可能，“童心说”将这种可能阐发了出来，使之变为现实。“童心论”或“私心论”把为己、利己作为第一原理，是一种利己主义人性论，它在否定禁欲主义的同时，也出现了忽视社会整体利益的倾向，而从中引申出的“穿衣吃饭，即是人伦物理”，更是将物欲追求等同于道德追求，漠视了道义之高尚，甚至有可能导致纵欲主义，这在理论上当然是有片面性的。尽管如此，在“存天理，灭人欲”盛行的时代，对物质生活追求合理性的肯定反映了时代的呼声，其历史进步性是主要的。李贽之前，理学与心学的主流皆言以道心钳制人心，以大公压抑小私，为满足某一阶层人的利益而窒息了普通民众的欲求，自李贽始，提倡私心、私情、私欲、私利的思想家蔚成潮流，故说李贽的人性论思想开风气之先，并不为过。

（二）自然主义人性论对禁欲主义之反叛

明末清初的顾炎武、王夫之、唐甄（1630—1704）、颜元（1635—1704）、戴震（1723—1777）等进步思想家也都在不同程度上承接与发挥了自然主义人性论，肯定了人的自然情欲和个体利益之合理性。黄宗羲说：“心无本体，工夫所至，即是本体。”[①] 又说：“夫盈天地间，止有气质之性，更无义理之性。谓有义理之性不落于气质者，臧三耳之说也。”[②] 因此，“人心本无所谓天理，天理正从人欲中见，人欲恰好处，即天理也。向无人欲，则亦并无天理之可言矣”[③]。他认为，人只有气质之性，气质之性所包含的人的各种欲求皆是合理的。人类的伦理要求、道德规范正是从满足人的欲望中体现出来。没有人欲，哪有天理，天理是通过人欲

① 黄宗羲：《明儒学案序》，此处所谓本体，指先验化了的主体意识，工夫则指德性培养及道德认识过程。因此，黄宗羲所言之心已完全没有先验的义理成分，心体并不是既成的、先天的存在，而是形成、展开于现实的认识过程之中。

② 黄宗羲：《南雷文定·明名臣言行录序·先师蕺山先生文集序》后集卷一，商务印书馆1937年版，第3页。

③ 黄宗羲：《南雷文定·陈乾初先生墓志铭》后集卷三，第42页。

实现的。同时代的王夫之则提出了一个新的命题：

> 夫性者生理也，日生则日成也。则夫天命者，岂但初生之顷命之哉！①
>
> 人之皆可为善者，性也。②
>
> 盖性者，生之理也。均是人也，则此与生俱有之理，未尝或异；故仁义礼智之理，下愚所不能灭，而声色臭味之欲，上智所不能废，俱可谓之为性。③

王夫之的人性论不同于天理人性论，他在肯定人之本性是善的同时，又认为人具有与生俱来的“自然之质”。这种自然之质不是一成不变的，而是“未成可成，已成可革”④。因此，人性中包含着上智下愚共有的义理之性与食色之性。这种人性论不会导向禁欲主义，因为他既强调对欲求的遏制，也肯定欲求的合理，在道德理性的制约下的欲望的满足是正当的：“人欲之各得，即天理之大同，天理之大同，无人欲之或异。”⑤ 也就是说，人人各得其利欲，便是大义、天理。从总体上说，王夫之的人性论有综合自然主义人性论与德性主义人性论的倾向，“无理则欲滥，无欲则理亦废”⑥，而由此形成的理欲观既不同于李贽，不会导致不择手段地追逐私欲、否定降低道德生活的高尚性，又不会重蹈程朱理欲观之覆辙。戴震则直截了当地肯定了自然主义人性论，他说：

> 阴阳五行，道之实体也；血气心知，性之实体也。⑦
>
> “欲”根于血气，故曰性也。⑧

---

① 王夫之：《尚书引义・太甲二》卷三，《船山全书》第二册，岳麓书社1988年版，第299页。

② 王夫之：《读通鉴论・三国》卷十，中华书局1975年版，第685页。

③ 张载撰、王夫之注：《张子正蒙》卷三，上海古籍出版社2000年版，第136页。

④ 王夫之：《尚书引义・太甲二》，第301页。

⑤ 王夫之：《读四书大全说》卷四，中华书局1975年版，第248页。

⑥ 王夫之：《周易内传・大过》卷二下，《船山全书》第一册，第255页。

⑦ 戴震：《孟子字义疏证・天道》卷中，中华书局1961年版，第21页。

⑧ 戴震：《孟子字义疏正・性》卷中，第37页。

人作为气禀的产物，其本质特征在于人有“血气心知”，这是人的自然本性。具体而言，根源于血气心知的自然本性包含三个方面：“人生而后有欲，有情，有知，三者，血气心知之自然也。”[①] 而“给予欲者”、“发于情者”、“辨于知者”归根结底表现为趋利避害的人之常情，故曰：“有血气，夫然后有心知，有心知，于是有怀生畏死之情，因而趋利避害。”[②] 戴震不仅如此界定了人性的内容，而且认为这些人之情欲是正当的，合理的。人以其血气，即有五官之能，即有各种欲望；人有心知，故能引导人的嗜欲合乎理则，这就产生了人类社会的义理，《疏证·理》：“欲，其物；理，其则也。”如恻隐、羞恶、辞让、是非之心，皆源于人们怀生畏死之欲：

> 已知怀生而畏死，故怵惕于孺子之危，恻隐于孺子之死；使无怀生畏死之心，又焉有怵惕恻隐之心？推之羞恶、辞让、是非亦然。……古贤圣所谓仁义礼智，不求于所谓欲之外，不离乎血气心知。[③]

由于有怀生畏死、饮食男女之欲，才能“感于物而动之情”，从而“恃人之心知异于禽兽，能不惑乎所行，即为懿德耳”。所以仁、义、礼、智不在欲外，“由血气之自然，而审察之以知其必然，是之谓理义。自然之与必然，非二事也。”[④] 欲为自然，理为必然，以理节欲，是以必然之理，引导欲之实现。据此，他严厉地批判了“存天理，灭人欲”的禁欲主义：

> （程子朱子）辨乎理欲之分，谓“不出于理则出于欲，不出于欲则出于理”，虽视人之饥寒号呼，男女哀怨，以至垂死冀生，无非人欲，空指一绝情欲之感者为天理之本然，存之于心。……此理欲之辨，适成忍而残杀之具。[⑤]

---

① 戴震：《孟子字义疏证·才》卷下，第 40 页。
② 戴震：《孟子字义疏证·原善》卷中，第 68 页。
③ 戴震：《孟子字义疏证·性》卷中，第 29 页。
④ 戴震：《孟子字义疏证·理》卷上，第 18 页。
⑤ 戴震：《孟子字义疏证·权》卷下，第 53—58 页。

> 尊者以理责卑，长者以理责幼，贵者以理责贱，虽失，谓之顺；卑者、幼者、贱者以理争之，虽得，谓之逆。于是下之人不能以天下之同情、天下所同欲达之于上；上以理责其下，而在下之罪，人人不胜指数。人死于法，犹有怜之者；死于理，其谁怜之！①

我们说程朱的理欲论是禁欲主义，准确来说，这其实是一种禁欲主义倾向，是相对的禁欲主义而不是绝对禁欲主义，戴震把以理杀人完全归咎于理学有失公允。但是，理学在流行过程中也确实越来越极端，有时将人的基本生存需要、自然情欲亦列入“人欲”之列，这就使人们难免产生天理有“绝情欲之感”，造成以理杀人的结果。更何况天理强化了上下等级、尊卑秩序，长者、贵者之行不论对错，皆必须是“顺”；卑者、幼者、贱者即使无过，只要据理力争，也是“逆”。天理成为少数人享有的特权、法宝，造成社会不平等的根源，而由此引起的天下人的种种痛苦，正如戴震所说，“人死于法，犹有怜之者；死于理，其谁怜之!”这对理学“以理杀人”的反人道本质的揭露，可谓入木三分，为明清之际反对禁欲主义的经典言论。戴震对于思想解放的贡献超越了前人，因而成为中国内源性伦理启蒙的思想先驱。

总体来说，李贽的人性论带有极端的非道德化倾向，王夫之在肯定人欲的同时，顾及了人类社会的道德要求，而戴震的人性论不但兼顾了理欲的统一，而且更注重个体情欲的需求，因而对禁欲主义的批判也更彻底，成为同时代思想家中的佼佼者。这里需要指出的是，上述启蒙思想家们的人性论思想，虽然也是先验的、抽象的，但他们对人性的这种重新思考，动摇了“天理”的神圣性与权威性，这无疑是一种历史的进步。梁启超这样说，在欧洲中世纪，人心为基督教绝对禁欲主义所束缚，反乎人理而又不敢违，而文艺复兴运动复活了“希腊的情感主义”，解放了人性，使文化转向一个新的方向，社会发展“蓬勃而莫能御”。而戴震的《孟子字义疏证》中的反道学思想，“综其内容，不外欲以‘情感哲学’代‘理性哲学’。就此点论之，乃与欧洲文艺复兴时代之思潮之本质绝相类”。“其论尊卑顺逆一段，实以平等精神，作伦理学上一大革命。……随处发挥科

---

① 戴震：《孟子字义疏证·理》卷上，第10页。

学家求真求是之精神。”[1] 如同日心说对神学体系的冲击一样，这一时期思想家对理学的抨击也具有积极的启蒙意义。

四　“天下”观念中的“民主”因素

如前所述，封建专制与三纲五常在理学的理论框架中是作为道德本体的“天理”而被规定为永恒的、绝对的、不可改变的行为准则；“天理”所涉及的道德本原问题是不能追问、不可质疑的，上下之分，尊卑之义，三纲六纪，皆是“理之当然”。其中，“君为臣纲”作为三纲之首，是封建伦理的重中之重，维护了君主的绝对权威。明中叶以后，随着商品经济的发展，个体意识逐步提高，人们开始挣脱封建专制的束缚，而满族入侵、明清易代所激起的民族矛盾，则加强了这一趋势。正是在这种历史发展过程中种种复杂因素的相互激荡，呈现出超越前人的伦理思考，表现出从“天下”观念出发而产生的“民主”思想。

（一）天下观念

“天下”一词古已有之，“平天下”在先秦为儒者之最高政治理想。在明清之际，“天下”多指普天之下之民众，尤指天下民众之利，故“天下”与“公利”密切联系。这一时期的启蒙思想家们都自觉地将民众“公利”与君主之“私利”区分开来，并赋予“公利”以最高的道德价值。由此产生的“天下民为主，君为客”的“民主”思想，促使一批思想家重新思索个人与封建专制国家的关系、君主权力的来源与合法性依据以及道德的基础、道德价值标准等问题，这不但冲击了根深蒂固的“溥天之下，莫非王土。率土之滨，莫非王臣”的观念，而且动摇了君权的先验的合法性和“君为臣纲”的神圣性。其中，顾炎武、黄宗羲、王夫之是其中的杰出代表。这三大思想家皆生于明万历年间，同卒于清康熙时期。他们都经历了“身遭国变”的惨痛的人生经历，也都积极参与了反清的武装斗争，并在此过程中体验了晚明专制统治之腐败，目睹了清初的血腥与动荡，尤其是战乱对无数无辜民众的巨大伤害。共同的人生遭际促使他们反思明亡的历史，发出了近代中国的民主先声。

---

① 梁启超：《清代学术概论》，第38—39页。

在封建社会中，君权高于一切。但顾炎武在其《日知录·周室班爵禄》中却指出，君主产生的目的是为民，“为民而立君”的本意在于服务民众。他认为，设立君主与官吏是为了服务天下之人，因为如此，民众才“代耕而赋之禄”，并非他们天生就可以不劳而获。古之圣王因为知此立君之意，才不遗余力地履行自己的道德责任：“舜之圣也而饭糗茹草；禹之圣也而手足胼胝，面目黧黑。此其所以道济天下，而为万世帝王之祖也。”[①] 而后世的君主不仅违背了立君的本意，而且将天下视为一家一姓之私产，故而民众也就没有必要为君主“一姓之私”去尽忠。在这里，顾炎武最具进步意义的思想是区分了“天下”和“国家”，指出封建君主一家一姓之利与天下百姓之利完全不同：

> 有亡国，有亡天下。亡国与亡天下奚辨？曰：易姓改号，谓之亡国，仁义充塞，而至于率兽食人，人将相食，谓之亡天下。……是故知保天下，然后知保其国。保国者，其君其臣肉食者谋之；保天下者，匹夫之贱与有责焉耳矣。[②]

所谓“亡国”，是指历史上的改朝换代，帝王一家一姓之兴亡；所谓“亡天下”，是指道德沦丧，社会失范，人与人相残。保国只是其君其臣及权贵的事，而保天下则虽匹夫之贱，亦有其责，“盖天下之治乱，不在一姓之兴亡，而在万民之忧乐”[③]。这一思想后来变成更精粹的“天下兴亡，匹夫有责”[④]，成为中国历史上反抗专制最激动人心的口号之一。匹夫之责是以天下为己任，建立起“有道之世”，“拯斯人于涂炭，为万世开太平”[⑤]。与此相联系，忠于国与忠于天下不同，忠于天下是以天下万

① 顾炎武：《日知录·饭糗茹草》卷七，黄汝成集释，栾保群等校点，上海古籍出版社2006年版，第441页。

② 顾炎武：《日知录·正始》卷十三，第756—757页。

③ 黄宗羲：《明夷待访录·原臣》，中华书局1981年版，第4页。

④ 梁启超在光绪二十二年（1896）的《变法通议》中说：“夫以数千年文明之中国，人民之众甲大地，而不免近于禽兽，其谁之耻欤？顾亭林曰：‘天下兴亡，匹夫之贱，与有责焉已耳！’”（《变法通议·论幼学》，《饮冰室合集·文集之一》，第60页）1897年，陈去病（1874—1933）和金松岑（1873—1947）等人在江苏同里创办了“雪耻学会”，陈去病在创社座谈会上即席赋联：“炎夏种族皆兄弟，华夏兴亡在匹夫。”金松岑后也专门治了一枚“天下兴亡匹夫责”的印章。“天下兴亡，匹夫有责”一语从此开始流传。

⑤ 顾炎武：《亭林文集·病起与蓟门当事书》。

民为重，忠于国则以忠于君为对象，天下之民重于一国之君，故保天下是每一个人应有的道德责任，而“忠君”只是为一姓之利，不足称道。王夫之的理论与顾炎武相似，他把伦理规范区分为三个层次：“有一人之正义，有一时之大义，有古今之通义。”[①] 其中，“天下之大公”即人人各得其利欲，便是大义、大公、天理，此为“古今之通义”，为最高的道德价值。以“天下之大公”而视“君臣之义”，“忠”只是忠于一姓之私，并没有绝对的道德价值，也许在明君之世，其行为可符合“天下之大公”的要求，但君主的私利不是道德价值的标准，王夫之说：

> 以天下论者，必循天下之公，天下非一姓之私也。[②]
>
> 一姓之兴亡，私也，而生民之生死，公也。[③]

天下之公乃天下民众之利，关系民众生死的事皆为公，而一姓之私利、一姓之兴亡只是“一人之义”或“一时之义”，“公者重，私者轻”[④]，不可以小义而害大义，“不可以一时废千古，不可以一人废天下”，因而应该“循天下之公”而不应该唯君是尊。这与顾炎武的“天下”、“国家”之辨如出一辙。而在明末清初三大家中，黄宗羲对封建专制的批判、对“君为臣纲”的分析最为深刻，在《明夷待访录》首篇《原君》中，黄宗羲开宗明义：

> 有生之初，人各自私也，人各自利也。天下有公利而莫或兴之，有公害而莫或除之。有人者出，不以一己之利为利，而使天下受其利；不以一己之害为害，而使天下释其害；此其人之勤劳必千万于天下之人。[⑤]

这是黄宗羲思想中极具启蒙价值的观点，在某种程度上也代表了明清之际伦理启蒙所达到的一个高峰。肯定一己之私利，远者如杨朱所谓

---

① 王夫之：《读通鉴论》卷十四《安帝》，中华书局1975年版，第1051页。

② 王夫之：《读通鉴论》卷末《序论一》，第2538页。

③ 王夫之：《读通鉴论》卷十七《敬帝》，第1358页。

④ 王夫之：《读通鉴论》卷十四《安帝》，第1052页。

⑤ 黄宗羲：《明夷待访录·原君》，第1—2页。

“拔一毛而利天下，不为也”的观念；追求众人之利亦不乏其人，如墨子的“兼相爱，交相利”曾影响一时，近者如李贽“人必有私”论；但是，前者主要把自私自利视为个人的天赋本性，而黄宗羲所言之“有生之初”，指的是人的历史起源。人类社会之初，每人都只顾自己的私事和私利，人人“自私”、“自利”，自私就是人类的本性。进而认为能满足天下人之利益的“公利”，具有最高价值。公利不是一己之利，而是所有个体的利益，是“人皆得自利”。黄宗羲所言之“天下之人”，是包括每一个个体的群体。既不以个体之利损害于群体，亦不以整体之利淹没个体，而是追求个体利益充分实现后的群体状态。因为“有公利莫或兴之，有公害莫或从之”，故而天下民众推选一个能兴公利、释公害的人出来，以治理天下，由此便产生了君主。从本质上说，君主、国家等是基于解决个人私利之间、个人私利与社会公利之间的矛盾而产生的。“徒以自私自利，不可以治天下国家”[①]，故不可以当君主。是否符合“公利”是判断一切是非的价值标准，也是其道德观的基础。黄宗羲认为，道德是社会公利的体现，而社会公利又是个人私利之总称，因此，个人私利和社会公利具有统一性的一面，个人私利皆得满足即是社会公利。这种价值观与近代西方以“最大多数人的最大幸福”为最高道德标准的思想有相似之处。而对道德的起源、基础的追究，对利益是道德的基础的认定，直接或间接地冲击了“道之大原出于天”的思维逻辑，并使“天理”所具有的不言自明的权威性受到质疑。

从天下人之“公利”的价值观出发，黄宗羲认为，人君的职责是“使天下受其利、释其害”，古之民众爱戴其君，尊之如父，比之如天，皆出于此。据此，他进而提出了著名的“民主君客论”：

> 古者以天下为主，君为客，凡君之所毕世而经营者，为天下也。[②]

设立君主的目的是，治理天下，而治理天下的具体内容，则是使天下皆得其利。君主本身不过是“一己”，并没有超越天下之人的至尊性质，

---

① 黄宗羲：《明儒学案·蕺山学案》卷六十二。

② 黄宗羲：《明夷待访录·原君》，第2页。

因而应当从属于天下之人。也就是说，民众是天下的主人，君的职责就是为民服务。孟子曾提出过“民为重，社稷次之，君为轻”的主张，这个主张不仅未被封建统治者认同，还遭到了强烈的反对，以至于依靠农民起义成为帝王的朱元璋为了加强中央集权专制制度，推行文化专制政策，认为孟子所说“君之视臣为土芥，则臣视君为寇仇”是大逆不道，“非臣所宜言”，因而一度诏令停止孟子配享孔庙。虽然后又诏令恢复配享，但仍令刘三吾等删改《孟子》中有碍尊君之语。而近代以来，康有为(1858—1927)恰恰以《孟子微》阐发他的社会变革思想理论，认为《孟子》书中蕴涵着“民主意识”。朱元璋与康有为的态度，正说明《孟子》一书的思想价值。黄宗羲以“民为主君为客”作为理想政治形态，终于又接续并发展了孟子的道德思想。进而言之，既然天下为万民所共有，君主只是本着万民之公利而治理天下，而天下之大，非一人所能治，故有人为臣。臣者的使命是：

> 故我（臣）之出而仕也，为天下，非为君也；为万民，非为一姓也。吾以天下万民起见，非其道，即君以形声强我，未之敢从也。①

此言臣之德，亦在服务于天下之民，如果君主的行为不合道义（公利），也可以不从。在这里，黄宗羲赋予“臣”以崭新的地位与使命。自古以来，“臣”的身份与卑贱相联系，最早指战俘和奴隶，郭沫若证其为“家内奴隶”，后来称奴仆也为“臣”②。其后，国君所统属的民众被称为臣，如《诗·小雅·北山》：“率土之滨，莫非王臣。”最后，“臣”成为君主制时代的官吏。如《礼记·礼运》曰：“故仕于公曰臣。”不管“臣”之义如何演变，从奴隶制时代到君主制时代，“臣”一直是一种卑称，即使成为官吏，“臣”也是对君的一种卑称，是必须依附与服从于君的。黄宗羲一反“君为臣纲”的传统，认为那些唯唯诺诺察言观色以事其君者，只可称是宦官宫女，而不可谓之臣；而不顾生死，“杀其身以事

---

①　黄宗羲：《明夷待访录·原臣》，第4页。

②　郑玄注：“臣，谓囚俘。”孔颖达疏：“臣，谓征伐所获民虏者也。”根据郭沫若在《奴隶制时代·驳〈实庵字说〉》中的考证，“更具体的说时，臣是家内奴隶”。

其君”而愿与君主共存亡的人，亦不足以谓之臣；君臣关系也不是父子关系所能比拟的，“父子固不可变”。而君臣之间则没有这种必然的联系。“臣不与子并称”，因为父子关系是以血缘为基础的亲情关系，儿子可体察父亲的心意，“视于无形，听于无声，资于事父”是孝子侍奉父母的应持态度。而君臣之关系是“从天下而有之者也”，为臣者若没有天下之责，那么他和君主之间就形同路人，身为人臣者，若不以天下之事为己任，那么他和君主之间就如主仆关系，只有以天下之事而与君主相处，君臣之间才是良师益友关系。黄宗羲说：

夫治天下犹曳大木然，前者唱邪，后者唱许。君与臣，共曳木之人也。

出而仕于君也，……以天下为事，则君之师友也。①

先秦时期，儒家一直强调君臣关系应是“君惠臣忠”的双向互动关系，如孟子曰：“君之视臣如手足，则臣视君如腹心；君之视臣如犬马，则臣视君如国人。”（《孟子·离娄下》）其权利与义务存在对应关系。汉代三纲说提出后，君对臣的钳制越来越强。至宋代理学，有了“君要臣死，臣不得不死”的单方面的、绝对的要求。明代，君对臣专制更严，从明太祖朱元璋起，朝廷上杖责大臣的肉刑成为常刑。开始时重在示辱，受杖者不脱衣。从明武宗正德初年（1506 年）起，廷杖始去衣，故多有杖毙者，君为臣纲被强化到无以复加的地步。黄宗羲严辨君臣关系，正“君臣之名”，赋予君、臣相同的道德目标（公利）和平等的政治地位：“臣之与君，名异而实同”。这对三纲产生了极大的冲击，因为“三纲”是宗法家族制和封建政治相结合的政治伦理原则，是血缘关系上的尊卑依附关系延伸到政治领域而形成的等级秩序，否定君臣关系与父子关系之相似性，即是否定了“以孝事君则忠”的说法，斩断了三纲之间的联系。

（二）“天下”观中的民主、民权因素

从“天下为主，君为客”出发，黄宗羲深刻反思与批判了帝王的专制制度，指出，由于君主视天下人民为橐中之私物，故而颠倒主客关系，

---

① 黄宗羲：《明夷待访录·原臣》，第4—5页。

“今也以君为主，天下为客”，君主的地位至高无上，而“百官之设，所以事我”。从一己之利出发，“能事我者我贤之，不能事我者我否之”[①]，这种君臣之间的主仆关系不仅不符合“君臣之名”，人君还成为世间的最大祸害：

> 后之为人君者不然，以为天下利害之权皆出于我，我以天下之利尽归于己，以天下之害尽归于人，亦无不可；使天下之人不敢自私，不敢自利，以我之大私为天下之大公。……视天下为莫大之产业，传之子孙，受享无穷。
>
> 屠毒天下之肝脑，离散天下之子女，以博我一人之产业……。敲剥天下之骨髓，离散天下之子女，以奉我一人之淫乐。[②]

视天下为一家一姓之私产，这种“家天下”的专制制度是人民痛苦、社会不能安宁的根源，“为天下之大害者，君而已矣！”他以极大的勇气，喊出了反专制的强音：“向使无君，人各得自私也，人各得自利也。呜呼，岂设君之道固如是乎！”[③] 认为设立君主与其应有意义完全背道而驰，这显然包含了强烈地反对君主专制内容，主张民主、民权的思想因素。

学界将黄宗羲思想中民主主义的因素与卢梭（Jean－Jacques Rousseau，1712—1778）相提并论，《明夷待访录》被称为中国的社会契约论与人权宣言。虽然在思想启蒙的深度上与卢梭相去甚远，但从思维方式而言，确有相似之处。卢梭在其不朽名篇《论人类不平等的起源和基础》中，曾设定了一个人类的理想道德形态，即“自然状态下的自然人”所具有的“唯一的自然美德”。自然人之所以值得推崇，是因为其只具“第一天性”，所以遵循着自然的法则。他们的自爱心与怜悯心能相互协调、配合，维持着人与人之间和谐的关系，这就是和平、自由、平等。但是，科学发展与私有制的出现，使人类脱离了自然状态，塑造了其“第二天性”，乃至完全取代了“第一天性”。于是，人类先天的德性开始消失了，良知被湮没了，道德逐渐堕落了。应该指出，卢梭提出的这种人类的

① 黄宗羲：《明夷待访录·置相》，第8页。

② 黄宗羲：《明夷待访录·原君》，第2页。

③ 同上。

“自然状态”并不是历史事实，它过去没有存在过，将来亦不会出现，但卢梭却把它作为评判社会现状、衡量事物的根本标准。这种基于信念的价值预设，属于自然法学派理论。它在19世纪遭到了历史法学派的猛烈攻击，因为这种所谓“发生学的解释”，其理论预设可以因人而异，有很大的随意性和偶然性。而历史事实只有一个，是不容任意涂抹、随便装扮的。其实，自然法学派和历史法学派各有其自身的合理性。真实地描述历史本来面目固然有其重要价值，但改变不合理的社会现实、追求理想的未来，亦不失君子仁人之目标。卢梭重视的是后者，只考虑“应当”的问题。在这一点上，黄宗羲确实与卢梭有相似之处，因而被视为“东方的卢梭”。黄氏的思想带有近代社会的特色，可以说是中国民主主义思想的先驱。因此，梁启超说：“这部书是他的政治理想。从今日青年眼光看去，虽象平平无奇，但三百年前——卢骚《民约论》出世前之数十年，有这等议论，不能不算人类文化之一高贵产品。”① 梁氏充分肯定了《明夷待访录》的启蒙作用：“（《明夷待访录》）的确含有民主主义精神，虽然很幼稚，对于三千年专制政治思想为极大胆的反抗。在三十年前，我们当学生时代，实为刺激青年最有力之兴奋剂。我自己的政治运动，可以说是受这部书的影响最早而最深。”②

五　早期伦理启蒙余论及其近代回响

从明中叶到明清之际特殊历史条件下崛起的反道学思潮是伦理启蒙思想的早期理论形态，这一进程始于阳明后学，绵延至明末清初，历时200年，堪称中国走向近现代的先声。从1500年到1700年，历史出现了举世瞩目的变迁。这种变迁不仅表现为朝代的兴亡更迭，而且在更深沉的意义上展现于经济、文化等各个层面。就我们所关注的伦理启蒙而言，思想家们以剧烈的社会震荡、变迁为背景，从理论层面进行了普遍的历史反思。他们总结成败得失，尤其是国破家亡的教训，启蒙思潮由此而兴。从16世纪到18世纪中国社会出现两大问题：一是伴随着工商业的兴起，平民阶层的独立意识、权利意识开始觉醒，缘此产生了冲破封建罗网的要求。

① 梁启超：《中国近三百年学术史》，东方出版社1996年版，第52页。

② 梁启超：《中国近三百年学术史》，第53页。

二是明清之际民族危机加深，封建弊政的危害凸显，实行抨击在所难免。两大问题纵横交织，思想家们虽因其思维水平、思想倾向的差异提出了风格各异的理论，但都立足于揭露程朱理学伦理思想的蒙昧主义和禁欲主义，批判了“三纲”这一封建社会的最高政治原则和伦理原则，并最终触及了封建专制的合理性这一根本问题。如同欧洲的启蒙运动是在封建社会远未崩溃的时代就产生了自我批判精神那样，中国早期启蒙伦理思想本质上也是一种社会的自我批判，这种批判是在社会矛盾激化、政治危机来临的历史条件下产生的，正是在对宋明道学的怀疑、冲击和批判中，于16—17世纪中国的人文主义精神有了初步觉醒。这也是世界各国走出中世纪的历史必由之路。

（一）心学与早期伦理启蒙

中国社会的自我批判酝酿于心学之中，阳明后学的分化开启了中国早期伦理启蒙的思想进程。心学的特点之一是反对绝对权威，强调个体的主观能动性。“夫学贵得之心，求之于心而非也，虽其言之出于孔子，不敢以为是也。”“学，天下之公学也，非朱子可得而私也。”① 心学所包含的个体性原则成为突破理学思想束缚的一个理论契机。这一点前文已述，此处再作一重要补充，即阳明心学是以现实性，也就是注重伦理道德的实效性为其精神特质的。明朝初年，朱熹理学成为官方所认定的正统意识形态。为了“合众途于一轨，会万理于一原”，朝廷颁布了《五经大全》、《四书大全》、《性理大全》，并皆以朱熹的注解为科举取士的标准答案。理学遂成为谋取功名的工具，空疏、支离、无用的流弊益甚，对于个体的道德实践来说，并无实际意义。王阳明早年追随朱熹格物穷理之说，“取竹格之，沉思其理不得，遂遇疾”。这一经历使其对朱子之蔽有了深切的体会，其后的“龙场悟道”奠定了其学说的现实性品格。对此，他说：

> 拿一个圣人去与人讲学，人见圣人来，都怕走了，如何讲得行！须做得个愚夫、愚妇，方可与人讲学。②

---

① 王阳明：《王文成全书·答罗整庵少宰书》卷二。

② 王阳明：《王文成全书》卷三。

与愚夫、愚妇同的，是谓同德；与愚夫、愚妇异的，是谓异端。[①]

以圣人为标准，道德教化便脱离实际，普通人连听都不要听，还有什么效果，只有与百姓生活相关，才有其现实意义，这彰显了其理论的现实性。朱子出身于士大夫家庭，他的生活经验始终未出“士”的圈子，而与他同时的陆象山，其治学传教已有平民化的倾向。至明代，阳明心学终能与朱学分庭抗礼，其原因之一，是良知说既谈“本体”、“功夫”，满足了士阶层在学问上的要求，又注重平民阶层的精神需要，展现了一种朦胧的历史自觉。随着明中叶以后工商业发展和平民阶层的成长，整个社会对“爱身”、“利”、“自利”、“自私”的追求也日益强烈，王阳明对于这种现实变化的感受在其“新四民论”中体现了出来：

古者四民异业而同道，其尽心焉，一也。士以修治，农以具养，工以利器，商以通货，各就其资之所近，力之所及者而业焉，以求尽其心。其归要在于有益于生人之道，则一而已。[②]

这是王阳明为商人方麟所作的一篇墓表中的一段话。方氏去士而从商，作为一代儒宗，王阳明本应贬抑这种行为，但他却出人意料地放下身架，对方氏大加赞许，这本身即是一种不平常的态度。更重要者，士治国、农为本、工商末是中国封建社会的基本观念，王阳明不但不予弘扬，相反却认为“歆士而卑农，荣宦游而耻工贾”是一种粗鄙的看法。文中所说“四民异业而同道，其尽心焉，一也”是一个全新命题，肯定了士、农、工、商在“道”面前处于完全平等的社会地位，并且其道德价值目标均为“有益于生人”。这一历史性的进步被余英时称为“新儒家社会思想史上一篇划时代的文献”，而且此文为“王阳明卒前三年所作，可以代表他的最后见解”[③]。阳明理论强调“夫圣人之学，心学也；学以求尽其心而已”。而现实生活中的商贾，若“尽心”于其所“业”，亦可达圣人

---

① 王阳明：《王文成全书》卷三。

② 王阳明：《王文成全书·节庵方公墓表》卷二十五。

③ 余英时：《士与中国文化》，上海人民出版社 1987 年版，第 526 页。

之域，故王阳明有“满街都是圣人之说”。可见其伦理学说已经面向社会大众。后来成为泰州学派创始人的阳明的弟子王艮出身盐户，当过灶丁，又为行贾，提出“愚夫愚妇，与知能行便是道”、“指百姓日用，以发明良知之学”等主张，乃是对其师之学的发挥。李贽又进一步提出“穿衣吃饭，即是人伦物理”的命题，将王阳明伦理思想贴近世俗生活的特征推向极端。这一思想发展到黄宗羲，终于成为“工商皆本”的全新观念：“世儒不察，以工商为末，妄议抑之；夫工固圣王之所欲来，商又使其愿出于途者，盖皆本也。”[①] 既然工商皆本，那么从事工商业的新兴阶层破除鄙视工商、发展其业的要求，也应当是合理的。这里虽然没有明确表达出人格平等、个人权利等主张，但逻辑上却蕴涵着这些思想的萌芽。从王阳明到黄宗羲，都肯定了工商业在整个社会生活中的作用，其思想的贴近现实和朦胧的历史自觉，当然不仅仅是理论演变的逻辑结果，讲求实际效果的精神气质也起了一定作用，而从根本上说，则有着深刻的社会根源。

明清之际，朝政腐败，外患日重，社会矛盾的激化引发的农民起义，使整个社会危机四伏，并激发了知识分子改良社会的历史使命感。而对空谈本体的批评及经世益民之关注，则可看做此使命意识的具体化。因此，把政治腐朽、国家贫弱、民族衰败之原因归结为五百年来宋明理学之空谈心性，是有一定合理性的。儒家自孟子起即有王霸之辨，皆以上古三代为王道治国的典范，朱熹说：“视汉高帝唐太宗之所为而察其心，果出于义耶？出于利耶？出于邪耶？正耶？……若以其能建立国家，传世久远，便谓其得天理之正，此正是以成败论是非，但取其获禽之多，而不羞其诡遇之不出于正也。千五百年之间正坐如此，所以只是架漏牵补过了时日，其间虽或不无小康，而尧舜三王周公孔子所传之道，未尝一日得行于天地之间也。”[②] 在他看来，汉唐帝王人欲横流，汉高帝已有私意，唐太宗则“无一念之不出于人欲也”，他们借仁义而致其功，虽然传世久远，然而因出于利欲，其政治气象根本不足称道。朱熹从心性之学出发，认为天下之事无一不本于君王之心，“人主之心正，则天下之事无一不出于正，人主之心不正，则天下之事无一得由于正”[③]。政事本于君心，君仁莫不仁，

① 黄宗羲:《明夷待访录·财计三》，第41页。

② 朱熹:《晦庵集·答陈同甫》卷三十六。

③ 朱熹:《晦庵集·戊申封事》卷十一。

君义莫不义，有仁心始有仁政，此言固然不错，但人君的心性修养若只止于虚谈，不能落到事功处，一切皆是枉然。如唐甄指出的："儒家不言事功，以为外务。海内之兄弟，死于饥馑，死于兵革，死于虐政，死于外暴，死于内残，祸及君父，破灭国家。当是之时，束身锢心，自谓圣贤。世既多难，己安能独贤！"[①]

在这一背景下所兴起的反宋明理学的社会批判思潮，已不是针对具体封建统治者的腐朽，而是表现出对整个封建专制制度合理性的责疑，并与对未来理想社会的探索有机地联系在一起，其思考达到了前人所未有的深度。特别是被梁启超赞许的黄宗羲、顾炎武、王夫之的"经世致用之学"，他们的许多观点如"天下为主，君为客"、"为天下之大害者，君而已矣"、"天下之治乱，不在一姓之兴亡，而在万民之忧乐"等等，以及"向使无君（假使没有君主）"的大胆设想，就其本质内容、政治倾向、学术理路而言，都已明显地区别于以往传统思想，具有批判封建专制主义、蒙昧主义、禁欲主义的性质，反映出突破封建樊篱的思想趋向。也就是说，中国早期的内生的启蒙思潮，具有"走出中世纪"的初步倾向，而与世界历史发展的总趋势相一致，从而也构成了中国近代伦理启蒙的逻辑起点。

明清之际的伦理启蒙因为复杂的原因而呈现出扑朔迷离之态，萧萐父（1924—2008）先生在《历史情结论启蒙》一文中谈及这一时期启蒙思想的特点时指出："同一时代的思潮自有其共同特征（共性），而同一时代思潮发展的不同阶段又各有其阶段性的特点（殊性），同一阶段中各个思想家因个人经历、学脉乃至性格的不同而又各具特色（个性）。"此言一语中的，指出了历史的脉络、轮廓和具体走向之间的关系，思想家们既有一以贯之的主旨，又各有其独特的视角，"主旨"表现为有共同的目标，即都向"三纲"发起了冲击；独特性表现为每个思想家的视角都有所侧重，王艮反对愚孝，抨击烹身、割股以尽孝的行为，并声称："自古有五伦，我独缺其一焉，君臣之伦不达于我也。"[②] 李贽反对"饿死事极小，

① 唐甄：《潜书注·良功》，四川人民出版社1984年版，第163页。

② 唐甄：《潜书注·守贱》，第266页。

失节事极大”的谬论，极力赞扬寡妇再嫁，婚姻自主。[①] 而从总体上看，明清之际的启蒙学者抨击三纲，反对男尊女卑、重新厘定君臣之义，皆以个体觉醒为基础，并孕育了平等、自主、自由等观念的萌芽。这种对个体权利的注重，对道德行为中自主性原则的确认，为近代启蒙思潮的兴起提供了重要的思想资源。

（二）对理想社会的探索与理论的局限性

明清之际的伦理启蒙的一大贡献是，对封建专制的批判同探求理想社会联系在了一起，其中最典型的是黄宗羲。按照黄氏的设想，学校不仅是养士的地方，而且是指导政治、引导舆论的场所，并有议政、参政的作用。在封建专制时代，一般官吏没有监督和评判政治得失的权力，君主本人的言行即为评判是非的标准。而黄宗羲却认为：“天子之所是未必是，天子之所非未必非，天子亦遂不敢自为非是而公其非是于学校。是故养士为学校之一事，而学校不仅为养士而设也。”并且主张“必使治天下之具皆出于学校，而后设学校之意始备”[②]。黄宗羲设想的这种学校，虽然取法东汉的太学清议，但这绝不是传统儒家所言之“得君行道”的理想，而是一种意在提高士权以限制君权的制度构想，不但是对“是非一出于朝廷”的君主专制的一种否定，并且已带有西方近代社会议会的性质了。他虽然还不能描绘出完整的民主社会的轮廓，但这种乌托邦式的设想所起的民主启蒙之功却是非凡。

当然，近代伦理启蒙理论本身的局限性或不彻底性是显而易见的。王阳明的心学固然有自立、自主、自由的因素，但无论如何达不到康德所说的启蒙的精神：“大胆使用你的理性，这就是启蒙运动的口号。”王阳明对理性能力的运用有非常确定的范围，有注重人的个体性的维度，却毫无摆脱纲常束缚之意。历史上的儒家即便有“从道不从君”的理想，也没有把自己同君主专制划清界限。儒臣虽以无畏之心直面君主，犯颜直谏，也只是针对皇帝个人而言，目的还是要维护一个“明主”的专制体制。儒家对皇帝采取的批判的态度，不是为了建立以理性为基础的政治秩序，

---

① 比如其赞扬卓文君的自主婚姻追求，批评了世俗的“失身”、“淫奔”的看法：“斗筲小人，何足计事，徒失嘉偶，空负良缘，不如早自愉择，忍小耻而就大计。”而卓文君的做法是“正获身，非失身”（《藏书·司马相如传》第十一册，卷三十七，第2099页）。

② 黄宗羲：《明夷待访录·学校》，第9—10页。

而是要维护一种“开明的”封建专制，使之符合先验的“天道”。王阳明也不例外，其所追求的依然是内圣人格，而不是近代思想家所言之自由人格，在本质上，还是要求个体服从以君主为代表（象征）的国家整体，即宗法等级专制制度；王阳明说：“夫人臣之事君也，杀其身而苟利于国，灭其族而有裨于上，皆甘心焉，岂以侥幸之私、毁誉之末而足以挠乱其志者。”[①]“国”是社会整体利益的象征，“君”则是这种整体的体现者。为了“利于国”、“裨于上”，个体必须无条件地抛弃一切，即使杀身灭族亦在所不惜，这就是所谓的义，而君主即是义之代表。王阳明的理欲论亦如此，他说：“圣人述六经，只是要正人心，只是要存天理，去人欲。”[②] 对情与欲的态度与朱子之学几无区别，可以说，理学与心学的区别是相对的。韦伯（Max Weber，1864—1920）指出，基于“传统的基础”的统治，如果统治者无视对自身权力的限制，可能会受到对这种伦理—政治关系的反抗（韦伯称之为“传统主义的革命”），但这种反抗更多是针对统治者个人，而不是反对这种制度本身。[③] 明清之际的进步思想家，虽然激烈地批判封建伦理纲常，甚至矛头直指皇权，但他们最大的愿望只是要限制而不是废止君权，仅限于为普通民众争取更大的生存权利，而没有超出封建政治体制的框架。或者说，其所黜贬的只是桀、纣之流的暴君，所称崇与呼唤的仍是明君贤主，因而不是从根本上否定“君为臣纲”的伦理原则。明清之际，对传统的封建政体的腐败与罪恶进行批判最严厉者莫过于黄宗羲，即便如此，他也没有对封建伦理纲常彻底否定，相反，他仍把“固守名教”作为“天则”，忧虑纲常名教的沦丧，并希望自己成为名教的捍卫者。黄氏所坚决反对的是君主制度内的“腐败”，斥责的是君权的过分滥用与极端集中，而并未否认君权存在的合理性。黄宗羲曾致力于建构君主制中“清明”的君权秩序，并提出过一系列渗透着限制君权的议政机制、政体监督意识等具有近代民主启蒙色彩的主张。这也是其《明夷待访录》的书名所寄托的理想：“明夷”，含有由晦而明之意，即自己的学说能把国家由黑暗引向光明，但学说的实现却有待于“明主”的求访采纳。顾炎武读过《明夷待访录》后，也认为若有明君实

① 王阳明：《王文成全书·奏报田州思恩平复疏》卷十四。

② 王阳明：《传习录》上。

③ ［德］马克斯·韦伯：《经济与社会》上，林荣远译，商务印书馆1997年版，第252页。

行书中的主张，“百王之敝以复起”，即历代王朝的衰敝可以改变，国家可以振兴。同样，顾炎武写《日知录》的目的，也是要让“有王者起，将以见诸行事，以跻斯世于治古之隆”。一言以蔽之，他们都没有彻底地否定封建专制制度，最多也只是希望对君主专制作出某种限制，其最终理想还是明君之治。所以，他们可以批判“三纲”之弊，可以追求百姓之利，并且这种批判还很激烈，然而都是维护而不是破坏君主的权威，承认而不是挑战皇权的合法性。所以，他们在历史的进步性中又包含着局限性。

（三）明清之际启蒙思想的历史贡献

明清之际启蒙思想的时代局限性掩盖不了其历史的进步性，他们的所思所虑为后人留下了巨大的精神遗产，开启了一个新时代。他们的工作具有珍贵的价值，有着不可磨灭的历史功绩。梁启超在评论顾炎武时说：“凡启蒙时代之大学者，其造诣不必极精深，但常规定研究之范围，创革研究之方法，而以新锐之精神贯注之。……炎武所以能当一代开派宗师之名者何在？则在其能建设研究之方法而已。”① 启蒙先驱者所开创的研究方法与批判的范围，为后继者指出了矛头所向。他们的理论虽然不完善，便却包含着许多新的萌芽、元素，也为后继者提供了可利用的思想资源。梁启超说：

> 凡大思想家所留下的话，虽或在当时不发生效力，然而那话灌输到国民的“下意识”里头，碰着机缘，便会复活，而且其力极猛。清初几位大师——实即残明遗老——黄梨洲、顾亭林、朱舜水、王船山……之流，他们许多话，在过去二百多年间。大家熟视无睹，到这时忽然像电气一般把许多青年的心弦震得直跳。他们所提倡的“经世致用之学”，其具体的理论，虽然许多不适用，然而那种精神是“超汉学”、“超宋学”的，能令学者对于二百多年的汉宋门户得一种解放，大胆的独求其是。……读了先辈的书，蓦地把二百年麻木过去的民族意识觉醒转来。他们有些人曾对于君主专制暴威作大胆的批评，到这时拿外国政体来比较一番，觉得句句都餍心切理，因此从事

① 梁启超：《清代学术概论》，第11页。

> 于推翻几千年旧政体的猛烈运动。总而言之，最近三十年思想界之变迁，虽波澜一日比一日壮阔，内容一日比一日复杂，而最初的原动力，我敢用一句话来包举他，是残明遗献思想之复活。[①]

所谓“残明遗献思想之复活”是有具体所指的。梁启超在《清代学术概论》中将其视为中国的内源性启蒙的起点，“第一步，复宋之古，对于王学而得解放。第二步，复汉唐之古，对于程朱而得解放。”[②] 这是“以复古而为解放”的启蒙形式，在复古的旗帜下，顾炎武无所畏惧地否定了理学的神圣地位和理学家“奴视群学”的学阀作风，促成了“四五百年来思想界之一大解放”，成为从事“黎明运动”（启蒙）的、突破王学以促思想转变之最有力者，而戴震则通过《孟子字义疏证》这种恢复先秦真儒学的方式对破除程朱理学的禁欲主义作出了突出贡献。顺便指出，中国的封建专制制度到明清时期已达顶峰，在这种思想被禁闭、精神自由被扼制的状态下，“以复古为解放”是明末清初启蒙知识分子的一种相当现实的选择，他们以儒家先贤的思想针砭现实，借上古三代的理想盛世表达进步思想，以“厚古”而“非今”。比如黄宗羲的《明夷待访录》通过对唐虞三代的理想盛世的描绘表达了民主启蒙、反对封建专制的思想，所以梁氏称此书“今日观之，固甚普通甚肤浅，然在二百六七十年前，则真极大胆之创论也”。[③] 可以说，中国早期的启蒙思想是内源性的，是中国传统思想自身发展的合乎逻辑的延伸。而这种内源性伦理启蒙在中国近代启蒙思潮中有着重要的地位，虽然一度中断，但是在近代接引西方启蒙思想时，发挥了不可替代的作用。根据余英时的看法，五四知识分子对西方思想“会真正热心回应的，只有在他们自己传统里产生回响的那些价值和理念”。实际上，不只是五四知识分子，在19世纪末，当西方近代人文主义思潮传入中国，具有进步观念的思想家在试图为近代的启蒙思想寻找传统根据时，也十分自然地注目于黄宗羲、顾炎武、王夫之等先辈的言论，并径直上溯到心学传统。谭嗣同（1865—1898）的思想即是一例。他在其《仁学》中激烈地指出“三代以下无可读之书”，若仔细遴

---

① 梁启超：《中国近三百年学术史》，第30—31页。

② 梁启超：《清代学术概论》，第7页。

③ 同上书，第18页。

选，“区玉检于尘编，拾火齐于瓦砾”，只有黄宗羲之《明遗待访录》、王船山之遗书以及顾炎武的著作，因为他们“皆于君民之际有隐恫焉”。[①] 梁启超也说，“作为宣传民主主义的工具”，《明夷待访录》“最有影响于近代思想”，“（与）谭嗣同辈倡民权共和之说，则将其书（《明夷待访录》）节钞印数万本，秘密散布，于晚清思想之骤变，极有力焉。”[②] 蔡元培进一步指出：“梨洲、东原、理初诸家，则已渐脱有宋以来理学之羁绊，是殆为自由思想之先声。”[③] 应该说，明末清初的这些思想正是中国近代伦理启蒙“最初的原动力”。

---

① 谭嗣同：《仁学·三十一》，《谭嗣同全集》增订本（下），中华书局 1981 年版，第 338 页。

② 梁启超：《清代学术概论》，第 18 页。

③ 蔡元培：《中国伦理学史》，东方出版社 1996 年版，第 120 页。

第二章　"体用"范式下的伦理启蒙

欧洲的启蒙运动尽管复杂而曲折，但一直绵延不绝，最终理性的光辉使人类摆脱了中世纪的黑暗与蒙昧，由此走进现代社会。相比之下，中国早期的伦理启蒙思潮并未形成现实的社会运动，它在清初以后渐渐沉寂下来。这一历史机遇的丧失确实令人痛心，也造成了一桩众说纷纭的历史疑案，它似乎是一种历史发展中不合规律的断裂。中国传统文化因未能依靠自我批判达到自我更新，使中国的封建社会又延续了300年。造成早期启蒙伦理思想窒息与封建社会延长的原因不是本书所讨论的问题，但我们认为，以此否定中国存在过早期启蒙、进而否认早期启蒙思想的性质与价值的看法是不符合历史事实的。前文已从学理上阐发了早期启蒙的积极意义，这里再补充两个事例。

清乾隆年间在编纂《四库全书》时，对于入选的明代中叶至清初的思想家的著作做了严格筛选，虽然也收录了王夫之、黄宗羲、顾炎武的若干著述，但代表他们反封建的进步思想的著作却无一例外被排斥在外，比如王夫之的《读通鉴论》、《黄书》，黄宗羲的极具启蒙价值的《明夷待访录》等等。[①] 众所周知，《四库全书》的编纂目的之一，是禁毁一切不利封建皇权的著作，特别是与伦理纲常不容的书籍。于是这类书籍皆被用"忌讳"、"妄诞"的名义，"禁传其学术"。上述思想家的著述之被禁，正好从反面说明了他们学说的进步意义。

---

① 根据"文渊阁"《四库全书》，共收录王夫之著述四种：《周易稗疏》、《尚书稗疏》、《诗经稗疏》、《春秋稗疏》；收录黄宗羲著述六种：《易学象数论》、《深衣考》、《孟子师说》、《明儒学案》、《明文海》、《金石要例》；收录顾炎武著述十四种：《左传杜解补正》、《九经误字》、《音论》、《诗本音》、《易音》、《唐韵正》、《古音表》、《韵补正》、《历代帝王宅京记》、《营平二州地名记》、《求古录》、《金石文字记》、《石经考》、《日知录》。以上著述皆为释经、考古、地理、文字类的著述，或者说，是与"思想"无关的著述。而像李贽、唐甄这些激烈批判封建伦理的学者，《四库全书》则未收录他们的任何著作。

元、明以来在思想理论上占据统治地位的程朱理学，也被清王朝极力提倡，从而巩固了明代中后期形成的“六经尊孔孟，百行法程朱”的局面。清朝历代帝王都尊崇“宋学”（以程朱为主的宋儒之学），并通过科举制度强化了其对学术的垄断与思想的钳制。不过，前清还有“汉学”，提倡“经世”。顾炎武主张“保天下者，匹夫之贱与有责焉耳矣”①。以“修己治人之实学”取代“明心见性之空言”，反对“宋学”空谈义理，认为为了经世致用，首先应重视考据训诂，以实学真切理解典籍，从而开创了清代用考证之法研究经学的学风，成为清代乾嘉学派的奠基人。但是，随着清王朝通过大兴文字狱等严酷手段，加强对学术思想的钳制，数代士人在“避席畏闻文字狱”的文化专制禁锢下，学风日渐趋向“避世”②，放弃了顾炎武经世致用的本意，遗其大而传其小，生气殆尽。乾、嘉以后流行的以考据、训诂为主的“实学”，其纯学术价值不可否认，但在伦理政治思想方面却停滞不前。嘉、道年间，随着社会危机日重，“经世致用”学风一度兴起，但其视野囿于盐法、漕政等兴利除弊的事务，因“愦于外事”而无宏大、求新、进步的眼光。但这种故步自封、停滞不前的代价是沉重的，中国终于在19世纪中叶结束了千年荣耀而开始了百年屈辱。黄宗羲言其处于“天崩地解”的时代，只是指明亡清兴的朝代更替，而至晚清，李鸿章所真实地感受到的“数千年来未有之变局”，则是指天朝受到外夷的侵夺，问题要严重得多。随着这一“变局”的出现，救亡图存、保国保种，便成为时代的主题。为解决这个主题，政治家、思想家们站在各自的立场上，提交了各种答案。清廷也先后采取了许多对策，进行一些改良，但都收效甚微。最后发现，一切改良最终会遭遇封建纲常的藩篱，伦理启蒙是绕不开的必经之路。

与明清之际的启蒙思潮不同，促进清末伦理启蒙的力量主要不是来自社会内部的自我批判，而是来自于外在的帝国主义列强的巨大压力。在这里，我们也看到了欧洲启蒙运动造就的另一后果。中世纪以来基督教的禁欲主义被抛弃的同时，人们幸福、快乐的要求固然得到某种满足，但也释放了内心不可遏制的欲望，并由此引发了欧洲各国的革命危机，最终建立

---

① 顾炎武：《日知录集释·正始》卷十三，上海古籍出版社2006年版，第757页。

② 梁启超说：“文字狱频兴，学者渐惴惴不自保，凡学术之触时讳者，不敢相讲习。然英拔之士，其聪明才力，终不能无所用也。诠释故训，究索名物，真所谓‘于世无患、与人无争’，学者可以自藏焉。”（《清代学术概论》，第27页）

了资本主义制度。当经过启蒙运动的欧洲列强，和受现代民主制度某种洗礼的日本对中国相继发动战争之后，中国被迫走上了近代化的道路。在此过程中，经世思潮再次兴起，历经龚自珍（1792—1841）、魏源（1794—1857）、冯桂芬（1809—1874）、曾国藩（1811—1872）、左宗棠（1812—1885）、李鸿章（1823—1901）、张之洞（1837—1909）等人的不断努力，经世思想逐步与社会改革结合起来，产生了洋务运动，并在思想理论上创造出“中体西用”论。嗣后，又发展出抛弃中体西用论的自由民主新思潮，先后出现了由严复、康有为、梁启超等人掀起的维新变法运动，使救亡保种与思想启蒙相互促进，最后发生了社会革命，颠覆了封建专制政体。而这距离晚明清初的启蒙思潮已有200多年了。

本章讨论的问题是，为什么“师夷”之说的兴起会成为伦理启蒙的导火线？“中体西用”框架内形成的伦理模式的进步意义，戊戌变法对中体西用伦理模式的超越，体用范式下伦理启蒙的深入。

一 “悉夷”、“师夷”的启蒙伦理意蕴

中国近代伦理启蒙的起步异常艰难。“师夷”说初看与伦理启蒙相去甚远，但是追本溯源，此处恰恰揭开了近代伦理启蒙的序幕。

（一）师夷说之提出

第一次鸦片战争使先进的中国人感受到了西方国家科技文明的强大，但上至君臣、下至百姓，国民的大多数却处于懵懂无知的状态，士大夫阶层基本上恪守着“杜民夷之争论，立中外之大防”[①] 的祖训，使“严夷夏大防”的观念坚如磐石。在顽固派看来，西方国家先进的科学技术是奇技淫巧，只属于不值一提的“器用”，而治国之本则在于传统伦理道德，这才是根本之“道”。然而，士大夫阶层中有远见的开明人士却从此惊醒，这使晚明以降的经世致用的学风勃然复兴。正如梁启超所说：“‘鸦片战役’以后，志士扼腕切齿，引为大辱奇戚，思所以自湔拔，经世致用观念之复活，炎炎不可抑。又海禁既开，所谓‘西学’者逐渐输入，

① 《高宗纯皇帝实录（一九）》卷1435，《清实录》第二七册，中华书局1986年版，第187页。

始则工艺，次则政制。学者若生息于漆室之中，不知室外更何所有，忽穴一牖外窥，则粲然者皆昔所未睹也，还顾室中，则皆沉黑积秽。于是对外求索之欲日炽，对内厌弃之情日烈。欲破壁以自拔于此黑暗，不得不先对于旧政治而试奋斗，于是以其极幼稚之‘西学’知识，与清初启蒙期所谓‘经世之学’者相结合，别树一派，向于正统派公然举叛旗矣。”① 林则徐（1785—1850）即是其中的杰出代表，他已经敏锐地认识到“儒者著书唯识九州”的局限性，便首先开眼看世界，成为“悉夷情”之近代人物。林则徐1841年编译的《四洲志》，尽管内容粗浅，但其意义绝不止于寻求“制夷之策”的初衷，实开近代打破自我文化封闭之先河。接着是1842年魏源的《海国图志》问世；此书不但指出“翻夷书，刺夷事”的意义，而且明言旨在唤醒“人心之寐患”。在后来的《圣武记》中，魏源又力陈“欲制外夷者，必先悉夷情始”的必要性，并严厉批驳了朝野上下的变态自大心理：“儒者著书，惟知九洲以内，至塞外诸藩，则若疑若昧；荒外诸服，则若有若无。……皆徒知侈张中华，未睹寰瀛之大。”② 今天看来，本着“天朝”利益而了解外国情形是顺理成章之事，但开眼看世界的先驱者为“制夷”而“洞悉夷情”，却触动了“严夷夏大防”的传统文化观念。这一真实的历史情境，说明即便是“悉夷”这样的行为，还必须与各种无知、偏见作抗争，为其行为的合法性进行论证，足见传统的文化心理牢笼之强固。因此，不管《四洲志》、《海国图志》，还是稍后的《海国四说》、《瀛环志略》，虽然其知识方面有欠缺、粗陋，但他们敢于冲破种种非难和狭隘的文化观念的束缚，其本身即具有里程碑式的意义。尽管这种启蒙还未深入政治制度、伦理价值和精神文化层面，然而在中国文化发展史上具有标志意义。

如果说“悉夷”说是一种初步觉醒，那么，“师夷”之放下架子，虚心学习西方科技，则是认识上的一次飞跃，具有重要的伦理启蒙价值。在《海国图志》中，魏源提出了一个著名的主张：“以夷攻夷”，“以夷款夷”，“师夷长技以制夷”③。这一具有观念变革性质的主张，其深刻性在于，理性的中国人首次承认“夷有所长”，我有所短。宋元以前，华夏民

---

① 梁启超：《清代学术概论》，第65页。

② 魏源：《武事余记·掌故考证》，《圣武记》附录卷12，中华书局1984年版，第498—499页。

③ 魏源：《默觚·魏源集·海国图志叙》，辽宁人民出版社1994年版，第270页。

族在科技、经济的发展水平以及精神文明程度等方面领先于周边民族、国家，因此在精神上有一种很强的自尊心与自豪感。其中，“礼义之邦”伦理上的优越是“夷夏之辨”的核心。因此，魏源的“师夷长技”之“夷”虽仍带有贬义，但却以一种理性的态度，承认天朝大国在技术、武器方面不如夷人，这对妄自尊大、故步自封的观念是一个重大突破，它启发了国人对西方工具理性优势的认同，具有开风气之先的价值观转变的意义。尽管魏源所认识到的西方之长技只是“一战舰，二火器，三养兵、练兵之法”①，只限于“西技”之优，尚无“西学”的概念，但当人们深入地追究“西技”因何产生，如何学习时，必然会涉及西方社会的政治、经济、思想等方方面面，不断地产生各种新问题，从而使伦理启蒙更广泛更深入地进行。

（二）师夷说之伦理意蕴

“救亡”与“富强”是近代中国的主题，而这一主题就始于“师夷”实践，其结果正如历史已经昭示的，随着“师夷”的深入，最终触及了封建专制政治的精神核心——伦理纲常。相比于欧洲中世纪的科学，它在神学体系下缓慢成长，经历了无数人的努力，产生了哥白尼革命，这时科学的威力已不可阻挡，最终解构了上帝的权威，颠覆了神学世界观，故科学被启蒙哲学家视为展现“理性”最重要的方式。“师夷”亦是如此，它由浅而深，由微而著，至戊戌变法、辛亥革命、五四运动，来自西方的现代思潮一浪高过一浪，终于发展成为难以抗拒的启蒙运动，以无可阻挡之势瓦解了封建伦理。

“师夷”——向西方学习，在19世纪中叶，对许多中国人来说，是一个在情感上不能接受的事情。在中国的传统观念中，夏夷之分根深蒂固。“夏”、“华夏”始为地理概念，亦成为历史范畴，内涵不断变迁。在周代，周人自称“夏”。至春秋，“华夏”上升为民族认同的文化族群观念。而此观念的形成，则标志着民族的文化认同与民族自尊、自励的自觉意识。判别是否属于“华夏”有地域、族群、政治、文化（以礼为核心）等各种标准，其中文化标准是夷夏之分的核心。华夏民族的统一性首先源于这种文化上的自我意识。借用梁漱溟（1893—1988）的话说：“文化是

① 魏源：《默觚·魏源集·海国图志·筹海篇三》，第277页。

一个民族的生活样态。”以华夏自誉的中华民族，其独特的生活样态，便是有“礼”。中国人一向认为自己是最为文明的“礼义之邦”，而四周的“蛮、狄、夷、戎”皆为文化落后、礼法未全的野蛮之土；因而中国是“天下共主”，而周边各邦或部落都是中国的“藩属”。在这种“宗藩”关系中，中国皇帝是“天子”，有“德化蛮夷”、“涵养四方”的责任。这种自大，与华夏族在科技文化、礼仪制度、文化思想等各方面领先不无关系。在中国历史上，少数民族多次入主中原，但无一例外地被华夏文化迅速同化。这种文化上的优越感与自尊心在民族冲突与融合过程中被不断强化，造成了中国人对世界各国妄自尊大的心理定式，其正当性直到戊戌变法时代还争论不休，以至康有为上书光绪时还有“破弃千年自尊自愚之习”之语。①

魏源的“师夷”说，体现了中国近代崭新的价值目标和文化观念。魏源称赞俄罗斯的彼得大帝为学习现代科技，曾微服学习于欧洲的造船厂，后以西欧的科技兴国，使俄罗斯成为强大的国家。他由此指出：“故知国以人兴，功无幸成，惟厉精淬志者，能足国而足兵。”②“师夷”说本身不反封建纲常，但它体现了时代精神，提出了科技强国、救亡图存这一新的伦理目标。它不仅有利于一家一姓之君主，也代表了社会整体利益，与民族的兴亡、百姓的生死息息相关，不但启蒙了洋务运动和戊戌变法的中坚力量，而且在士大夫阶层与整个中国思想界引起了剧烈的震荡。梁启超在 80 年后仍感叹说：“其论实支配百年来之人心，直至今日（1924 年）犹未脱离净尽，则其在历史上关系，不得谓细也。”③当然，其局限性也是明显的，“师夷”之“夷”，既表达了林则徐、魏源对西方的思想文化尚存轻视之意，又说明他们囿于所知，还不了解西方的民主、科学、自由、平等这些现代社会的根本性因素，只是感受到了西方强大的军事力量与工业文明对中国的威胁（这些恰恰是当时欧洲人并未关注的，因此，中国近代的启蒙历程与欧洲启蒙运动的认识进程是错位的）。但是，“师夷”说所产生的实际结果，必然要突破林、魏等人的思路。欲师“长技”，必然要逐步涉及“长技”所赖以产生的基础——西方启蒙运动以来

① 康有为：《进呈俄罗斯大彼得变政记序》，《康有为政论集》上，中华书局 1981 年版，第 226 页。

② 魏源：《默觚·魏源集·海国图志·筹海篇三》，第 283 页。

③ 梁启超：《中国近三百年学术史》，东方出版社 1996 年版，第 349 页。

形成的庞大的制度文明及其现代价值理念，并由此而产生反封建的思想启蒙。这是一个不以人的意志为转移的、必然的过程。有些士人已隐约地感到了这一点，曾廉（1856—1928）即是其中一个。[①] 这位名不见经传的守旧派人士，异常敏锐地察觉了“师夷长技”的潜在力量，他说：

> 今天下之患，莫大于以西学乱圣人之道，隳忠孝之常经，趋功利之小得。[②]
>
> 变夷之议，始于言技，继之以言政，益之以言教，而君臣父子夫妇之纲，荡然尽矣。君臣父子夫妇之纲废，于是天下之人视其亲长亦不啻水中之萍，泛泛然相值而已。悍然忘君臣父子之义，于是乎忧先起于萧墙。[③]

历史的进程正如曾廉所言。“师夷”是一个深刻的观念革命，“师夷长技”是第一次抛弃自大心理的“虚心学习”。随着对西方列强认识的加深，有识之士又理性而务实地看到了中国许多地方均不如西人，其中，冯桂芬的《校邠庐抗议》成为新一轮思想启蒙的代表。他认为中国之不如夷之处，“长技”属于次要之事，关键在于：“人无弃材不如夷，地无遗利不如夷，君民不隔不如夷，名实必符不如夷。”这种“不如”之事实是客观存在的，也是抹杀不了的。“忌嫉之无益，文饰之不能，勉强之无庸。”[④] 因此，应该直面现实，采取相应的对策，“师夷”不能局限于“长技”领域，而要扩展到更多更重要的方面。冯氏在《采西学议》中说：“由是而历算之术，而格致之理，而制器尚象之法，兼综条贯，轮船火器之外，正非一端。”在这里，冯桂芬讲的“师夷”不但包括了自然科学理论，也触及“君民不隔”、择官用人等的政事问题。这些不可回避之本质层面的问题，也就是“中学”与“西学”的关系问题。

“师夷”的态度虽然合乎历史发展潮流，但引进西方的文明成果毕竟

---

① 曾廉，湖南邵阳人，光绪朝举人，元史研究专家。他长期在家乡湖南邵阳教书，思想极端保守，激烈反对戊戌变法。

② 曾廉：《应诏上封事》（光绪二十四年），中国史学会编：《中国近代史资料丛刊·戊戌变法》（二），上海人民出版社1957年版，第493页。

③ 曾廉：《蠡庵集·上杜先生书》卷十三。

④ 冯桂芬：《校邠庐抗议·制洋器议》，中州古籍出版社1998年版，第198页。

是一个非常复杂的问题，即使上下同心，异质文化之间的矛盾与冲突也很难在短期内弥合。特别是对于中国这样具有悠久历史和独立文化传统的国家来说，牢固的文化心理是一个难以逾越的壁垒。在中国的思想文化史上可资借鉴的历史经验可能只有外来之佛教的传入。佛教精深的义理是一种高级的精神文明形态，可与中国传统儒、道思想相互发明、彼此借鉴，但从东汉明帝时代传入中国始，到融入中国社会，若以隋唐时期中国化佛教的产生为标志，则经历了近600年时间，其间因价值观念冲突而引起的多次王朝“灭佛”事件，常使佛教的传播陷于困境。况且从影响来说，佛教对封建王朝的影响仅限于其出世的价值观和寺院经济等方面，而且其发展一直在封建政治的控制之下，不大可能从根本上影响国家社稷安危、动摇封建王朝统治的核心价值。这种情况，与西方文明的传入所产生的冲突不可同日而语。因为中国不但遭到了西方国家强大的武力的侵略，而且更震撼于“西学”从技艺、学理、制度到思想理念的全面冲击。因此，尽管冯桂芬的设想已经考虑到“中学”与“西学”的关系问题，但对于保守的中国的知识阶层来说，“师夷”的范围每一次扩大，都会触发他们对“用夷变夏”的担忧。

1867年前后，洋务运动正式启动。如果说前期的“师夷”之说主要以议论、倡导、翻译为主，那么，洋务运动则是将“师夷”的主张变为真刀真枪的实践。洋务运动初期创办军工企业，尽管还是限于西洋之军器，但所涉及的人才、技术原理等问题，却导致“师夷”的范围持续扩大，使“中学”与“西学”的矛盾陡然激化。从19世纪60年代至90年代的30余年间，保守派和洋务派进行了三次文化大争论，即1866—1867年的同文馆之争；1874—1875年的关于设厂造船炮机器和筹划海防之争；1880—1885年的关于修建铁路问题之争。这三次争论，表面上是两个派别的争论，本质上却是中西方文化的激烈碰撞。其中，同文馆之争具有标志性意义。同文馆本为培养翻译人才而设，1867年因洋务需要增设学习天文、算学，遭到大学士倭仁（1804—1871）的带头反对，一时间和者如云，奏折无数，其中监察御使张盛藻的弹劾代表了某种集体意识：

朝廷命官必用科甲正途者，为其读孔、孟之书，学尧、舜之道，明体达用，规模宏远也，何必令其习为机巧，专明制造轮船、洋枪之理乎?[①]

纲常名教、圣贤之道是中学之大本大原，“明体达用”是士人之本分，而洋务则是舍本逐末。这些观点其后被反复提出，几乎每新增一项“洋务”，皆要进行其“可行性”的争论。在畸形的自尊心理的支配下，守旧派在哲理上还推出了一个“西学中源”论，[②] 即所谓西方的文明成果皆源于中国古学。为了证明这一点，他们对于西方精巧绝伦的科学技术，逐一考证它们的“中源”。

（三）西学中源论——士大夫的复杂心态

根据钱锺书（1910—1998）在其《管锥篇》中所梳理的资料，晚清的饱学之士，包括分属守旧派、洋务派和维新派的著名人物，毫无例外地都持“西学中源”说。如：（1）化学。志刚《初使泰西纪要》卷一云：“炼朱成汞，炼汞还朱，本中国古法；西人得之，以为化学权舆。孔子云：‘引而申之，触类而长之，天下之能事毕矣’；通阅西法，不出此言。”权舆原指草木之初生，引申为起始、起初、起源，此谓西方的化学源自中国的炼丹术。（2）光学、重学。俞樾为孙诒让《墨子间诂》作《序》云：“近世西学中，光学、重学，或言皆出于《墨子》；然则其备梯、备突、备穴诸法，或即泰西机器之权舆乎?”连西方的机器也源自《墨子》书中所述之城防器械。（3）轮船。王弢《弢园文录·外编》卷一《原学》言，西方格致得自“中原”，举风琴、火轮、炮、钟为证。王韬《瀛壖杂志》云：“尝见《南史》祖冲之造‘千里船’，不因风水，施机自运。此其巧妙，与西国轮船无异，但纯用机械，不借煤水，制度稍殊耳。其以‘千里’命名，迅捷可知。又杨么之楼船，激水驶轮，其速莫比，此亦西国轮船之滥觞。”（4）火炮。张荫桓《三洲日记》在欧、美见后膛炮则曰：“泰西奇制悉源中土而出。”（5）钟。阮元《揅经室三集》卷五《自鸣钟说》谓古之“辊弹”即自鸣钟之制，“宋以前有之，失其传耳。非西洋所能创也”。（6）乐器。张氏《三洲日记》又云，观“乐器

① 中国史学会主编：《中国近代史资料丛刊·洋务运动》（二），上海人民出版社1961年版，第29页。

② 参见郑师渠《思潮与学派》，北京师范大学出版社2005年版，第2页。

如弓形”，则曰：“疑仿吾华之瑟为之”；观豢象能“踏琴”跳舞，则曰：“唐宫舞象之戏，不知何时流于海外”。（7）冰淇淋。俞樾《茶香室续钞》卷一云：“《抱朴子·黄白》篇谓‘云、雨、霜、雪以药为之，与真无异。’今西人能以药作雪供饮馔，余尝食之，其色红，或言和以西瓜汁，即一饮一食之微，亦怵他人之我先如此。”俞樾在其《曲园杂纂》卷二五又述冰淇淋道：“西法之出于中法，此其一端也。”张德彝《四述奇》则详言“西方格物诸学皆拾中国古籍之坠绪而引申之”。王韬《瀛壖杂志》进一步说：“由是观之，可知器物之精，中国已先西人而为之。惟异巧绝能，世不经见，人死即复失传；世之人又不肯悉心讲求，畏难自域，俾器与人同亡，殊可惜已。”①

在诸多西学中源论中，洋务重臣李鸿章与维新领袖康有为的看法最具重要影响。李鸿章说：“无论中国制度文章，事事非海外人所能望见，即彼机器一事，亦以算术为主，而西术之借根方，本于中术之天元，彼西土目为东来法，亦不能昧其所自来。尤异者，中术四元之学，阐明于道光十年前后，而西人代数之新法，近日译出于上海，显然脱胎四元，竭其智慧不出中国之范围，已可概见。”② 令人惊奇的是，康有为亦未能免俗，他说：“自墨子已知光学重学之法，张衡之为浑仪，祖暅之之为机船，何敬容之为行城，顺帝之为自鸣钟，凡西人所号奇技者，我中人千数百年皆已有之。”③

不仅西器源自中国，西政亦如此，也能从古籍中寻找到根据。钱锺书指出：“名家专著如孙诒让《周礼政要》之类，世所熟知，聊拈溲说，以当野获。”曾纪泽《使西日记》云：“松生言，西人政教多与《周礼》相合，意者老子为周柱下史，其后西到流沙，而有周之典章法度随简册而俱西，但苦无确证耳。其说甚新而可喜。”谭嗣同更进一步，不仅谓“西人格致之学，日新日奇，至于不可思议，实皆中国所固有”④，而且“凡所谓西法，要皆我之固有，我不能有而西人有之，我是以弱焉。则变法者亦

---

① 参见钱锺书《管锥篇》（三），三联书店 1988 年版，第 1537—1539 页。

② 《海防档·机器局》上卷，台北南港，1957 年版，第 14 页。

③ 康有为：《与洪给事右臣论中西异学书》，《康有为政论集》上，第 49 页。

④ 谭嗣同：《石菊影庐笔识·思篇》，《谭嗣同全集》增订本（上），中华书局 1981 年版，第 124 页。

复古焉耳，何异之有？”[①] 认为维新变法所效法之西政，亦源自中国古代。

应该说，“西学中源说”注意到中西在科技方面的某种共同点或相似处，并非捕风捉影、毫无根据。中国有些技术如火药、指南针、造纸术等被西方人采用和改进后，也确实发挥了巨大的作用。但毋庸置疑的是，有不少技术创造却并未被西人所知或采用，更不要说改善、提高后又进入中国被效仿制造使用了。实际上，更多的先进技术则是中国从古至今未曾有过，而是由西方人独立发明并传入中国的。因此，“西学中源说”在理论上是有很大缺陷的。但产生这一观念的伦理心态是复杂的，对此，钱锺书先生揭示说：

> 夫所恶于“西法”、“西人政教”者，意在攘夷也；既以其为本出于我，则用夏变夷，原是吾家旧物，不当复恶之矣，而或犹憎弃之自若焉。盖引进“西学”而恐邦人之多怪不纳也，援外以入于中，一若礼失求野、豚放归笠者。卫护国故而恐邦人之见异或迁也，亦援外以入于中，一若反求诸己而不必乞邻者。彼迎此拒，心异而貌同耳。[②]

在保守派看来，既然西学源于中学，那么，与其“师夷”不如反求自家本原。而在洋务派看来，既然西学与中学原本一家，那么，引进西学无非是“礼失求诸野”，恢复本身失落的文化传承。这样就可以为破“夷夏之防”、学习西学提供依据，使中学、西学得到某种兼容。尽管如此，此说荒诞之处也是很明显的。钱锺书曾举例说，《汉书·王莽传》记载，翟义举兵反对王莽篡权失败，其部下王孙庆被捕，“莽使太医尚方与巧屠共刳剥之，量度五藏，以竹筳导其脉，知所终始，言可以治病”。桓谭在其《新论》中抨击此事说：“王翁之残死人，观人五藏，无损于生人，生人恶之者，以残酷示之也。”然而，世事如车轮转，清末西学东来，医理有解剖之科，于是抱残守缺之士，欲“不使外国之学胜中国，不使后人之学胜古人”（纪昀：《纪文达公遗集》卷一二），竟然将其附会为西医之解剖学，于是，这一历来为史家所唾骂的刳尸之事，一变而成为西医之权

---

① 谭嗣同：《上欧阳中鹄书》，《谭嗣同全集》增订本（上），第157页。

② 钱锺书：《管锥篇》（三），第1538页。

舆，格致之先鞭。[①]

（四）中学为体，西学为术：中体西用论之雏形

鉴于“西学中源说”荒诞不经，不能为采用西方科技提供有力的理论依据，洋务派冯桂芬（1809—1874）于1861年提出了一个风行一时的主张：

> 太史公论治曰：“法后王，为其近己而俗变相类，议卑而易行也。”愚以为在今日又宜曰：“鉴诸国。”诸国同时并域，独能自致富强，岂非相类而易行之尤大彰明较著者？如以中国之伦常名教为原本，辅以诸国富强之术，不更善之善者哉？[②]

中国自古变法，效“法”先王或后王之优劣成败，主要视当时的情势与建立什么制度而定。而冯桂芬的这段话却不言托古改制，不言夷夏之辨，首先只以平等的眼光“鉴诸国”，这在中国历史上是罕有的。接着又提出了“自致富强”的有利条件，即“诸国同时并域”，其强盛的治国方略“相类而易行”，便于中国学习效仿。最后也是最具时代意义的一点，冯桂芬提出了一个比较现实的模式，来解决“中学”与“西学”的关系，即“以中国伦常明教为原本，辅以诸国富强之术”，将封建政治秩序及其相应的核心伦理价值作为“师夷”的本根，在此基础上吸收西学的富强之术。很显然，这是一个中学为本、西术为辅的伦理模式，既尊重了“中学之体”，顾及了朝野上下的自尊心理，又注意了“西学之用”，这对于坚持“礼义为本，技艺为末”即中学为本、西技为末的伦理模式而言，无疑是进步的。[③] 这种做法，冯桂芬是很自觉的。他在《制洋器议》中强调：“且用其器，非用其礼也，用之乃所以攘之也。”[④] 当然，以“中体”

---

① 参见钱锺书《管锥篇》（三），第1537页。

② 冯桂芬：《校邠庐抗议·采西学议》，第211页。

③ 当时以中学反对西学的言论多不胜数，大学士倭仁的观点代表了当时守旧派的基本主张：“立国之道，尚礼义不尚权谋；根本之图，在人心不在技艺。今求之一艺之末，而又奉夷人为师……所成就者不过术数之士……如以天文、算学必须讲习，博采旁求，必有精其术者，何必夷人，何必师事夷人？”（《洋务运动》（二），第30页）并参见丁伟志、陈崧《中西体用之间》，中国社会科学出版社1995年，第60页。

④ 冯桂芬：《校邠庐抗议·制洋器议》，第200页。

含纳“西用”之最终目的是“以器卫道”，正如薛福成在《筹洋刍议·变法》里所说：“今诚取西人器数之学，以卫吾尧、舜、禹、汤、文、武、周、孔之道，俾西人不敢蔑视中华。”在当时的认识条件下，多数人都认为“西人不知大道，囿于一偏”[①]。而大道者，就是历万世不变的“孔子之道”，往圣相传的心性之学、纲常名教。萧萐父先生指出，这个“中体”，在当时人们心目中实指封建政治伦理原则，但在抽象的形式中却又可以包容民族尊严、民族文化精华、民族优秀传统等模糊内容，正因为如此，殊难摒弃。[②] 然而，以这种理论调和“中学”、“西学”之间的冲突与矛盾，其中蕴藏着难以克服的困境：中体能否移植西用？又能在多大程度上容纳西用？

二 “中体西用”框架下的伦理心态

冯桂芬的这种中西“本辅”说是中体西用论的雏形，它以封建纲常名教为本根，在维护专制政治体制的前提下，学习西方的科学技术。其说一经推出，立刻得到多方响应，出现了一些大同小异的说法，如王韬（1828—1897）主“中道西器”说：“形而上者，中国也，以道胜；形而下者，西人也，以器胜。”[③] “器则取诸西国，道则备自当躬。”[④] 郑观应（1842—1920）言“中体西末”说：“中学其本也，西学其末也。主以中学，辅以西学。”[⑤] 而表达得最完备的当属孙家鼐（1827—1909）之“中体西用”说，他在其1896年的《议复开办京师大学堂折》中说道：

> 今中国京师创立大学堂，自应以中学为主，西学为辅；中学为体，西学为用；中学有未备者，以西学补之；中学其失传者，以西学还之。以中学包罗西学，不能以西学凌驾中学。

在“中本西辅”、“中道西器”、“中本西末”、“中主西辅”、“中道西

① 郑观应：《盛世危言·道器》，《郑观应集》上，上海人民出版社1982年版，第242页。
② 萧萐父：《萧萐父文选》（下），武汉大学出版社2007年版，第32页。
③ 王韬：《弢园尺牍》卷四，中华书局1959年版，第30页。
④ 王韬：《弢园文录外编·杞忧生易言跋》卷十一，中华书局1959年版，第323页。
⑤ 郑观应：《盛世危言·西学》，《郑观应集》上，第276页。

艺”等诸种说法中，以“中学为体，西学为用”最为精当，因而成为近代极具影响的伦理模式与思维范式，成为19世纪后半期的主流意识形态和文化观念。这个范式是中国近代特殊历史条件下的产物，打上了深深的时代烙印。“中体西用”所要应对的是一个巨大的时代课题，即如何处理中学与西学、科技与道德的关系。这里所说的“学”不是任何具体的学说，而是物质文明、制度文明和科技文化的总体形态。以体用范式为理论基础，坚持中学之体，含纳西学之用，此即中体西用的目的。但是，体用范式可容纳多重含义，由此可以造成对中学西学关系的不同的甚至截然相反的理解。

（一）“体”、“用”之含义

一般而言，思维范式是符合逻辑规律的某种比较固定的思考问题的模式。范式在某一时期被创造出来，在特定时期被广泛运用。有些范式带有民族文化特色，“体用范式”即是如此。“体”、“用”在中国哲学中常常独立使用或对举使用，后者初见于《荀子·富国》：“万物同宇而异体，无宜而有用。”此“体”为形体，“用”指功用。此后，历代以“体”、“用”关联使用者不乏其人，特别是从唐代以后直到清末民初，它已成为一种固定的思维范式。从理论本身而言，“体用”范式具有明显的中国传统文化的特征，即内涵比较宽泛，不大明晰和固定，往往在多重意义上使用：

（1）“体”表示根本义、主导义，“用”则表现为第二义或从属义，如一般语义上的主从、本末、主辅之别。这一意义上的体用关系因人因事而异，无逻辑必然性。

（2）“体”为结构或性能，“用”为功用。梁代范缜《神灭论》中曾以“利之于刃”喻形、神关系，“神之于质，犹利之于刃。形之于用，犹刃之于利”。以刀刃为体，以锋利为用，颇似这一体用关系。而唐代《坛经》中对这种“体用”关系的运用非常典型。《定慧品》曰：“真如即是念之体，念即是真如之用。”例如，“灯是光之体，光是灯之用，名虽有二，体本同一”。简言之，这一体用关系表达了结构决定功用或结构衍生功能的意思。

（3）“体”为不易之本体，“用”即分殊之现象。这一关系接近于中国哲学中形而上之道与形而下之器的分别，也类于西方哲学中柏拉图的理念世界与现象世界的关系。现代新儒学的奠基者熊十力（1885—1968）在《体用论》中所阐发的体用范式即是如此：“宇宙实体，简称体。实体变动，遂成宇宙万象，是为实体之功用，简称用。此中宇宙万象一词，为物质和精神种种现象之通称。”[①] 他借海水与海浪之间的关系比喻说：“体，喻如渊深停蓄之大海水。用，喻如起灭不住之众沤。”[②] 也就是说，水之本性即体，水之波浪即用。体不离用，用显其体，因而“体用不二”。“体用不二”即体用一致，这是中国传统哲学的基本主张。开宋代理学先河的“宋初三先生”之一胡瑗（993—1059）提倡“明体达用之学”，其学生刘彝（1017—1086）阐述此学云：“圣人之道，有体有用有文。君臣父子仁义礼乐历世不可变者，其体也；《诗》、《书》、史传、子集，垂法后世者，文也；举而措之天下，能润泽其民、归于皇极者，其用也。”[③] 就是说，体是伦理道德的根本原则，用是此原则的具体运用，实施于润泽百姓的生活实际，达到巩固皇权的目的。在这里，体用是统一的。胡瑗的另一弟子程颐则以体用范畴研究理、象关系，他以理为体，以象为用，在其《易传·序》中说：“至微者理也，至著者象也。体用一源，显微无间。”在这里，理是纲常名教，象是纲常名教的表现，体用一源。宋代理学集大成者朱熹发挥这一思想说：“理者，天之体；命者，理之用。”朱熹还用唯物主义自然观阐述体用关系，说：“天是体，万物资始处便是用；地是体，万物资生处便是用。”[④] 体用也是一致的。

（4）“体”、“用”表现为相对性或等级性的价值序列。如果说，第三种体用关系是“绝对的体用观”，那么，这一体用关系可称为“相对的体用观”。它是以价值为准，依逻辑次序排列成宝塔式的层次，下层以上层为体。如《老子·二五章》曰：“人法地，地法天，天法道，道法自然。”依此喻体用即可表述为地为人之体，人为地之用；天为地之体，地为天之用；道为天之体，天为道之用；而“自然”为最高的价值理念，“自然”为体，道、天、地、人皆为用。再“就大理石与雕像言，则雕像为大理石之体，大理石为雕像之用，但就雕像与美的形式言，则具体的雕

① 熊十力：《体用论·赘语》，中华书局1994年版，第43页。
② 熊十力：《新唯识论》，中华书局1985年版，第466页。
③ 朱熹：《宋名臣言行录·前集卷十·胡瑗安定先生》。
④ 朱熹：《朱子语类》卷六。

像为形而下之用，形而上的美的纯形式为体”①。“美”这一纯形式，即是最高的价值理念。这一体用范式是20世纪40年代由贺麟首次阐发出来的，这是体用范式合乎逻辑的一种延伸。

体用范式对于现实世界的解释力主要源于体、用关系的宽泛性、多样性与复杂性，如两者的主辅关系、结构与功用的关系、本体与现象的关系以及价值等级关系等等，可以展现出事物之间的丰富联系，说明诸多现象。近代以来，如何处理中学与西学的关系？在中学主导下能否学习西方之科技、引进新的制度、吸纳异质观念？如果西方之强盛是因为西方文化之体，那么，中国之贫弱是否来自中学之体？如果中国文化要变，变与不变的界限又是什么？这些复杂的问题都与中国的哲学思想、伦理传统有着深刻的关系，而如何突破封建纲常名教则是其中的核心问题。以体、用范式论中学、西学的关系是洋务运动时期最主要的思维模式，以后其地位虽有所改变，但仍相继在不同层面上得到运用，成为伦理启蒙的重要方式之一。

（二）中体西用论及其伦理意蕴

如前所述，“中体西用”的思想产生于19世纪60年代，洋务运动将其作为指导原则而付诸实践，而这一理论最有影响的倡导者和力行者当首推张之洞（1837—1909）。梁启超说，“所谓‘中学为体，西学为用’者，张之洞最乐道之，而举国以为至言。”② 他于甲午战争失败后的第三年推出了既是系统启蒙教育，又是实际行动纲领的《劝学篇》。其中心是“会通中西，权衡新旧”：“新旧兼学。学《四书》、《五经》、中国史事、政书、地图为旧学；西政、西艺、西史为新学。旧学为体，新学为用。”③ 在这里，张之洞强调了中学西学之主和从、本和末的关系。他在《序》中同时批判了当时的守旧者和维新派：“旧者不知通，新者不知本。不知通则无应敌制变之术，不知本则有非薄名教之心。”《劝学篇》内篇讲中

---

① 贺麟：《文化的体与用》，《儒家思想的新开展——贺麟新儒学论著辑要》，中国广播电视出版社1995年版，第4页。

② 梁启超：《清代学术概论》，第88页。此时梁启超本人的认识也未超出“中体西用”，他在参与制定《京师大学堂章程》时也说：“夫中学体也，西学用也，两者相需，缺一不可。”

③ 张之洞：《劝学篇·外篇·设学第三》，《张之洞全集》第十二册，河北人民出版社1998年版，第9740页。

学为体，外篇谈西学为用；“内篇务本，以正人心；外篇务通，以开风气”。

就“中体”而言，正如《劝学篇·序》中所言：“三纲为中国神圣相传之至教，礼政之原本，人禽之大防。”“礼政之原本”指核心的政治制度，“人禽之大防”指根本的伦理原则，三纲的神圣性天经地义，不容争论，“此其不可得与民变革者也”。中国固有“君臣之伦”、“父子之伦”、“夫妇之伦”，“圣人为人伦之至，是以因情制礼，品节详明。西人礼制虽略，而礼决未尝尽废。”这三种伦理关系虽然具有普遍性，但问题的关键是，建立在平等基础上的父子、夫妇关系，君主立宪制度下的君臣关系，均与封建专制制度下的三纲性质截然不同，张之洞将两者混为一谈，是由他守旧的政治立场决定的。张氏把矛头指向维新派：

> 五伦之要，百行之原，相传数千年更无异义。圣人所以为圣人，中国所以为中国，实在于此。故知君臣之纲，则民权之说不可行也；知父子之纲，则父子同罪、免丧、废祀之说不可行也；知夫妇之纲，则男女平权之说不可行也。①

民权是一个现代政治观念，指公民在政治领域享有的民主权利，而政治与伦理乃互为表理，若民权成立，无论君主立宪还是民主共和，君为臣纲即告瓦解；而在家庭领域，父对子、夫对妻也便无绝对的权力，家族制度、血缘伦理也会从根本上动摇。一句话，若民权成立，封建制度下的忠、孝、节皆失去合法性依据。但张之洞视三纲为不可变易之大本，他不理睬民权的合理性，只是以千年以来的三纲传统为价值标准来判断是非善恶。民权是现代政治制度的基础理念，君权、宗法专制制度与民权水火不容。故张之洞说：“民权之说无一益而有百害。”“方今中华诚非雄强，然百姓尚能自安其业者，由朝廷之法维系之也。使民权之说一倡，愚民必喜，乱民必作，纪纲不行，大乱四起，倡此议者岂得独安独活？”② 张之洞是晚清时期国家肱股之臣，他毕生忠于清帝国，以“激发忠爱，讲求富强，尊朝廷、卫社稷为第一义”，奉行顾炎武“保天下者，匹夫虽贱，

---

① 张之洞：《劝学篇·内篇·明纲第三》，《张之洞全集》第十二册，第9715页。

② 张之洞：《劝学篇·内篇·正权第六》，第9721—9722页。

与有责焉”的格言，面对西方列强“瓜分之妄说”，他大声疾呼：“欲救今日之世变者，其说有三：一曰保国家，一曰保圣教，一曰保华种。夫三事一贯而已矣。保国、保教、保种合为一心，是谓同心。”① 张之洞列举印度沦为英国殖民地、越南为法国所占、古巴臣服西班牙之后所遭受的种族屈辱，企求中国不要重蹈覆辙，其忧国保种之心昭然可表，体现出一个士大夫的可贵品格。应该说，在这一点上，张氏与维新派的立场是一致的。不过，限于保守的立场，囿于对社会发展趋势的预见，他无法超越君主专制制度之范围，故又反对变法维新：

> 有公然创废三纲之议者，其意欲举世放恣黩乱而后快，怵心骇耳无过于斯。中无此政，西无此教，所谓非驴非马，吾恐地球万国将众恶而共弃之也。②

张氏《劝学篇·内篇》之保守立场不言而喻，但他强调“中学为体”是为了张扬“西学为用”，故在《劝学篇·循序》中说：“今欲强中国，存中学，则不得不讲西学。”因而又尖锐地批评反对洋务之人：“今之排斥变法者大率三等：一为泥古之迂儒。泥古之弊易知也。一为苟安之俗吏。盖以变法必劳思，必集费，必择人，必任事，其余昏惰偷安、徇情取巧之私计，皆有不便，故借书生泥古之谈，以文其猾吏苟安之智，此其隐情也。……又一为苛求之谈士。”③ 由此可见，《劝学篇》的保守性是相对的，张氏固然维护三纲，反对民权、平等之说，但在封建伦常的限度内，他也赞成小打小闹式的“变法”，即积极吸纳“西用”。所以，《变法》篇最后说：“夫所谓道本者，三纲四维是也。若并此弃之，法未行而大乱作矣。若守此不失，虽孔孟复生，岂有议变法之非者矣！”

客观而言，张之洞具有自觉的经世致用意识。梁启超说：“清学以提倡一‘实’字而盛，以不能贯彻一‘实’字而衰。”④ 尚实致用是一种科学精神，也是一种道德精神。在清代的“宋学”、“汉学”两大学术伦理中，“经世”、“务实”为一大特色。张之洞毕生追求经世、务实，十分鄙

---

① 张之洞：《劝学篇·内篇·同心第一》，《张之洞全集》第十二册，第9708页。
② 张之洞：《劝学篇·内篇·明纲第三》，《张之洞全集》第十二册，第9716页。
③ 张之洞：《劝学篇·外篇·变法第七》，《张之洞全集》第十二册，第9748页。
④ 梁启超：《清代学术概论》，第64页。

视那些“不解时务”的陋儒，提倡“读书宜读有用书”，“有用者何？可用以考古，可用以经世，可用以治身心三等”[①]。他认为，唐人崇尚词章，宋人笔墨繁冗，明人好作应酬文字，这些都只能眩人耳目，耗人精神。张氏对待各种学问臧否取舍之标准是“读书期于明理，明理归于致用”[②]。正是这种“经世”、“务实”的态度，使他能因时而变，与时俱进，充分肯定西方科技与具体制度的优点，并尽量吸纳、应用。虽然他也附和朝野“西学中源”的说法，认可“圣经之奥义，可以通西法之要旨”，但坚决反对以此为据，言华夏一切俱足，可以不假外求：“然谓圣经皆已发其理、创其制则是，谓圣经皆已习西人之技、具西人之器、同西人之法则非。”[③] 他虽然有所顾忌，但还是委婉地指出，西学中的许多成就源自中学，却又青出于蓝而胜于蓝，不可同日而语，所以他对守旧派的指斥可说是几乎无处不在，而论证向西方学习的依据时也不厌其烦，认为为了自强，“不必尽索于经文，而必无悖于经义”，只要于精神实质上同于圣人之道即可，而不是形式上的空谈性理。他说：

> 西政、西学，果其有益于中国、无损于圣教者，虽于古无征，为之固亦不嫌。
>
> 如其心圣人之心，行圣人之行，以孝弟忠信为德，以尊主庇民为政，虽朝运汽机、夕驰铁路，无害为圣人之徒也；如其昏惰无志，空言无用，孤陋不通，傲狠不改，坐使国家颠隮，圣教灭绝，则虽第佗其冠，神禫其辞，手注疏而口性理，天下万世皆将怨之詈之曰：此尧、舜、孔、孟之罪人而已矣。[④]

张之洞经世致用的最高伦理价值目标是保国、保种、保教，其中保国是首要任务，若不能保国，皮之不存，毛将焉附？所以对泥古不化的守旧派不留情。他以“务通以开风气”为宗旨，将洋务运动推向了顶峰。对于“西学为用”的内容，他进行了详细阐发，以《益智》论士农工商皆赖以智，智生于学；以《游学》倡留洋胜读西书；以《设学》论“新

---

① 张之洞：《辅轩语》一，《张之洞全集》第十二册，第 9793 页。

② 同上书，第 9797 页。

③ 张之洞：《劝学篇·外篇·会通第十三》，《张之洞全集》第十二册，第 9766 页。

④ 同上书，第 9766—9767 页。

旧兼学”、“政艺兼学”；以《学制》论西方现代教育制度；以《广译》论翻译；[①] 以《阅报》论阅报以知国是民情；以《变法》论行西法之限度；以《变科》论科举制度之弊；以《农工商学》论三者相辅相成，“如环无端”；以《兵学》论学习西方学事学以强国；以《矿学》、《铁路》言科技强国之道；以《会通》言“新学”、“旧学”如何权衡交融；以《非弭兵》言富国强兵为本而国际公法不足恃；以《非攻教》倡明智、宽容的宗教政策。从中可以看出，前期洋务思想把“西用”限于“西方技艺”，即军事工业、天文历算、物理化学、工程技术之类，而张之洞则启迪国人，西学不仅有“艺”，而且有“政”：

> 学校、地理、度支、赋税、武备、律例、劝工、通商，西政也；算、绘、矿、医、声、光、化、电，西艺也。（西政之刑狱，立法最善）
>
> 大抵救时之计、谋国之方，政尤急于艺。然讲西政者，亦宜略考西艺之功用，始知西政之用意。[②]

西艺表现出张之洞对西方科技的功能价值之重视。他指出，国家离不开农工商三业：“大抵农、工、商三事互相表里，互相钩贯，农瘠则病工，工钝则病商，工、商聋瞽则病农。三者交病，不可为国矣。”[③] 但农业要强，需“讲化学”，“养土膏，辨谷种，储肥料，留水泽，引阳光，无以不需化学。又须精造农具。凡取水、杀虫、耕耘、磨砻，或用风力，或用水力，各有新法利器，可以省力而倍收，则又兼机器之学”。农业生产需要化学、工学、农学、水利学、机械学，农产品进入市场要有商学知识，足见张之洞“实学”之切实细致。讲求实用实效，需要多方面的自然科学知识，这就必然需要相应的人才，而这些人才，旧有的教育制度是培养不出来的。故张之洞说：“儒不能知农、工、商之所知，此末世科目

---

① 张之洞在此篇中不无远见地指出：“不通西语、不识西文、不译西书，人胜我而不信，人谋我而不闻，人规我而不纳，人吞我而不知，人残我而不见。”故主张要广译外文书籍。（《张之洞全集》第十二册，第9745页）

② 张之洞：《劝学篇·外篇·设学第三》，载《张之洞全集》第十二册，第9740页。

③ 张之洞：《劝学篇·外篇·农工商第九》，载《张之洞全集》第十二册，第9757页。

章句之儒耳，乌睹所谓效哉？”[①] 儒生对农、工、商三业一窍不通，于国家有何意义呢？这里，张之洞透露出对只知四书五经、不懂经济知识的士人之鄙视，从价值目标看，这种褒贬都含有伦理启蒙的意义。

不仅如此，张之洞已认识到“西艺非要，西政为要”[②]。虽然他讲的西政，还不是指资本主义民主共和政体，只涉及具体的制度、政策，如教育制度、法律制度、财务制度及工商业政策等，但却几乎包罗了国计民生的各个重要方面。张之洞以“新旧兼学”、“政艺兼学”的开放的心态，痛斥守旧思维，揭露科举之弊，兴办近代教育，开创近代工业，其理论与实践的深度与广度在封建政体允许的范围内，已将“师夷”扩展到了最大限度。

我们之所以详列《劝学篇·外篇》的内容梗概，目的是要阐明张之洞之《劝学篇》不同于早期洋务派的巨大意义。虽然早期洋务派已在理论上形成了“中体西用”的基本结构，但张之洞不仅完善了“中体西用”的理论，还多方面推行了这一理论。两者的差别在于，后者之任何一个微小的行为，都会触及封建体制的有形、无形之网。以变革科举制为例，张之洞在《劝学篇·变科》中历数科举制弊病，指出学子以熟读五经四书应试，“实禄利之途驱之”；他们“不通古今，不切经济”，在处理日新月异的实际事务时百无一用：

> 今时局日新，而应科举者拘瞀益甚，傲然曰：“吾所习者，孔孟之精理、尧舜之治法也。”遇讲时务经济者，尤鄙夷排击之，以自护其短。故人才益乏，无能为国家扶危御侮者。[③]

一方面，传统科举制不能选取到有助于“国家扶危御侮”的智能之士。另一方面，新式学堂能培养经世致用之才，学子又学有所成，却又因为“无进身之阶，人不乐为也”。结果是“其士族俊才，皆仍志于科举而已”。为解决这个矛盾，摆脱困境，张之洞小心翼翼地提出折中的对策：“窃谓今日科举之制，宜存其大体而斟酌修改之”。具体而言，科举考试

---

① 张之洞：《劝学篇·外篇·农工商第九》，《张之洞全集》第十二册，第9757页。

② 张之洞：《劝学篇·序》，《张之洞全集》第十二册，第9705页。

③ 张之洞：《劝学篇·外篇·变科举第八》，《张之洞全集》第十二册，第9749页。下引皆从此篇。

分三场，第一场试以中国史事、本朝政治，第二场试以西学，“专问五洲各国之政、专门之艺。政如各国地理、官制、学校、财赋、兵制、商务等类，艺如格致、制造、声、光、化、电等类”。第三场试以四书、五经。“首场先取博学，二场于博学中求通才，三场于通才中求纯正”，这样所取人才，“既无迂暗庸陋之才，亦无偏驳狂妄之弊”。为说明此举可行，张之洞详细设计了每个环节如何掌握尺度，并郑重附录朱熹论科举之弊的语录，以作为改制的合法性依据。这个以“中体西用”为原则的科举制度改革，与戊戌变法时期康有为之主张大体一致，但康氏讲得更彻底、更激烈。1898 年 6 月，康有为向光绪帝连上数份奏折《请改八股为策论折》、《请废八股试帖楷法试士改用策论折》、《请废八股以育人才折》和《请废八股勿为所摇片》，“请变科举、废八股”，他说：

> 天下无人不受不学侮圣之传，以成其至陋极愚之蔽，目不通古今，耳不知中外，故至理财无才，治兵无才，守令无才，将相无才，乃至市井无才商，田亩无才农，列肆无才工，晦盲迂谬，西人乃贱吾为无教，藐吾为野蛮，纷纭胁割，予取予求，而莫敢谁何，皆八股之迷误人才有以致之也。①

康有为直陈废除八股取士，激进勇猛，反映了维新派的立场。张之洞则以中学西学兼考取士，固然是为了减轻守旧派的反对，但也反映了洋务派的立场。戊戌变法失败以后，科举制依旧延续，直到 1905 年，在新的历史条件下，张之洞联合袁世凯等封疆大吏再次上奏，阐明科举不废，新式学校即不能推广，西学即无从谈起。于是，清政府终于颁布上谕，从 1906 年起，终止一切乡试、会试及各省岁考，一切士子皆由学堂出身。历时 1300 年的科举制度终于废止。科举既废，张之洞参与制定了《奏定学堂章程》，使我国近代教育制度正式奠基，而以四书五经为主要内容的旧式教育亦终于成为历史。对于张之洞的这一教育改革实践在伦理启蒙中的意义，应给予客观公正的评价。

应该看到，“中体西用”论具有其历史的合理性。在晚清社会，若无“中体”，“西用”则无所依附，而一个国家也不可能在瞬间“本末俱

---

① 康有为：《请废八股以育人才折》，载《康有为政论集》上，第 286 页。

变”。在封建体制根深蒂固的中国，“中体西用”不失为一个可行的折中方案。历史也证明，这一主张的实施确实给中国带来了新气象，中国的近代工业、近代交通、近代教育等就是从这一时期起步的。与此同时，也正是因为“中体”对“西用”的种种限制，使得封建宗法专制制度的诸多弊端进一步暴露出来，从而使伦理启蒙与政治改革的必要性与重要性更加凸显。

从鸦片战争到戊戌变法，这一时期的政治家、思想家包括冯桂芬、王韬、郑观应、孙家鼐、张之洞等人，皆将体、用视为主、辅和本、末关系，也就是在第一层意义上使用体用范式。从宋明理学开始，“体”就与天理、天道等最高的伦理性的精神实体通用，而这一精神实体是封建纲常名教的形上依据，具有神圣性和不言自明性。因此，中体西用即以封建伦理实体为根本、为主导，以西方技艺为从属、为利用。以纲常为体，体现的是儒家的封建政治伦理意义，是对封建政体的维护。“夫不可变者，伦纪也，非法制也；圣道也，非器械也；心术也，非工艺也。”① 这是张氏封建政治立场所必然采取的态度。中体西用在理论上是有缺陷的，因为体用本是统一的，但它却认为体是体，用是用，裂而为二，或有体无用，或有用无体，这是有悖常理的。“中体西用”既囿于对西方富强之本的认识不足，又以其特定的立场决定了吸收西学之有限，并放弃了对于本质问题的探究，不敢越雷池一步，终非根本解决之道。于是，社会自新的能力被封建纲常所束缚，从而磨灭了富强的希望。这就使中体西用说的启蒙意义受到很大限制。张之洞等人的洋务运动的失败表明，中国要走向富强，一方面必须将伦理启蒙引向深入，大胆地冲破封建纲常的桎梏，另一方面要着力解决西学与传统文化的历史接合点问题。萧萐父先生在其《活水源头何处寻》一文中指出，“西学中源”与“中体西用”论的长期流行，确实是晚清士人及士大夫囿于知识所限，体现出愚昧无知，他们的具体结论都已毫无价值。但是，在这表象背后，也存着一个重大的历史课题，即近代西学如何与中国传统文化相融合，并在传统文化中找到它的生根之处，以便通过对西学精华的吸收而实现中国文化的自我更新，也就是依靠涵化西学而强化自身固有的活力，继往开来。在中国近代史上，那么多先进人物，都在认真地为传来的西学探索“中源”，寻觅“中体”，即探索与这

---

① 张之洞：《劝学篇·外篇·变法第七》，载《张之洞全集》第十二册，第9747页。

些西学同质的思想文化在民族传统中的根芽与源头，寻觅能够容纳和消化这些西学，并使之与民族优秀传统相接合的中华文化主体。① 这是中国思想启蒙的必经之路。

三 “中西本末绝异”的伦理观

1895 年的中日甲午战争，天朝大国被弹丸小国日本打败。北洋海军的覆没，宣告了洋务运动的破产。作为其指导原则的中体西用也失去了昔日的地位。战败后带来的屈辱使国人认识到亡国灭种迫在眉睫，于是发生了戊戌变法。戊戌变法以救亡保国为宗旨，变法的学理依据突破了“中体西用”的框架。按梁启超的说法，其“最初的原动力”是“残明遗献思想之复活”。之所以这样说，是因为明清之际顾亭林、黄梨洲、王船山的启蒙思想虽然已被康、梁整体性突破，但他们提倡的“经世致用之学”、超越门户之见的思想解放以及“大胆的独求其是”的精神，则仍在发挥作用。“经世致用”因时而异，对于康梁来说，这是他们检讨洋务的不足、超越“中体西用”樊篱之精神支柱。同时，他们对君主专制的大胆批评，参照西方的民主政治，更显得洞见非凡。② 也就是说，传统经世之学只是一种精神取向，西学已成为新学的主要内容，中国内源性启蒙思想接引了康、梁一代人对西方民主思想的认识。

对此，梁启超说过这样一段话：“有为、启超皆抱启蒙期‘致用’的观念，借经术以文饰其政论，颇失‘为经学而治经学’之本意，故其业不昌，而转成为欧西思想输入之导引。”③ 尽管从形式上说，维新派与洋务派都受经世致用精神的激励，但从内容上看，维新派与洋务派有着本质的不同，洋务派学习西学仅在技艺，而不在根本。如梁启超所指出的：“中国向于西学，仅袭皮毛，震其技艺之片长，忽其政本之大法。”④ 戊戌变法以“新学”突破“中体西用”的种种限制，重在改变政体的性质，即由专制制度向民主制度的转型，这是社会的总体变革与进步，因此旧文

① 萧萐父：《萧萐父文选》下，第 32—33 页。

② 梁启超：《中国近三百年学术史》，第 30—31 页。

③ 梁启超：《清代学术概论》，第 6 页。

④ 梁启超：《上南皮张尚书书》，《饮冰室合集·文集之一》，中华书局 1989 年版，第 105 页。

化的扬弃与新文化的传播成为社会转型不可或缺的组成部分。于是，民权论、天赋人权论、社会契约论开始进入知识阶层的视野，自由、平等、博爱的理念也开始传播，这就不可避免地要涤荡整个封建伦理体系：爱国取代忠君，民权说冲击了君权神授，自由、平等观念颠覆了三纲和封建宗法伦理……总之，中国近代的伦理启蒙迎来了实质性的进步。

（一）对张之洞中体西用论之批评

如前所述，张之洞将“中体西用”发挥到了一个极限，但由此也使人认识到它的局限性。梁启超说：“第一期，如郭嵩焘（1837—1909）张佩纶（1848—1903）张之洞等辈，算是很新很新的怪物。到第二期时，嵩焘佩纶辈已死去，之洞却还在。之洞在第二期前半，依然算是提倡风气的一个人，到了后半，居然成了老朽思想的代表了。”① 冯桂芬1861年提出“中体西用”说之后，随着洋务运动的实践，以中体吸纳西用的成效并不理想，这种认识已为有识之士认识到，甚至连洋务重臣、两广总督张树声（1824—1884）在1884年病危时的遗折中，也提出了一反中体西用、谏言因西学之体而行西学之用：

> 西人立国自有本末，虽礼乐教化远逊中华，然驯致富强具有体用。育才于学堂，论政于议院，君民一体，上下一心，务实而戒虚，谋定而后动，此其体也。轮船大炮，洋枪水雷，铁路电线，此其用也。中国遗其体而求其用，无论竭蹶步趋，常不相及，就令铁舰成行，铁路四达，果足恃欤！……（请）通筹全局，取琴瑟不调甚者而改弦更张之。圣人万物为师，采西人之体以行其用。②

张树声的这份奏议写于甲午战败前11年、戊戌变法前14年，不但见解深远，更显胆识过人。确实，教育、政治为西人立国之本，科技仅为其用，中国无视其体，而求其用，使得引进西学的作用被中体紧紧地束缚住。但以张之洞为代表的洋务派却坚持体不可变，道不可易，唯求器用之

① 梁启超：《五十年中国进化概论》，《饮冰室合集·文集之三十九》，第45页。

② 张树声：《遗折》，参见何嗣焜编《近代中国史料丛刊第二十三辑·张靖达公（树声）奏议》卷八，台湾文海出版社1966年版，第559—560页。

革新，在实践中越来越行不通。甲午战争失败以后，对“中体西用”的反思更加深入，谭嗣同在其著名的《报贝元徵书》中提出了道、器皆变的主张，他说：“故道，用也；器，体也。体立而后行，器存而道不亡。自学者不审，误以道为体，道始迷离徜恍，若一幻物，虚悬于空漠无朕之际，而果何物也耶？于人何补，于世何济，得之何益，失之何损耶？……器既变，道安得独不变？变而仍为器，亦仍不离乎道，人自不能弃器，又何以弃道哉！”在中国传统哲学的观念中，形而上者谓之道，形而下者谓之器，谭嗣同一反这种固定看法，以道为体而以器为用，认为无器则道无所依，器若变，则道亦必变。这一思想实际上指出了“中体西用”的困境，即器变而道不变是行不通的，体用皆变才是通途。这可说是维新变法运动前的一个理论准备。同样，康有为在更深地认识西学之后，在1888年提出了“中西本末绝异”说：

> 夫中西之本末绝异有二，一曰势，一曰俗，二者既异，不能复以中国之是非绳之也。①

在康有为看来，中西之“本”不同，故中西之“末”相异。就“势”而论，中国自三代以来即为一统之国，“地既广邈，君亦日尊，以一君核万里之地”，因此社会组织松散，“其为治也疏，听民之自治”。而西方各国自罗马以后，“散为列国争雄竞长”，因为争斗激烈，固“君虚己而下士，士尚气而兢功，下情近而易达，法变而日新，此势之绝异也”。就“俗”而论：

> 中国义理，先立三纲，君尊臣卑，男尊女卑……故君尊有其国，男兼数女。泰西则异是，君既多则师道大行而教皇统焉，故其纪元用师而不用君也。君既卑，于是君民有平等之俗，女既少，则女亦不贱，于是与男同业而无有别之义，此俗之绝异也。②

中国是大一统的封建国家，君主具有无上之尊，而地广人众，乡里自

---

① 康有为：《与洪给事右臣论中西异学书》，《康有为政论集》上，第47页。

② 同上。

治又不可避免，故而立三纲以保障君主专制与宗法家族制度。相比之下，西方列国林立，政教二元，教皇举足轻重，君民、男女相对有平等之俗。因为“势”、“俗”之不同，导致了更大差别：“夫中国之教，所谓亲亲而尚仁，故如鲁之秉礼而日弱。泰西之教，所谓尊贤而尚功，故如齐之功利而能强。”① 西方是议政之道，鼓励器艺精进，中国是君权至上，崇尚诗文等无用之学，本不同而末绝相异。康有为对中西方之本，即“势”和“俗”的理解是有新意的。他看到中学西学“各有本末”，无疑是认识的深入。康氏进一步指出：

> 泰西各学，自政治律例理财交涉武备农工商矿及一技一艺，莫不有学。②
>
> 泰西之强，不在军兵炮械之末，而在其士人之学、新法之书。凡一名一器，莫不有学：理则心伦、生物，气则化、光、电、重，蒙则农、工、商、矿，皆以专门之士为之。③

中国之“势”与“俗”决定了中国的政教，此为中学之本。中学之本以伦常为重，以器艺为轻。西方之本，在于西学，因为尊贤尚功，故“以器艺震天下”。也就是说，中西各具体用，“本末绝异”；中国之本（体）难以获得西方之末（用），所以向西方学习，应从根本处着手。虽然“以泰西政比于三代，犹不及也”，“其教养皆远逊于我先王也”，然而今日之中国已全然无先圣之法，“而反令外夷近之”④，因此，从根本上学习西学是必要的。

这说明，康有为已认识到体用是结构与功能的关系，体则是以政教、政治制度为主。既然如此，那么通过变法以改变此制度，就是必然的选择。康有为的“中西之本末绝异”的主张在戊戌变法前10年已提出，说明他后来的变法活动不是突发式的，而是酝酿已久的，是前期思想的延续与发展。他要改造中国的“本”（政治体制）而非只学习西方的“末”，

---

① 康有为：《与洪给事右臣论中西异学书》，《康有为政论集》上，第48页。

② 康有为：《请派游学日本折》，《康有为政论集》上，第250页。

③ 康有为：《日本书目志自序》，《康有为全集》第三集，中国人民大学出版社2007年版，第263页。

④ 康有为：《与洪给事右臣论中西异学书》，《康有为政论集》上，第48页。

所以在继承了经世致用之学的精神、获得“最初的原动力”激励之后，进一步发生作用的当然是西学的影响。

尽管如此，要突破“中体西用”的框架，不能完全不顾中国几千年的文化传统与价值观念。于是，在形式上，康有为采用中国传统典籍中的语言阐发己意，如梁启超所说：他“知国人之思想束缚既久，不可以猝易，则以其所尊信之人为鹄，就其所能解者而导之，此南海说经之微意也”[①]。康氏以《新学伪经考》破清代古文经学“恪守祖训”的精神障碍，以《孔子改制考》借孔子权威阐发《公羊》之微言大义，言托古改制之意。这两本书的价值并不在于学术方面，其意义如梁启超所言：“此说（《新学伪经考》）一出，而所生影响有二：第一，清学正统派之立脚点，根本摇动。第二，一切古书，皆须从新检查估价，此实思想界之一大飓风也。”“有为所谓改制者，则一种政治革命、社会改造的意味也。”[②]后来戊戌变法失败，保守派将反对此二书的主张汇编成《翼教丛编》，其序中说：“其言以康之《新学伪经考》、《孔子改制考》为主，而平等、民权、孔子纪年诸谬说辅之。伪六籍，灭圣经也；托改制，乱成宪也；倡平等，堕纲常也；伸民权，无君上也；孔子纪年，欲人不知有本朝也。”[③]守旧派的代表人物叶德辉对康有为的评价更是一语中的：“其貌则孔也，其心则夷也。”[④] 保守派所列举的要点，从反面说明了此二书的伦理启蒙价值。

（二）康有为之伦理启蒙方法

康有为以经学方式推出其政治伦理，以六经导引出西方平等、民权等现代思想，打着宣扬孔子之言、揭示《春秋》之意的旗号，以求变革千年君主专制制度，他说：

---

① 梁启超：《论中国学术思想变迁之大势》，《饮冰室合集·文集之七》，第99页。

② 梁启超：《清代学术概论》，第70—71页。

③ 苏舆编辑：《翼教丛编·序》。《翼教丛编》乃反对变法维新的文章汇编，收录了1898年7月戊戌政变前朱一新、洪良品、安维峻、文悌、孙家鼐、孙宝箴、张之洞、王仁俊、屠仁守、叶德辉、梁鼎芬、王先谦等十三人反对变法维新的文章，亦包括张之洞《劝学篇》中的《教忠》、《明纲》诸篇，均以维护封建纲常名教，反对平等、民权为目标。

④ 叶德辉：《叶吏部与刘先端黄郁文两生书》，《翼教丛编》卷六，《近代中国史料丛刊》第六十五辑，台湾文海出版社1966年版，第410页。

东西各国之强，皆以立宪法开国会之故，国会者，君与国民共议一国之政法也。盖自三权鼎立之说出，以国会立法，以法官司法，以政府行政，而人主总之，立定宪法，同受治焉。人主尊为神圣，不受责任，而政府代之，东西各国，皆行此政体，故人君与千百万之国民，合为一体，国安得不强？

吾国行专制政体，一君与大臣数人共治其国，国安得不弱？盖千百万之人，胜于数人者，自然之数矣。[①]

在康有为看来，三权分立是强国之本，专制政体是国弱之因，是天朝大国不敌西方列强、中国主权沦丧的重要根源。康氏认为，绝对王权乃最低级政治、“野蛮文明之谓”，适于据乱世，只可存在于落后的国家，这是中国数千年来社会和思想停滞的原因；[②] 君主立宪适于升平世，所谓“政在大夫”，君主不负责任；共和政体为最高级的政府，“文明世人权昌明，同受治于公法之下，但有公议民主，而无君主”[③]。因此，中国的救亡图存之道在于学习西学之本，以将专制政府转变成为民主政府为最终价值目标。而这一变革是渐进的，只有通过“君主之仁政”或“君民共主”(即君主立宪)，才能达到共和政府。故在戊戌变法时期，康有为希望与现存的政治秩序达成妥协，在封建体制内进行制度上的变革，其变专制为民主的信念与目标是很明确的。为了实现这种政治伦理目标，康氏对传统纲常进行了批判与改造。如对“忠君”，《论语·微子》云：微子遭纣王驱逐，箕子为奴，比干犯君而死，孔子认为这三人均为仁人。但宋儒从“天下无不是底君父”出发，将此三人皆贬斥为不忠之臣。对此，而康氏说：

孔子以与比干同称，未尝责微、箕之死节。盖孔子立君臣，不过同以治民。“若君为社稷死，则死之；为民亡，则亡之。若君无道而

① 康有为：《请定立宪开国会折》，《康有为政论集》上，第338页。

② 康有为说：“（中国）公理不明，仁术不昌，文明不进，昧昧二千年，瞀焉惟笃守据乱世之法（按：专制）以治天下……使我大地先开化之中国，五万万神明之种族，蒙然尔然，耗矣衰落，守旧不进，等诮野蛮，岂不哀哉！”（康有为：《春秋笔削大义微言考序》，《康有为政论集》上，第468—469页）

③ 康有为：《论语注》卷三，载《康有为全集》第六集，第395页。

死亡，则非其私昵，谁敢任之?”(《左传》)宋贤不明此义，若一君之亡，当胥天下之民而为之死者，则无义甚矣，非孔子之道也。

孔子尝言：“道不行，乘桴浮于海。”无道之君、大乱之世，不一定非要从政。但是，孔子亦十分强调“君君、臣臣”，视臣听命于君为当然之则。康有为言“孔子立君臣，不过同以治民”，认为孔子倡导君臣平等，这是比较牵强的。黄宗羲的表达似乎确切些，他在《明夷待访录·原臣》中说：“夫治天下犹曳大木然，前者唱邪，后者唱许。君与臣，共曳木之人也。”又说，“臣之与君，名异而实同”。而顾炎武则有“亡国”与“亡天下”之辨。康有为借助《论语》、《左传》阐发微言大义，是为了提高变法思想的权威性。但不论形式如何，康有为坚决反对宋儒的君臣观，以为其“无义甚矣”，他反对“君为臣纲”之意是十分明显的。

康有为对中国传统伦理信条不但多有拒斥，还以西方的“自由”、“平等”等价值观念予以诠释。关于平等，他说：“孔子曰：‘性相近也。’夫相近则平等之谓，故有性无学，人人相等，同是食味别声被色，无所谓小人，无所谓大人也。有性无学，则人与禽兽相等，同是视听运动，无人禽之别也。”[①] 客观而言，孔子所言“性相近”指人的本性相近，康氏以此性为自然本性，大人、小人、禽兽无别。而从孔子思想引申出人人平等，人兽无别，确有牵强嫌，故受到保守派人士的猛烈攻击，如叶德辉说：“今日说经之书汗牛充栋，……然未有以‘平等’为‘相近’，以人与禽兽为无别者也。……居光天之下，而无父无君，与周、孔为仇敌，苟非秉禽兽之性，何以狂悖如此。”[②] 对此，康氏置之不理。10年之后，他再论平等，不仅依旧坚持早年的观点，还补充以西方“天赋人权”的色彩：

人人皆天生，故不曰国民而曰天民；人人既是天生，则直隶于天，人人皆独立而平等，人人皆同胞而相亲如兄弟。[③]

---

① 康有为：《长兴学记》，《康有为政论集》上，第88页。

② 叶德辉：《叶吏部长兴学记驳议》，《翼教丛编》卷四，《近代中国史料丛刊》第六十五辑，台湾文海出版社，第244—248页。

③ 康有为：《孟子微·总论第一》，《孟子微礼运注中庸注》，中华书局1987年版，第13页。

> 天下为公，一切皆本公理而已。公者，人人如一之谓，无贵贱之分，无贫富之等，无人种之殊，无男女之异。①

在康氏看来，君主的职责就是为民服务，故无须拥有超出常人的权力，也不需要专制制度。他反对贵贱等级之分、男尊女卑之别、长幼之序，倡导人人平等、自由。他的《论语注》、《大学注》、《中庸注》、《礼运注》等，虽然大都通过“六经注我”的方式引申出现代理念，武断、曲解之处随处可见，但这并不影响其巨大的启蒙伦理价值。如关于自由，《论语·公冶长》云：“子赣曰：我不欲人之加诸我也，吾亦欲无加诸人。子曰：赐也，非尔所及也。”对此，康氏评论道：

> 子赣不欲人之加诸我，自立自由也；无加诸人，不侵犯人之自立自由也。人为天之生，人人直隶于天，人人自立自由。……人各有界，若侵犯人之界，是压人之自立自由，悖天定之公理，尤不可也。子赣尝闻天道自立自由之学，以完人道之公理，急欲推行于天下。孔子以生当据乱，世尚幼稚，道虽极美，而行之太早……至升平太平，乃能行之。……世近升平，自由之义渐明，实子赣为之祖，而皆孔学之一支一体也。②

在这里，康有为对子赣思想的诠释颇能反映西方自由观的基本观点。自由不是一个人无限制的、为所欲为的权利。卢梭说：“自由不仅在于实现自己的意志，而尤其在于不屈服于别人的意志。自由还在于不使别人的意志屈服于我们的意志。”③另一方面，康有为又保持了儒家所强调的社会伦理关系，不赞成脱离伦常的自由。孔子于乱世之中路遇隐者，他对隐者的避世之举坚定地表明了自己的立场：“鸟兽不可与同群，吾非斯人之徒与而谁与？天下有道，丘不与易也。”（《论语·微子》）人必须生活于社会之中，必须履行人之为人的义务，安伦尽分是一个人应尽的责任。所以，康有为说：“人生而有父母，同生而有兄弟，事业则有君臣，交游则

---

① 康有为：《礼运注》，《孟子微礼运注中庸注》，第240页。

② 康有为：《论语注》卷五，载《康有为全集》第六集，第411页。

③ ［法］卢梭：《社会契约论》第3版，何兆武译，商务印书馆2003年版，第19页。

有朋友，皆人之不能离者。"① 但是，先秦儒学发展至宋明理学，正是这些关系被不断强化的过程，最终成为窒息社会活力的枷锁，康氏笼统地主张"不能离"，表现出其自由观的不彻底性与局限性。

（三）康、张思想之同异

有论者认为，康有为的思想，与张之洞主张"中学为体，西学为用"并无很大不同。事实上，张之洞要保存传统的中学（儒学），借用的西学不过是技器；康有为对儒学以非传统的解释，而且除西方的科技外更建议变法。因此，康氏远较张氏激进。然两人一样热心于使儒学权威与影响绵延下去，一样坚信尊孔与保教必须与富强维新齐头并进。康有为作为儒家的卫护者可说是与张之洞一样保守。② 其实，这只是问题的一个方面。应该看到，张之洞是封建政体、纲常名教的捍卫者，其中学为体的核心是名教纲常不可变易，坚守的是理学传统。康有为则要改革封建政体，要求"本末俱变"，认为政治体制是科技之本，变法是富强之道，而君主立宪只是从专制向共和政体的过渡，民主是政治发展的必然趋势。因此，他形式上保护孔教，而实际上反对程朱理学，而所引申的孔子思想则与自由平等的思想相吻合。从"中西本末绝异"的观点出发，作为中学之体的三纲五常绝对不能容纳民主政治，而自由民主也不能存在于封建纲常名教之中。康有为既然主张民主自由，那就必然否定传统伦理。但从具体的历史环境来考虑，康氏牵强地把自由、平等、共和观念注入儒学，是为了使中国的伦理道德能够作为走向现代化的思想基础。因此引发守旧派的不满："故凡仁义礼智之德，君臣父子夫妇兄弟之伦，皆出于天理之自然，……夫何至废君臣父子以为教，蔑仁义礼智以为心？圣学之所为别于异端者此也。"③ 这从反面可知康有为的这种做法之伦理启蒙的意义。梁启超后来谈及这段思想变迁时说，"援西学入儒学"，使先秦儒学具有了新的活力，也使人的思想得以解放：

> 改制之义立，则以为《春秋》者，绌君威而申人权，夷贵族而

---

① 康有为：《中庸注》，载《孟子微礼运注中庸注》，第198页。

② 参见萧公权《康有为思想研究》，汪荣祖译，新星出版社2005年版，第81页。

③ 朱一新：《无邪堂答问》卷三，光绪二十一年（1895年）广雅书局刊，又见《朱侍御答康有为第五书》，《翼教丛编》卷一，载《近代中国史料丛刊》第六十五辑，台湾文海出版社。

尚平等，去内竞而归统一，革习惯而尊法治，此南海之言也。畴昔吾国学子，对于法制之观念，有补苴无更革；其对于政府之观念，有服从、有劝谏无反抗。……南海之功安在？则亦解二千年来人心之缚，使之敢于怀疑，而导之以入思想自由之涂径而已。

自董仲舒定一尊以来，以至康南海《孔子改制考》出世之日，学者之对于孔子未有敢下评论者也。恰如人民对于神圣不可侵犯之君权，视为与我异位，无所容其思议，而及今乃始有研究君权之性质，拟议其长短得失者。夫至于取其性质而研究之，则不惟反对焉者之识想一变，即赞成焉者之识想亦一变矣！所谓脱羁轭而得自由者，其几即在此而已。[①]

在19世纪后期这一特定的历史时期，康有为无疑是中国最具影响力的启蒙思想家，他尚人权、崇平等、反专制、倡思想自由，对君权之性质，对孔子之评价等等，震动了中国的思想界，数千年来被认为神圣不可侵犯之经典，根本发生动摇，故梁启超称其为“思想界之一大飓风也”。其意义是显著的，鼓动了士人们敢于怀疑、诘难的勇气，“解二千年来人心之缚”。这也是康德所揭示的启蒙的气质。

康有为之思想有两个层次，其一是现实层面，以引申先秦儒家的政治伦理原则为基础，以托古改制的方式宣扬维新变法，对传统伦理既有所革新又尽量保留与尊重。康有为毕生的活动，可以说皆在于此。梁启超说：“（康）有为始终谓当以小康义救今世，对于政治问题，对于社会道德问题，皆以维持旧状为职志。自发明一种新理想，自认为至善至美，然不愿其实现，且竭全力以抗之遏之，人类秉性之奇诡，度无以过是者。”[②] 其二是理想层面或曰终极追求，在《大同书》中，康氏的思想已超越既存制度与价值观，其中包含激烈的伦理革命。梁启超称《大同书》“其火山大喷火也，其大地震也”。举其要者，《大同书》以“天赋人权”为灵魂，“人人有天授之体，即人人有天授自由之权。……禁人者，谓之夺人权、背天理矣”[③]。以此为依据，男女平等即是天经地义，“此天予人之权也”，

① 梁启超：《论中国学术思想变迁之大势》，《饮冰室合集·文集之七》，第99—100页。
② 梁启超：《清代学术概论》，第74页。
③ 康有为：《大同书》，《康有为全集》第七集，第58页。

女子守贞即是“背天理”，他说：“宋儒好为高义，求加于圣人之上，致使亿万京陔寡妇，穷巷惨凄，寒饿交迫，幽怨弥天，而以为美俗。”[①] 这是20世纪20年代妇女解放的先声。不惟如此，康有为对传统伦理的批判是整体性的：

> 若夫名分之限禁，体制之迫压，托于义理以为桎梏，过于囚于图圄者尚有甚焉。君臣也，夫妇也，乱世人道所号为大经也，此非天之所立、人之所为也。而君之专制其国，鱼肉其臣民，视若虫沙，恣其残暴。夫之专制其家，鱼肉其妻孥，视若奴隶，恣其凌暴，在为君、为夫则乐矣，其如为臣民、为妻孥者何！……人天所生也，托借父母生体而为人，非父母所得专也，人人直隶于天，无人能间制之。盖一人身有一人身之自立，无私属焉。然或父听后妻之言而毒其子，母有偏爱之性而虐其孙，皆失人道独立之义，而损天赋人权之理者也。[②]

不但批判君主专制，而且异常尖锐地揭露了宗法家族制度下父子、夫妻关系的不合理，故梁启超说：“《大同书》其最要关键，在毁灭家族。”这已触及封建伦理的核心。以此见识，《大同书》本应成为中国近现代伦理启蒙思潮中的领航者，[③] 但《大同书》并未公开刊行，“（康）有为虽著此书，然秘不以示人，亦从不以此义教学者，谓今方为‘据乱’之世，只能言小康，不能言大同，言则陷天下于洪水猛兽。其弟子最初得读此书者，惟陈千秋、梁启超”[④]。这一思想贯穿康有为的一生，早在1886年，康有为作《康子内外篇》时就认识到，“中国之俗，尊君卑臣，重男轻女，崇良抑贱，所谓义也……习俗既定以为义理。至于今日，臣下跪服畏威而不敢言，妇人卑抑不学而无所识，臣妇之道，抑之极矣，此恐非义理之至也，亦风气使然耳。物理抑之甚者必伸，吾谓百年之后必变三者：君不专、臣不卑，男女轻重同，良贱齐一”[⑤]。《大同书》初稿写成于

---

① 康有为：《大同书》，《康有为全集》第七集，第73页。

② 同上书，第35—36页。

③ 在这一点上，陈独秀、胡适表达了和康有为相似的思想，但陈未见《大同书》，说明思想家面对时代课题具有相似的思路。（萧公权：《康有为思想研究》，汪荣祖译，新星出版社2005年版，第325页）

④ 梁启超：《清代学术概论》，第74页。

⑤ 康有为：《康子内外篇·人我篇》，《康有为全集》第一集，第108页。

1901—1902 年，后不断增补。全书十卷，1913 年在《不忍》杂志发表二卷，全书在他死后的第 8 年即 1935 年才刊印出版。可以说，在康有为的思想世界中，一直交织着两个层面的观念，一是现实的，他竭力保护既有的伦理规范，即使改制也要托言于古人；一是理想的或未来的，以《大同书》为代表，他要超越现实的价值观念。因此，他在现实与理想之间存在着深刻的、内在的矛盾。萧萐父先生说：“方生未死，新旧杂陈，这种情形反映在思想上，就表现为早期启蒙学者的思想仍然在相当大的程度上受到旧的传统的束缚。”① 此言中国晚明启蒙思想的特征，但对戊戌时期的变法者和康有为思想而言大体上也是适用的。

四 “体用”范式下伦理启蒙的深化

在张之洞酝酿《劝学篇》之时，严复（1854—1921）对西方文化的精髓已有更深刻的理解。针对当时流行的中体西用说、中主西辅说的粗疏与肤浅，严复尖锐地批评道：“中学有中学之体用，西学有西学之体用，分之则并立，合之则两亡。”② 无论是中学还是西学，都既是一个包含多种文化要素的有机体，又是一个有着多层次结构的统一体。而中体西用论采取的是体、用割裂的嫁接方法，企图以此法把西方的技术之用与封建的政治伦理结合起来，正如严复所指出的，“使所取以辅者与所主者绝不同物，将无异取骥之四蹄以附牛之项领”，因而在实践上陷入了“牛体马用”的困境。

（一）严复的自由为体、民主为用及其伦理意蕴

在严复看来，体与用不是主辅关系，而是结构与功用的内在关联。即便以社会制度为体，以工业为用，依然不是西方富强的根本原因。“船坚炮利”、“工艺精巧”只是枝节末梢，学习西洋之术须知其真谛。他敏锐地洞察到，西学之根本在于“自由”：

> 夫与华人言西治，常苦于难言其真。……苟扼要而谈，不外于学

① 萧萐父：《萧萐父文选》下，第 248 页。

② 严复：《与〈外交报〉主人书》，载《严复集》第三册，中华书局 1986 年版，第559 页。

> 术则黜伪而崇真，于刑政则屈私以为公而已。斯二者，与中国理道初无异也。顾彼行之而常通，吾行之而常病者，则自由不自由异耳。[①]

"于学术则黜伪而崇真"，此学术非考据之学，而是建立在实验基础上的自然科学，船坚炮利是源于科学而显现为精巧的技术。"于刑政则屈私以为公"，刑政非刑罚之治，而是民主议政之道，国力强盛来自严密高效的体制。引申而言，即科学与民主是西方富强之道，而这些都是建立在思想自由与政治自由的基础上的，故自由才是西学之本。但是，二者之中，严复更看重政体的决定性影响，因为甲午之战失败后，"朝野乃知旧法之不足恃，于是言变法者乃纷纷"[②]，而变法所要求的民主制度，是奠基于"自由"之上的。严复的这些思想一举突破了中体西用论，使近代以来的体用范式形成了一种崭新的理论形态。严复指出：

> 彼西洋者，无法与法并用而皆有以胜我者也。……推求其故，盖彼以自由为体，以民主为用。[③]

中体西用以中国封建纲常之体辅以西方技艺之用，而"自由为体，民主为用"则认为建立在自由主义思想基石之上的民主政体才是西方国强民富的主因。从体用范式而言，严复的"自由为体，民主为用"兼有体用关系的第二、第三层内涵。其一，严复首先认识到民主体制（体）与富强（用）之间的关系是结构与功效关系，而中体与西用却是"牛体马用"，封建体制难以容纳近代科学与工业体系的充分发展，这无疑是对"中学为体"的绝对性的祛魅；其二，现代社会的最终决定因素在于自由的理念，此是社会的"绝对之体"，近代西方社会是以自由为体而展现出来的理一分殊，这是"绝对的体用观"的一种思维方式。虽然这种自由主义价值观比器物、制度上的效法西方更不易产生某种预期效果，但并不妨碍严复成为这一时期最重要的启蒙学者。实践可以立竿见影，理论却要追本穷源，从最根本终极处着眼。严复的工作在当时的实际作用虽然不如

---

① 严复：《论世变之亟》，载《严复集》第一册，第2页。

② 梁启超：《戊戌政变记》，载《饮冰室合集·专集之一》，第22页。

③ 严复：《原强》，载《严复集》第一册，第11页。

洋务运动那样明显，但从辛亥革命到五四运动，都可见到这一思想的深远影响，从而成为自由主义思潮的先声，中国社会现代意识的重要源头。

（二）贺麟的精神为体、文化为用及其伦理意蕴

近代西方社会既有深厚的思想渊源，又在此根基上建立起环环相扣、紧密配合的制度框架和完整的社会系统。因此，孤立地截取西方文化的一段作为学习的模本，是片面的、枝节的，把复杂的问题作了简单化处理。如果说“中学为体，西学为用”是碎片化了文化的系统性，那么，“自由为体，民主为用”则是割裂了文化的有机性。五四前后，有些学者意识到西学的庞大、西方文化各要素之间存在难以分割的联系，于是出现了全盘西化的文化观与全面否定传统伦理、“打倒孔家店”的虚无主义思潮。

但贺麟（1902—1991）不是这样。他看到了问题的复杂性，认为企图对西学的绝对的“体”的吸收而毕其功于一役，是不现实的。因为“绝对的体用观”难以还原复杂的真实世界，于是也就缺乏实践上的可行性。他试图以“相对的体用观”为理论依据，以建立新时代的伦理精神。在他看来，体、用之间是一种相对的关系，是一个价值序列：“自然为文化之用，文化为自然之体。文化为精神之用，精神为文化之体。精神为道之用，道为精神之体。”① 具体而言，（1）“道”是宇宙人生的真理，人类最高的价值理念，即真、美、善。（2）“精神”是一种具有价值指向的意识活动，是心灵与真、美、善的契合，“精神就是指道或理之活动于内心而言。”（3）“文化”是经过人类精神陶铸过的自然，是精神活动实现出来的价值物。（4）“自然”是与价值相对的、纯用或纯材料。在自然—文化—精神—道之间的体用关系中，文化、精神之体、用只具有相对意义，在一个关系中是体，在另一种关系中是用。贺氏以此相对的体用观来包含人类活动的不同层面，一步步地展现为客观世界。

在贺麟提出的由道、精神、文化、自然构成的逻辑结构中，“精神”是最关键的一环。道是单纯的本体、抽象的理念，若不通过精神活动展现出来，就只能是潜伏的、缥缈的无用之“道”。而借助于体用合一、亦体亦用的精神，道能够显现为文化。从总体上说，文化以道为体，是道的显现。而具体地说，“文化乃是精神的产物，精神才是具众理而应万物的主

---

① 贺麟：《文化的体与用》，载《儒家思想的新开展——贺麟新儒学论著辑要》，第7页。

体。”所以，贺麟的观点是：“以精神或理性为体，而以古今中外的文化为用。”[①] 正因为精神以道为价值皈依，有真、美、善之分别，故由精神显现出来的文化世界就丰富多彩，也造成了中西不同类别的文化的差异，这对于探索如何学习西方文化有重要的启蒙意义。

首先，对待西方文化，须见其体用之全。国人最常见的错误，总是偏于求用而不求体，只知留意形下事物，而不知寄意于形上的理则。比如，“研究科学之目的亦在于见道知天，非徒以有实用价值的技术见长。此种高洁的纯科学探求的境界，自非求用而不求体者所可领略”[②]。因为未见到体、用之间的深刻关系，“根据文化上体用合一的原则，便显见得‘中学为体，西学为用’的说法不可通。因中学西学各自成一整套，各自有其体用，不可生吞活剥，割裂零售”[③]。西洋的物质文明亦自有西洋的精神文明以为之体。而中国的旧道德、旧思想，既不能为西洋近代科学及物质文明之体，亦不能以近代科学及物质文明为用。

在贺氏看来，严复提出的“自由为体，民主为用”，亦只是一种孤立的理解、割裂的模仿。即使是到了五四运动，所关注的还只是实用，“虽提倡民主与科学，但却认为不需要较高深较根本的纯正的古典的哲学、艺术，特别是道德和宗教。总之，即自五四运动以来，亦还是只从用方面着手，没有了解西洋文化的体”[④]。

其次，“精神为体，文化为用”的体用观落实于文化行为模式，便是“以体充实体，以用补助用”[⑤]。“以用补助用”，就是引入西方现代的科学技术以发展中国的物质文明。“以体充实体”，是指文化之体是精神，精神的最高价值理念是真、美、善。这一点，“东圣西圣，心同理同”。但是，中西文化之体都不是先天就圆满具足的。中学的精神主要在儒学，西学的精神主要在正统哲学与基督教。其充实中国文化之体，就是把西方哲学和基督教精神同儒学熔为一炉。吸取西方正统哲学的精华，使儒学“体系更为严谨，条理更为清楚，不仅可作道德可能的理论基础，且可奠

① 贺麟：《文化的体与用》，载《儒家思想的新开展——贺麟新儒学论著辑要》，第 13 页。

② 同上书，第 11 页。

③ 同上书，第 12—13 页。

④ 贺麟：《认识西洋文化的新努力》，载《儒家思想的新开展——贺麟新儒学论著辑要》，第 33 页。

⑤ 贺麟：《文化的体与用》，载《儒家思想的新开展——贺麟新儒学论著辑要》，第 13 页。

定科学可能的理论基础”[①]。这是因为，西方哲学经过启蒙时代的洗礼，理性、平等、自由等一系列观念通过严格论证已经确立，成为道德与科学的基础。而传统儒学则没有完整的体系、严密的逻辑，不能为中国社会提供有益而有力的理论支持，因而以体充实体是必须的。

具体而言，“五伦的观念是几千年来支配了我们中国人的道德生活的最有力量的传统观念之一。它是我们礼教的核心，它是维系中华民族的群体的纲纪。我们要从检讨这旧的传统观念里，去发现最新的近代精神”[②]。贺麟认为，中国文化之体的革新和对国人之伦理启蒙，应以分析“五伦”为突破口：

（1）人生而处于“人—天”、“人—物”、“人—人”三种关系之中，但“五伦”只是注重人与人的关系，而不注重人与神、人与自然的关系。注重人神关系而产生宗教，注重物理的自然而产生科学，注重审美的自然而产生艺术。五伦说偏重道德价值，故而在中国传统的价值理念中，缺少注重科学、艺术的希腊精神与注重神（宗教）的希伯来精神的价值维度。贺麟认为，五伦之注重人伦本身值得肯定，但真、美、善的和谐统一不可偏颇。

（2）以五伦观念为中心的礼教，认为人与国家（君臣）、家庭（父子、兄弟、夫妇）、社会（朋友）的关系不能逃避、不应逃避，是必须履行的道德责任与义务、稳定社会的健康思想。但是，这种伦常思想一经信条化、制度化，发生强制的作用，便损害个人的自由与独立。“不唯不能发挥道德政治方面的社会功能，而且大有损害于非人伦的超社会的种种文化价值（按：如科学与艺术）。”[③]

（3）“宗教为道德之体，道德为宗教之用。”[④] 儒家“以人伦道德为中心”的道德哲学，其不足之处在于“狭义道德意义的束缚”[⑤]。也就是说，儒家的道德观念以宗法血缘为其基础，是一种由亲及疏、推己及人的等差之爱。贺麟认为，这种爱合理而平正，但仍须以基督教平等的普爱来补充。他说：“所谓普爱者，即视此仁爱之心如温煦的阳光，以仁心普爱

---

① 贺麟：《儒家思想的新开展》，载《文化与人生》，商务印书馆1988年版，第8页。

② 贺麟：《五伦观念的新检讨》，载《文化与人生》，第51页。

③ 同上书，第54页。

④ 贺麟：《文化的体与用》，载《儒家思想的新开展——贺麟新儒学论著辑要》，第9页。

⑤ 贺麟：《儒家思想的新开展》，载《文化与人生》，第11页。

一切，犹如日光之普照，……打破基于世间地位的小己的人我之别、亲疏之分。”[①] 这实际上是一种宽容精神，不但是宗教的精神境界，而且在近代的民主社会中，若没有尊重他人的胸怀，“则政党间的公开斗争，商业上的公平竞争，学术上的公开辩难，均有为褊狭的卑鄙的情绪和手段所支配，不能得互相攻错，相得益彰，相反相成之益。”客观而言，从血缘社会走向市民社会，五伦确实有其局限性。

（4）三纲是五伦的核心。由五伦的相对关系，提升为三纲的绝对要求，五伦成为五常德，即柏拉图式的纯道德理念或范型，也是康德所谓的绝对的道德律令。三纲的本质精神在于忠于永恒的道德理念，尽单方面的纯义务。因此，三纲比五伦更深刻而有力量。封建时代一去不返，三纲作为具体的伦理原则已经过时，但我们需要新时期的深刻有力的神圣道德律令。贺麟认为，“现在的问题是如何从旧礼教的破瓦颓垣里，去寻找出不可毁灭的永恒的基石。在这基石上，重新建立起新人生、新社会的行为规范和准则”。也就是说，我们需要的是能够启发我们的性灵，扩充我们的人格，凝聚中华民族的伦理精神，能够载道显真、明心见性，使我们与永恒的价值理念愈益接近的伦理精神。

综上所述，近代以来的体用范式经历了复杂的变化，除了“中体西用”的简易心态，“自由为体，民主为用”的绝对体用观，“精神为体、文化为用”的相对体用观，还有牟宗三的“新中体西用论”，即以“道统之肯定”（儒家伦理精神）为体，“学统之开出”（科学）与“政统之继续”（民主）为用，[②] 傅伟勋（1933—1996）的“中西互为体用论”，其反对“基于华夏优越感的中体西用论”[③]，思想者的认识不断深入。这一过程中贯穿着一个核心问题——中国伦理传统何去何从——在某些方面已明确而清晰，作为封建专制体制思想基础的纲常名教，在伦理启蒙中被不断涤荡着、祛魅着。最为重要的是，中华民族应确立新的伦理精神，为中国社会现代化提供强有力的思想支撑也成为共识。但是，新的伦理精神如何建立，其内涵应该是什么？仁者见仁，智者见智，众说纷纭，对策各异。但这些不同的主张有一个共同点，就是都在发掘、利用中国传统哲学

① 贺麟：《儒家思想的新开展》，载《文化与人生》，第56页。

② 牟宗三：《道德的理想主义·序》，台湾学生书局1985年版。

③ 傅伟勋：《从西方哲学到禅佛教》，三联书店1989年版，第420页。

与伦理学的思想资源、概念范畴、语言形式，以开放的心态吸纳西方文化的有益内容，并以此启迪国人，突破传统儒学伦理思想的框架，加以创造性的发展，以构建新时代的伦理精神。

第三章 “科学”的伦理启蒙

科学是启蒙思想大厦里最重要的基石之一。在西方启蒙运动中，科学的发展与科学思想的传播居功至伟。当代英国思想家以赛亚·伯林非常具体地总结了科学之于启蒙的意义，他说：“（启蒙运动）宣扬理性的自律性和以观察为基础的自然科学方法是惟一可靠的求知方式，从而否定宗教启示的权威，否定神学经典及其公认的解释者，否定传统、各种清规戒律和一切来自非理性的、先验的知识形式的权威。”① 理性是人的理智能力，这种理智能力的运用既需要人的意愿与勇气，也需要人的能力，而科学的进步是促使人的理智能力提高的最重要的方式。科学方法不能证明的或证伪的东西，通常成为不可相信的对象。从16世纪开始，经过哥白尼（1473—1543）、布鲁诺（1548—1600）、伽利略（1564—1642）、开普勒（1571—1630）、牛顿（1643—1727）等科学家们的努力，地心说被颠覆，“上帝”、《圣经》以及与此相关联的“天赋观念”不断瓦解，科学成就使宗教不再拥有对宇宙起始、人类起源和社会秩序、政治理念、行为规范之绝对的话语权。科学世界观对神学世界观的冲击在西方引起了巨大的精神震荡，在科学理性与宗教教义的对峙中，前者取得了举世瞩目的成就，成为反对非经验的假设、主观的臆测特别是宗教迷信的最有力的工具。简言之，在西方启蒙运动中，科学成就的冲击使神学世界观最终坍塌。但是，在“科学观念”经过启蒙哲学的提升而获得了更普遍的、绝对的意义与地位之后，至19世纪中叶，“科学主义”（Scientism）便大行其道。科学主义宣扬科学知识和技术无所不能，主张自然科学的方法应该成为哲学、人文科学和社会科学等一切研究领域的唯一方法。由于伦理学对价值

---

① ［英］以赛亚·伯林：《反潮流：观念史论文集》，冯克利译，译林出版社2002年版，第1页。

的陈述难以完全通过逻辑证明、通过经验加以证实，所以加剧了科学与人文的分离，使伦理价值陷于虚无化的困境。

与此相比，“科学”的伦理价值及其启蒙意义是与中国近代社会的实际状况紧密相连的。近代科学孕育、成熟于西方社会，其在清末引入中国则首先是为了“追求富强”与救亡图存。因此，作为保国、保种的手段，“科学”就有了特殊的伦理价值。五四新文化运动将科学作为两大重要目标之一，这里不仅包括自然科学如何在中国发展的问题，还包括对一切事物都要采取科学的态度和方法的问题，从而使科学在中国取得了神圣的地位。在新文化运动中，甚至语言和文学的变革也不是技术性的，其主要目标之一是使中国语言能吸收现代科学术语。① 随着近代科学在中国社会的扎根与成长、科学功能的扩大和“科学的观念”的深入人心，科学渐渐成为偶像而定于一尊，演变为科学主义，认为科学不仅能支配伦理观念，还能支配文化中的所有要素。于是，科玄论战爆发，科学与人生观问题凸显出来。此外，西方的科学传统源于古希腊科学家、思想家为知识而求知的“爱智的品质”，其不计较外在名利、实用目的的科学自由精神成为推动科学发展的原动力。而中国传统伦理中基本上没有赋予纯粹的科学自由活动以高尚的道德价值。如何既发挥科学的实用功能，为救亡图存服务，又发掘科学的内在价值，鼓励自由探索以发展科学，赋予科学以崇高的伦理价值，是伦理启蒙的重要内容。

一 传统儒家伦理与科学

中国是世界上著名的文明古国之一，以四大发明闻名于全世界。在宋元以前，中国的科学技术遥遥领先于世界各国，但在明中叶以后渐渐落后于西方，这也成为国家积贫积弱的一个重要原因。中国科技落后的原因是多方面的，其中一个方面是制度化儒学的消极影响。儒学本身并不反对科学，它对科学的作用是双重性的，即既有积极促进的方面，亦有消极阻碍的方面，后者在制度化儒学那里表现得尤为明显。不惟儒学，道家学说中

① 参见［美］郭颖颐《中国现代思想中的唯科学主义（1900—1950）》，雷颐译，江苏人民出版社 1998 年版，第 5 页。郭颖颐，1932 年生，耶鲁大学博士，夏威夷大学历史系教授，主要研究中国现代思想史、中国知识分子史等。

也有反对科学技术的内容。如道家的开山祖师老子说："智慧出，有大伪"（《老子·十八章》）、"绝圣弃智，民利百倍"（《老子》十九章）。《庄子·天地》也说："有机械者，必有机事；有机事者，必有机心。机心存于胸中，则纯白不备；……道之所不载也。"他们都将科技与道德对立起来。儒家虽一般不直接否定自然知识的功用，但其强调的是道德的价值。

（一）儒学之重道德、轻科技

《尚书·大禹谟》倡导"正德、利用、厚生"，正德是第一位的。《中庸》的"博学之，审问之，慎思之，明辨之，笃行之"，虽孕育着怀疑与探索精神之萌芽，但关注的重点也在道德。儒家提倡"仁且智"的道德人格，尽管包含着对智的肯定，但这并不是严格意义上的科学求真活动，所谓"行"也主要是指道德践履。《礼记·大学》中的八条目，将格物、致知作为修身的重要任务，后儒注这段话，多作道德认识、道德修养解读。如郑玄注《大学》"致知在格物"云："格，来也。物，犹事也。其知于善深则来善物，其知于恶深则来恶物。"[①] 宋儒亦云："格犹穷也，物犹理也。犹曰穷其理而已也。穷其理然后足以致之，不穷则不能致也。格物者，适道之始，欲思格物，则固已近道矣。是何也？以收其心而不放也。"[②] 格物、致知是养心活动，为道德修养之重要环节，可见"理"主要不是自然之理，而是人伦之理。而在"仁、义、礼、智、信"五常中，作为分是非、别善恶的"智"，则径直被视为道德规范。可以说，儒家在知识与道德的关系中，展现出的是一种"仁智合一而以仁为笼罩者的系统"[③]。胡适（1891—1962）也在《先秦名学史》中指出，朱熹和王阳明都同意把"物"作"事"解释，这一个字的人文主义解释，决定了近代中国哲学的全部性质与范围，它把儒家思想限制于人的"事务"和关系的领域。王阳明主张"格物"只能在身心上做，即使宋学探求事事物物之理，也大体上是研究"诚意"以"正心"。他们提出的有助于研究自然客体的科学方法，也基本上局限于研究伦理与政治哲学之中。可以说，王

---

① 郑玄：《礼记注疏·大学》卷六十。

② 《二程遗书》卷二十五。

③ 牟宗三：《中国哲学的特质》，上海古籍出版社 2007 年版，第 149 页。

阳明的心学理论是与科学的程序和精神不两立的，即心学的直觉特征与科学的经验方法是不相同的。而宋代哲学家对“格物”的解释虽然是对的，但是他们的逻辑方法却没有效果，因为其忽视了心在格物中积极的、指导的作用，最不幸的是把“物”的意义解释为“事”。因此，宋明哲学都没有对科学的发展作出任何贡献。[①] 这段话虽然讲得很绝对，未将其他学者关于“格物”之科学认识含义梳理出来，但主导方面应该是对的。

（二）制度化儒学对科学进步之消极影响

不啻如此，随着汉代以后儒学独尊地位的形成，儒家伦理对科学发展的作用越来越消极。儒家伦理虽然在总体上与科学没有直接的冲突，但当它成为占据独尊地位的社会意识形态，并被制度化乃至法律化以后，其所产生的历史作用就不是那么简单了。如马克斯·舍勒（Max Scheler, 1874—1928）所言，一个价值体系是不同价值要求依据优先性法则所构成的，价值核心是价值体系中的决定性因素，诸多具体价值必须服从于价值优先性法则而获得自身存在的合理性根据。[②] 儒家伦理是社会价值体系的核心，其对德性之知的高扬无形中降低了自然之知的地位。可以作为明证的是，清代乾隆帝亲自组织编撰的中国历史上一部规模最大的丛书《四库全书》，其中最为重视的是儒家著作，它把儒家经典放在四部之首，把一般儒家著作放在子部之首，而对科技著作则相当轻视。具体做法，一是“节取其技能”，二是“禁传其学术”。表现为除了农家、医家和天文、算法类少数科技著作之外，不收录一般的科技著作。连宋应星（1587—约1661）的《天工开物》（1637年初刊）这部被国外称为“中国十七世纪的工艺百科全书”，也因为种种原因而遭禁毁，甚至在《四库全书总目提要》中也无任何记录。令人感叹的是，这部记述与总结我国古代农业、手工业等生活技术和生产技术、造福民众生活日用的重要著作，尽管后来被译成英、法、德、日、俄、意等多国文字，并且销售长盛不衰，但在宋应星撰写此书时，就预见了它的命运，他在该书的序言中说：“丐大业文人弃掷案头！此书于功名进取毫不相关也！”请那些热衷于科举仕途的文

① 胡适：《先秦名学史》，载《胡适文集》第6册，北京大学出版社1998年版，第8—10页。

② ［德］马克斯·舍勒：《价值的颠覆》，罗悌伦等译，三联书店1997年版，第52—53页。

人把此书扔到一边去吧！这本书对于猎取功名是没有用处的。《天工开物》问世以后，果真被中国士大夫阶层所鄙弃，以致失传了将近300年，直到1926年才从日本传回翻刻本。联系到专言百工技巧的《周礼·考工记》，在2000年中也很少有人问津，书中所言汉代以前古器制度的遗迹，有关工艺的思想及设施，器物及其形状、大小等等，直到清代戴东原（1723—1777）才给以考证与图解，这都不是偶然的现象。1760年（乾隆二十五年），法国传教士蒋友仁来华撰成《地图新说》一书，正式介绍哥白尼的日心说和开卜勒的行星运动三大定律，被乾隆及满朝官员斥为“异端邪说”[①]。正如任鸿隽（1886—1961）在1931年的《科学及其在中国的引入和发展》中所言：“看一看两千年的思想史，我们可以看到一串串学者、文人、史学家、古籍注疏家，但却找不出一个培根称之为‘自然的解释者’的人。”[②]

更重要的是，儒学不仅是一种观念化的思想形态，它还是一种制度性的存在。隋唐以后，科举制度与教育制度使儒家经典成为国家规定的教育内容与取士标准，其主要目的是培养与选拔行政官吏，这就从价值导向上把士人引向读书做官的道路，抑制了他们对科技知识的追求。当儒学作为官方正统思想风行天下，“德性优先”凌驾于“自然之知”之上时，不但使《管子》、《墨子》等著作中的科学萌芽湮没不传，甚至连荀子“制天命而用之”的思想也遭到冷落。制度化儒学的这种弊病到清代达到极致，文化专制主义压制了士人之思想自由，科举制使知识阶层中的大部分人沉迷于儒家经典的注释考证而无暇顾及科学知识，热衷于功名利禄而无意于百工技艺。为了求得功名利禄，许多人“皓首穷经”，直至年逾古稀，还在考场上消磨余年。1784年（乾隆四十九年），各省参加会试的举人中，“年届九十者一名，八十以上者二十名，七十以上者五名”[③]；有个名叫谢启祚的老人，98岁还去应乡试；还有个名叫陆云从的秀才，受赐举人时已经102岁了。这当然还算侥幸。更多的人是布衣穷乡，默默无闻，攻读终生而一事无成。[④] 这是我国在明中叶以后科学技术从宋元时期的高峰跌

---

① 参见萧萐父《萧萐父文选》上，武汉大学出版社2007年版，第46页。

② 任叔永（任鸿隽）：《科学之引进中国及其发展》，载陈衡哲主编《中国文化论集》，福建教育出版社2009年版，第110页。

③ 参见《八旬万寿盛典》卷三十三，载《文渊阁四库全书》。

④ 参见徐少锦主编《科技伦理学》，上海人民出版社1989年版，第98页。

落下来的一个重要原因。

许多考中了举人、进士的知识分子，不仅在科学技术上毫无建树，而且连许多普通的常识也茫然无知。宋代已有这样的记载：“皇祐（1049—1053）中，礼部试《玑衡正天文之器赋》，举人皆杂用浑象事，试官亦自不晓，第为高等。”① 考生和考官都把观测天象的仪器和表示天象的仪器混为一谈。明朝“尝以记里鼓出题试士，多有不知为何物者，知者又不知始于何时，何人创也”②。到了清代，乾隆皇帝曾于1791年阴历五月在正大光明殿“大考翰林，诗以眼镜为题”，结果，作为大知识分子的堂堂翰林，“有茫然不知眼镜出处者多矣”③。鲁迅（1881—1936）先生曾指出：“（封建）政府对于读书的人们，使读一定的书，即四书和五经；使遵守一定的注释；使写一定的文章，即所谓‘八股文’；并且使发一定的议论。然而这些千篇一律的儒者们，倘是四方的大地，那是很知道的，但一到圆形的地球，却什么也不知道。”④

这种情况不啻是个人的悲哀，更是国家的不幸。制度化儒学的消极作用是近代中国科技落后、国家贫弱的重要原因。但直到鸦片战争中清军被船坚炮利的列强战败后，顽固的守旧派还执迷不悟，仍视科技为奇技淫巧，不思进取而加以反对。如清朝大臣倭仁对1867年京师同文馆设天文历算馆招收贵族子弟学习西方科学知识，就奏言说：“立国之道，尚礼义不尚权谋；根本之图，在人心不在技艺”⑤，明确表示不赞成。很显然，只有进行“科学”的伦理启蒙，改变轻视科技的愚昧观念，抛弃陈腐的儒学教条，虚心地学习与吸纳西方先进的科学技术，才有可能富国强兵。正因为这样，近代“科学”的伦理启蒙是从肯定科学的政治伦理价值开始的。

---

① 沈括（1031—1095）：《新校正梦溪笔谈·象数一》卷7，胡道静校注，中华书局1975年版，第127条，第80页。

② 郎瑛：《七修类稿》卷24，中华书局1959年版，第370页。

③ 李调元（1734—1803）：《考翰林眼镜题》，载《淡墨录》（二）卷16，商务印书馆1939年版，第257页。

④ 鲁迅：《在现代中国的孔夫子》，载《鲁迅全集》第6卷，人民文学出版社1981年版，第314页。

⑤ 倭仁：《同治六年二月十五日大学士倭仁折》，载《中国近代史资料丛刊·洋务运动》（二），上海人民出版社1961年版，第30页。

（三）科学对传统伦理之否定性功能

随着科学越来越向应用方向发展，其伦理内涵便外化而凸显出来。如果说，救亡图存的要求使科学有了崇高的政治伦理价值，那么，随着科学的传播，科学所固有的内在精神在一定程度上超越了科学本身的疆域，成为颠覆传统伦理价值、树立新伦理观的重要力量。早在1895年，被誉为四川历史上“睁眼看世界”第一人的士大夫宋育仁（1857—1931，光绪进士），在考察西方社会、经济、政治制度后，写了一部《采风记》，指出了西方科学对中国名教的挑战。他说：“用心尤在破中国守先之言，为以彼教易名教之助。天为无物，地与五星同为地球，俱由吸力相引，则天尊地卑之说为诬。肇造天地之主，可信乾坤不成两大，阴阳无分贵贱，日月星不为三光，五星不配五行，七曜拟于不伦，上祀诬而无理，六经皆虚言，圣人为妄作。据此为本，则人身无上下，推之则家无上下，国无上下。从发源处决去天尊地卑，则一切平等，男女均有自主之权，妇不统于夫，子不制于父，族姓无别，人伦无处立根，举宪天法地、顺阴阳、陈五行诸大义一扫而空。”[①] 西方科学不仅动摇了中国传统的宇宙观、阴阳五行说，更使以此为基础的纲常名教说与等级制度失去理论依据而岌岌可危。引入西方近代科学对中国近代伦理启蒙所起的作用是巨大的。具体而言：

其一，摧毁了封建皇权的合法性与专制秩序的合理性的天道观基础。余英时先生指出：“两千年来君权问题是理性所不许施，议论所不敢到的领域。”[②] 因为皇帝是“天命所归”，中国古代的“天”如同欧洲中世纪的“上帝”，“是为不容辨证之信仰”[③]。是神圣秩序之源，只能信奉，不能怀疑，更不可动摇。“天不变，道亦不变”（《汉书·董仲舒传》），“天”是儒家伦理思想的终极依据。从起源看，西周时期强调的“皇天无亲，惟德是辅”（《尚书·蔡仲之命》）、“以德配天”，既肯定了天的至上地位，又凸显了道德对权力的合法性的意义。早期儒家发扬了这种“以天统君”之义，赋予天以道德意志与道德渊源之意蕴。对此，蔡元培说：

---

① 宋育仁：《泰西各国采风记》，载郭嵩焘等《郭嵩焘等使西记六种》，三联书店1998年版，第388页。

② 余英时：《中国思想传统的现代诠释》，江苏人民出版社1989年版，第116页。

③ 蔡元培：《中国伦理学史》，东方出版社1996年版，第6页。

“天之本质为道德。而其见于事物也，为秩序。”[①] 天子的权威既源于天之所命，又受天之制约。张灏（1937— ）也指出，传统儒家的宇宙观和道德意识往往是连在一起、互相依存的。从传统儒家的观点去看，宇宙不只是一个自然的存在，还是一个有道德意义的秩序。同时，道德价值也不只是人的意志的产物，还是植根于宇宙秩序的“天经地义”[②]。秦汉以降，虽然儒家伦理坚守着“以德配天”的王道理想，把帝王的德行作为配享权力的条件，试图通过天意即民意、天心即民心的逻辑，以有意志的“天”作为皇帝的行为的合理性之依据。如董仲舒说：“惟天子受命于天，天下受命于天子，一国则受命于君。”[③] 但问题是，“天”对天子的规劝或谴责是软弱无力的，“故执政若违反民意，除却到恶贯满盈群起革命外，在平时更无相当的制裁之法。此吾国政治思想中之最大缺点也”[④]。此外，儒家伦理不但使世俗权威神圣化，还以天地观论证了封建伦常之合理性。《易》曰：“有天地然后有万物，有万物然后有男女，有男女然后有夫妇，有夫妇然后有父子，有父子然后有君臣，有君臣然后有上下，有上下然后礼义有所错。”朱熹说：“万物皆有此理，理皆同出一原。……如为君须仁，为臣须敬，为子须孝，为父须慈。物物各具此理，而物物各异其用，然莫非一理之流行也。”[⑤] 三纲五常即是天理之彰显。从汉武帝开始，儒家伦理得到了政治权力的支持而成为思想的权威，它反过来又为现实的封建专制的合理性提供论证。而作为论证依据的天道观、天理观或天尊地卑观，却是不符合近代科学的天文学与地质学理论的。

参照西方文艺复兴运动，“哥白尼革命”是一场天文学上根本性的革命，是人类探求客观真理道路上的里程碑，它不仅铺平了通向近代天文学的道路，其更伟大的意义在于，从哥白尼时代起，脱离教会束缚的自然科学和哲学开始获得飞跃的发展，束缚人们身心的神圣律令也在理性的审视下失去了效能。而在近代中国，其拥有先验权威的“天”在科学理性面前，在天文学、地质学、生物学面前，也顷刻之间失去了容身之地。陈独

---

① 蔡元培：《中国伦理学史》，第 6 页。

② 张灏：《梁启超与中国思想的过渡（1890—1907）：烈士精神与批判意识》，崔志海等译，新星出版社 2006 年版，第 242 页。

③ 董仲舒：《春秋繁露·为人者天》卷十一。

④ 梁启超：《先秦政治思想史》，东方出版社 1996 年版，第 39 页。

⑤ 朱熹：《朱子语类》卷十八。

秀说，世人多信宇宙间物质的生存与人的活动由神灵主宰。然据天文学家之研究，诸星之相毁、相成，皆有一定之因果法则。据地质学家之研究，地球之成立、发达、次第井然，悉可以科学法则说明。生命进化、人类形成也历历可考。总之，一切无逃于科学法则的证明。[①] 胡适也提倡采用科学精神、科学方法和科学态度对待伦理。具体而言，一是怀疑，反省而不盲从；二是事实求是的态度；三是证据，即相信的条件；四是追求真理。[②] 这就意味着，伦理原则的合理性必须要由科学来证明；如果相信“天”的权威，就必须证明此“天”之意志的存在。所以，在科学面前，言伦理之终极依据来源于“天”，乃是无稽之谈。如同西方社会的上帝被褫夺去立法者之尊，对于以“天”、“天命”、“天理”、“天道”为终极根据的中国社会来说，这也是一场观念上的革命。权力的形而上根基一旦被挖掉，君主专制的合法性、合理性便成无根之木，无源之水。

此外，科学的传播与应用于实践，亦对传统伦理所维护的等级制度产生冲击。任鸿隽在《科学与近世文化》中指出，近代社会有一“平民的特采，就是所谓德谟克拉西”即民主。而民主有两个意思：“一是政治上独裁政制的推倒，与参政权的普及；二是社会上机会的均等，和阶级制度的打消。”这两个方面，都与机器的发明而产生的工业革命有关。工业革命使得物产增加，一般的人有了产业与劳力自然发生了权利的要求，“可见平民主义和科学是直接间接都有关系的”[③]。

其二，科学不仅为摧毁旧道德的立论基础提供了依据，还为新道德观念的产生与形成提供了动力与证明。蔡元培认为，中国传统伦理有四大缺陷，其中之一便是“无自然科学以为之基础。先秦惟子墨子颇治科学，而汉以后则绝迹”[④]。这是中国传统伦理不能继续发展的一大重要原因。因为只有“知识进步，利用之术渐精”，才能促使人们“情感进步，恻隐之心渐广”[⑤]，而仁爱他人的新人亦随之产生。“庶智识猛进，科学发达，

---

① 陈独秀：《科学与神圣》，载《独秀文存》，安徽人民出版社 1987 年版，第 551 页。

② 胡适：《科学的人生观》，载《胡适文集》第 12 册，北京大学出版社 1998 年版，第 586—587 页。

③ 任鸿隽：《科学与近世文化》，载《科学救国之梦——任鸿隽文存》，上海科技教育出版社 2002 年版，第 279 页。

④ 蔡元培：《中国伦理学史》，第 120 页。

⑤ 蔡元培：《致寿孝天函》，载《蔡元培全集》第二卷，中华书局 1984 年版，第 108 页。

弘兼爱之仁心，明大同之正义，得为二十世纪之新人物。”① 科学技术的进步不仅能丰富道德情感，更新道德观念，而且还为道德评价提供依据，为道德规范作出科学论证。他说：“科学发达以后，一切知识道德问题，皆得由科学证明。”② 通过实验证明其正确的知识道德，方能成为人们行为所遵循的原则与规范，而道德原则与规范也必须借助于科学技术，方能发挥它有益于社会的作用。不但如此，蔡元培还看到了科学技术可以成为行善的重要手段。他说：“种种设备，均求有益病人，是从人道主义来的美举；然若但有嘉惠病人的好意，而没有科学知识，仍不能设备得这样完全。”因此，以科学知识辅助人道主义，方能为人去苦痛而恢复快乐。③在蔡元培看来，反对迷信盲从，提倡科学精神，重视事实证据，对理性地判断伦理观念价值之正负、推动伦理学发展具有积极意义。他指出：“迩者名数质力之学，习者渐多，思想自由，言论自由，业为朝野所公认。而西洋学说，亦以渐输入。然则吾国之伦理学界，其将由是而发展其新思想也，盖无疑也。”④ 蔡氏的此预言正在实现。但他认为一切知识道德问题都要由科学证明，则有科学万能论之嫌。⑤

其三，“科学”以其巨大的价值功能否定了儒家的人伦之道高于自然之知的价值观。五四以来的科学思潮认为，国家贫弱的原因之一，是科学理性的缺失。以儒学为主流的传统伦理，虽然并不缺乏坚持真理的品质，但以道德价值为核心的价值系统，却因强调追求德性之知而压抑了对宇宙自然的探索，其心性之学的直觉体悟的认知方式也与近代自然科学方法大相径庭。这种对道德理性的尊崇和对科学理性的漠视，导致了儒学传统与近代社会之间内在的紧张关系。因此，要使自然科学在中国获得长足发展，改变其被边缘化的局面，就必须摒弃孜孜于向内用功的心性之学或词章八股。同时，儒学推崇古圣的思维方式，使知识阶层迷信于圣贤之教而遵循传统，安于墨守成规、因循守旧而缺乏独立思考、开拓创新的精神，

---

① 蔡元培：《书报介绍——旅欧教育运动》，载《新青年》1917 年 5 月 1 日，第三卷第三号。

② 蔡元培：《致〈新青年〉记者函》，载《蔡元培全集》第三卷，中华书局 1984 年版，第 23 页。

③ 蔡元培：《在法国微西温泉的演说词》，载《蔡元培全集》第四卷，中华书局 1984 年版，第 488—489 页。

④ 蔡元培：《中国伦理学史》，第 120 页。

⑤ 参见徐少锦、熊坤新《蔡元培的科技伦理思想》，载《道德与文明》1987 年第 2 期。

使理性没有成为促使社会发展前进的精神力量，而是只具有获取既有“知识”与论证经典的微言大义之用。

严复指出，西方之富强，“苟扼要而谈，不外于学术则黜伪而崇真，于刑政则屈私以为公而已”①。“公”即民主化的议政论学之道，“真”即科学真理。严复所言之“黜伪而崇真”的学术，非中国传统的考据之学，而是探索自然与社会的规律、追求真理的科学之术。1916 年，任鸿隽作《科学精神论》，指出科学精神有两大要素：“崇实”与“贵确”，即崇尚实事求是与追求精确。与此相对，他认为神州学风与科学精神若两极之背驰不相容者，则亦有三事：一是“好虚诞而忽近理”，如以五行、阴阳、鬼神之说解释物理，而不深入研究，“此所以灵明日锢而学术不进也”；二是“重文章而轻实学”，专向故纸中讨生活；三是“笃旧说而贱特思”，近代科学始于怀疑，“怀疑不至，真理不出，学术风俗受其成形而不知所改易，则进化或几乎息”②。任鸿隽所论极为精当，击中要害，科学伦理的内涵亦相当丰富，其主要精神在于求实、创新，活跃学术空气，以求改变崇尚泥古思维、在故纸堆里讨生活的情况。蔡元培进一步指出，儒学之空疏与科学精神之贫乏，对国家是有害无益的，他说：“我国人士，向来尤多好高骛远，专尚空话，以致有科学落后之今日。”③ 他批评了中国传统儒家的内省反求的方法：“我族则犹囿于内省及悬想之旧习，科学幼稚，无可讳言。”④ 他强烈呼吁扫除这种陈腐的学风，改变传统的思维方式，一改空谈之旧习，致力于实际之探讨。为此，必须反对墨守成规，抱残守缺，持一孔之见，提倡独立思考，自由发表意见，充分发展个性。在这个意义上，他说：“自由，美德也。”⑤ 只有自由的思考才能赋予科学一往无前的力量。因此，五四时期提倡科学的意义，不只限于发展科学本身，对于传统伦理中的非理性、反人性的观念亦有颠覆性的意义，“独立之精神，自由之思想”——陈寅恪先生题写在《清华大学王观堂先生纪念碑铭》中的十个大字代表了近代知识分子追求科学真理的情怀。总之，

---

① 严复：《论世变之亟》，载《严复集》第一册，中华书局 1986 年版，第 2 页。

② 任鸿隽：《科学精神论》，载《科学救国之梦——任鸿隽文存》，第 73—74 页。

③ 蔡元培：《〈科学界的伟人〉序》，载高平叔编《蔡元培论科学与技术》，河北科学技术出版社 1985 年版，第 308 页。

④ 蔡元培：《〈大学院公报〉发刊词》，载《蔡元培全集》第五卷，中华书局 1988 年版，第 194 页。

⑤ 蔡元培：《蔡孑民先生言行录》，新潮社编 1920 年版，第 523 页。

在中国近代的“伦理启蒙”中，“科学”是其中最重要的观念之一。

二 “科学救国”

科学作为运用范畴、定理、定律的思维形式，是反映现实世界的各种现象的本质与规律的知识体系，具有认识自然、认识社会和提高人的思维能力的功能。科学理论通过技术活动、技术发明，能增强人的实践能力，有效地调控自然、改造社会，成为推动社会前进的巨大革命力量。广义的科学包含技术，科学技术常常连用，简称科技。这里应该补充的是，中国古代虽有“科”字与“学”字，但并未将此两字连接而组合成科学一词，表达“科学”的词汇是“格致”。这是用朴素认识论而不是用道德修养论解读《礼记·大学》中八条目时创造出来的概念。格致即“格物致知”，既包括通过接触外物而获得自然知识，又包括这种研究所采取的方法。蔡元培在其《化学定性分析》序中说：“格物致知……实科学之大法也。科学大法二：曰归纳法，曰演绎法。”归纳者，“格物是也”；演绎者，“致知是也”[①]。大体上从元代起，我国不少自然科学著作都被称为“格致”，如元代医学家、养阴派的代表人物朱震亨（1281—1358）就将其医著称为《格致余论》，认为“古人以医为吾儒格物致知一事”，并在此书中论述了他关于人体每由“阳常有余，阴常不足”而得病，故应保存阴精的医理。明代熊明遇（1580—1650），径直将他的中药著作名为《格致草》。明代万历年间胡文焕辑《格致丛书》（现存168种），将名物等各种知识辑录其中。而“科学”一词在我国使用始于19世纪末。明治维新时期，日本留欧学者接受了法国哲学家孔德关于科学分类的观点，将Science译成科学，意为“分科之学”。康有为首先将此日文汉字直接纳入中文，在1898年“戊戌奏稿”中提出“外求各国科学”，这是中国人使用科学概念的开始。[②] 据樊洪业先生研究，此时科学的含义是指与传统儒学相对的西方的分“科”之学。在相当长一段时间内，作为分科之学的科学与格致在相同的意义上使用；如清政府在1902年颁布的《钦定学堂章程》

---

① 蔡元培：《〈化学定性分析〉序》，载《蔡元培全集》第一卷，中华书局1984年版，第119页。

② 参见孙伟林主编、民主与科学杂志社编《〈民主与科学〉百期文萃》，学苑出版社2006年版，第171页。

中，还将天文学、地理学、高等算学、化学、物理学、动植物学等均列入“格致科”。但随着严复、梁启超和学人们先后采用科学一词，特别是1915年《科学》创刊号出版发行与中国科学社正式成立后，近代意义的科学概念，在使用时终于取代格致而相对规范化了。①

（一）科学为国人重视之历程

从林则徐组织编撰的《四洲志》、魏源编辑的《海国图志》，到徐继畬（1795—1873）的《瀛寰志略》，中国人首先了解到的是科技文明的外在成果——器物，特别是枪炮兵舰等武器装备，关注的是“以夷制夷，以夷款夷，师夷之长技以制夷”，认为“夷之长技三：一战舰，二火器，三养兵、练兵之法”②，这里的“技”，前两项其实是“器”。当时技、器不分，以器为技。概念之混乱，表明认识之肤浅。尽管如此，“尽收外国之羽翼为中国之羽翼，尽转外国之长技为中国之长技，富国强兵，不在一举乎”！③ 这种主张，表明先进的中国人开始认识到科技有富国强兵的作用，并为此而放下架子，去“师夷”之“长技”，从而开了倡导学习西方科学之先河。

洋务派将魏源等人的这种主张落到实处，付诸实践，曾国藩、李鸿章等洋务重臣已认识到科学技术对于国家富强的意义。李鸿章在1874年（同治十三年）的《筹议海防折》中说，因为没有先进的科学技术，中国丰富的矿产不能开发，不能为民为国所用，“此何异家有宝库封锢不启而坐愁饥寒”，因而主张一切仿西法行之，集资成立公司，戡矿开采，至于“其无识绅民惑于鑿坏风水，无用官吏恐其聚众生事，尤属不经之谈”，因为引进西方科技的意义也在于“亦欲渐开风气以利民用也”④。所谓渐开风气，从肯定西方的技术开始，进而摆脱“西学中源”的无稽之谈，并克服所谓“礼义为本，技艺为末”鄙视西技的态度。洋务派办实业的范围颇广，包括建工厂，开矿山，修铁路，造枪炮，购船舰，创办交通运输业，聘用外国军官训练军队，设立京师同文馆等教育机构，派遣留学生出国学习，派遣公使、领事驻外，等等。1861年，曾国藩办安庆内军械

① 参见任鸿隽《科学救国之梦——任鸿隽文存》，第753页。

② 魏源：《筹海篇三》，载《默觚——魏源集》，辽宁人民出版社1994年版，第277页。

③ 魏源：《道光洋艘征抚记下》，载《魏源集》上册，中华书局1976年版，第206页。

④ 李鸿章：《筹议海防折》，载《中国近代史资料丛刊·洋务运动》第一册，第50页。

所，用手工生产武器。1862 年，李鸿章在上海成立洋炮局，这是我国近代第一所雇佣西方技术人员、利用机器、严格意义上的兵工厂。尔后，江南制造总局、金陵机器局、福州船政局、天津机器局等大型兵工厂相继建立。随着军事工业的发展，民用技术也渐被引进，民用工业开始建立。值得一提的是，洋务派引进西方科技的主导方面虽属器物层面，但同时也组织翻译了诸如《谈天》、《代数学》、《代微积拾级》、《重学》、《植物学》、《地学浅释》等自然科学著作，使西方近代的天文学、数学、力学、生物学、地质学等传入中国，并与技、器相分离而获得了“学”的地位。

翻译西方科学著作并非始自洋务派。早在明末，徐光启（1562—1610）就曾与意大利传教士利玛窦（1552—1610）合译了古希腊数学家欧几里得所著的一部数学著作《几何原本》的前六卷。《几何原本》有严整的逻辑体系，其叙述方式和中国传统数学完全不同，徐光启认为“百年之后，必人人习之”。“大者修身事天，小者格物穷理”，如栋梁榱桷各有所用，“（象数之学）其分解擘析亦能使人无疑”①。这里应补充的是，利玛窦是意大利罗马学院最早的毕业生之一，是当时享誉欧洲的一位著名数学家，他在 1582 年（万历十年）来到中国，是首位进入北京的传教士。从此以后，欧美传教士陆续来到中国，在传教布道的同时，还著书立说，介绍天文、历法、数学、医学、机械等自然科学知识。这一“西学东渐”活动，因 1723 年（雍正元年）清廷明令禁止传教，将许多饱学的传教士驱逐净尽而被迫中止。自 1584 年至 1790 年的 200 多年间，耶稣会传教士共译述自然科学著作 131 种。② 这使本来处于衰落的中国科学技术出现了一丝生机，然而，雍正的一纸禁令将这种生机扼杀了。“西学东渐”的渠道被堵塞 100 多年的结果是，中国科技大大落后，天朝大国被船坚炮利的西方列强所打败。直到洋务运动兴起，才不得不重新开始向西方学习。从 1865 年到 1905 年这 40 年间，翻译出版的西学著作则有 178 部之多，“其中有 66 部自然科学著作，38 部军事科学著作，35 部工程制造著作，11 部医学著作，7 部农学著作，21 部有关历史和制度的著作”③。应该说，引进的力度是比较大的。虽然知识分子还没有足够的眼光重视西

① 徐光启：《几何原本·序》，载《文渊阁四库全书》。

② 史全生主编：《中华民国文化史》上，吉林文史出版社 1990 年版，第 331—332 页。

③ ［美］郭颖颐：《中国现代思想中的唯科学主义（1900—1950）》，第 3 页。

方的社会科学，但自然科学技术进入了“学”的领域，则是确实的。这从戊戌变法前康有为的上书中进一步得到证明：“泰西之强，不在军兵炮械之末，而在其士人之学、新法之书。凡一名一器，莫不有学：理则心伦、生物，气则化、光、电、重，蒙则农、工、商、矿，皆以专门之士为之，此其所以开辟地球，横绝宇内也。”[①] 由是，学习西方科学成为变法自强的重要内容。

（二）科学救国思潮之兴起

变法失败后，康有为亡命海外，先后考察了日本、美国、加拿大、墨西哥、英国、法国、意大利、德国、瑞士、比利时、荷兰等10余国及一些殖民地，目睹了科技的巨大社会功能，坚定了科学救国的信念，于1905年发表了《物质救国论》一文。他说：“以吾遍游欧、美十余国，深观细察，校量中西之得失，以为救国至急之方者，则惟在物质一事而已。”[②] 为什么？因为“我国人今之败于欧人者，……即在一二百年间，新发明之工艺兵炮也”。“夫工艺兵炮者，物质也，即其政律之周备，及科学中之化光、电重、天文、地理、算数、动植生物，亦不出于力数形气之物质。”意思是主要败于欧人之科学技术。康有为用物质学称实用科学，认为在当下竞争的年代，“有物质学者生，无物质学者死”，没有发达的实用科学，小国若缅甸立死，大国若波斯等“削弱危殆，而终归于亡”[③]。在他看来，科学的功能几乎无所不能，“凡军国民之大用，乃至物体、知识、道德、风俗、国政，悉因以剖晰变动”[④]。然而，中国的科技十分落后，中国之病，在于没有发达的科学，康氏指出：“中国数千年之文明，实冠大地，然偏重于道德哲学，而于物质最缺。”[⑤] 因此，当今之计，“科学实为救国之第一事，宁百事不办，此必不可缺者也”[⑥]。在这里，康有为最早明确地将科学与救国连在一起，开了科学救国之先河。

不仅康有为将科学提到救国第一事的高度，梁启超、谭嗣同等维新派

---

① 康有为：《日本书目志·自序》，载《康有为全集》第三集，中国人民大学出版社2007年版，第263页。

② 康有为：《物质救国论》，载《康有为政论集》上，中华书局1981年版，第574页。

③ 同上书，第565页。

④ 康有为：《物质救国论》，载《康有为全集》第八集，第80页。

⑤ 康有为：《物质救国论》，载《康有为政论集》上，第565页。

⑥ 同上书，第576页。

人士也程度不同地持这种主张，士大夫阶层中的不少人也认识到了科学对于国家富强所起的重要作用。而其中最为深刻而清醒者，当首推中国近代的启蒙学者与翻译家严复。严复 13 岁（1866 年）时以第一名的成绩考入福州船政学堂，系统学习了英文、数学、水重学、光学、天文学、航海学等，掌握了较为扎实的自然科学基础知识。1877 年被派往英国留学，入格林尼茨海军学院学习，并以优秀成绩毕业。后又游历了巴黎等地，在此期间，他大量阅读了西方的哲学、经济学与其他社会科学著作，对西方思想文化有了深入的了解。严氏认为，中国的问题首先是科学的问题“（中学）其为祸也，始于学术，终于国家”[①]。难能可贵的是，他的科学观念不仅指自然科学，还包含了社会科学。严复正确地指出，牛顿、达尔文和斯密、穆勒、斯宾塞等共同为 19 世纪欧洲的工业文明的兴盛奠定了科学的基础，这从他选择翻译的西方科学著作中可以明显看出来。他认为，对于自然科学，“非为数学、名学，则其心不足以察不遁之理，必然之数也；非为力学、质学，则不知因果功效之相生也。力学者，所谓格致七（之）学是也。炙（质）学者，所谓化学是也”[②]。故在翻译数学、物理学、化学之后，他又翻译介绍了生物学、心理学、社会学等社会科学著作。严复指出，中国传统学术皆关注治国方略，如儒家的治国、平天下，法家的以法治国等等，但“政治一宗，在西国已成科学”。这种科学建立在对社会历史规律的研究之上，反映政治规律的政治学即来自对社会发展史的归纳总结。因为“欲有所知，其最初必由内籀（按：归纳）。……但内籀必资事实”[③]。在严复看来，自然科学与社会科学（包括逻辑学）均为中国富强的必然条件。不啻如此，严复对西方文化与科学精神也了解颇深，将它归纳为“于学术则黜伪而崇真，于刑政则屈私以为公”，前句强调求真务实，“贵实”、“贵确”的科学精神、科学方法。后者强调为公与民主。有学者认为，严复将西方文化精髓归纳为“真”与“公”，这是中国追求科学与民主之滥觞。

科学救国论在洋务运动时期已初现端倪，当时主要表现为技术救亡、兵技御侮，但作为一种理论思潮与社会行动，戊戌变法前后是它的发轫

① 严复：《救亡决论》，载《严复集》第一册，第 45 页。

② 严复：《原强》，载《严复集》第一册，第 6—7 页。

③ 严复：《政治讲义》，载《严复集》第五册，第 1243—1244 页。

期，主要表现为少数精英人士的宣传、呐喊，肯定其救亡图存之功用。如1900年，杜亚泉（1873—1933）创办《亚泉杂志》，以“揭载格致算化农商工艺诸科学”为目的，[①] 犹以介绍化学研究而著称。1903年，中国近代以来最早以“科学”冠名的刊物《科学世界》创刊，它“以发明科学基础实业，使吾民之知识技能日益增进”为宗旨。[②] 1907年，又一份冠以科学之名的综合性杂志《科学一斑》在上海创刊。另外，虽不冠名科学却宣传科技知识的刊物还有很多。辛亥革命前后，科学救国渐成一种社会思潮，自新文化运动起进入高潮，成为五四运动的主题之一，在科技界、教育界、实业界发生了深远的影响。其主要表现，一是成立科学社团；二是出版科学刊物；三是与教育救国、实业救国相结合。

关于科学社团，中国最早成立的科学社团是1907年留欧学生李景镐、曹志在巴黎成立的中国化学会欧洲支部；接着是1909年陆辛农在国内发起组织了生物研究会，并出版手抄本《生物学杂志》。1911年，陆辛农等人所采集到的动植物标本及所出的《生物学杂志》获得“南洋劝业会”颁发的铜质嘉禾奖章，为祖国争得了荣誉。1912年，中华工程师学会成立，次年改名为中华工程学会，詹天佑被选为会长。但最具影响力的则是中国科学社的成立。[③] 1914年6月10日，在美国康奈尔大学留学的一些中国学生在晚餐后闲聊时，谈及世界形势风云变幻，都希望能做点事为国效力，认为“中国所缺莫过于科学”，于是讨论组织科学社出版月刊。任鸿隽、赵元任、杨杏佛等九人则是最早发起者，[④] 当年有70多人参加了科学社。1915年10月，中国科学社正式成立。1919年内部按专业分工，下设农林、生物、化学、化工、土木工程、机械工程、电工、矿冶、医药、理算等12股，许多学有专长的各方面科技人员纷纷加入，队伍迅速扩大，1919年发展到435名，1924年又增至648名。除正式社员外，还有邀任的特别社员如蔡元培、马君武等；名誉社员如张謇、美国爱迪生等；赞助社员如徐世昌、黎元洪等。科学社不仅多次派代表参加国际会议，还邀请法国物理学家朗之万、美国生物学家尼登来中国讲学。在中国科学社影响下，中国工程学会、中国化学会、化学工程学会、物理工程学

① 杜亚泉：《〈亚泉杂志〉序》，载《杜亚泉文存》，上海教育出版社2003年版，第230页。

② 《科学世界简章》，《科学世界》1903年第1期。

③ 史全生主编：《中华民国文化史》上，第334页。

④ 参见《任鸿隽 陈衡哲家书》，商务印书馆2007年版，第66页。

会、植物学会、动物学会相继成立，这些学会也起到了“联系同志、研究学术，以共图中国科学之发达”的作用。[①]

关于科技刊物，据《辛亥革命时期期刊介绍》提供的资料，从1900年到1919年近20年间，据不完全统计，这一时期创办的科技期刊多达100多种：自然科学期刊24种（综合性9种，数理科学9种，地学2种，生物学2种，气象学2种）；技术科学期刊73种（综合性13种，工业12种，交通运输14种，农业29种，水利5种）；医学期刊29种。这些刊物多由民间组织与科学团体创办；它们以传播技术知识特别是农业技术知识为多，而传播科学原理、科学基础理论则较少；以介绍外国科学成果为主，缺乏中国独立研究取得的成果；都以科学救国、实业救国为宗旨，起了普及科学文化、开阔人们视野的作用。[②] 其中历时长久而影响最大者当数《科学》。1915年1月，《科学》月刊创刊号由商务印书馆正式出版发行，这是我国首次采用西式标点的自然科学刊物。《科学》月刊到1950年止，共出版32卷，发表文章3000余篇，共约2000余万字，对中国科学事业的发展作出了重要贡献。对此，我们不能不提到任鸿隽（1886—1961）。任鸿隽字叔永，1913年考入美国康奈尔大学文理学院，主修化学和物理学专业。毕业后又入哥伦比亚大学攻读化学工程专业。他看到光凭技术不能解决科学问题，于是大力提倡科学。作为中国科学社的董事长兼社长、《科学》的创办人，他后来回忆道：“顾吾此时于西方学术之本源略有所见，以谓西方学术乃至西方文化之所以异于东方者，一言以蔽之，西方有科学，东方无科学而已。所谓科学者，非指一化学一物理学或一生物学，而为西方近三百年来用归纳方法研究天然与人为现象所得结果之总和。……效法西方而撷取其精华，莫如绍介整个科学。盖科学既为西方文化之泉源，提纲挈领，舍此莫由。”[③]《科学》正是以上述对科学的理解为基础，从总体上介绍科学。据陈衡哲在《任叔永先生不朽》一文中的回忆：“1915年前后，在留美中国学生中，激荡着两件文化革新运动。其一是白话文运动，提倡人是胡适；其二是科学救国运动，提倡人是任鸿

① 参见《中华民国文化史》上，第334—335页。

② 丁守和主编：《辛亥革命时期期刊介绍》第4集，人民出版社1986年版，第694—695页。

③ 任鸿隽：《五十自述》，载《科学救国之梦——任鸿隽文存》，第682—683页。

隽。”[①] 任氏办《科学》的目的正是救国，他在发刊词中说：“世界强国，其民权国力之发展，必与其学术思想之进步为平行线，而学术荒芜之国无幸焉。”任氏认为，除了强国，科学还能改善民众生活、端正人的德性：“抑欧人学术之门类亦众矣。而吾人独有取于科学。科学者，缕析以见理，会归以立例，有思理可寻，可应用以正德利用厚生者也。”此外，还可以提高人类的生存能力、知识水平。[②] 可以说，这是《新青年》所倡导的民主、科学旗帜的先声。《科学》从创刊开始到20年代末，每期首篇文章都宣传科学世界观，其中论及的“科学与教育”、“科学的方法”、“科学的精神”、“科学与道德”等问题，把科学引入到社会生活的各个领域，给人以很多启迪。对于普及科学知识以强国之意义，任鸿隽有着明确而深刻的认识，他说：“综观神州四千年思想之历史，盖文学的而非科学的。一说之成，一学之立，构之于心，而未尝征之于物；任主观之观察，而未尝从客观之分析；尽人事之繁变，而未暇究物理之纷纭。取材既简，为用不宏，则数千年来停顿幽沉而无一线曙光之发见。……吾国社会制度，既经根本上之革命矣，而学术思想之革命，将何出乎？”[③] 关于科学的影响，有研究者指出：

> 《科学》曾走进一度要决心“设法补足基础科学知识”的青年毛泽东的视野；发明大王爱迪生曾因《科学》杂志问世而发出了“伟大中华民族在觉醒”的感慨；《科学》弘扬的“科学精神”深深感染了清华学子叶企孙而影响其终生；《科学》更曾为金坛少年华罗庚打开一扇通往理想的大门……[④]

这当然仅是一个方面。

关于科学救国与教育救国之结合，引进与普及科学知识只是科学救亡的一个环节，没有一个具有现代科学观念的知识阶层，科学救国只是一句空话。于是，在学校中进行科学教育、培养科技人才便成为科学救国、教育救国的必经之途。早在1895年，严复在其初露思想锋芒的《救亡决

---

① 《任鸿隽 陈衡哲家书》，第67页。

② 任鸿隽：《〈科学〉发刊词》，载《科学救国之梦——任鸿隽文存》，第14页。

③ 任鸿隽：《吾国学术思想之未来》，载《科学救国之梦——任鸿隽文存》，第113页。

④ 樊洪业：《〈任鸿隽文存〉编者前言》，载《科学救国之梦——任鸿隽文存》，第Ⅺ页。

论》中就尖锐地批判了“昏人神智”的旧教育制度：“自有制科来，士之舍干进梯荣，则不知焉所事学者，不足道矣。超俗之士，厌制艺则治古文词，恶试律则为古今体；鄙折卷者，则争碑版篆隶之上游；薄讲章者，则标汉学考据之赤帜。……然吾得一言以蔽之，曰：无用。”而“侈陈礼乐，广说性理。……吾又得一言以蔽之，曰：无实。”由于“学校仕进，合而为一”，“使天下消磨岁月于无用之地，堕坏志节于冥昧之中，长人虚骄，昏人神智，上不足以辅国家，下不足以资事畜。破坏人才，国随贫弱。”[①] 在这里，无用、无实乃是针对迫在眉睫的救亡图存而言，因为即使其中包含着智慧与哲理，亦皆非时下急需。严复指出：“中国不变法则必亡是已。然则变将何先？曰：莫亟于废八股。”[②] 又说：“是故欲开民智，非讲西学不可；欲讲实学，非另立选举之法，别开用人之涂，而废八股、试帖、策论诸制科不可。”[③] 康有为亦持此主张，他在《请废八股试帖楷法试士改用策论折》中主张废除八股取士制度，“宏开校舍，教以科学，俟学校尽开，徐废科举”[④]。同样，梁启超也认为八股文没有经世致用的功能，消磨了士人的精神，抑制了才能的发挥，不过是追名逐利的渊薮。[⑤] 梁氏在《变法通议》中说：“吾今为一言以蔽之曰：变法之本在育人才，人才之兴在开学校，学校之立在变科举。”[⑥] 在历史上，科举制曾打破了贵族世袭的现象，以一种公平、公开及公正的方法，改善了国家用人制度。但是，科举考试的主要内容是经义，在五经里选择一定的题目来进行写作，僵化的内容束缚了知识分子的才智，重道德文章轻科技的形态是中国科技落后的一大原因。以上对科举制度的抨击，虽然没有直指传统伦理的核心观念，但科举制是传统伦理重要的制度载体，不仅体现了取士之儒家伦理要求，还是整个知识阶层传承道德价值的准绳。至辛亥革命前夕，教育改革已成为不可阻挡的历史大潮，清廷于是被迫让步：1901 年宣布废八股；1902 年至 1903 年颁布新的学制，提倡兴办新式学校与出国

① 严复：《救亡决论》，载《严复集》第一册，第 43 页。

② 同上书，第 40 页。

③ 同上书，第 30 页。

④ 康有为：《请废八股试帖楷法试士改用策论折》，载《中国近代史资料丛刊·戊戌变法》（二），上海人民出版社 1957 年版，第 208—211 页。

⑤ 梁启超：《变法通议·论科举》，载《饮冰室合集·文集之一》，中华书局 1989 年版，第 24—26 页。

⑥ 梁启超：《变法通议·论变法不知本原之害》，载《饮冰室合集·文集之一》，第 10 页。

留学。1905年，科举制取消，这一历史事件不仅冲击了旧伦理，还为传播新伦理观创造了条件。但新旧两种教育思想、教育制度的斗争仍十分激烈。“忠君”、“尊孔”仍是封建教育的核心内容。

辛亥革命胜利后，蔡元培任中华民国第一任教育总长，发表了《对于新教育之意见》，指出：“忠君与共和政体不合，尊孔与信教自由相违”，今后之教育应以实利主义教育等五者为教育方针。实利主义教育即实业与职业教育。因为“今之世界，所恃以竞争者，不仅在武力，而尤在财力。……我国地宝不发，实业界之组织尚幼稚，人民失业者至多，而国甚贫。实利主义教育，固亦当务之急也”。他的科学救国思想是与实业教育、科学教育、道德教育相关联的，而后二者尤显得重要。对于前者，蔡氏在1919年说：“我国输入欧化，六十年矣，始而造兵，继而练军，继而变法，最后乃始知教育之必要。其言教育也，始而专门技术，继而普通学校，最后乃始知纯粹科学之必要。”[①] 提高大多数民众科学素养，是扫除愚昧落后的根本之道。关于后者，他说：“一时之唤醒（民众），技止此矣，无可复加。若令为永久之觉醒，则非有以扩充其知识，高尚其志趣，纯洁其品性，必难幸致。”[②] 20世纪20年代末，怀着科学救国的理想从美国麻省理工学院学成归国的中国化学家、化学史研究开拓者张子高（1886—1976），在南京高等师范学校（即今天的东南大学）执教时说：“科学之在当时，似有勃兴之象，而卒不闻有若何良好影响者，何哉？其故盖由于提倡西学者，其目的不在科学本体，而在制铁船，造火器，以制胜强敌，谋富强救国之策耳。而学西学者，又束缚于科举思想，徒借一二格致之名词，以为进身之阶，干禄之途而已。”[③] 他这里讲的与蔡氏是一致的。

这里应该说到的是，随着出国学习理化、生物、地质、考古等专业的留学生相继回国执教，一些近代科学专业陆续设置。留学回国的胡刚于1918年在北京大学设置物理门，成为大学中设置物理学系之滥觞；1921年，东南大学、金陵大学、东吴大学先后设了生物学系，留学美国的秉志（1886—1965）和在国内研究卓有成绩的钟观光（1868—1940）、胡先骕

① 蔡元培：《告北大学生暨全国学生书》，载《蔡元培全集》第三卷，第312页。

② 同上书，第313页。

③ 张子高：《科学发达略史》，中华书局1923年版，第247页。

(1894—1968)、钟崇澍(1883—1965)等任教授，他们在生物学的许多领域作出了开创性的贡献；1922 年，在美国获博士学位的邱宗岳回国后与同仁一起，在南开大学筹建包括数、理、化、生物在内的理学院……表明科学教育开始步入草创期，并逐渐走向正轨。这些有留学经历、抱着科学救国的科学家们，为改变中国科学落后面貌作出了重大贡献。如地质学方面，1911 年毕业于日本东京大学地质科的章鸿钊(1877—1951)回国后于 1913 年担任了地质研究所所长，此所培养出的许多地质研究人才在地质调查中做出了重要成绩。章鸿钊等人在 1922 年发起成立了中国地质学会，章任首届会长，他在地质学研究方面成绩斐然，是我国地质学的创始人之一。1918 年毕业于英国伯明翰大学地质系、获得硕士学位的李四光(1891—1971)回国效力，曾任北京大学地质系教授，先后发表许多有价值论文，成为我国地质科学的奠基人之一。① 在工程技术教育方面也是如此。如机械工程学家刘仙洲(1890—1975)，1918 年毕业于香港大学机械系，被保送去英国深造，但他放弃这一机会，回母校任教。1924 年任北洋大学校长，恢复该校的机械工程学门，多聘任中国教授(如茅以升、侯德榜、温宗禹等)任教。他于 1918 年至 1924 年自编教科书，成为中国用中文自编工科大学教科书的创始人。他认为：“中国人教中国人，恒用外文课本，有时更用外国语讲解，长此不易，我国学术永无独立之期，国将不国。”②

还值得补充的是，以爱国救国为宗旨的私人办学运动也在民国初期逐渐兴起。如张伯苓(1876—1951)以“苟不自强，奚以图存，而自强之道，端在教育”为指导思想，先是兴办“私立中学堂”，后扩展为南开学校，并于 1919 年在此校设立大学部，又办南开化学研究所，目的是矫正愚、弱、贫、散、私这“民族五病”，“为培养救国建国人才，以雪国耻，以图自强”③。又如爱国华侨陈家庚(1874—1961)，他 17 岁时离开福建家乡侨居新加坡，靠开厂、经商致富后，回报祖国。他认为，救国为民的重要方法之一，便是兴办教育：“教育不振，则实业不兴，国民之生计日

---

① 参见史全生主编《中华民国文化史》上，第 340 页。

② 黎诣远：《刘仙洲》，王樵裕编辑：《中国当代科学家传》第一辑，知识出版社 1983 年版，第 45 页。

③ 张伯苓：《张伯苓教育言论选集》，南开大学出版社 1984 年版，第 243—244 页。

绌”；“教育为立国之本，兴学乃国民天职”①，因而捐资在福建创设了航海、水产、农林、商业等许多名校。1919 年五四运动爆发，进一步激发了陈家庚的爱国思想，他在《筹办福建厦门大学校附设高等师范学校通告》中说：“专制之积弊未除，共和之建设未备，国民之教育未通，地方之实业未兴，此四者欲望其各臻完善，非有高等教育专门知识，不足以躐等而达。”② 于是尽力集资，于 1921 年兴建了闻名海内外的厦门大学。据统计，陈家庚一生为祖国倾资兴学所捐之款，以当时全价计算，多达约 1 亿美元。

三　唯科学主义与“科玄论战”

我们看到，从“科学救国”思潮到新文化运动，科学被赋予了更大的意义。如陈独秀所言，德、赛二先生把欧洲人从黑暗中救出，引到光明世界，“我们现在认定只有这两位先生，可以救治中国政治上道德上学术上思想上一切的黑暗”③。“科学”也确实有一种巨大的力量可以瓦解封建纲常名教。不但如此，于科学面前，整个传统伦理几乎都失去了存在的合理性依据。于是，科学万能论悄然产生。

（一）唯科学主义或科学万能论的兴起

美国学者、中国现代思想史研究者郭颖颐（D. W. Kwok）认为，20 世纪初，由于中国思想界对科学的赞赏，产生了“唯科学主义”（Scientism）——因为对科学的极度信仰而认为宇宙万物的所有方面，都可通过现代科学方法来认识，科学原则万能，能检验精神、价值和自由问题。一批知识分子热衷于用科学及其引发的价值观念和假设来诘难、直至最终取代传统价值。这可以被视为一种在与科学本身几乎无关的某些方面利用科学威望的一种倾向。总之，这是一种从传统或遗产中兴起的信仰，有限的科学原则在这种信仰中得到普遍应用，并成为这个文化的基本预设及不证自明的公理。“更严格地说，唯科学主义可定义为是那种把所有的实在都

---

① 王增炳、余刚：《陈家庚兴学记》，福建教育出版社 1981 年版，第 17 页。

② 《集美学校校友会杂志》1920 年第 1 期。

③ 陈独秀：《〈新青年〉罪案之答辩书》，载《独秀文存》，第 243 页。

置于自然秩序之内，并相信仅有科学方法才能认识这种秩序的所有方面（即生物的、社会的、物理的或心理的方面）的观点。”[①] 简言之，科学本身的有限原则被无限运用。唯科学主义本质上反对任何不能被检验、证实的东西，反对作纯思辨推理。郭颖颐还指出，唯科学主义有三个发展阶段：“唯科学主义首先显示出对科学力量的特殊理解，然后是对传统的批判，第三则是一种替代宗教的形式。”[②] “替代宗教”即科学取代宗教的地位而被作为偶像进行崇拜。这三种现象于20世纪前期，在中国确实是依次展开而达到独尊的。胡适在总结“科玄论战”时指出：“这三十年来，有一个名词在国内几乎做到了无上尊严的地位；无论懂与不懂的人，无论守旧和维新的人，都不敢公然对他表示轻视或戏侮的态度。那个名词就是‘科学’。”[③]

唯科学主义主要表现为科学方法万能论。胡适说：“我们也许不轻易信仰上帝的万能了，我们却信仰科学的方法是万能的，人的将来是不可限量的。”[④] 那么人生问题能否由科学来解决？陈独秀对此作了肯定而明确的回答，他主张以科学代替宗教，将科学视为新宗教加以崇拜；知识与信仰“以科学为正轨”。陈氏在其1917年《再论孔教问题》一文中说：“人类将来之进化，应随今日方始萌芽之科学，日渐发达，改正一切人为法则，使与自然法则有同等之效力，然后宇宙人生，真正契合。此非吾人最大最终之目的乎？或谓宇宙人生之秘密，非科学所可解，决疑释忧，厥惟宗教。余则以为科学之进步，前途尚远。吾人未可以今日之科学自画，谓为终难决疑。反之，宗教之能使人解脱者，余则以为必先自欺，始克自解，非真解也。真能决疑，厥惟科学。故余主张以科学代宗教，开拓吾人真实之信仰，虽缓终达。若迷信宗教以求解脱，直‘欲速不达’而已！”[⑤] 在陈氏看来，即使科学今天不能解决的问题，也不可“谓为终难决疑”，因为明天的科学可揭开谜团。陈氏认为，科学方法是万能的，“社会学、伦理学、历史学、法律学、经济学等，凡用自然科学方法来研究、说明的

① 参见［美］郭颖颐《中国现代思想中的唯科学主义（1900—1950）》，第16—17页。

② ［美］郭颖颐：《中国现代思想中的唯科学主义（1900—1950）》，第26页。

③ 胡适：《科学与人生观·序》，载张君劢、丁文江等《科学与人生观》，山东人民出版社1997年版，第10页。

④ 胡适：《我们对于西洋近代文明的态度》，载《胡适文集》第4册，北京大学出版社1998年版，第9页。

⑤ 陈独秀：《再论孔教问题》，载《独秀文存》，第91页。

都算是科学，这乃是科学最大的效用”[①]。对于唯科学主义这种过分夸大科学的作用而失去科学真精神之偏颇，潘光旦先生有精当的评论，他在1947年写了一篇题为《正视科学——“五四”二十八周年作》的文章，认为“五四”以来我们对于科学运动的一个错误是多少把它偶像化了。五四号召的科学与民主，被分别喊作“赛先生”和“德先生”，以先生称呼科学，是人格化、偶像化的第一步。其中蕴涵着很大的危险性。科学自身是无法成为一种偶像的，它和世间所认为偶像的事物完全属于两个范畴，偶像与真理是对立的，讲求科学精神的人绝不偶像化任何东西，更不偶像化科学，也无意打倒什么偶像，只要科学精神逐渐传播开来，所有世间的偶像便不打自倒。此外，因为科学的偶像化，科学在学术思想界以至于一般文化中的地位，由武断抹杀而至于称霸独占，对于一切古老与传统的东西，亦即近代所称人文学科包括的种种，都成为不科学的。因此，应当倡导科学对于人生的意义，革除科学的偶像化，倡明科学的真正性能与精神，“如存疑而不武断，宽容而不排斥，通达而不蔽锢……”[②] 潘先生此论，虽然主要指科学，但所关涉的“人生的意义”与伦理等问题，亦确有启示价值，实值得反思。唯科学主义或自由主义的西化思潮将儒学与科学对立起来，根本否定传统伦理与科学可以并存互容，使中国人2000年来的信仰、观念、价值准则分崩离析，其消极作用是不言而喻的。

在唯科学主义高歌猛进地介入人生观领域的同时，反对唯科学主义的人们也在发声。1917年，杜亚泉在《战后东西文明之调和》中说：“近年中以输入科学思想之结果，往往眩其利而忘其害，齐其末而舍其本，受物质上之刺戟，欲日盛而望日奢。”[③] 而“科玄论战”前最重要的铺垫当属梁启超对这一复杂问题之涉入。梁氏以宏阔的眼光批评了科学万能论，同时肯定了中国传统伦理的价值。1919年1月，梁启超抵达伦敦开始为期一年的欧游，足迹遍及大部分欧洲国家。此时正值第一次世界大战结束，梁氏对战后欧洲的政治、经济、文化等作了全面细致的考察，真正领略到了在科技助力之下，现代战争破坏力之巨大，人类遭受灾难之深重。欧游

① 陈独秀：《新文化运动是什么》，载《陈独秀文章选编》上，三联书店1984年版，第512页。

② 潘光旦：《正视科学——“五四”二十八周年作》，载《潘光旦文集》第10卷，北京大学出版社2000年版，第62—65页。

③ 杜亚泉：《战后东西文明之调和》，载《杜亚泉文存》，第349页。

归来，他退而写《欧游心影录》，宣称告别“科学万能”，并发出了“中国不能效法欧洲”的“告白”：

> 说起这次战争，真算得打一场倾家荡产的大官司，输家不用说是绞尽脂膏，便（是）赢家也自变成枯腊。……据说直接间接死伤的人三千六百多万。①
>
> 当时讴歌科学万能的人，满望着科学成功黄金世界便指日出现。如今功总算成了，一百年物质的进步，比从前三千年所得还加几倍，我们人类不惟没有得着幸福，倒反带来许多灾难，好像沙漠中失路的旅人，远远望见个大黑影，拚命往前赶，以为可以靠他向导，那知赶上几程，影子却不见了，因此无限凄惶失望。影子是谁？就是这位“科学先生”。欧洲人做了一场科学万能的大梦，到如今却叫起科学破产来。

这段文字从发表时起，便为许多人津津乐道，都说“科学破产”了。其实，梁启超在这段文字之后，还写有一条相当谨慎的“自注”：“读者切勿误会，因此菲薄科学，我绝不承认科学破产，不过也不承认科学万能罢了。”② 他对科学的未来依然持乐观主义态度：“科学万能说当然不能像从前一样的猖獗，但科学依然在他自己范围内继续进步。这回战争中各种发明日新月异，可惜大半专供杀人之用。经此番大创，……物质文明一定（会）更加若干倍发达。”③“科学破产”是欧洲人自己说的，而对中国来说，这时恰恰更急迫地需要科学知识、科学精神、科学方法。时隔不久，梁启超在1922年又写《科学精神与东西文化》一文，依然礼赞科学，并在结尾处指出，不应为赞美西方文明而怀疑东方文明。④ 不过，由于梁启超肯定科学功能的论述较少，而否定科学功能的语言很多，因而给人的印象是他把欧洲文明没落之原因归咎于科学，对科学持批判态度。为此，胡适有针对性地说：“中国此时还不曾享着科学的赐福，更谈不到科学带来的‘灾难’。我们试睁开眼看看：这遍地的乩坛道院，这遍地的仙方鬼照

---

① 梁启超：《欧游心影录节录》，载《饮冰室合集·专集之二十三》，第5页。

② 同上书，第12页。

③ 同上书，第20页。

④ 梁启超：《科学精神与东西文化》，载《饮冰室合集·文集之三十九》，第8—9页。

相，这样不发达的交通，这样不发达的实业，——我们那里配排斥科学?"[①]

总之，科技造成的负面作用、消极影响虽然使科学的权威遭到了挑战，但并未使有识之士走向反对科学的极端。尽管如此，科学能解决社会人生的观点受到了责疑，梁启超说："这回战争给人类精神上莫大的刺激，人生观自然要起一大变化。"[②] 这可说是"科玄论战"产生的国际背景。1922 年，梁漱溟出版了《东西文化及其哲学》一书，站在现代新儒学的立场上首次回应中国传统文化与西方科技文明的冲突。梁氏认为，人与生俱来就面临着物我、人我和身心三大问题。科学的价值在于解决了人与自然（物我）的关系问题；儒家伦理精神造就了人与人之间统一和谐的生活世界；而宗教（佛教）则提供了身与心、生与死的终极关怀。人类此三大价值需求的存在是共时性的，但问题的解决却是一个由低到高的历时性的过程：首先是科学的工具价值，其次是儒学代表的道德价值，最终是宗教完成的终极关怀。梁漱溟不但肯定了各种文化之独特的价值，认为道德价值高于知识的价值，而且面对现实，认为对于西方文化应"无条件地承认"，因为发展科学是中国的"当务之急"；对于儒学，则要"批评的把中国原来态度重新拿出来"[③]，其价值绝不可否定。这意味着对科学理性的过度尊崇和对道德理性的漠视都是不可取的。与此同时，欧美学者也在反思，既然西方文明是文明中心，是最先进、优秀的文明，为何会爆发如此不可思议之战争？美国的新人文主义者白璧德认为"晚近一偏谬误之思想，流毒所极，致引起空前之浩劫"；"而欧战所以终不可免者，以欧洲文明只知遵从物质之律，不及其他，积之既久，乃成此果故也"[④]。指出欧洲应该重新审视自己的文化，挖掘古代文化中的人文主义精华，重建道德体系。同时，他对东方文化寄予了极大的期望，认为中国的孔子与西方的亚里士多德的思想极为相似，皆重"人事之律"。他一再告诫他的中国学生，"中国之人为文艺复兴运动，决不可忽略道德"，以

---

① 胡适：《科学与人生观·序》，载《科学与人生观》，第 12—13 页。

② 梁启超：《欧游心影录节录》，载《饮冰室合集·专集之二十三》，第 20 页。

③ 梁漱溟：《东西文化及其哲学》，载《梁漱溟全集》第一卷，山东人民出版社 1989 年版，第 528 页。

④ 吴宓译：《白璧德之人文主义》，《学衡》1923 年 7 月第 19 期。

防止“倾弃浴水时，将盆中之小儿，亦随之弃掷”①。

（二）科玄论战之始末

梁启超、梁漱溟以及西方学者的反思，都在宏观和抽象意义上否定科学万能的主张，但持唯科学主义观念的科学派却不同意这种观点，他们仍要维护科学的绝对权威，这就不可避免地发生了20世纪20年代初科学与人生观问题的争论，即“科玄论战”。从现有的资料看，这场论战始于1922年3月胡适在北京的政治专门学校所作的“科学的人生观”的讲演，主要内容有三层意思：

> 科学的人生观即是用科学的精神、态度、方法，来对付人生的问题。
>
> 科学的精神在于他的方法。科学的方法有五点：（1）特殊的，问题的，不笼统的。（2）疑问的，研究的，不盲从的。（3）假设的，不武断的。（4）试验的，不顽固的。（5）实行的，不是“戏论”的。
>
> 科学的方法，应用到人生问题上去：（1）打破笼统的“根本解决”，认清特别的、个体的问题。人生问题都是个别的，没有笼统的问题，故没有笼统的解决。（2）从研究事实下手，不要轻易信仰，须要先疑而后信。（3）一切原理通则，都看作假设的工具；自己的一切主张，都看作待证的假定。（4）用实验的证据来试验那提出的假设；（5）科学的人生观的第一个字是“疑”，第二个字是“思想”，第三个字是“干”！

这是胡适的一个讲演提纲，并未写成文章，他对这个提纲很满意，故在文后特地加上“此题很好，可写出来”八个字。② 也许是胡适的演讲激发了张君劢（1887—1969）的思想，或者是他感受到了唯科学主义越来越大的压力，便在1923年2月到清华大学作了题为“人生观”的讲演，以作回应。张氏认为，人生问题之解决“非科学所能为力”，直截了当地

① 胡先骕译：《白璧德中西人文教育谈》，《学衡》1922年3月第3期。

② 胡适：《胡适日记全编》3，安徽教育出版社2001年版，第593—594页，原文有删节。

否定了胡适的观点。此讲演后刊登于《清华周刊》，首先遭到地质学家丁文江（1887—1936）的反驳。丁氏于同年4月发表《玄学与科学——评张君劢的人生观》一文，认为科学可以支配人生观，人生观应受科学方法支配。嗣后，王星拱（1887—1949）、吴稚晖（1865—1953）、陈独秀、瞿秋白（1899—1935）、任鸿隽、张东荪（1886—1973）、唐钺（1891—1987）等人纷纷提笔上阵，在10余种刊物上发表论文各陈己见，到1924年8月陈独秀发表《答张君劢及梁任公》止，前后一年有余。最后，论战文章集成了两本书：上海亚东图书馆出版的《科学与人生观》和上海泰东图书局出版的《人生观之论战》。两书所收文章几无差别，思想倾向却是截然对立的：《科学与人生观》代表了科学派的立场；《人生观之论战》代表了玄学派的立场，而《科学与人生观》得到了更广泛的流传。

这场中国近现代史上的思想文化大争论，就其所主张的观点而言，可以分为三大派，一是科学派，如丁文江、王星拱、任鸿隽、唐钺等是科学家，多有留学国外的经历：丁文江是著名的地质学家，1911年于英国格拉斯哥大学地质学与动物学双学士毕业，为我国地质科学的创始人之一；王星拱是著名的化学家，留学英国伦敦大学皇家学院，获硕士学位；唐钺是心理学家；任鸿隽是化学家，留学美国康奈尔大学。他们不仅是在本学科领域有专长的学者，也关心国计民生、科学教育。科学派中也有一些人文思想家，如胡适、鲁迅、杨铨、吴稚晖，他们中不少人有自然科学背景，如鲁迅早年在水师学堂、路矿学堂学习，继而留日学医，后来才弃医从文；吴稚晖、胡适也有留学日本、美国的经历，亲身感受过科技发达国家的生活，他们虽主要从事人文学科的研究，但也重视科学启蒙教育。二是玄学派，如张君劢、梁启超、梁漱溟、张东荪，这些人多有留学或在国外考察、生活的经历：张君劢早年留学日本早稻田大学政治经济科，张东荪毕业于日本帝国大学，梁启超戊戌变法失败后流亡日本，又游历考察过多个欧洲国家，他们既是人文学者，又多对西方科技的功能有亲身感受，并不反对科学。三是唯物史观派，如陈独秀、瞿秋白、邓中夏等人，他们以马克思主义观点为指导，对上述两派都有所批评，但倾向于科学派。这三派学者合起来有四五十人之多，争论激烈，寸步不让，言辞犀利，乃至有“嘲笑或谩骂语”①。但总体来说，仍是学者们在学理上的争鸣与交锋。

① 梁启超：《关于玄学科学论战之“战时国际公法”》，见《科学与人生观》，第122页。

胡适在代表科学派立场的《科学与人生观》一书的“序”中说，各种观点“目迷五色”，条理纷杂。对此，余英时指出，科学所代表的精神以认知本身具有内在价值，因此赞赏为知识而知识、为求真理而求真理的态度，这在中国比较重实用的传统中，或以道德为主体的文化中，是比较受压制的一种态度。这种为知识而知识的传统是西方文化的特别之处，所以五四所介绍的是西方200年来的正统思想，也就是自由的传统和科学的传统，并要求以此来代替中国旧的传统。[①] 余先生这段话道出了这场争论的主要精神。

（三）科玄论战之主要观点

这场争论围绕“科学能否决定人生观”这一中心论题进行。“人生观”是对人生的根本看法与观点，它属伦理学范畴，包括人生的意义、目的、价值等问题，涉及婚姻、生死、苦乐、荣辱等许多道德、宗教、法律观念。人生观决定了个人的行为的出发点和遵循的行为准则，发之于内，形之于外。因此，此争论包含有“科学能否决定伦理”、“传统伦理究竟有无价值”等宏大而深层的问题。

首先看玄学派代表人物张君劢观点。在《人生观》的演讲中，张君劢说：我们不能以科学为敌，但是，科学为客观的，人生观为主观的；科学为论理（逻辑）方法所支配，人生观则起于直觉；科学以分析方法下手，而人生观为综合的；科学为因果律所支配，而人生观是自由意志的；科学起于对象之统一性，而人生观起于人格之单一性。在张氏看来：

> （正因为）其有此五点，故科学无论如何发达，而人生观问题之解决，决非科学所能为力，惟赖诸人类之自身而已。……自孔孟以至宋元明之理学家，侧重内心生活之修养，其结果为精神文明。三百年来之欧洲，侧重以人力支配自然界，故其结果为物质文明。
>
> 科学之为用，专注于向外。……欧战终后，有结算二三百年之总账者，对于物质文明，不胜务外逐物之感。厌恶之论，已屡见不一

---

① 余英时：《中国近代思想史上的激进与保守》，载《现代儒学的回顾与展望》，三联书店2004年版，第18页。

见矣。[①]

这两段话可视为张君劢《人生观》的基本观点，共表达了三层意思，而这些观点也成为争论的焦点。

一是科学不能解决人生观问题。与人生观相比，科学是客观的，以归纳、演绎为方法，以分析为主，讲求因果律，寻找事物之共性。可以说，科学寻求一个公式来表达统一的自然规律；而人生观最不统一，也没有客观的标准；前者是物质科学，后者是精神科学，所以人生观问题非科学问题，或者说，科学不能解决人生观问题。早在科玄论战前的 1918 年，陈独秀发表《克林德碑》一文，认为现在世上有两条道路：一条是向共和的科学的无神的光明道路；一条是向专制的迷信的神权的黑暗道路。[②] 源于对现代科学价值的信仰，他将迷信与传统伦理画上了等号，对传统人生观加以批判。在陈氏看来，科学对人生的解释最为合理，“生存的时候，一切苦乐善恶，都为物质界自然法则所支配；死后物质分散，另变一种作用，没有连续的记忆和知觉。……孔、孟所说的正心，修身，齐家，治国，平天下，只算是人生一种行为和事业，不能包括人生全体的真义”[③]。他认为，用科学可以塑造人生观：“人生真相如何，求之古说，恒觉其难通；征之科学，差谓其近是。”[④] 意思是科学大体上能解决人生观问题。故张君劢的科学不能解决人生观的观点是有所指的。同时，这种看法也与欧战造成的灾难有关。张氏认为，西人着力发展物质文明，“终日计较强弱等差，和战迟速，乃有亟思乘时逞志若德意志者，遂首先发难，而演成欧洲之大战”[⑤]。给人类造成了空前的灾难，因而应该吸取教训，重视精神文明。

不过，张氏的这一观点遭到了科学派的代表人物、地质学家、中国地质科学事业的重要奠基人丁文江的批评。他发表《玄学与科学》一文嘲讽道：“玄学真是个无赖鬼——在欧洲鬼混了二千多年，到近来渐渐没有地方混饭吃，忽然装起假幌子，挂起新招牌，大摇大摆地跑到中国来招摇

① 张君劢：《人生观》，载《科学与人生观》，第 38—39 页。

② 陈独秀：《克林德碑》，载《独秀文存》，第 241 页。

③ 陈独秀：《人生真义》，载《独秀文存》，第 124—125 页。

④ 陈独秀：《今日之教育方针》，载《独秀文存》，第 17 页。

⑤ 张君劢：《再论人生观与科学并答丁在君》，载《科学与人生观》，第 110 页。

撞骗。你要不相信，请你看看张君劢的《人生观》！张君劢是作者的朋友，玄学却是科学的对头。玄学的鬼附在张君劢身上，我们学科学的人不能不去打他。"[①] 丁氏指出，物质的科学与精神的科学一定是统一的，知识皆来源于感觉经验，可用科学方法研究。心理上的内容都是科学的材料，心理上的觉官感触，由知觉而成概念，由概念而生推论。"科学所研究的不外乎这种概念同推论，有什么精神科学、物质科学的分别？又如何可以说纯粹心理上的现象不受科学方法的支配？"[②] 虽然人生观目前是因人而异，但"人生观现在没有统一是一件事，永久不能统一又是一件事"[③]。他还认为，科学还是教育同修养最好的工具，因为天天求真理，时时想破除成见，不但使学科学的人有求真理的能力，而且有爱真理的诚心，无论遇见什么事，都能平心静气去分析研究，从复杂中求简单，从紊乱中求秩序；拿论理来训练他的意想，而意想力愈增；用经验来指示他的直觉，而直觉力愈活，了然于宇宙生物心理种种的关系，才能够真知道生活的乐趣。这种"活泼泼地"心境，只有拿望远镜仰察过天空的虚漠，用显微镜俯视过生物的幽微的人，方能参领得透彻，又岂是枯坐谈禅，妄言玄理的人所能梦见。[④] 总的意思是，科学能解决人生观问题，今天不能解决，明天难道也不能解决？

胡适持同样的观点，他在《科学与人生观·序》中说："（中国）正苦科学的提倡不够，正苦科学的教育不发达，正苦科学的势力还不能扫除那迷漫全国的乌烟瘴气，——不料还有名流学者出来高唱'欧洲科学破产'的喊声，出来把欧洲文化破产的罪名归到科学身上，出来菲薄科学，历数科学家的人生观的罪状，不要科学在人生观上发生影响！信仰科学的人看了这种现状，能不发愁吗？能不大声疾呼出来替科学辩护吗？"[⑤] 胡适对梁启超的这种不指名批评，其实是与事实不符的，因为梁氏并没有否定科学对人生观的作用，只是说欧战后"科学万能的大梦"醒了，科学的作用要发生"变化"。

科学派的另一代表人物任鸿隽的观点较为平实、有说服力。任氏早在

---

① 丁文江：《玄学与科学》，载《科学与人生观》，第 41 页。

② 同上书，第 46 页。

③ 同上书，第 42 页。

④ 同上书，第 53—54 页。

⑤ 胡适：《科学与人生观·序》，载《科学与人生观》，第 13 页。

这场论战之前就关心人生观问题，他主编的《科学》月刊就发表过《科学的人生观》的文章。任鸿隽指出，科学的目的是追求真理，真正科学家的科学精神必能打破世俗的引诱而有伟大的人生观；科学探讨深远而无界限，故其人生态度可以打破一切偏见与私意；科学研究因果关系，因此会追求一种合理的人生观。科学有其界限，但科学自身可以发生各种伟大高尚的人生观。因此，大多数科学家都是道德完备、人格高尚的人。所以，“人生观的科学是不可能的事，而科学的人生观却是可能的事”①。以科学方法得出“人生观的公式（法则）”是不可能的，但是，以科学对宇宙、社会的了解，为建立科学的人生观提供合理的依据却是可能的。我国著名的科学家、教育家顾毓琇（1902—2002）说：“科学既没有功利观念，亦没有爱国思想。科学的目的是为知识，科学的任务是求真理。”②但是，受过科学熏陶的人，一个有科学素养的人，绝不会迷信天命，不会拜佛求神，不会盲从于风俗、陋习。科学不能直接决定人生观，但间接而言，对于人生观是有益的。这是颇有见地的，也是有价值的。

二是物质文明不能支配人生观。张君劢认为，东方精神文明较之西方物质文明为优，欧战的结果已说明了这一点。在玄学派看来，中国自古以来的精神文明以内心修养见长，如果说纲常礼教已失去了存在的意义，但心性之学却不失其现代价值，内心的修身养性有助于中国的精神文明。③对此，丁文江主张“拿历史来看看这种精神文明的结果”。他指出，理学家提倡内功，其结果是受蒙古人统治了一百年。到了明末，陆王学派风行天下，言心言性，结果士大夫不知古又不知今，一无所用，结果在农民起义与清朝面前亡国。“这种精神文明有什么价值？配不配拿来做招牌攻击科学？……世上可有单靠内心修养造成的‘精神文明’？”④ 理学家空谈误国确是史实，而近代以来，精神修养产生的虚幻的优越感，对实际事务毫不理会，更导致中国被列强欺凌的后果。张君劢之误，在于太笼统、太宽泛，不但“东方精神文明”不确切，而且将科学视为物质文明也极其错误。科学本身的成果是对自然规律的描述，科学是精神性的，物质成就只是科学应用的结果。因此，胡适在其《我们对于西洋近代文明的态度》

① 任叔永（任鸿隽）：《人生观的科学或科学的人生观》，载《科学与人生观》，第128页。

② 顾毓琇：《科学研究与中国前途》，载《中山文化教育馆季刊》1935年第2卷第1期。

③ ［美］郭颖颐：《中国现代思想中的唯科学主义（1900—1950）》，第94页。

④ 丁文江：《玄学与科学》，载《科学与人生观》，第58页。

一文中指出：“这样充分运用人的聪明智慧来寻求真理以解放人的心灵，来制服天行以供人用，来改造物质的环境，来改革社会政治的制度，来谋人类最大多数的最大幸福，——这样的文明应该能满足人类精神上的要求，这样的文明是精神的文明，是真正理想主义的（Idealistic）文明，决不是唯物的文明。”“西洋近代文明绝不轻视人类的精神上的要求。我们还可以大胆地进一步说：西洋近代文明能够满足人类心灵上的要求的程度，远非东洋旧文明所能梦见。在这一方面看来，西洋近代文明绝非唯物的，乃是理想主义的（Idealistic），乃是精神的（Spiritual）。”① 看来，指责科学派否定精神文明，乃是无的放矢。

张君劢辩解说，所谓精神是指道德，既然欧战表明了科学文明的破产，那就有必要重新重视自己的道德文明。“循欧洲之道而不变，必蹈欧洲败亡之覆辙。”②“若专恃有益于实用之科学知识，而忘却形上方面，忘却精神方面，……是决非国家前途之福。”③ 没有道德信仰支撑人生观，科学理性只能激发无穷的贪欲，故科学理性应置于德性之知之后：“知礼节而后衣食足，知荣辱而后仓廪实。吾之所以欲提倡宋学者，其微意在此。”④ 但在丁文江看来，这恰恰是不讲科学造成的。他认为，对于战争最应该负责的人是政治家和教育家，这两种人多数仍然是不懂科学的。欧美做议员、总理、总统的是些从来没有学过科学的人，因此科学始终没有直接进入政治。欧美的工业虽然利用科学的发明，他们的政治社会却绝对地缺乏科学精神。“到了如今，欧洲的国家果然都因为战争破了产了。然而一班应负责任的玄学家、教育家、政治家却丝毫不肯悔过，反要把物质文明的罪名加到纯洁高尚的科学身上。”⑤ 丁文江此说，虽然有一定道理，但也绝对化了科学的功效。应该说，科学没有直接带来战争，但其许多成果被用来杀人，从而放大了列强的贪婪。故科学发达后，更需要控制欲望，不滥用科学赋予人的能力。虽然“以科学上之发明，交通大开，世界和同，一发全身之感，位切于畴昔。……四海一家，永远和平，皆当于

① 胡适：《我们对于西洋近代文明的态度》，载《胡适文集》第4册，第6页。

② 张君劢：《再论人生观与科学并答丁在君》，载《科学与人生观》，第112页。

③ 张君劢：《科学之评价》，载《科学与人生观》，第225页。

④ 张君劢：《再论人生观与科学并答丁在君》，载《科学与人生观》，第119页。

⑤ 丁文江：《玄学与科学》，载《科学与人生观》，第57页。

科学求之耳"[①]，科学使得国与国之间利害休戚相关，可以导致全世界四海一家、和平共处，但也可以被用来相互屠杀，引起世界大战。这两方面都有事实以作证明。任鸿隽在其1922年发表的《科学与近世文化》中说，科学有两种律令，一面是竞争与强力的征服，一面是拯救人类的苦痛。这两个律令哪一个能得最后胜利，目前还不知晓，但他相信，"服从人道的律令，推广生命的领域"才是真正的科学。[②] 这是比较客观的评估。事实上，人类在经历了世界大战之后，科学确实越来越呈现出沟通世界的力量。今天，全世界虽然远未达到四海一家的程度，但随着科学的发展，人类的理性认知越来越趋近这一步。

三是科学能否解决伦理学的形而上问题与道德信仰问题。或者说，科学能否证明伦理的终极依据并赋予人道德信仰？近代以前的西方，上帝的"启示"、教会宣布的神圣律令即是伦理的依据。在中国，天道、天理即是不证自明的权威。而在启蒙运动以后，价值之源不能来自所信奉的各种各样的神圣权威和"天赋观念"，道德原则要建立在理性之上，而非建立在任何权威、传统或既有信仰之上。当张君劢言科学不能决定人生观时，并未直接得出此命题，而在争论中，丁文江的"科学方法万能"论则将此问题凸显出来，他说：

> 科学的目的是要屏除个人主观的成见，——人生观最大的障碍——求人人所能共认的真理。科学的方法，是辨别事实的真伪，把真事实取出来详细的分类，然后求他们的秩序关系，想一种最简单明了的话来概括他。所以科学的万能，科学的普遍，科学的贯通，不在他的材料，在他的方法。[③]

将丁文江的意思略微引申一下，就可以看出他的观点：科学方法万能，它能得出伦理领域的真理，从而使人生观有一个客观的标准而得到公认。后来，丁文江重申了这一观念，他说："我相信不用科学方法所得的结论都不是知识。在知识界内科学方法万能。科学是没有界限的。……举

---

① 任鸿隽：《〈科学〉发刊词》，载《科学救国之梦——任鸿隽文存》，第17—18页。

② 任鸿隽：《科学与近世文化》，载《科学救国之梦——任鸿隽文存》，第280页。

③ 丁文江：《玄学与科学》，载《科学与人生观》，第53页。

凡直觉的哲学，神秘的宗教，都不是知识，都不可以做我们的向导。”据此，主宰世界的上帝、离开身体的灵魂、古之圣贤皆不足信。①

其实，许多没有参加论战的学者也对此有着同样的看法，比如蔡元培说：“科学发达以后，一切知识道德问题，皆得由科学证明。”② 不过，梁启超并不这样绝对、武断，他说：“人生问题，有大部分是可以——而且必要用科学方法来解决的。却有一小部分——或者还是最重要的部分是超科学的。”③ 梁氏的观点可说是正确的，如作为人生观、道德观之重要依据的人之“自由意志”、“人是生而自由的”这样的命题，在一般意义上，科学方法是很难证明甚至根本不能证明的。因此，科学能够帮助伦理判断，但不能解决一切问题。还要看到，当时被津津乐道的归纳法，其作用不一定是正确无误的，更不是无限的。由于归纳法一般不可能将所有对象的属性都归纳进去，故通常使用的是不完全归纳法，而由此得出的结论却是一般的，再用这一般的结论作前提进行演绎推论，所得出的结论的可靠性是令人怀疑的。

不惟如此，即使科学方法能够获得人所公认的人生观，又如何使人产生信仰并诉诸行为呢？梁启超说：“程婴杵臼代人抚孤，抚成了还要死。田横岛上五百人，死的半个也不剩。这等举动，若用理智解剖起来，都是很不合理的，却不能不说是极优的人生观之一种。推而上之，孔席不暖，墨突不黔，释迦割臂饲鹰，基督钉十字架替人赎罪……”④ 这些行为，稍有常识的人都知道这样做于己无益，如果要用科学去测算所以然之故，度量他们对于众生之爱，无疑痴人说梦，而要用科学方法去支配人产生这些行为，无论如何也不可能。梁启超举的这些例子，全无半点学术概念，却道出了伦理学不同于科学的关键——道德不同于纯粹理性，而是实践理性，道德信仰是知、情、意的统一，不是科学所能决定的。王国维（1877—1927）先生也曾表达过这种意思：“伟大之形而上学，高严之伦理学，与纯粹之美学，此吾人所酷嗜也。然求其可信者，则宁在知识论上之实证论，伦理学上之快乐论，与美学上之经验论。知其可信而不能爱，

---

① 丁文江：《我的信仰》，载《独立评论》1934年第100期。

② 蔡元培：《致〈新青年〉记者函》，载《蔡元培全集》第三卷，第23页。

③ 梁启超：《人生观与科学》，载《科学与人生观》，第139页。

④ 同上书，第142页。

觉其可爱而不能信。”[①] 科学所能证明的是知识的可靠性，而对善与美的体验与追求、信仰与实践却不是仅凭实证就能达到的。

早在1749年，卢梭就在《论科学与艺术》[②] 中敏锐地觉察到，科学一经产生，就成为一种难以控制的力量，而被神化了的科学理性也隐含着很大的危险性。卢梭发现，科学发展与平等、幸福以及道德进步存在着不一致性。科学所代表的理性虽然揭示了自然规律，促进了技术进步，但却只关心以合适的手段达到一定的目的，而无关人生的意义。在他看来，在价值观念方面，科学理性本身是无道德是非的，如果它独立于社会生活，缺失了价值的维度或方向，那就隐藏着危险。因此科学知识无权声称自己有绝对的至高无上的地位，因为在精神价值的领域中，居于首位的是道德意志。在人类社会秩序中，必须先建立一个牢靠的、明确的道德世界，然后才可以发展科学。对此，卡西勒认为，就其理论意义而言，卢梭的思索是以“伦理的理性主义”对“纯理论的理性主义”进行了批判。[③] 这种对科学理性的直觉式的感悟，在休谟（1711—1776）哲学中发展为清晰的怀疑主义，休谟对“事实”（是）和“价值”（应该）进行了区分，认为在伦理领域，科学方法不能告诉我们任何东西，从而使启蒙运动中乐观的理性主义陷入了困境。卢梭的思考对康德亦有启示，康德哲学提出的“现象”世界与“本体”世界（物自体）的区别，亦即科学认识的对象领域与道德思考的对象领域的不同，也旨在解决科学划界的问题。

这里应补充指出一点，就是科学与人生观的关系还有另外一面，即健康、优良的人生观是科学力量的保护神。社会学家、优生学家潘光旦（1899—1967）并未参与科玄论战，但以其对科学的深刻理解，正确地指出：“单单注意技术的科学，以至于单单提倡精神上不能和政治发生联系的科学，无论强勉的成功到何种程度，是无补于国家民族的危亡的。”墨索里尼、日本的军阀、希特勒与其爪牙何尝不知道利用科学技术？三国的科学家也何尝不了解科学精神与科学方法？“试问，这半年来身受相当于

---

① 王国维：《静安文集续编·自序》，载《王国维先生全集》初编5，大通书局1976年版，第1899页。

② ［法］卢梭：《论科学与艺术》，何兆武译，商务印书馆1963年版。

③ ［德］E. 卡西勒：《启蒙哲学》，顾伟铭等译，山东人民出版社1996年版，第267页。

亡国的痛楚而大为天下僇笑的又是谁来（按：恰逢德国宣布无条件投降）？”① 事实上，科技的社会功能通常是要通过国家政策才能实现的，而制定国家政策的政治人物又是受人生观支配的。人生观出偏差，随之而来的是政策偏差，导致科技的社会功能的发挥出现问题，也就是说，科学离开了正确人生观、伦理价值观的指导，其功用不仅不能给国家与民众带来福祉，相反会造成祸患，而且自身的发展也受到限制，其害无穷。因此，在一定条件下，不是科学决定人生观，而是人生观、伦理观引导科学，使科学至少向着三个方面努力：一是科学精神的培养，可以造成更良好的人生态度与风格；二是科学研究的推进，可以满足求知的欲望，增加对宇宙间一切事物的了解，从而丰富人生的精神世界；三是科学的实际应用，可以产生利用厚生的果实。科学精神与科学知识的普及将惠及每个人，科学的应用则从物质层面造福社会与大众。②

（四）科玄论战的历史意义

这场论战的根本缺点，是未能将科学的发展及其功能与社会生产力、经济制度、上层建筑结合起来考察，没有看到科学虽然对社会经济有重要的影响，但从根本上说是受生产力发展需要决定的；没有认识到科学功能的发挥主要是受经济、政治、制度、军事等需要，特别是被统治阶级、统治集团利益需要所制约的，因而未能正确解决科学与人生观关系问题。科玄论战后期，陈独秀、瞿秋白等人发表了许多正确的观点。陈独秀对玄学派、科学派都有所批评，他在《科学与人生观·序》中指出，玄学派所说的“良心”、“直觉”、“自由意志”并不神秘莫测，“一概都是生活状况不同的各时代各民族之社会的暗示所铸而成”，也就是社会生活境遇所决定的，如“孝子割股疗亲”、“田横乃木自杀”等，“不过是农业的宗法社会封建时代所应有之人生观”，它在资本主义时代是不可能产生的，“试问在工业的资本主义社会，有没有这样举动，有没有这样情感，有没有这样的自由意志？”陈氏还指出，不同民族生活在不同的社会环境中，由此而形成的生活态度、道德行为也各不相同，“一个女子生在中国阀阅

---

① 潘光旦：《一种精神两般适用》，载《潘光旦文集》第5卷，北京大学出版社1997年版，第483页。

② 潘光旦：《正视科学——“五四”二十八周年作》，载《潘光旦文集》第10卷，第62—63页。

之家，自然以贞节为她的义务，她若生在意大利，会以多获面首夸示其群”①。陈独秀还批评胡适所说的“坚持物的原因外，尚有心的原因，——即知识、思想、言论、教育，也可以变动社会，也可以解释历史，也可以支配人生观”②。这样一来，胡适就把心的原因与物的原因等量齐观、不分主次，这实际上是一种二元论；认为心的原因决定人生观，就是用思想、精神而不是用物质、用社会环境说明思想，这便走向唯心论了。此外，瞿秋白发表了《自由世界与必然世界》一文，也从唯物史观角度评论这场争论，认为一切历史现象的最后原因“是造成这些种种动机的现实力量”，而中心问题“在于承认社会现象有因果律与否，承认意志自由与否”；“一切动机（意志）都不是自由的而是有所联系的；一切历史现象都是必然的”；社会发展的“最后动力”在于“社会的实质——经济”③。这些论点与陈独秀是一致的。邓中夏（1894—1933）将科学派立论的基础概括为“自然科学的宇宙观，机械论的人生观，进化论的历史观，社会化的道德观”④。其阶级属性不同于“农业手工业的封建思想”，是“新式工业的资产阶级思想”。在他看来，唯物史派与科学派的观点既有一致性，又有不同处，因而科学方法派和唯物史观派尚有携手联合向代表封建思想的包括玄学派在内的东方文化派进攻的必要。⑤ 唯物史观派的观点在根本原则上是正确的，可惜除陈独秀的“序”外，无一篇文章被收入《科学与人生观》论文集，其他人在当时所起的社会影响并不大。同时，其自身也有不足：如陈独秀虽然批评科学派“并未攻破敌人的大本营”，有的表面上在那里开战，“暗中却已投降了。就是主将丁文江大攻击张君劢唯心的见解，其实他自己也是以五十步笑百步”⑥。但是，陈氏之唯物论立场尽管正确，他所倾向的科学万能论却并不科学。他在《人生真义》中认为：“科学家说人死没有灵魂，生时一切苦乐善恶，都为物质界自然法则所支配，这几句话倒难以驳他。”苦乐善恶这类社会

---

① 陈独秀：《科学与人生观·序》，载《科学与人生观》，第6页。

② 陈独秀：《答适之》，载《陈独秀文章选编》中，三联书店1984年版，第379页。

③ 瞿秋白：《自由世界与必然世界》，见《瞿秋白选集》，人民出版社1985年版，第113—129页。

④ 邓中夏：《中国现在的思想界》，载《中国现代思想史资料简编》第2卷，浙江人民出版社1982年版，第174页。

⑤ 邓中夏：《中国现在的思想界》，载《中国现代思想史资料简编》第2卷，第176页。

⑥ 陈独秀：《科学与人生观·序》，载《科学与人生观》，第1页。

精神现象能否由自然法则支配，这是值得商榷的，而不是“难以驳他”。陈氏在其两年后发表的《新文化运动是什么》一文中，仍然肯定自然科学方法之普遍效用，他说：“社会科学是拿研究自然科学的方法，用在一切社会人事的学问上，像社会学、伦理学、历史学、法律学、经济学等，凡用自然科学方法来研究、说明的都算是科学，这乃是科学最大的效用。”[①] 这样，他就否定了社会科学方法存在的必要性与有用性。为了说明自己这一观点的正确性，陈氏说马克思就是这样做的。他在《马克思的两大精神》一文中说：“马克思就以自然科学的归纳法应用于社会科学。……马克思所说的经济学或社会学，都是以这种科学归纳法作根据，所以都可相信的，都有根据的。”[②] 且不说通常所使用的不完全归纳法因存在某种缺陷而难以保证其所有结论都正确，陈氏所认为的马克思的经济学是应用自然科学方法的产物，也是与事实不符的，没有根据的。

虽然有以上的不足与缺憾，但从近现代的科学启蒙史与伦理思想发展史的视角来观察，我们可以发现，在东西文化碰撞与交融过程中发生的这场争论，不啻有着非常重要的历史文化价值，对今天也有启迪意义。张利民先生在《科学与人生观》重版引言中指出：“通过这场论战，中国现代哲学的三大思潮：现代新儒学、自由主义、马克思主义，初步展示了未来的发展方向，论战中提出的问题和一些观点时常出现在中国近现代哲学之中，可以说，论战的影响是深远的。”[③] 玄学派与文化保守主义、现代新儒家紧密相关，张君劢便是现代新儒家的元老级人物；科学派与自由主义、文化激进主义密切相连，胡适就是这样的代表人物。具体而言，它涉及科学知识、科学精神、科学方法、科学价值、科学与社会、科学与道德、人生理想、道德标准、文化路向等广泛的问题，将科学研究由自然物质的层面和社会经济、政治、军事的层面，进一步扩展与深入精神世界的层面，在社会上特别是在知识界发生了很大影响，有着重要的伦理启蒙作用。

玄学派固然过分看重科技的负面影响、过高估计传统伦理的功用，但面对科学万能论对社会黑暗、政府腐败之束手无策，而力图从传统道德中

① 陈独秀：《新文化运动是什么》，载《陈独秀文章选编》上，第512页。

② 陈独秀：《马克思的两大精神》，载《陈独秀文章选编》中，第177页。

③ 张利民：《科学与人生观·重版引言》，载《科学与人生观》，第1页。

寻找对策，这种肯定与维护中国传统文化的立场是值得赞许的。张君劢指出："当此人欲横流之际，号为服国民之公职者，不复知有主义，不复知有廉耻，不复知有出处进退之准则……甚且为一己之私，牺牲国家之命脉而不惜。"治疗这种社会病，科学方法是无能为力的，"诚欲求发聋振聩之药，惟在新宋学之复活，所谓实际上之必要者此也"。也就是说，复活宋学，加强心性修养，是出于"实际"救世之"必要"。丁文江认为，科技发展、物质丰裕，道德自然进步，"在君（丁文江）亦有说曰，生计充裕，则人谁不乐于为善？故引管子'衣食足而后知礼节，仓廪实而后知荣辱'之言为证"。张氏于是诘问："试以美国煤油大王之资财，畀之今之军阀与政府，则财政能整理乎？""又试倾英伦法兰西日本三国家银行之资财以畀之今之军阀与政府，政治其清明乎？"回答都是否定的。因为"今之当局者，不知礼节，不知荣辱故也"。为此，"应将管子之言而颠倒之，曰：'知礼节而后衣食足，知荣辱而后仓廪实"[①]。这里，丁、张之争论，实际上已超出纯学理的范围，而涉足于治理世道人心的对策问题。应该说，他们都不是书斋里的学究，而是既熟悉中西文化又关心社会人生的学者，因而离开历史背景而笼统地判定玄学派是复古主义者，是把复杂的问题简单化了。

科学派虽然有科学万能论与文化虚无主义倾向，但此时的中国缺的是科学技术，多的是封建残余，故有识之士多持科学救国主张，抨击传统伦理文化思想。蔡元培指出："欲救吾族之沦胥，必以提倡科学为关键。"[②]鲁迅也说："据我看来，要救治这'几至国亡种灭的中国'"，"只有这鬼话的对头的科学！——不是皮毛的真正的科学"[③]。西方人在欧战中尝到了科技的苦头，而中国人正企图尝科技的甜头，唱着赞歌向教育救国、实业救国挺进。在这样的大背景下，科学派人士理论上的缺憾与不足是很容易被强烈的现实需要所掩盖的。同时，他们尽管未能完全战胜玄学派，但提出的有些主张与涉及的问题却是有价值的。例如，胡适用了十来门自然科学知识、分列十个方面来论证他的"新人生观"或"科学的人生观"、"自然主义人生观"：

---

① 张君劢：《再论人生观与科学并答丁在君》，载《科学与人生观》，第118—119页。

② 蔡元培：《复任鸿隽函》，载《蔡元培全集》第二卷，第393页。

③ 鲁迅：《随感录》三十三，载《鲁迅全集》第一卷，人民文学出版社1981年版，第301—302页。

(1) 根据于天文学和物理学的知识，叫人知道空间的无穷之大。

(2) 根据于地质学及古生物学的知识，叫人知道时间的无穷之长。

(3) 根据于一切科学，叫人知道宇宙及其中万物的运行变迁皆是自然的，——自己如此的，——正用不着什么超自然的主宰或造物者。

(4) 根据于生物的科学的知识，叫人知道生物界的生存竞争的浪费与惨酷——因此，叫人更可以明白那“有好生之德”的主宰的假设是不能成立的。

(5) 根据于生物学、生理学、心理学的知识，叫人知道人不过是动物的一种，他和别种动物只有程度的差异，并无种类的区别。

(6) 根据于生物的科学及人类学、人种学、社会学的知识，叫人知道生物及人类社会演进的历史和演进的原因。

(7) 根据于生物的及心理的科学，叫人知道一切心理的现象都是有因的。

(8) 根据于生物学及社会学的知识，叫人知道道德礼教是变迁的，而变迁的原因都是可以用科学方法寻求出来的。

(9) 根据于新的物理化学的知识，叫人知道物质不是死的，而是活的；不是静的，是动的。

(10) 根据于生物学及社会学的知识，叫人知道个人——“小我”——是要死灭的，而人类——“大我”——是不死的，不朽的；叫人知道“为全种万世而生活”就是宗教，就是最高的宗教；而那些替个人谋死后的“天堂”“净土”的宗教，乃是自私自利的宗教。①

从上列10条科学资料中，胡适引出如下结果：(1) 没有“好生之德”的主宰，人是生物演进而来的，人类社会也有着演进的历史；(2) 道德礼教是变迁的；(3) 个人这个“小我”是会死灭的，而人类这个“大我”则是不死、不朽的；(4) 为个人谋死后的“天堂”生活是自私

① 胡适：《科学与人生观·序》，载《科学与人生观》，第23—24页。

自利的“宗教”，为全种万世而生活的是最高的“宗教”；（5）人虽受因果律支配，自由有限，但“他可以由因求果，由果推因，解释过去，预测未来”，创新因求新果，做许多事情，因而有“相当的”地位和价值；（6）“生存竞争的惨剧鞭策他的一切行为”，但这不啻不会“使他成为一个冷酷无情的畜生”，也许还可以格外地增加他对于“同类的同情心”、“深信互助的重要”以及“注重人为的努力以减免天然竞争的惨酷与浪费”。总之，自然主义人生观中有“美”，有“诗意”、“有道德的责任”，有充分运用创造的智慧的机会。① 不难看出，这些科学资料确实能说明不少具体的人生问题与道德问题，尽管它们尚不足以解决人生根本目的与最高理想的问题，不能解释为什么不同阶级有不同的人生观，在相同自然环境与社会环境中的人们，又为什么会分别取享乐主义、禁欲主义、悲观主义、乐观主义的人生态度。然而，胡适毕竟为我们研究人生观、价值观、道德观提供了崭新的科学的方法，即用确凿的、可用实证材料说明的自然知识作为立论基础，而不是传统伦理所通常采取的以天命、天理、人性、人心作为道德合理性依据的方法，从而开辟了国人伦理学研究的新途径，弥补了蔡元培先生所指出的我国伦理学缺乏科学基础的情况。至于科学与道德、人生观的关系，科学派探讨的问题很多，也很深入，贡献也颇大。如任鸿隽指出：“科学的目的在求真理，而真理是无穷无边的，所以研究科学的人，都具一种猛勇前进，尽瘁于真理的启沦，不知老之将至的人生观。”从而能打破物质世界的许多引诱。又说：“因为科学探讨的精神，深远而没有界限，所以心中一切偏见私意，都可以打破，使他和自然界高远的精神相接触。”所以大多数科学家都是能打破“荣名界限”的“道德完备、人格高尚的人”②。丁文江进一步指出，科学“是教育同修养最好的工具，因为天天求真理，时时想破除成见，不但使学科学的人有求真理的能力，而且有爱真理的诚心”。加上他们“知道生活的乐趣”，有“活泼泼”的心境，仰察过天空的“虚漠”，俯视过生物的“幽微”，从而造就了达尔文等许多科学家高尚的人格，这“又岂是枯坐谈禅，妄言玄理的人所能梦见”。而“近年来生物学上对于遗传性的发现，解决了数千年

① 胡适：《科学与人生观·序》，载《科学与人生观》，第24—25页。

② 任叔永：《人生观的科学或科学的人生观》，载《科学与人生观》，第129—130页。

来性善性恶的聚讼，使我们恍然大悟，知道根本改良人种的方法”①。且不说道德善恶是否正如丁文江所言是由遗传决定的，他在这里批评传统内省的道德修养方法则是非常明显的。为了说明科学家人格高尚，丁文江还将实验室与工厂分开，认为“实验室是求真理的所在，工厂是发财的机关”。使人类利用自然界发财的是科学家，而建工厂、招工人发财的是实业家。欧美的大实业家大半是没有科学知识的人，他们所干的唯利是图有损科学声誉的勾当，不应该由科学家来负责，“试问科学家有几个发大财的?”这一说法无疑是很有见解的。

四 现代新儒学的科学伦理观

“科玄论战”在民族性维度上，彰显了“中学”与“西学”的对峙。为了应对这种时代的挑战，凡文化保守主义者皆对科学主义有所批判，学衡派的代表人物吴宓（1894—1978）即批判了新文化派的科学主义的倾向。吴宓的老师白璧德曾告诫他说：“中国之人，并宜吸收西方文化中之科学与机械等，以辅中国之所缺。然吾以为虽其末节宜如此改革，然中国旧学中根本之正义，则务宜保存而勿失也。”此所谓“正义”，乃“中国立国之根基”即“道德也”②。1927 年，吴宓在和日本客人桥川时雄谈话时，更为直接地表明了以人文精神对抗科学主义的立场：“中国人今所最缺乏者，为宗教之精神与道德之意志。新派于此二者，直接、间接极力摧残，故吾人反对之。而欲救中国，舍此莫能为功。不以此为根本，则政治之统一终难期。中国受世界影响，科学化、工业化，必不可免。正惟其不可免，吾人乃益感保存宗教精神与道德意志之必要。故提倡人文主义，将以救国，并以救世云。”③ 可见，吴宓寻求的救国救世的途径在于科学精神与人文精神并行不悖。而对科学主义否定传统伦理反应最强烈、探讨更深入的当属现代新儒学。

20 世纪以来，科学问题便不断困扰着现代新儒家的心灵。对科学主义横扫儒家伦理的态势，现代新儒学必须直面相对，以调解中国社会必须

---

① 丁文江：《玄学与科学》，载《科学与人生观》，第 53—54 页。

② 胡先骕译：《白璧德中西人文教育谈》，《学衡》1922 年 3 月第 3 期。

③ 吴宓：《吴宓日记》第 3 册，三联书店 1998 年版，第 364—365 页。

发展科学的现实要求与坚守儒家伦理传统、重建宋明理学的“伦理精神象征”之间的尖锐冲突。同时，检讨儒学人伦理论与科学的关系，求证儒学与科学相容、和谐相处及其内在关联，这是关系到儒学复兴的正当性与合理性的重要问题。现代新儒家采用了一个普遍的思维方式，即区分事实世界与价值世界，界定科学与玄学（哲学）的不同功能与适用范围，并在此基础上追求真与善的内在统一，以谋求传统儒家的伦理精神与近代西方科学精神并存共荣的合理关系。

（一）第一代现代新儒家张君劢、梁漱溟、熊十力的观点

张君劢的主张主要表现在三个方面：第一，力主划清科学与玄学（人生观）的界限；第二，反对科学万能，不反对科学，如他在1922年的《欧洲文化之危机及中国新文化之趋向》中认为：“科学上之实验方法，应尽量输入。如不输入，则中国文化必无活力。”① 第三，“欲提倡宋学”②。20世纪20年代末，现代新儒家的理论奠基者熊十力完成了《新唯识论》，清晰地表达了新儒家的观点，认为学问当分二途：“曰科学，曰哲学。”③ 哲学的目的是“重立大本，重开大用”，道德良知是本，科学知识为用。他在形式上借用佛学“二谛义”的方法，认为“言体”是真谛，是关于终极存在的意义世界、价值世界的真理。“言用”是俗谛，是科学探求的事实世界的规律。“科学，根本从实用出发，易言之，即从日常生活的经验出发。科学所凭借以发展的工具，便是理智。人类固然不能没有科学，然尤不能没有哲学。”“所以于科学外，必有建本立极之形而上学，才是哲学之极诣。哲学若不足语于建本

---

① 张君劢：《欧洲文化之危机及中国新文化之趋向》，载《东方杂志》第19卷第3期，上海商务印书馆1922年版，第122页。

② 张君劢所言之前两点在“科玄论战”中受到了激烈批评，对于第三点，胡适进行了质疑。在现代新儒家看来，程朱之学所提倡的“即物穷理”之说，在一定程度上将格物致知的范围扩大到天地万物，因而有可能成为接纳西方自然科学的基石。而胡适认为，科学是观察方法、实验方法、怀疑态度，故以科学方法视汉学、宋学，建立在汉代经典之上的汉学与建立在宋明理学基础上的宋学，似乎采用了校勘考据和考古研究的科学方法，但却不会产生科学。因为“方法虽是科学的，材料却始终是文字的。科学的方法居然能使故纸堆里大放光明，然而故纸的材料终究限死了科学的方法，故这三百年（1600—1900）的学术也只不过文字的学术。三百年的光明也只不过故纸堆的火焰而已”（《治学的方法与材料》，载《胡适文集》第4册，第107页）！

③ 熊十力：《新唯论识》，中华书局1985年版，第248页。

立极，纵能依据一种或几种科学知识出发，以组成一套理论、一个系统，要其所为，等于科学之附庸，不足当哲学也。”[①] 两种知识的功能价值是不同的，熊氏将现代科学置于儒家心性之学的统摄中：唯本心（良知）是独立的、真实的、有确定本质的，而科学意义上物的客观性只有相对的确定性。这种观点对科学活动意义的独立性及其自身规定性作出了某种限制。

以上见解大体上代表了第一代现代新儒学应对唯科学主义的伦理态度，这就是在维护中国传统文化的前提下，给予科学理性以必要的地位，承认科学的工具价值。一方面，现代新儒学不知不觉地经历了一次内在的限制和否定，在明确承认科学的价值的情境下，儒学的价值体系也发生了一种明显转变，即关注道德理性与知识理性的关系，并体现出现代新儒家吸纳科学的趋势。另一方面，认知理性虽然也在儒学体系中获得了某种地位，但感情深处却仍然排拒它，科学只是处于“第二义”的或从属的地位。其深层的原因在于，科学与儒学的矛盾，表征着传统与现代的矛盾、“旧学”与“新学”的冲突、中学与西学的对峙，尤其在科学主义正大行其道的时代，科学所代表的西方文化与现代文明正在全面地否定中国传统文化。现代新儒家在摒弃了儒学维护封建专制的政治层面的功能后，将它作为一种植根于千百年社会生活的“人文睿智”、“生命的学问”来看待。从梁漱溟强调儒学的独特价值、张君劢认为“科学不能解决人生观问题”，到熊十力主张“良知为本，知识为用”，都在肯定中国之富强离不开科学之发展的同时，特别指出这必须奠定在宋儒心性之学复活的基础上，以维护儒学这一中国文化的象征。这种主张虽然是片面的，但其价值却有一定的合理性，因为失去了中国文化的生命，无异于对民族自身的否定。现代新儒家对民族性的自觉意识和对文化本根的维护，对中国深层危机的洞察，是值得赞许的。

（二）第二代现代新儒家唐君毅、牟宗三的观点

如果说，熊十力、张君劢等人以一种初步的但却十分明确的方式表达了现代新儒家接纳科学理性精神的态度，出现了儒家在现代的一大转

---

① 熊十力：《与黎邵西教授书》，见方克立等主编《现代新儒家学案》上，中国社会科学出版社 1995 年版，第 477 页。

折，那么，唐君毅、牟宗三等第二代新儒家则进一步从学理化方面，在儒学体系中探求其内蕴的科学理性精神，使之成为儒学现代开展的必然内涵。

他们首先反思了儒学中何以缺乏科学精神。1958年，唐君毅（1909—1978）执笔的第二代新儒家的纲领性文献《为中国文化敬告世界人士宣言》表达了他们的共识："中国人之缺此种科学精神，其根本上之症结所在，则中国思想之过重道德的实践，恒使其不能暂保留对于客观世界之价值的判断，于是由此判断，即直接地过渡至内在的道德修养，与外在的实际的实用活动。"① 儒学素以道德价值为最高追求，认知、修养、实践无不由此展开，与此无关的自然知识不是其关注的目标，然而，"一个文化生命里，如果转不出智之知性形态，则逻辑、数学、科学无由出现，分解的尽理之精神无由出现，而除德性之学之道统外，各种学问的独立多头的发展无由可能，而学说亦无由成。此中国之所以只有道统，而无学统也"②。因此，现代新儒学的一个根本任务，就是必须从儒学之体（仁心）中扩展出现代科学之用，使道德理性内在地包含着科学，使儒学成为科学的源头活水，而其理论思路便是新内圣外王之道。内圣即人之内在德性、人格之完善与养成；外王即从仁心之价值本源中内生出作为现代文明标志的科学与民主。关于新内圣外王之道的具体内涵，牟宗三的"三统之说"表达得最为系统："一、道统之肯定，此即肯定道德宗教之价值，护住孔孟所开辟之人生宇宙之本源。二、学统之开出，此即转出'知性主体'以融纳希腊传统，开出学术之独立性。三、政统之继续，此即由认识政体发展为肯定民主政治为必然。"③ 他认为，中国文化有道统而无学统和政统，自己的使命便是"学统之开出"。儒学第三期之开展，必须由仁体转出知性主体，融纳重智的精神，以求自然科学的独立发展。他说："中国文化依其本身之要求，应当伸展出之文化理想，是要使中国人不仅由其心性之学，以自觉其自我之学一'道德实践的主体'，同时当求在政治上，能自觉为一'政治的主体'，在自然界，知识界成为'认识

---

① 张祥浩编：《文化意识宇宙的探索——唐君毅新儒学论著辑要》，中国广播电视出版社1992年版，第355—356页。

② 牟宗三：《历史哲学》，强生出版社1955年版，第180—181页。

③ 牟宗三：《道德的理想主义·序》，台湾学生书局1985年版。

的主体’及‘实用技术的活动之主体’。”[①] 唯有如此，科学理性才能从儒学中内生出来。因此，儒家心学的现代建构，必须贯通价值世界与事实世界。现代科学实践要求人作为认识的主体，所以，现代心学理论重构的关键的一环，就是使人不啻是一“道德自我”，还要成为一“认知自我”，且两者并行不悖。

为了解决这一难题，牟宗三提出了“良知自我坎陷”说。与黑格尔的思维方式相似，牟宗三认为，人类的历史文化都是一个绝对的精神实体的外化过程，这就是普遍而超越的“道德精神实体”——“良知”的辩证开显。“知体明觉之自觉地自我坎陷即是其自觉地从无执转为执，自我坎陷就是执。坎陷者下落而陷于执也。不这样地坎陷，则永无执，亦不能成为知性（认知的主体）。”[②] “知体明觉”即良知。牟宗三认为，为了建立一个独立的学统，人必须自觉地成为纯粹认识之主体。这一辩证的开显是必要的，因为“（良知）经由自我坎陷转为知性，它始能解决那属于人的一切特殊问题（按：特殊问题指科学知识），而其道德的心愿亦始能畅达无阻。否则，险阻不能克服，其道德心愿即枯萎而退缩”[③]。对此，唐君毅诠释道：“此道德主体，须暂忘其为道德的主体”，“须暂退归于此认识之主体之后，成为认识主体的支持者。直俟此认识的主体，完成其认识之任务后，然后再施其价值判断，从事道德之实践”，“人之道德的主体，必须成为能主宰其自身之进退，与认识的主体之进退者，乃为最高的道德的主体。此即所谓人之最大之仁，乃兼涵仁与智者”[④]。这意味着良知自觉地自我否定（自我坎陷），转而成为认知主体，既建立起科学认知的学统之路，也是主体实现道德价值的必经之路。牟宗三由此将仁与智、伦理与科学内在地统一了起来，从而推动了传统心性论的发展。

认知主体的确立是现代新儒学对调和伦理与科学的关系的重要贡献。它与唯科学主义的不同之处在于，科学的地位是受到制约的。牟宗三说：“（自然科学）只知平铺的事实，只以平铺事实为对象，这其中并没有‘意义’与‘价值’。这就显出了科学的限度与范围。是以在科学的‘事

---

① 《中国文化与世界》（又名《为中国文化敬告世界人士宣言》），见张祥浩编《文化意识宇宙的探索——唐君毅新儒学论著辑要》，第 354 页。

② 牟宗三：《现象与物自身》，台湾学生书局 1984 年版，第 123 页。

③ 同上书，122 页。

④ 张祥浩编：《文化意识宇宙的探索——唐君毅新儒学论著辑要》，第 357 页。

实世界’外，必有一个‘价值世界’，‘意义世界’，这不是科学的对象。”① 牟宗三以其两层存有论加以说明：一为本体界（道德本体），这是真正意义上的形上学，即道德的形上学；二为现象界，其本质是由科学所说明的，这样就既肯定了科学的作用，又突出了儒家哲学道德本体的意义。牟宗三之最终目标，是既需要越过科学知识而不滞于科学知识，“上达下开，通而为一”，建立道德的形上学。如果说西方哲学传统建立的是“道德的形上学”，即道德哲学，是关于“道德”的一种形上学的研究。那么，牟宗三建立的则是“道德的形上学”，即以道德为进路而达宇宙之本源，对万物存在进行说明。这一点与传统儒学的本质特征是相同的。

以唐君毅、牟宗三为代表的第二代新儒家对中国文化何以缺少科学精神进行了严肃的反思。他们看到，儒学传统过于重视德性之知，仁压抑了智，于是从道德主体中艰难地转出了认知主体，力图从心性之源中内生出科学理性。这种自觉反思，一方面表明儒学有着从外来文化中吸取有益成分的开放精神，使自我有更新的活力。另一方面，这种开放精神和与时俱进又很难突破其基本立场。现代心学的理论建构并没有在儒学中完全赋予科学理性的独立地位，儒学的求知活动尽管不局限于道德之知，但德性之知依然笼罩着见闻之知。对于德性之知的越位，现代新儒家只是作了有限的调适，两层存有论看似赋予科学认知以重要意义，但科学真理所达到的现象世界的本质，依然从属于终极本质——道德的形上学。正如唐君毅明确所言：“中国文化本身之需要，只是要充量发展其仁教。因此一切科学之价值，都只是为了我们要发展此仁教。”② 这里所体现的，是现代新儒家背负着道统，以伦理精神统摄科学理性的价值选择。

现代心学经熊十力奠基发展至牟宗三，已经形成了相当完备的理论形态，在很大程度上跨越古今、融会中西，比较系统化地回应了儒学与科学的关系问题，即在坚守儒学心性之学这一基本格局的前提下，科学认识依附于德性之知，科学并没有获得真正的独立地位。造成这一结果之原因有二：一是从理论本身来说，现代新儒学的文化本位立场限制了其理论突破的深度。唐君毅在《科学对中国文化之价值》中曾不无担忧地说：“科学如何在中国文化中立根，而又不伤害到中国文化，亦是一大问题。”科学

① 牟宗三：《道德的理想主义》，台湾学生书局 1985 年版，第 254 页。

② 唐君毅：《中国人文精神之发展》，台湾学生书局 1985 年版，第 156 页。

以理性精神为根基，而理性对心性之学中的先验的、直觉的“良知”的怀疑与求证，无疑会从根本上消解传统价值观念的核心。二是理论与实践的脱节。从历史上看，传统儒学从格物、致知到修、齐、治、平，以伦理精神为价值导向的道德实践环环相扣、一以贯之，而现代儒家精神与科学理性的关系在理论上似乎融合无碍，但在实践中却并不能真正融为一体，缺乏转化为现实的可能性。

（三）第三代现代新儒家余英时、成中英、杜维明的观点

现代新儒家的第三代学者试图以更广阔的视野，更宽广的胸襟，更开放的心态，以及更平实、客观的方法，进一步解决好儒学与科学的关系问题。余英时认为：“在传统中国文化中，儒学一向占据着主导的地位。但儒学目前正面临着一次最严重的历史考验，即如何处理客观认知的问题。儒学将来能否重新成为中国文化的领导力量，恐怕就得看它怎样应付这个新的考验。”① 余氏看到了牟氏理论与实践的脱节，并且意识到将两者结合的困难，他在《清代中期学术思想史研究》中说，儒学如何突破人文的领域而进入自然的世界的确是一个极为艰难的课题，因为其中直接牵涉价值系统的基本改变。然而，价值系统的核心发生改变后，还可称为儒学吗？

成中英的回答则是以生命存在作为儒学立足的基点，认为知识与价值、科学与伦理同为人的生命发展过程中的内在需要；西方的科学发展拓展了人类的生活世界，却同时造成了人类生活目标的冲突、生活意义的失落以及生命价值的空虚，因此，西方哲学逐渐重视价值问题。然而，在唯科学主义思想主导下，其主流仍是知识之建立，而对应于此的非理性主义思潮，亦无助于这一矛盾的解决。现代中国哲学虽逐渐重视科学，但以心性之学作为知识与理性的起点的儒学，其本质上是一种价值哲学，它是对宇宙价值、人生价值、人类价值、社会价值之深沉的肯定与体验，紧扣了人生中心价值与社会中心价值。现代科学精神与儒家伦理传统内在的紧张和矛盾，难以从根本上解决。因此，成中英提出：“哲学应该是自生命的肯定，产生生命的价值与知识，再进而对知识的反省来探讨价值，从价值的反省来寻绎知识，并从两者交互的反省中来彼此充实与重建。……才能

---

① 余英时：《历史与思想》，台湾联经出版事业公司1976年版，第163页。

提供人类以生命的智慧。"① 成中英在儒学与科学、价值与知识、德性主体与知性主体的相互关系上，不满足于前辈学者所主张的外在的一致性、可调和性，内在的主从性。牟宗三认为"知性主体"是由"德性主体"纵贯"下开"而产生的，现代科学知识体系是儒家的心性之学扩展的结果。成中英则创立本体诠释学，进一步提升知识的价值，他说："吾人必须发展心性形上学为一整合的知识形上学与心性形上学"，也就是使知性主体与德性主体综合一体，融化在心性形上学之中，而不是"独立于理性思考的科学宇宙之外"②。

不仅如此，现代新儒家的第三代学者以比他们前辈更开放的心灵，看到"外王"即科学与民主的价值内涵，是无法仅仅在"内圣"的概念系统内得到充分论证与完整阐明的，因此，他们在更广阔的背景下进行探究。如杜维明、刘述先等学者提出，中国现代化的希望，乃在于马克思主义派、自由主义的西化派与儒家人文思想三者之间"健康的互动"与"良性循环"③。这表现出现代新儒学既超越与西化派、唯科学主义尖锐对立的企图，又放弃了以"儒化"统摄西化的理想，并平实地将它们综合起来，以推进儒学现代化与世界化。

这种以文化的互补、文明的对话形式看待儒学与科学的关系，无疑具有宽泛的解释力。当儒学和传统的政治文化相结合的特殊形式破裂、不再拥有无上的政治话语权力和系统的教化途径后，尽管它在中国文化中依然影响深远，但对科学的负面影响已微乎其微，而其普遍的人文价值却能温和地对科学主义产生纠偏作用。应该说，儒学作为一个文化生命，其现实意义是多方面的，从审美情趣、道德理想到人文情怀，其积极内涵可以成为现代人安身立命、寄托心灵的精神家园，具有跨越时空的普遍价值。但如果只将儒学是否能够产生科学精神当做其能否进一步发展的前提，不但困难，甚至根本不可能。因此，儒家传统进一步发展的契机不一定需要在心性之学中源生出认知主体，内生出科学精神。正如杜维明所言，现代儒学第三期发展的价值不只在于中国文化与现代化的关联，更在于西方文化发展到现代人类所碰到的危机和困境，在多元文化的前提下，如果各种不

① 成中英：《论知识的价值与价值的知识——代序》，载《知识与价值》，台湾联经出版事业公司 1986 年版，第 17 页。

② 周群振等：《当代新儒学论文集·内圣篇》，文津出版社 1991 年版，第 130 页。

③ 参见方克立《现代新儒学与中国现代化》，天津人民出版社 1997 年版，第 380 页。

同的价值以及传统都能发挥作用，儒家传统这个源远流长的文明形态还有很多资源可以发挥，而儒学未来发展的意义正在于此。①

应该说，三代新儒家对儒学与科学的关系的探索尽管深度与广度不同，但其根本的价值目标都是守护中国传统文化根蒂和民族精神家园，摆脱国家积贫积弱之困境，这主要表现在以下几个方面：

一是既反对唯科学主义，又肯定科学对认识自然、改善生存环境、促使国家富强等方面的伦理价值；既维护以儒学为代表的中国文化传统，又承认这一文化传统有着科学与民主精神不足的缺憾。故梁漱溟认为，国人要“谈学术”、“谈人格”，就要引进民主与科学精神，这是“当务之急”。不仅如此，还要使儒学与科学统一乃至融合起来。贺麟认为，儒学与科学并不矛盾。科学以研究自然界的法则为目的，有其独立领域，不会有儒化的科学。儒家思想也有其指导人生、提高精神生活、发扬道德价值的特殊功效和独立领域，亦无须求其科学化，即无须附会科学原则以发挥儒家思想。一个崇奉孔孟的人，尽可精通自然科学，将孔孟精神与科学精神统一于人身。② 这些言论无疑是颇有见地的。即便是“玄学鬼”张君劢，也主张将求真与求善结合起来，认为中国科学已经落伍了，要下决心赶上与超过西方。

二是着力指出唯科学主义的弊病，批判科学万能论的越位。唐君毅认为，科学对中国的价值功能是负面的：“西方科学文明科学精神之传入中国，直到现在为止，整个来说，对中国文化破坏之功多于建设之效，我们所受之害，多于所得之利，是一无可争辩的事实。”③ 具体表现在四个方面：科学分析方法使社会与人心“破裂”；科学的理智使人的情感与价值被抹杀，“成为一外在化的他人”；唯科学主义造成技术崇拜心理，使人的自我丧失；科学至上主义否定人生价值，陷入虚无主义。④ 唐君毅认为：“如果真正一往用科学的理智，去分析一切，而绝不回头，最后便会落到否定一切人生直接经验，与一切人生价值的绝对怀疑主义、虚无主

① 杜维明：《现代精神与儒家传统》，三联书店 1997 年版，第 433—434 页。

② 贺麟：《儒家思想的新开展》，载《文化与人生》，商务印书馆 1988 年版，第 7 页。

③ 唐君毅：《科学的理智之限制与人心》，转引自方克立、李锦全主编《现代新儒学研究论集》（二），中国社会科学出版社 1991 年版，第 53 页。

④ 同上书，第 53—54 页。

义。"[1] 这里需要指出的是，唐君毅对唯科学主义的批判，其目的不是要排斥西方科学，而是要"使科学之发达，不特不致妨碍到中国文化精神之自身，而且可进一步制止全人类对于科学之方法，科学知识技术之一切滥用"[2]。从总体看，这种批判是有一定价值的。

三是坚持儒学"德性优先"的人文价值与科学价值。认为自然科学之发达，"使人之心，沉入外在之自然，而忘他自己本有之超越于外在自然以上的人性、理性、理想之尊贵。反而以看自然万物之眼光，看他自己。进而以其自然的权力意志之发挥，种族本能之满足，自私自利之要求为正当，以至下同于生物与物而不惜"[3]。最后是随着科学进步而来的人之"趋于物化"，而这就需要用儒学之"超越精神"进行拯救。唐君毅说："人之一切道德生活之根源，皆在自己对于自己的超越，而面对自己的过失。"而此自我超越而直面过失的精神，便是"儒学之真骨髓所在"[4]。这一真骨髓，杜维明将其拓展为由"圣"到"王"的"真精神"。成中英又进一步将它扩大成以伦理价值为核心的中西哲学的互动与整合："西方哲学的问题是如何在知识宇宙中安排价值；中国哲学的问题则是如何在价值宇宙中建立知识。"[5] 经过相互地取长补短，前者"逐渐重视价值问题，但其主流仍在知识之建立"；后者"则逐渐重视知识的问题，但仍以对生命最基本价值的体认为中心"[6]。在不断互相补充、相互影响的过程中，科学知识与伦理价值不断得到整合，境界不断提升、突破，这是既仁且智，即伦理价值优先并与科学知识结合的新的世界哲学与世界文化的发展方向。

总之，中国富强要求科学之昌盛，科学的功用被赋予了救国的使命，科学的内在精神冲击了传统伦理蒙昧的一面。科玄论战进一步深化了我们对科学的价值与传统伦理价值的认识，其意义不在于一劳永逸地解决什么问题，而在于提出了许多问题，启迪我们深入地思考科技与伦理的关系问题。唯科学主义对于传统伦理的过度否定，激发了现代新儒家调适儒家伦

① 唐君毅：《中国人文精神之发展》，台湾学生书局 1985 年版，第 130 页。
② 唐君毅：《科学的理智之限制与人心》，载《现代新儒学研究论集》（二），第 55 页。
③ 唐君毅：《人文精神之重建》，台湾学生书局 1974 年版，第 166 页。
④ 唐君毅：《中国人文精神之发展》，台湾学生书局 1985 年版，第 244 页。
⑤ 成中英：《中国哲学的现代化与世界化》，中国和平出版社 1988 年版，第 232 页。
⑥ 同上书，第 235 页。

理与科学的激情。梁漱溟等第一代新儒家在维护中国传统文化的前提下，初步表达了其接纳科学理性精神的伦理态度，并成为儒家思想在现代的一大转折；牟宗三等第二代新儒家力图在心性之学的本根上容纳与开出科学，在儒学体系中探求科学理性精神内生的途径；第三代新儒家在多元文化并存的现实面前，以更宽广的视野，主张各派文化以互补、文明对话的形式看待儒学与科学的关系，期望发展出伦理价值优先并与科学知识结合的新的哲学形态。所有这些，不啻丰富了科学伦理思想，还进一步促进了儒家伦理的现代转型。

第四章　民族主义思潮下的伦理嬗变

近代以来伦理启蒙思想的发展，受到了各种力量的影响。这种力量当然不是单一的。经历了百年的历史沉淀，回顾那些眼花缭乱的运动、思潮，我们发现，有些翻起惊天巨浪的社会运动，其实并没有动摇封建伦理秩序；有些倾注了国家力量的行为，也与伦理转型无关。而中国近代以来到处都弥漫着的民族主义思想氛围则与此不同，它虽不属于某一个特定的政治运动，或者特定的思想学派，却成为使整个民族伦理意识转变形态的一种重要力量。在近代中国，民族主义思潮是最能激动人心的现代化思想，一切与民族主义相对立的运动，几乎都失去了动力与合理性依据。清末民初以来的不少思潮背后都有民族主义基调，特别是由传统国家形态到“民族—国家”形态转变的历史要求，使得民族主义几乎成为全民的意识形态情结。因此，传统伦理的嬗变深受民族主义思想的影响无可置疑。那么，民族主义思潮对中国近代伦理产生了哪些影响呢？简言之，首先是民族主义思想促进了民族自我意识的升华，形成了“中华民族”观念，使伦理体系的核心从“家—国”模式转向了“民族—国家”模式，从而推动了中国近代伦理转型的进程；其次是政治民族主义为实现民族独立、国家进步的目标，通过建立现代民族国家，一方面反殖民统治，一方面反封建专制，由此全面否定了忠君伦理与封建专制制度，并着力提倡新型的爱国主义伦理观；再次是文化民族主义为保持民族精神的独立性，既坚守与民主制度不相悖的道德精神，又力图展现传统伦理超越时空的现代价值。

一　民族主义的产生及其伦理维度

中国近代民族主义思潮，酝酿于 19 世纪中叶，兴起于 1895 年以后。这一时期，清王朝内忧外患，封建专治统治濒于崩溃，传统伦理的核心价值开始解体，凝聚人心的力量趋于丧失，社会陷于政治与文化的双重危机之中。这个时候，理智上对危机的认识与感情上对华夏文明的固守处于矛盾之中，这种心态严重妨碍了中国处理与西方的关系，如王韬所说：“无事之时，则其藐视西人，几以为不人类；若一旦有事，则又畏之如虎。凡政治风俗事物云为之出于西人者，必无一可取。心骄志傲，位置自高，绝不肯俯而求焉，降而察焉。性情阂隔，而仇隙日深，于是彼此相轻，而事卒不可为矣。”① 中国近代民族主义就是在这样的情景下产生的。其中，进化论思潮的传播、代表传统民族主义核心的“天下”观的瓦解是近代民族主义形成的重要条件。

（一）民族概念与民族主义内涵

中国古代虽有民族存在，却无民族一词。中国古籍有“民”与“族”两个概念，且均有释义。将民与族合成民族一词的，是清末维新派学者王韬，他在其1882年所著的《洋务在用其所长》中的“民族殷繁”一语，开启了近代使用民族一词的先河。民族概念淡化了不同人群的宗族、家族、族类、种族的含义，民与族的合用可以包容不同的种族。故民族一词出现后，便被广泛采用、普遍流传，因为它适应了中国近代历史发展和民族民主革命的需要。那么，什么是民族？《辞海》（1999年版）的释义是：“泛指历史上形成的、处于不同社会发展阶段的各种人们共同体，如原始民族、古代民族、现代民族等。”原始民族、古代民族可称为传统民族。“人们在历史上形成的一个有共同语言、共同地域、共同经济生活以及表现于共同文化上的共同心理素质的稳定共同体。是社会发展到资本主义时代的产物，其要素则在资本主义以前的时期已逐步形成。”一般认为，这些形成民族的要素或条件，大体上有以下几个方面：一是客观因素或客观条件，包括共同的语言、文字、居住地、经济生活和历史经验与文化传统等，这是形成民族稳定共同体的客观依据；二是主观因素或主观条件，如民族的归属意识，集体认同（民族集体的自我决定、抉择）和个人认同（个体的自我归属）等；三是实践活动，如争取民族利益的社会运动和政治运动，其基本价值目标是民族统一、民族自治、建立民族国

---

① 王韬：《书〈众醉独醒翁稿〉后》，载《弢园文录外编》，中华书局1959年版，第288页。

家；四是具有普遍的或特殊的民族信仰和民族意识形态。[①]

民族形成之后，就产生了处理民族与民族关系问题的思想观念、指导原则与政策措施，以实现或保护本民族利益。民族主义就是以实现民族利益为目标或出发点的思想体系，其主题是给予民族以高于一切的关注。根据所要达到的利益和目标，民族主义可分为政治民族主义、经济民族主义、军事民族主义、文化民族主义等诸多具体形态。

民族主义作为一种思想体系，其内容具有层次性。胡适认为，民族主义“最浅的是排外，其次是拥护本国固有的文化，最高又最艰难的是努力建立一个民族的国家。因为最后一步是最艰难的，所以一切民族主义运动往往最容易先走上前面的两步”[②]。在20世纪初，胡适的论断是合乎客观情况的。实际上，这正是中国近代民族主义最重要的三个问题：民族认同；建立民族国家；守护民族文化。这些问题不但构成了中国近代民族主义思潮的主流，而且强烈地推动了近代伦理思想的转型。这一转型有三个维度：一是民族认同产生了对“中华民族”的共识；二是在政治认同的过程中，为建立现代民族国家，颠覆了与封建制度密切相关的政治伦理，并建构了相应的以爱国主义为核心的新的伦理要求；三是在文化认同的过程中，为保持民族的精神独立性、维护民族的根基和尊严，有选择地继承了传统伦理的某些精神特质，并努力通过返本开新的文化创造来挖掘传统伦理的现代价值。

（二）传统民族主义的伦理意蕴

17世纪的传教士在描述中国人的传统民族主义意识时曾指出：“因为他们不知道地球的大小而又夜郎自大，所以中国人认为所有各国中只有中国值得称羡。就国家的伟大、政治制度和学术的名气而论，他们不仅把所有别的民族都看成是野蛮人，而且看成是没有理性的动物。”[③] 200年之后，这种种观念依然未变。虽然西方传教士这种大而化之的描述含混而不

---

① 参见［英］安东尼·史密斯（Antony Smith）《民族主义——理论，意识形态，历史》，叶江译，上海人民出版社2006年版，第6页；［英］埃里克·霍布斯鲍姆（Eric J. Hobsbawm）：《民族与民族主义》，李金梅译，上海人民出版社2006年版，第5页。

② 胡适：《个人自由与社会进步》，载《胡适文集》第11册，北京大学出版社1998年版，第587—588页。

③ ［意］利玛窦、［比］金尼阁：《利玛窦中国札记》，何高济等译，中华书局1983年版，第181页。

精确，但中国人确实有一种自我独尊、自高自大的民族优越感。不过，他们将其他民族视为野蛮人，并不是因为他们没有理性，而是没有华夏礼义。中国传统民族主义大体上表现为三个方面，一是地理上的“华夏中心论”。比较典型的表述是：“夫天处乎上，地处乎下，居天地之中者曰中国，居天地之偏者曰四夷。四夷外也，中国内也。”[①] 这种地理上的中央意识在殷商时代就已存在。在甲骨卜辞所反映的殷商时代的观念中，殷人就把星辰中的北极星看做“天中”，因为人们观察到满天的星星都围绕北极星转。与“天中”对应，地上的人君的国都就是“土中”，即大地的中心。[②] 大邑商是天下之中，四夷是四方。这个观念延续到西周，就出现了“中国”这一名称。因此，“中国”一词，最初并不是指国家，而是指国都。[③] 武王灭纣以后所做的第一件事情，就是寻找与“天中”对应的“土中”，结果定在伊、洛平原。成王时，周公在此营建雒邑，为西周之东都。[④] 这里后来被称为中原、中州、中土。随着时代的推移，逐渐演变为把华夏民族居住的地域和建立的国家称做“中国”。因此，“中国”、“中华”最初有“位于中央”的意思。这种观念对于中国人来说不过是种常识，但对于来华的西方人却甚为新奇。明末来中国的天主教耶稣会传教士利玛窦在其《利玛窦中国札记》中写道：“中国人认为天圆地方，而中国则位于这块平原的中央。由于有这个看法，所以当他们第一次看到我们的地图时，发现他们的帝国并不在地图的中央而在最东的边缘，不禁有点迷惑不解。”为此，利玛窦神父绘制了一幅世界地图并以中国字加以标注时，为了尊重中国人的看法，便安排得使中国帝国多少占据着中央的地位。[⑤] 这种地理位置上的观念是民族优越感的一种表现。

与此相联系，传统民族主义的第二个方面表现为种族上的尊卑观。中国人古称华夏族，华夏一词初见于《左传·襄公二十六年》：“楚失华夏。”《书·孔氏传》云：“冕服采章曰华，大国曰夏。”孔颖达《疏》：“中国有礼义之大，故称夏；有服章之美，谓之华。华夏一也。”华夏为

---

① 石介：《中国论》，载《徂徕石先生文集》，中华书局1984年版，第116页。

② 参见阎正《情寄八荒之表·“中国”由来与孟津、洛阳》，上海书店出版社2003年版，第202页。

③ 《诗·大雅·民劳》：“惠此中国，以绥四方。”毛传：“中国，京师也。”

④ 《史记·周本纪》说：“成王在丰，使召公复营洛邑，如武王之意。周公复卜申视，卒营筑，居九鼎焉。曰：此天下之中。”《逸周书·度邑解第四十四》说：“瞻于伊洛，无远天室。”

⑤ ［意］利玛窦、［比］金阁尼：《利玛窦中国札记》，第6页。

讲求礼义采章而处大地中央之国。而四周的民族则被称为“东夷”、“西戎”、“南蛮”、“北狄”，认为他们不知礼义，几近于禽兽，“非我族类，其心必异”（《左传·成公四年》）。这种华尊夷卑的民族观与伦理观是中国传统民族主义的重要组成部分。华夏民族之优越于其他民族，不仅是科技先进更是礼义盛大，不仅是武力强盛更是伦理秩序井然。虽然夷夏之辨带有种族民族主义的色彩，但在先哲看来，夷和夏的区分不是一成不变的，而是在一定条件下可以转化的：“诸侯有夷礼则夷之，进于中国则中国之”，服膺中国的礼义而效仿之，则可由夷变夏。

三是“天下”价值观。传统民族主义又表现为独特的“天下”意识。“天下”不仅是一个地域概念，更是一个价值共同体概念。对“天下”的伦理认同是华夷之分的尺度和一种深层的民族意识。中国士大夫的道德追求目标是修身、齐家、治国、平天下，“平天下”就是认为自己负有以华夏的礼乐文明去同化“四夷”的道德责任。梁启超说：“盖我先民常觉我族文化之至优美，而以使人类普被此文化为己任。凡他族之与我遇者，不导之入于此途，则自觉其悲悯之怀不能遂也。彼但能自进而与我伍，我遂欣然相携而无或歧视。故其义曰：‘夷狄进于中国则中国之’。所谓国者绝无界线，惟以文化所被为推移，拥有广漠之国土，殊不以自私，常欲与世界人共之，故以‘怀柔远人’为一种信条。”① 正因为这样，余英时指出，中国自秦汉之后一直为“天下”的观念所笼罩，很少有与其他国家平等交往的经验，因此国家的观念很模糊。② 列文森（Joseph R. Levenson）在《儒教中国及其现代命运》中说：

> “天下”的含义是“（中国的）帝国”，换言之，亦即“世界”。所以“天下”意味着中国即世界。而“国”是一个地方行政单位，是远古时代“帝国”的一部分，相当于近代世界中的“国家”。……国是一个权力体，与此相比，“天下”则是一个价值体。③

---

① 梁启超：《历史上中华国民事业之成败及今后革进之机运》，载《饮冰室合集·文集之三十六》，中华书局1989年版，第28页。

② 余英时：《国家观念与民族意识》，载《余英时文集》第七卷，广西师范大学出版社2006年版，第293页。

③ ［美］约瑟夫·列文森：《儒教中国及其现代命运》，广西师范大学出版社2009年版，第80页。

明亡清兴，朝代更替，但作为“天下”的中国，作为“价值体”意义上的华夏文明却依然如故、坚不可摧。

如何把握天下与国家的内涵，是启蒙必须解决的问题。清初学者顾炎武在《日知录·正始》中首先将天下与国家、“亡国”与“亡天下”区分开来，指出“易姓改号，谓之亡国，仁义充塞而至于率兽食人，人将相食，谓之亡天下”。也就是说，“国”是一姓掌权之“国”，“天下”是以仁义为终极价值的伦理秩序，“天下”的价值优先于“国”，“是文明，而不是国家才在道德上有权要求人民的忠诚。”“国”的维系依靠武力，“天下”则是人类理想。“他们是屈服于权势呢，还是屈服于人类理想。如果是前者，那他们就是生活在‘国’中的蛮夷；如果是后者，那他们就是生活在‘天下’的中国人。”① 对于传统中国的价值观来说，最高的理想是从国家扩展到天下、使天下成为中国。

总之，中国传统民族主义包含有地理上的“华夏中心论”、种族上的“华尊夷卑观”以及伦理秩序上的“天下”价值观。特别是后者，构成了传统民族主义的深层内涵。“华夏中心论”囿于地理知识而显荒诞，华尊夷卑观染上了狭隘民族主义色彩，“天下”价值观滋生了盲目自大的心理，形成了故步自封、不思进取的痼疾，成为一种僵化的传统而束缚着国人的思想。陈独秀曾说：“我们中华民族，自古闭关，独霸东洋，和欧美日本通商立约以前，只有天下观念，没有国家观念。所以爱国思想，在我们普遍的国民根性上，印象十分浅薄。”② 不过，这些根植于民族的集体意识之中的“天下”、“华尊夷卑”观念也有其精神价值，即形成了一种独特的民族认同感与强烈的民族自豪感与自尊感。也正是这些信念，在近代遭受外敌入侵、国家危难的特殊的环境中，促进了中国近代民族主义的产生，成为民族精神的宝贵财富。鸦片战争特别是甲午战争以后，日益加深的社会危机、民族危机使传统民族主义的无知与自大失去依凭、日渐衰微，代之而起的是近代民族主义思潮。

---

① ［美］约瑟夫·列文森：《儒教中国及其现代命运》，广西师范大学出版社2009年版，第83页。

② 陈独秀：《我们究竟应当不应当爱国?》，《陈独秀著作选》第二卷，上海人民出版社1993年版，第23页。

（三）中国近代民族主义之产生

中国传统民族主义与西方近代民族主义无论在思想基础、表现形态和价值目标方面都有着巨大的差异。西方近代民族主义是启蒙运动的产物。中世纪的欧洲是以神圣教义为精神纽带的基督教共同体，《圣经》、拉丁语是这个共同体的精神基础，教皇、教会、罗马皇帝是这个共同体的世俗形态。14 世纪开始，教皇与罗马皇帝的争斗使欧洲成为徒有虚名的统一体。同时，方言文学兴起并代替了拉丁语，英国、法国、意大利、西班牙都依靠自己独特的语言，表达本国的历史和风俗。16 世纪，随着启蒙运动的展开，以上帝为核心的神学体系渐渐失去权威，宗教共同体的合法性基础已经动摇，世界（欧洲）秩序需要新的精神依托。哈贝马斯（Jürgen Habermas）说："对上帝的信仰崩溃之后，出现了多元化的世界观，从而逐渐消除了政治统治的宗教基础。这种世俗化的国家必须为自己找到新的合法化源泉。""民族的自我理解形成了文化语境，过去的臣民在这个语境下会变成为政治意义上的积极公民。民族归属感促使以往彼此生疏的人们团结一致。"[①] 因此，欧洲的民族主义思潮是上帝祛魅后的结果——上帝不能再赋予王权以合法性，人通过自己的理性能力，建构出以民族为基础的国家，使民族国家成为一种新的合乎理性的共同体形态。哈贝马斯指出："民族国家的成就在于：它同时解决了这样两个问题：即在一个新的合法化形态的基础上，提供了一种更加抽象的新的社会一体化形式。"民族主义的核心目标就是建构这种"新的一体化形式"——现代民族国家（Nation State）。有学者指出，States 是偏于政治内涵的"国家"，Nations 则是注重文化内涵的、不为地理或政治范围所限的"民族"[②]。所以，现代民族国家是建立在"民族"基础上的国家，它既是一个民族共同体，又是一个政治共同体。作为一个民族共同体，它提供了关于族群的标识，使每个人都有一种认同感与归属感。

作为一个政治共同体，民族主义有其特定的现代性内涵，它不仅意味着主权国家，而且更是一个民主共和国，因为它肩负着实现启蒙运动所提倡的自由、平等的价值理念。"旧政治的重要精神是一尊和秩序，新政治

① ［德］哈贝马斯：《包容他者》，曹卫东译，上海人民出版社 2002 年版，第 131—132 页。

② 陈衡哲：《西洋史》，东方出版社 2007 年版，第 202 页。

的重要精神却是自由和民治。这两个势力的暗争，实是中古和近代交界时的一个普遍现象。”① 因此，在民族国家的观念中，本身即含有这样一种目标：颠覆神权与君权，使人由宗教信徒、王朝臣民转变为“民权国家”的公民。梁启超对此理解得相当深刻，他指出，近代西方民族主义的理论基础是卢梭的天赋人权理论，“人权者出于天授者也，故人人皆有自主之权，人人皆平等。国家者，由人民之合意结契约而成立者也，故人民当有无限之权，而政府不可不顺从民意，是即民族主义之原动力也”②。

不过，这些“现代国家”的形成，固然使本国独立，人民享有了更多的自由与权利，但其狭隘性也是很明显的：以民族国家为单位的竞争，使其他传统国家陷入了危机。对于这一点，中国人的体会是直接的。1903年，《浙江潮》创刊号发表了署名余一的《民族主义论》一文，其中说：“今日欧族列强立国之本，在民族主义，固也；然彼能以民族主义建己之国，复能以民族主义亡人之国。”③ 梁启超也指出，今日之欧美已发展至民族帝国主义时代，其以社会达尔文主义为理论基础，民族之间充满了竞争，于是，“天下无天授之权利，惟有强者之权利而已，故众生有天然之不平等，自主之权当以血汗而获得之。国家者，由竞争淘汰不得已而合群以对外敌者也”。“及其弊也，陷于侵略义，蹂躏世界之和平。”不仅弱小国家，就是作为天朝大国的中国，也遭此民族帝国主义之侵略。正是这种侵略，促使中国人民团结一致，万众一心，以御敌于国门之外。中国近代民族主义正是因这种反抗的需要而催生的。梁启超说：“知他人以帝国主义来侵之可畏，而速养成我所固有之民族主义以抵制之，斯今日我国民所当汲汲者也！”④ 从民族主义的视野来说，西方强于中国，不仅在于其发达的科学技术，更在于它们的近代民族国家之形态。西方民族主义所催生的民族国家凭借其强大的综合力量，迅速瓦解了中国传统民族主义的自大心理，颠覆了中国长久以来的“天下”观念，加速了中国传统国家形态的解体。如列文森所说：“近代中国思想史的大部分时期，是一个使‘天下’成为‘国家’的过程。‘天下’的观念实际上是与儒家的‘道’，亦

---

① 陈衡哲：《西洋史》，第203页。

② 梁启超：《国家思想变迁异同论》，载《饮冰室合集·文集之六》，第19页。

③ 余一：《民族主义论》，《浙江潮》1903年（光绪二十九年）第1期，第6页。

④ 梁启超：《国家思想变迁异同论》，载《饮冰室合集·文集之六》，第19—22页。

即中国自身的主要传统紧密地结合在一起的。”[①]“天下”观念凝聚着传统民族主义的核心价值精神，它的颠覆与近代民族主义的兴起、民族国家观念的形成是同一过程。在民族危亡的时代，“天下”作为一个价值体、一种伦理秩序、文明形态和道德理想，不得不让位于更加现实而有效的“民族国家”。而中国近代这种观念的转变，则滥觞于从《四洲志》到《天演论》的一系列著作的刊行。这些著作的传播与流行，为中国近代民族主义的产生提供了思想理论条件。

如果说林则徐是近代中国睁眼看世界的第一人，他主持译出的《四洲志》让中国人知晓世界之大，“中央之国”之虚妄，[②] 那么，严复则是近代深入了解西方思想的“中国西学第一者”（康有为语），他所“节译”的《天演论》揭示了民族国家竞争的残酷现实，瓦解了“以夏变夷”的“天下”观念。当然，在此之前很多士人都看到了中国与西方的差距。王韬早在1870年代的《华夷辨》中就明确指出：“自世有内华外夷之说，人遂谓中国为‘华’，而中国以外统谓之‘夷’。此大谬不然者也。”虽然王韬依然以“礼”作为区分华与夷的标准：“然则华夷之辨，其不在地之内外，而系于礼之有无也，明矣。苟有礼也，夷可进为华。苟无礼也，华则变为夷。岂可沾沾自大，厚己以薄人哉？”[③] 但是，王韬这一观念自有其进步性，对于传统的“天下”观念来说，传统民族主义只强调如何“以夏变夷”，而没有想到在“夏不如夷”时，“华则变为夷”。这种开阔的视野与深刻的见解确实出类拔萃。尽管如此，真正为中国近代民族主义奠基的却是严复。1895年，严复提出了物竞、天择、群争的观点，他说：

> 物竞者，物争自存也；天择者，存其宜种也。意谓民物于世，樊然并生，同食天地自然之利矣。然与接为构（按：争斗），民民物物，各争有以自存。其始也，种与种争，群与群争，弱者常为强肉，愚者常为智役。及其有以自存而遗种也，则必强忍魁桀，趫捷巧慧，

---

① ［美］约瑟夫·列文森：《儒教中国及其现代命运》，第84页。

② 《四洲志》完成之后，林则徐又嘱托魏源在此基础上编成《海国图志》，其中的历史、地理知识破除了中国旧有的九州八荒、天圆地方、天朝中心等不科学的观念。至冯桂芬的《校邠庐抗议·采西学议》中明确指出：“据西人舆图所列，不下百国。”中国的知识阶层基本上已知所谓中国中心论的谬误。

③ 王韬：《弢园文录外编》，第296页。

而与其一时之天时地利人事最其相宜者也。[①]

这种民族竞争、优胜劣汰的思想是中国人此前闻所未闻的，它唤醒了国人的民族危机意识。而将这一思想发挥到极致的，则是严复于1897年发表、1898年刊行的《天演论》。此书是英国科学家赫胥黎《进化论与伦理学》一书的节译本，赫胥黎此书一方面遵循了达尔文的生物进化论思想，另一方面又将生存竞争的理论引入人类社会，以此解释人类社会的历史进步。而严复在翻译过程中，更是增加了大量"按语"，借以表达自己的观点——弱化了赫胥黎以生物进化论为主的生物学原理，而重心是将"物竞"、"天择"观念引申到人类社会的进化发展，以适应中国社会的实际需要。严复强调人类社会的"物竞天择，适者生存"，目的是激发中国人"爱国保种"、"救亡图存"的意识，如《天演论》译者自序中所言，"于自强保种之事，反复三致决焉。"这使"自强保种"的主题成为中国近代民族主义思潮的理论基础。在《天演论》中，严复表达了"天演"的核心思想：

> 天运变矣，而有不变者行乎其中。不变惟何？是名天演。以天演为体，而其用有二：曰物竞，曰天择。此万物莫不然，而于有生之类为尤著。物竞者，物争自存也，以一物以与物物争，或存或亡，而其效则归于天择。天择者，物争焉而独存。……夫物既争存矣，而天又从其争之后而择之，一争一择，而变化之事出矣。[②]

物竞天择是永恒的铁律，从生物界到人类社会莫不如此。无论是动物中同种的个体之间、不同种的群体之间，还是人类社会的人与人之间、民族与民族之间，皆遵循"天演"之道，"进者存而传焉，不进者病而亡焉。"[③] 中国传统的历史观在总体上是美化上古的，儒家将尧、舜、禹三代视为黄金时代，后世每每怀古贬今，或认为不过是一治一乱循环而已，即严复说的："古以谓天运循环，周而复始。"其实，世道恒变，唯变不

---

① 严复：《原强修定稿》，载《严复集》第一册，第16页。

② 严复：《天演论·察变》，载《严复集》第五册，第1324页。

③ 严复：《天演论·最旨》，载《严复集》第五册，第1351页。

变，而且“世道必进，后胜于今。”[①] 对于人类社会来说，不但人与人之间必须“竞争生存”，民族与民族之间也是优胜劣汰，“生既以天演而进，则群亦当以天演而进”，只有“最宜者”才可以免于淘汰。严复举例曰：

> 墨、澳二洲，其中土人日益萧瑟，此岂必虔刘朘削之而后然哉！资生之物所加多者有限，有术者既多取之而丰，无具者自少取焉而啬；丰者近昌，啬者邻灭。此洞识知微之士，所为惊心动魄，于保群进化之图，而知徒高睨大谈于夷夏轩轾之间者，为深无益于事实也。[②]

自然界有鸠占鹊巢的现象，人类社会的外族侵入也属常态，而民族之间的竞争既非以土生土长为“最宜”，亦不以人数众多为优势，美洲、澳洲曾有土人无数，而当欧洲移民登陆之后，逐渐减少仅以万计，“物竞既兴，负者日耗，区区人满，乌足恃也哉！”[③] 中国人入美洲者甚众，却也始终处境艰辛，“吾闽粤民走南洋美洲者，所在以亿计，然终不免为人臧获，被驱斥也。”[④] 这并不是说中国人在民族竞争中已经无能为力，而是说他们缺少竞争的观念，夷夏之辨是夜郎自大，不知中国已处于亡国灭种的危险之中。严复认为，民族竞争与生物竞争不同，西方国家之所以强于中国，是因为他们在竞争中不断自强，不断提高其“德”、“智”、“力”的水平。中国人应奋力自强以求自立于世界，免遭自然淘汰，若不明民族竞争之大势，对民族危机浑然不觉，那就离“无以自存，无以遗种”不远了。

《天演论》着力将生物进化论的科学原理上升为哲学世界观。自《天演论》出，历史进化观念便被当时的知识精英广泛接受和普遍认同，并通过普通教育产生了巨大影响，使国人懂得“天道可变”，从而逐渐取代了历史退化观念。这种新的世界观，对“天不变，道亦不变”的变革是不言而喻的。在20世纪后期，“强权即公理”说盛行一时。用生物进化论比附社会历史发展，必然会在理论上产生社会达尔文主义。

---

① 严复：《天演论・新反》，载《严复集》第五册，第1360页。

② 严复：《天演论・趋异》，载《严复集》第五册，第1331页。

③ 严复：《天演论・人为》，载《严复集》第五册，第1333页。

④ 严复：《天演论・善败》，载《严复集》第五册，第1338页。

于是，人类社会不同于生物界的道义荡然无存。严复虽然没有意识到这一点，但是看到了中国面临的巨大危机。他强调民族奋发自强，从而激发了民族意识，促进了中国近代民族主义的产生，使"物竞天择，适者生存"、"优胜劣败"、"强者后亡，弱者先绝"成为中国人民族觉醒的一大理论依据。从此，"天演物竞之理，民族之不适应于时势者，则不能自存"① 的道理，广为流传。吴汝纶在《天演论·序》中说："抑严子之译是书，不惟自传其文而已。盖谓赫胥黎氏以人持天，以人治之日新，卫其种族之说。其义富，其辞危，使读焉者怵焉知变，于国论殆有助乎？"中国近代史上的重要人物，几乎皆受到《天演论》的启迪，从戊戌变法、辛亥革命到五四运动，受《天演论》影响的仁人志士难以历数。史华兹说，严复的著述的确对他同时代的青年人、中国知识界、政治界的杰出人物发生过相当大的影响。梁启超受过他的影响，而其他各类人，如胡适、蔡元培、鲁迅、毛泽东，也都在年轻时受过他的影响。② 对此，胡适评论说："在中国屡次战败之后，在庚子辛丑大耻辱之后，这个'优胜劣败，适者生存'的公式确是一种当头棒喝，给了无数人一种绝大的刺激。几年之中，这种思想像野火一样，延烧着许多少年人的心和血。'天演'、'物竞'、'淘汰'、'天择'等等术语，都渐渐成了报纸文章的熟语，渐渐成了一班爱国志士的'口头禅'。还有许多人爱用这种名词做自己或儿女的名字。……我自己的名字也是这种风气底下的纪念品。"③

这种社会达尔文主义的进化法则尽管在理论上有所不足，但也真实地描绘出了 19 世纪国际秩序的真实图景，并使中国人认识到，"自有天演以来，即有竞争，有竞争则有优劣，有优劣则有胜败，于是强权之义，虽非公理而不得不成为公理。民族主义发达既极，其所以求增进本族之幸福者，无有餍足，内力既充，而不得不思伸之于外"。"天下无天授之权利，惟有强者之权利而已。故众生有天然之不等，自主之权当以血汗而获得之，国家者，由竞争淘汰不得已而合群以对外敌者也。"④ 这就是说，民

---

① 梁启超：《新民议》，载《饮冰室合集·文集之七》，第 106 页。

② ［美］本杰明·史华兹：《寻求富强：严复与西方》，江苏人民出版社 1996 年版，第 3 页。

③ 胡适：《四十自述》，载《胡适文集》第 1 册，北京大学出版社 1998 年版，第 70 页。

④ 梁启超：《国家思想变迁异同论》，载《饮冰室合集·文集之六》，第 19—20 页。

族之间的竞争是常态，而民族国家是国际生存竞争中的最高单位。面对西方列强的殖民狂潮，中国社会迫切需要一个连接历史与现实的政治认同、群体归依与社会价值取向的新的凝聚点或新的精神核心，以整合全疆域内人民的力量，共同面对危机。从理论上说，《天演论》正是起到了这样的作用。它所宣传的民族竞争理论一举瓦解了“天下”观念与“华尊夷卑”等不切实际的旧观念，成为中国近代民族主义形成的重要理论前提。而在现实层面，中国所面临的社会危机与精神危机则成为近代民族主义应运而生的催化剂。

二 “中华民族”观念与传统伦理之转型

19世纪末，西方现代民族主义所特有的观念得到传播，如国家的主权至上、领土完整、权利不可分割，以及社会达尔文主义的种族与民族竞争世界观等。这些民族国家观念与种族竞争的世界观传播到中国并与中国传统的种族意识、族群意识相融合，便逐步形成了现代中国的民族与民族主义观念。以后，这种观念不断深化，进一步形成了中国民族、中华民族等概念。民族的确立、丰富和民族的自觉意识的形成，促使了传统伦理核心价值的转变，并酝酿了新的伦理精神。

（一）近代国家的建立丰富了“民族”与民族主义的内涵

民族概念的形成与丰富是国人思想认识的一大飞跃。而这一飞跃，则是由建立近代民族国家的革命实践推动的。自汉代开始，居住在中原地区的人们逐渐融合而形成了统一的汉族。汉族作为一个“自在的民族”，历经数千年的累积而形成了关于历史、文化、价值观念的集体记忆。汉民族在处理与其他民族的关系方面，遵循着一个法则：“夷狄则夷狄之；进于中国则中国之。”[①] 虽然中国文化中有“非我族类，其心必异”（《左传·成公四年》）的种族优越论的偏见，但更强调一种文化认同，即超越种族与政治的界限，将认同华夏民族的文化视为民族间和睦相处的必要条件，而其中最重要的就是伦理秩序。儒家所提倡的修、齐、治、平的最高理想是“平天下”，就是建立以儒家伦理秩序为核心的“政治—文化共同体”。

---

① 石介：《徂徕石先生文集》，中华书局1984年版，第82页。

在这一点上，中西方的历史背景有着巨大差异。余英时指出：“与古代西方相比，却有一点值得注意，即分别‘中国’与‘非中国’的重点不在种族、血统，而在文化。罗马人迟至公元 4 世纪时仍以为他们与所谓‘野蛮人’（barbarians）的分野不仅在语言，而且也在种族。罗马人不大肯承认北方各种‘野蛮部族’可以通过文化的同化而变成‘文明人’。甚至有些‘蛮族’已经接受了基督教而依然被排斥于‘文明’之外。中国在春秋战国时代已肯定了‘诸夏用夷礼则夷之；夷狄用诸夏礼则诸夏之’的大原则。”中国历朝历代都有着强烈的文化区分，同时，又不断进行文化融合。正是这种文化融合，促进了民族融合。可以说，经过长期的冲突与融合，至迟到晚清王朝，中国实际上已形成了以汉族为主而集多个民族为一体的封建帝国。正是在这个意义上，余英时指出：“传统中国人注重文化意义的民族意识远过于政治意义的国家观念，一直维持到清代都没有改变。”①

19 世纪中期以后，中国被迫进入世界秩序体系，建立近代民族国家是大势所趋。而当建立近代“民族国家”在中国逐渐成为共识的时候，“民族”如何确立即成为一大关键问题。近代“民族国家”要求将“民族”和“国家”统一起来。然而，民族本质上是一个文化共同体，国家是一个政治共同体，两者在表层上虽易于统一，但在深层上要使各族人民对国家具有一致的认同水平则比较困难，民族与国家完全契合并不容易。放眼世界，几乎所有的大国皆由多民族构成，而多民族国家一定需要一种精神性的纽带将各个民族凝聚起来，正如美国当代学者安德森（Benedict Anderson）提出的：民族“是一种想象的政治共同体。……同时也是享有主权的共同体”②。传统意义上的民族是客观历史进程中自然形成的共同体，而现代民族则要诉诸于主观意识的建构。特别是对于中国来说，清王朝与过去历史上的汉族王朝的统治结构是不同的。中国封建时代的汉族王朝，我们常笼统地称其为“家天下”，而清王朝是满族人建立的，对汉族来说，是“异族统治”，其军政大权由满族贵族把持。尽管从皇太极到雍正的统治期间，皇帝的个人集权不断加强、满族权贵的特权逐渐削弱，但

---

① 余英时：《国家观念与民族意识》，《余英时文集》第七卷，广西师范大学出版社 2006 年版，第 294—295 页。

② ［美］本尼迪克特·安德森：《想象的共同体：民族主义的起源与散布》，吴叡人译，上海人民出版社 2005 年版，第 6 页。

由满人把持从中央到地方的权力机构的做法却延续到19世纪中叶。直到太平天国以后湘军、淮军崛起而满族势力大大削弱之后，少数汉人封疆大吏才拥有重权。也就是说，清王朝不但具有“家天下”的特征，还有“族天下”的特征。从这一视角看戊戌变法，其激烈的政争“决不可单纯地理解为改革与守旧之争。最重要的是当时满族统治集团本能地感觉到，决不能为了变法让政权流散于被统治的汉人之手。因为开国会、立宪法则必导致满人不能再控制政权，他们享受了两百多年的特权和既得利益便将从此一去不复返了”[①]。近代中国问题的复杂性于是便凸显了出来。故梁启超在《论民族竞争大势》中说：“今日欲救中国，无他术焉，亦先建设一民族主义之国家而已。以地球上最大之民族，而能建设适于天演之国家，则天下第一帝国之徽号，谁能篡之？而特不知我民族有此能力焉否也。有之则莫强，无之则竞亡，间不容发，而悉听我辈之自择。”[②]而“建设适于天演之国家”的最大障碍来自满族的统治，满族的利益与国家利益不但并不重合，甚至严重对立。民族国家与王朝之间的利害冲突，最后集中在满汉之间的冲突上面。如此一来，要建立民族国家，就必须将“民族”与“种族”区分开来。

深感于“堂堂华国，不齿于列邦；济济衣冠，被轻于异族。有志之士，能不痛心”[③]，孙中山（1866—1925）于1894年成立兴中会时，其宗旨是“驱除鞑虏，恢复中国，创立合众政府”[④]，这意味着将反满放在首位，重建以汉族为主的民族国家。1905年同盟会成立时，其16字纲领中仍将反满列为首要任务：“驱除鞑虏，恢复中华，创立民国，平均地权。”[⑤] 这种带有种族民族主义特征的思想缘于孙中山对民族的认识，他说：“由于王道自然力结合而成的是民族，由于霸道人为力结合而成的便是国家。”[⑥] 也就是说，孙中山强调民族的客观性，认为民族的形成是一种自然过程，他在这里似乎没有关注到民族构成的其他因素。著名学者章太炎（1869—1936）也是如此。章氏曾参与维新运动，失败后流亡日本，

---

① 余英时：《戊戌政变今读》，（香港）《二十一世纪》1998年第2期。

② 梁启超：《论民族竞争之大势》，载《饮冰室合集·文集之十》，第35页。

③ 孙中山：《香港兴中会章程》，载《孙中山全集》第一卷，中华书局2006年版，第21页。

④ 孙中山：《檀香山兴中会盟书》，载《孙中山全集》第一卷，第20页。

⑤ 孙中山：《中国同盟会总章》，载《孙中山全集》第一卷，第284页。

⑥ 孙中山：《三民主义·民族主义·第一讲》，载《孙中山全集》第九卷，第186—187页。

并于1900年剪辫以明恢复汉统之志。1903年，他针对康有为之《论中国止可行立宪不可行革命书》，发表了《驳康有为论革命书》，其中说道："夫满洲种族，是曰东胡，西方谓之通古斯种，固与匈奴殊类。虽以匈奴言之，彼既大去华夏，永滞不毛，言语政教，饮食居处，一切自异于域内，犹得谓之同种也耶?"又说："吾以为今人虽不尽以逐满为职志，或有其志而不敢讼言于畴人，然其轻视鞑靼以为异种贱族者，此其种性根于二百年之遗传，是固至今未去者也。"① 不独孙中山、章太炎如此，在《国粹学报》、《浙江潮》等刊物上有关这类种族革命、排满复汉的文章比比皆是。② 虽然近代民族主义通常不提倡这种带有排外性质的狭隘民族主义，但对于中国而言，由于一定的客观原因，即满族权贵凌驾于汉族之上，其思想不仅不合世界历史发展趋势，而且戊戌变法失败也表明，满族权力制度是社会变革的阻力。因此，孙中山的行为在一定程度上也是合乎情理的，他说："我们推倒满洲政府，从驱除满人那一面说是民族革命，从颠覆君主政体那一面说是政治革命，并不是把它分作两次去做。讲到那政治革命的结果，是建立民主立宪政体。照现在这样的政治论起来，就算汉人为君主，也不能不革命。"③ 由此可见，孙中山先生将政治革命与民族革命视为建立民族国家之一体两面，之所以如此，是因为满族确实是政治革命的绊脚石。依两者关系而言，其目标是政治革命，而民族革命只是达到政治目标的手段。

但问题在于，满族入主中国近300年，绝大多数满人早已认同中国文化、风俗、伦理以至深层的价值观念，况且强调种族对立对于推翻满清王朝固然有益，但从建立多民族共和的民族国家来说，却是其害无穷的。中国境内民族众多，大汉族观念或任何排外思想不仅无视了几千年来民族融合的客观事实，而且会导致国家的分裂、解体。

革命实践的需要促进了先哲们进行民族理论方面的创新。近代不少学者发表了卓有远见的观点。如杨度（1874—1931）在《金铁主义说》一

---

① 章太炎：《驳康有为论革命书》，载《章太炎政论选集》上册，中华书局1977年版，第194—195、206页。

② 参见郑大华、邹小站主编《中国近代史上的民族主义》，社会科学文献出版社2007年版，第20页。

③ 孙中山：《在东京〈民报〉创刊周年庆祝大会的演说》，载《孙中山全集》第一卷，第325页。

文中说："一民族与一民族之别，别于文化，中华云者，以华夷别文化之高下也。即此以言，则中华之名词，不仅非一地域之国名，亦且非一血统之种名，乃为一文化之族名。……中国可以退为夷狄，夷狄可以进为中国，专以礼教为标准，而无亲疏之别。其后经数千年混杂数千百人种，而其称中华如故。以此推之，华之所以为华，以文化言，不以血统言，可决知也。"① 在民族理论问题上作出了卓越贡献、影响最巨者，当属梁启超。他在《申论种族革命与政治革命之得失》一文中指出：政治革命是救国的根本手段，"政治革命者，革专制而成立宪之谓也。无论为君主立宪，为共和立宪，皆谓之政治革命。苟不能得立宪，无论其朝廷及政府之基础，生若何变动，而或因仍君主专制，或变为共和专制，皆不得谓之政治革命"。与此不同，"种族革命者，民间以武力而颠覆异族的中央政府之谓也"。在确定概念内涵之后，梁启超认为，"人民以武力颠覆中央政府"这一概念，与"变专制为立宪"这一概念，并无必然因果关系，因为颠覆王权不等于建立共和。② 梁启超与孙中山皆以政治革命为目标，只要是封建形态的制度皆要推翻。不过，孙中山认为，在中国特殊的环境下，政治革命必须是种族革命，种族革命即是政治革命。而梁启超则反对感情化的种族仇恨，他说："以严格论之，满洲与我，确不能谓为纯粹的异民族，此吾所主张也。"梁氏援引《民族的国民》一文的观点说，同民族之要素有六：一同血系，二同语言文字，三同住所，四同习惯，五同宗教，六同精神体质。以此判别满汉关系，梁启超认为，就语言文字而言，满洲人虽有其本来之语言文字，但已久废不用，成为一种僵石，凡满人皆通汉文字，其能满文满语者，百不得一，故可言满汉同语言文字；就同住所而言，则满洲本土汉人入居者十而八九，而满人亦散居于北京及内地十八省，已不能确指某地为满人所居；就同习惯而言，语其大端，皆同化于各省风俗，若举其小节，即使汉民族南北亦有不同；就同宗教而言，与汉人信仰佛教、孔教无异；就精神体质而言，外形相貌不见其有极相异之处，即使称其异族，亦极近系之异族。据此，梁启超说："故以吾所主张，则谓依社会学者所下民族之定义以衡之，彼满洲人实已同化于汉人，而有构

① 杨度：《金铁主义说》，载《杨度集》，湖南人民出版社 1986 年版，第 374 页。

② 梁启超：《申论种族革命与政治革命之得失》，载《饮冰室合集·文集之十九》，第4 页。

成一混同民族之资格者也。”[①] 梁启超讲的具体内容是正确的，但由此否定满族是一民族却是错误的。中国近代的政治革命针对满族权贵，是带有种族革命的特征的，梁启超完全否认这一点是有失全面的。当然，反对笼统排满，却是一种理性的民族观。

（二）“中华民族”概念的提出及其伦理意义

对满汉关系的这种态度是梁启超所谓的“大民族主义”观。中国诸多民族千百年来共处一个“政治—文化”共同体中，这是中国近代建立民族认同的宝贵条件。当然，华夏各族群虽然拥有真实而充分的客观依据，但要建立真正的近代民族国家，还需要相应的主观条件——唤醒民族自觉与建构民族认同的启蒙教育。在这方面，中国民族、中华民族概念的提出与宣传起了重要作用。1901 年，梁启超发表《中国史叙论》一文，首次提出了“中国民族”的概念，明确地指出，当今的时代是“中国民族合同全亚洲民族，与西人交涉竞争之时代”[②]。在“中国民族”的基础上，他又于 1902 年在《论中国学术思想变迁之大势》一文中，初次提出了“中华民族”概念。[③] 此后，在《中国历史上民族之研究》中他又进一步指出，从历史上看，当今之中华民族，自初就是多元结合的产物，并在漫长的历史长河中不断地融合壮大：“甲时代所谓夷狄者，乙时代已全部或一部编入诸夏之范围，而同时复有新接触之夷狄发现，如是递续编入，递续接触，而今日硕大无朋之中华民族，遂得以成立。”[④] 历史延续至于今日，“我坚强之国民性，经二千年之磨炼，早已成为不可分之一体”[⑤]。中国“任举何省人民，孰不有羌、苗、匈奴、东胡乃至其他诸异族之遗血者”，多民族融和在中国“吸聚者如此其繁复而普被，所醇化者如此其浑融而无间”，“吾国所以能绵历数千年使国性深入而巩建者，皆

---

① 梁启超：《申论种族革命与政治革命之得失》，载《饮冰室合集·文集之十九》，第 29—31 页。

② 梁启超：《中国史叙论·时代之区分》，载《饮冰室合集·文集之六》，第 12 页。

③ 梁启超说：“上古时代，我中华民族之有（四）海思想者厥惟齐，故于其间产生两种观念焉，一曰国家观，二曰世界观。”（《论中国学术思想变迁之大势》，载《饮冰室合集·文集之七》，第 21 页。）

④ 梁启超：《中国历史上民族之研究》，载《饮冰室合集·专集之四十二》，第 8 页。

⑤ 梁启超：《中国前途之希望与国民责任》，载《饮冰室合集·文集之二十六》，第 11 页。

恃此也”①。这是中华民族形成的历史事实。而将这一事实自觉地表现为一个统一民族而不带任何歧视或挟私自重，含纳各个民族和谐共生而皆相忘于江湖，则是一种先进的民族理念。虽然民族主义总是具有强烈的感情，但情感能激发思考。中国近代的民族主义者既有强烈的民族情感，也有理性的特征。梁启超顺应了时代的需要，合理地融汇了历史与现实，1903 年再度诠释了他的大民族观：“吾中国言民族者，当于小民族主义之外更提倡大民族主义。小民族主义者何？汉族对于国内他族是也。大民族主义者何？合国内本部属部之诸族以对于国外之诸族是也。”② 这前一“诸族”是指中国境内的诸少数民族，后一“诸族”指中国境外别的民族。梁氏“大民族主义”观将中国境内汉族与各少数民族视为一个整体，并直面别的民族，从而为“中华民族”的确立作出了理论上的说明，指出了现实的意义，成为构建中华民族大家庭的新起点。它超越了传统的种族和地域的界限，体现了中国各民族是一家的新的民族理念；颠覆了传统的、以夷夏之分为特征的旧民族观，反映了中国各民族平等相处、团结一致的新的伦理追求。“中华民族”概念的形成是中国传统民族观念走向现代民族观念的重要标志之一，在此后的艰难岁月里，它获得了越来越广泛的认同。章太炎、孙中山以及参与辛亥革命的众多民族主义者不约而同地放弃种族民族主义，而认同“中华民族”这一事实，足以说明这一理念更具合理性。如果说，孙中山、章太炎主张的种族民族主义的目标主要是推翻封建王朝，那么从更宏阔的视野来看，梁启超的“中华民族”观念对于中国反抗西方列强对中国的殖民统治更具重要价值。正如章太炎所认识到的，“言种族革命，则满人为巨敌，而欧、美少轻，以异族之攘吾政府者，在彼不在此也。若就政治社会计之，则西人之祸吾族，其烈千万倍于满洲”③。1911 年武昌起义时章太炎在日本东京，当时满洲留学生中有人主张向日本借兵扑灭革命，章太炎闻讯立即写了《致留日满洲学生书》：“君等满族，亦是中国人民，农商之业，任所欲为，选举之权，一切平等，优游共和政体之中，其乐何似？我汉人天性和平，主持人道，既无屠杀人种族之心，又无横分阶级之制，域中尚有蒙古、回部、西藏诸

---

① 梁启超：《中国道德之大原》，载《饮冰室合集·文集之二十八》，第 16 页。

② 梁启超：《政治学大家伯伦知理之学说》，载《饮冰室合集·文集之十三》，第 75—76 页。

③ 章太炎：《革命军约法问答》，载《章太炎政论选集》上册，第 432 页。

人，既皆等视，何独薄遇满人哉？”[①]

这种转变发生在孙中山身上更是意义非凡。有学者指出，“孙文民族主义之发展，初期以排满复汉为中心，中期主张五族共和，晚期则强调反帝，外抗强权，内除国贼军阀，并主张民族同化政策，惟亦涉及民族自觉问题”[②]。孙中山从早期的“驱除鞑虏，恢复中华”，最后转向多民族共和的建国方略，既是实践需要使然，亦与受梁启超民族观之启示不无关系。1912 年，在《临时大总统宣言书》中，孙中山说：“国家之本，在于人民。合汉、满、蒙、回、藏诸地为一国，即合汉、满、蒙、回、藏诸族为一人。是曰民族之统一。”[③] 其后不久又指出：“中华民国之建设，专为拥护亿兆国民之自由权利，合汉、满、蒙、回、藏为一家，相与和衷共济，……而今而后，务当消融意见，蠲除畛域。”[④] 鉴于民族主义对于国内革命与抗击外国侵略的极端重要性，故孙中山不断加以论述，直到去世。如他 1919 年说：“夫汉族光复，满清倾覆，不过只是达到民族主义之一消极目的而已，从此当努力猛进，以达民族主义之积极目的也。积极目的为何？即汉族当牺牲其血统、历史与夫自尊自大之名称，而与满、蒙、回、藏之人民相见于诚，合为一炉而冶之，以成一中华民族之新主义，如美利坚之合黑白数十种之人民，而冶成一世界之冠之美利坚民族主义，斯为积极之目的也。五族云乎哉。夫以世界最古、最大、最富于同化力之民族，加以世界之新主义，而为积极之行动，以发扬光大中华民族，吾决不久必能驾美迭欧而为世界之冠，此固理有当然，势所必至也。”[⑤] 1920 年指出：“我们定要积极地将我四万万民族地位抬高起来，发扬光大。现在说五族共和，实在这五族的名词很不切当。我们国内何止五族呢？我的意思，应该把我们中国所有各民族融成一个中华民族。”[⑥] 1923 年在《中国国民党宣言》中提出：“吾党所持之民族主义，消极的为除去民族间之不平等，积极地为团结国内各

---

① 章太炎：《致留日满洲学生书》，载《章太炎政论选集》上册，第 520 页。

② 孟德声：《中国民族主义之理论与实际》下册，台北海峡学术出版社 2002 年版，第 364 页。

③ 孙中山：《临时大总统宣言书》，载《孙中山全集》第二卷，第 2 页。

④ 孙中山：《布告国民消融意见蠲除畛域文》，载《孙中山全集》第二卷，第 105 页。

⑤ 孙中山：《三民主义》，载《孙中山全集》第五卷，第 187—188 页。

⑥ 孙中山：《在上海中国国民党本部会议的演说》，载《孙中山全集》第五卷，第 394 页。

民族，完成一大中华民族。”[①] 1924 年 1 月 23 日，国民党第一次全国代表大会在广州召开，孙中山以总理的身份担任大会主席。大会通过了《中国国民党第一次全国代表大会宣言》。其中关于民族问题，《宣言》说：“国民党之民族主义，有两方面之意义：一则中国民族自求解放；二则中国境内各民族一律平等。”[②]

至此，统一的中华民族逐渐成为中国境内各民族的共识。从历史发展的客观进程来看，任何种族优越感都是荒谬的，过分强烈的民族主义，不论是大汉族主义还是狭隘的种族民族主义都不足取，而“多元一体”才是“中华民族”的最佳选择。它既能维护多民族的共同利益，又尊重了“文化中国”的基本史实，应该说“中华民族”概念的形成及其在政治实践中的贯彻运用反映了民族的觉醒，具有重要的伦理启蒙价值。

“中华民族”的提出，意味着某种新伦理观念的形成，为新伦理体系的产生提供了一个新的理论支撑点，在很大程度上推动了中国近代伦理转型的进程。“中华民族”凝聚了民族共识，并以民族共识取代了家国意识。封建伦理体系的基础在“家”与“国”。家与国是封建社会中最重要的两大伦理实体，它们规定了个体在家族与家国（家天下）中承担的道德责任与义务。[③] 而以中华民族的提出为标志，时代重心已经转向民族国家。特别是 1895 年之后，出于维护国家的整体性和增强民族的凝聚力的现实需要，近代伦理越来越趋向于对“民族”伦理实体的重视。而在其后的民族建国过程中，“中华民族”更彰显了它的价值，即防止了族群认同与国家认同出现分裂，又确立了以爱国主义为主要内容的多族群统一的国家意识，从而成为构建新伦理体系与民族国家的重要精神支柱。

---

① 孙中山：《中国国民党宣言》，载《孙中山全集》第七卷，第 3 页。

② 孙中山：《中国国民党第一次全国代表大会宣言》，载《孙中山全集》第九卷，第 118 页。

③ 值得一提的是，按照西方的民族主义理论，中国人的家族意识远高于民族意识，这是“中华民族”能否深入人心的一个巨大障碍。而孙中山认为，中国的家族主义和宗族主义可以扩展为民族主义。对于西方国家来说，个人之上即是国家，在这两者之间没有坚固的中间组织。与此不同，“中国国民和国家结构的关系，先有家族，再推到宗族，再然后才是国族，这种组织一级一级的放大，有条不紊，大小结构的关系当中是很实在的；如果用宗族为单位，改良当中的组织，再联合成国族，比较外国用个人为单位当然容易联络得多”（《三民主义・民族主义・第五讲》，载《孙中山全集》第九卷，第 238 页）。这一设想虽不易行，但充分挖掘中国社会的内在凝聚力，在民族意识的感召下，使家族、宗族认同民族，的确是一个崭新的思路。

三　政治民族主义与新的伦理核心价值

政治民族主义是民族主义思想体系中最重要的形态，它强调民族主义的政治属性与追求“民族国家”的政治实践紧密联系在一起，其基本目标就是建立一个属于特定民族的国家和政府。这是民族主义兴起的最显著的特征。清末，封建政治体制濒临崩溃，而近代民族国家却不能建立。这一中国近代社会的根本困境，在相当程度上与国民缺乏近代民族国家意识有关。近代民族国家包含着两种共同体：民族共同体和政治共同体，也就是在民族的范围内组织国家。民族国家认同必须同时满足两个不同的要求，一个是国民对于政治国家的认同，另一个是每个人对所处的特殊族群的认同（血缘、历史、风俗、文化归属等）。然而，民族认同与国家认同都是建构性的，建立国家并不意味着自然产生民族认同，民族认同也不必然会形成民族国家。而“中华民族”观念是民族建国的基石，着重建立民族认同，相比之下，政治民族主义则提供关于民族建国的理念，这一理念的实现过程即是建立民族国家的进程，并进而促进中国近代伦理形态的转型。如果说“中华民族”观念的确立是近代中国社会转型、伦理变迁的开始，那么政治民族主义则进一步瓦解了封建伦理的核心价值，并倡导了一种与现代民族国家相适应的新伦理观。

（一）封建王朝与现代国家之异

在中国近代史上，无论是以章太炎和早期孙中山为代表的反满的种族民族主义，还是以梁启超所倡导的以国家为核心的国家民族主义，都是政治民族主义。如果说，“追求富强”是中国近代以来不变的主题，那么，民族认同必须发展为国家观念。只有成为民族国家，才有力量进行“国群”之间的竞争，因此，政治民族主义以建立一个近代民族国家为核心目标。梁启超说：“民族主义者，世界最光明、正大、公平之主义也，不使他族侵我之自由，我亦毋侵他族之自由。其在于本国也，人之独立；其在于世界也，国之独立。”[①] 又说：“民族主义者何？各地同种族、同言语、同宗教、同习俗之人，相视如同胞，务独立自治，组织完备之政府，

---

① 梁启超：《国家思想变迁异同论》，载《饮冰室合集·文集之六》，第20页。

以谋公益而御他族是也。”①

“国之独立”、“谋公益而御他族”涉及了政治民族主义的核心目标——首先必须具有政治主权，这是民族国家政治建构的合法性根据。众所周知，“主权”是一种形式，各种封建专制的威权可以成为“主权”的代表，而近代民族主义之内在要求，其根本特征是国家的主权属于全民，即“主权在民，政权民授”。在这一前提下，国家为民族独立提供外在的保障，民主权利构成了国家的实质内涵。所以，这一目标毫无疑问要彻底推翻封建专制制度。在这一点上，民族主义与自由主义可谓同源异流而又殊途同归。二者都来自欧洲启蒙运动所奠定的自主性原则，从根本上说都是以争取自由和权利为目标。政治民族主义是以建立民族国家的方式，以民主政治的形式来保障个体自由、民族自治、国家自主。因此，它不仅仅是建立一个独立统一的民族国家，更是建立一套有别于传统专制体制的近代政治共同体。对于政治民族主义来说，近现代民族国家必须通过合理的政治制度使公民达到一种政治认同。为了达到这个目标，中国近代的政治民族主义必须否定封建政体，并反对与此相关联的传统伦理，这无疑是极富革命性、进步性的。

中国民族主义思想理论的先驱梁启超，早就清晰地看到了封建王朝与近代国家是两种迥异的政治类型。梁氏在1899年的《论近世国民竞争之大势及中国前途》中指出：作为封建王朝的“国家者，以国为一家私产之称也。……一家失势，他家代之，以暴易暴，无有已时，是之谓国家”。这是对中国封建社会的“家天下”的生动描述。在这样的国家或社会中，普天之下，莫非王土，率土之滨，莫非王臣，国中之人，自皇帝以下，皆是臣民。故曰：“今我中国国土云者，一家之私产也；国际云者，一家之私事也；国难云者，一家之私祸也；国耻云者，一家之私辱也。”而对于近代民族国家来说，“国民者，以国为人民公产之称也。国者积民而成，舍民之外，则无有国。以一国之民，治一国之事，定一国之法，谋一国之利，捍一国之患，其民不可得而侮，其国不可得而亡，是之谓国民”②。与此相对应，早期封建王朝只有臣民，在近代国家中则为国民，

① 梁启超：《新民说·论新民为今日中国第一急务》，载《饮冰室合集·专集之四》，第4页。

② 梁启超：《论近世国民竞争之大势及中国前途》，载《饮冰室合集·文集之四》，第56页。

由臣民转变为国民，意味着封建王朝为近代国家所取代。而这有赖于各个成员是否建立一种信仰，即以国家作为共同的认同对象。梁氏在其《新民说·论国家思想》中说："国家思想者何？一曰对于一身而知有国家，二曰对于朝廷而知有国家，三曰对于外族而知有国家，四曰对于世界而知有国家。"但近代中国的状况是，中国人不知何为国家，"一曰知有天下而不知有国家，二曰知有一己而不知有国家"。中国自古一统，环列皆小族蛮夷，国人亦不以平等视之，故中国数千年来，常处于独立之势，"吾民之称禹域也，谓之为天下，而不谓之为国"，此是知天下而不知有国家。独善其身、乡党自好者，畏国事之为己累而逃之者，或为一己之爵禄趋之若蚁者，是为知一己而不知有国家。所以，在中国的传统伦理观念中，对于国家的认同极为薄弱，此为专制制度所造成的伦理缺失。"故其视朝廷，不以为国民之代表，而以为天帝之代表，彼朝廷之屡易而不动其心也，非恝也。苍天死而黄天立，白帝杀而赤帝来，于我下界凡民有何与也。"① 一家一姓之国家，任由变化，与民何干。"我内地同胞之民，死徙不出乡井，目未睹凌虐之状，耳未闻失权之事，故习焉安焉，以为国之强弱，于己之荣辱无关，因视国事为不切身之务云尔。"②

但是，当中国进入世界体系之后，国家的性质却与人息息相关，中国必须成为民族国家，才有可能维护每个人的基本权益。而国民作为共同体的成员，不仅拥有政治法律上的权利，而且也有对共同体忠诚的义务。这就是说，必须具备相应的伦理道德，才能成为合格的国民。

（二）民族国家最基本的道德要求：爱国、公德

国民在民族国家中既享有法律规定的权利，也应该尽自己应尽的社会责任与道德义务，其中最基本的是爱国、公德。正如有西方学者指出的："民族—国家只存在于与其他民族—国家的体系性关系之中。"③ 首先必须是国家存在，然后才谈得上与他国的关系，而与他国发生关系后，就自然提出了爱国的要求。梁启超说："今夫国也者，以平等而成；爱也者，以

---

① 梁启超：《新民说·论国家思想》，载《饮冰室合集·专集之四》，第21—22页。

② 梁启超：《爱国论》，载《饮冰室合集·文集之三》，第67页。

③ ［英］安东尼·吉登斯（Anthony Giddens）：《民族—国家与暴力》，胡宗泽、赵力涛译，三联书店1998年版，第5页。

对待而起。”[①] 对于他族，然后知爱我族；对于他国，然后知爱吾国。也只有在民族国家观念形成、国家主权被侵犯之后，才能唤起人们的耻辱感，激发出爱国心。爱国属公德范畴。公德是个人对社会公共利益、对群体利益应承担的责任与应尽的义务。梁启超在《论政府与人民之权限》一文中指出，国民应以爱国为其“公德”，国家则以“利群”尽其责任，因为国家只是众人权利的集中体现和代表。只有充分享受个人权利和公民权利，才会有民族意识，才会将国家作为自己的国家，并抉择而与之结合为一个命运共同体。又说：“道德之立，所以利群也。……是故公德者，诸德之源也，有益于群者为善，无益于群者为恶。……公德之大目的，既在利群，而万千条理，即由是生焉。”陈独秀也说：“中国之危，固以迫以独夫与强敌，而所以迫于独夫强敌者，乃民族之公德私德之堕落有以召之耳。”[②] 为此，必须通过伦理启蒙来改变国民意识中的旧道德观念，以塑造新的国民性，养成公德意识。应该说，强调公德是近现代伦理启蒙的重要内容，也是一种时代精神。章太炎在其1906年写的《革命道德说》中指出：“优于私德者亦必优于公德，薄于私德者亦必薄于公德，而无道德者之不能革命。”他把私德与公德、道德与革命结合起来谈，而重点在公德。冯玉祥（1882—1948）也极重视公德，以至将公德教育作为其家训的重要内容，他在亲撰的《冯氏族约》中教导亲族：“今人多专谋利己，不顾其它，是以世风愈下，欺诈横生。”因而必须培养公德，“以己之心，度人之心，公德也；己所不欲，勿施于人，公德也；互相利赖，尽其在我，公德也；千万人之事，应遵千万人共守之纪律，公德也；有利于社会国家之事，率先倡之行之，有害国家社会之事，率先改之除之，是尤公德之大者也。凡此所举，自小及大，勉而行之，进乎上德矣。”[③]

强调公德的重要性是新伦理与旧伦理的一大区别。梁启超指出：

> 今试以中国旧伦理，与泰西新伦理相比较：旧伦理之分类，曰君臣，曰父子，曰兄弟，曰夫妇，曰朋友；新伦理之分类，曰家族伦理，曰社会（即人群）伦理，曰国家伦理。旧伦理所重者，则一私

---

① 梁启超：《爱国论》，载《饮冰室合集·文集之三》，第66页。

② 陈独秀：《我之爱国主义》，载《陈独秀著作选》第一卷，第206页。

③ 冯玉祥：《冯玉祥选集》上卷，人民出版社1998年版，第395—396页。

人对于一私人之事也；新伦理所重者，则一私人对于一团体之事也。[①]

在民族国家时代，培养公德、树立“利群”观念，使个人承担对社会、国家的责任和义务，是一种新的时代精神。在个人与国家关系问题上，梁启超虽然说“国民不能得权利于政府也则争之。政府见国民之争权利也则让之”。[②] 但是，从根本上说，他还是将国家权益置于个人利益之上，尤其是面对外敌入侵时更是如此。他指出：“今日欲抵挡列强之民族帝国主义，以挽浩劫而拯生灵，惟有我行我民族主义之一策。”[③] 在半殖民地的近代中国，民族的独立、国家的主权始终高于个人的权利，我们不能否认这种历史合理性。中国的传统伦理，最主要的就是“五伦”，其中没有涉及个人与民族、个人与国家的伦理要求。与此不同，近代中国民族主义所要建立的民族国家则是维护每个人的权利的。相应的，这种新的政治制度也需要“新伦理”的支撑，即要求国民具有爱国与“公德”观念。而在“爱国”与“公德”中，核心的内容则是爱国。梁启超指出，建立民族国家的核心是培养“兴民权”与“爱国心”：“人民以国家为己之国家，则制造国魂之药料也，使国家成为人民之国家，则制造国魂之机器也。”[④] 这是中国近代思想史上由民族主义而衍生的一个崭新的伦理观念。梁启超进一步说：

国者何？积民而成也。国政者何？民自治其事也。爱国者何？民自爱其身也，故民权兴则国权立，民权灭则国权亡。……故言爱国必自兴民权始。[⑤]

与爱国相联系是要破除忠君观念。国家作为一个主权主体，其责任是维护人民权利，若无民权，国家就失去其意义和价值。而建立一个以保障

---

① 梁启超：《新民说·论公德》，载《饮冰室合集·专集之四》，第12页。

② 梁启超：《新民说·论权利思想》，载《饮冰室合集·专集之四》，第40页。

③ 梁启超：《新民说·论新民为今日中国第一之急务》，载《饮冰室合集·专集之四》，第4—5页。

④ 梁启超：《中国魂安在乎》，载《饮冰室合集·专集之二》，第38—39页。

⑤ 梁启超：《爱国论》，载《饮冰室合集·文集之三》，第73页。

民权为己任的、“谋公益”的民主国家，必然要求摧毁封建伦理体系。中国传统伦理思想体系庞大复杂，就其与封建政体的关联来说，“孝”是宗法家族社会的根本，“忠”是专制体制的核心观念。由孝而忠，以忠统孝，两大核心观念相互支撑。东汉马融《忠经》说：“一于其身，忠之始也；一于其家，忠之中也；一于其国，忠之终也。”忠的精神和行动始于修身，在家为孝，于国尽忠。当然，在封建社会中，“国”本质上是君王一家一姓之国。虽然儒学区分了“公天下”与“忠君”的差别，并以“大道之行也，天下为公”（《礼记·礼运》）为最高理想，但实际上，从西周特别是从战国起，在忠、孝发生矛盾时，总是将忠置于孝前，而孝德必须服从于忠德。忠于君王，忠于“家国”（而非国家）被确认为核心价值。历代帝王都强调臣子尽忠，旌表忠烈，使得忠后来演变成为臣对君的单向的、绝对的义务。近代民族主义在否定专制政体的合法性的同时，必然要求否定为“家国”效力的愚忠。所以，爱国与忠君分别是现代民族国家与传统封建帝国两种不同形态的伦理体系的核心内容。而摒弃狭隘的忠君观念、愚忠思想，是建立民族国家的一大伦理要求。

陈独秀指出，辛亥革命后形式上建立了共和制度，但封建伦理依然存在，这是绝对不行的：“共和立宪制，以独立平等自由为原则，与纲常阶级制为绝对不可相容之物，存其一必废其一。”① 又说：“中国语言，亦有所谓忠君爱国之说。惟中国人之视国家也，与社稷齐观，斯其释爱国也，与忠君同义。盖以此国家，此社稷，乃吾君祖若宗艰难缔造之大业，传之子孙，所谓得天下是也。若夫人民，惟为缔造者供其牺牲，无丝毫自由权利与幸福焉，此欧洲各国宪政未兴以前之政体，而吾华自古讫今，未之或改者也。近世欧美人之视国家也，为国人共谋安宁幸福之团体。人民权利，载在宪章……人民何故必建设国家，其目的在保障权利，共谋幸福，斯为成立国家之精神。”② 在陈独秀看来，中国自古以来，号为建设国家者，凡数十次，非但皆未为人民谋福利，且为戕害吾人福利之蟊贼，皆以谋一姓之兴亡，而无视国民之忧乐，这样的国家实无立国之必要，更无爱国之可言。因此，爱国心虽为立国之要素，“国人无爱国心者，其国恒亡”，但若不知国家为何物，其爱之愈殷，其愚也益甚。

---

① 陈独秀：《吾人最后之觉悟》，载《陈独秀著作选》第一卷，第179页。

② 陈独秀：《爱国心与自觉心》，载《陈独秀著作选》第一卷，第113—114页。

从忠君到爱民族国家，是以民主政治共同体为对象的爱国心取代那种以“朕即国家”为对象的忠君观。共和体制呼唤相应的伦理观念，近代政治民族主义所催生的爱国主义，不是对所在国家无条件、无选择的认同，而是对特定的理想共同体，即对以自由民主为内涵的共和政体的维护。在陈独秀看来，爱国必须以理性而不是以盲目的情感为保障，他说：“感情和理性，都是人类心灵重要的部分，而且有时两相冲突。爱国大部分是感情的产物，理性不过占一小部分，有时竟全然不合乎理性（德国和日本的军人，就是如此）。人类行为，自然是感情冲动的结果。我以为若是用理性做感情冲动的基础，那感情才能够始终热烈坚固不可动摇。”①所以，真正的爱国是理性和情感缺一不可的，只有如此，爱国之心才可恒久，陈独秀说：

> 爱国心，情之属也。自觉心，智之属也。爱国者何？爱其为保障吾人权利谋益吾人幸福之团体也。自觉者何？觉其国家之目的与情势也。是故不知国家之目的而爱之则罔，不知国家之情势而爱之则殆，罔与殆，其蔽一也。②
>
> 国家实不能保民而致其爱，其爱国心遂为其自觉心所排而去尔。③
>
> 我们爱的是人民拿出爱国心抵抗被人压迫的国家，不是政府利用人民爱国心压迫别人的国家。我们爱的是国家为人民谋幸福的国家，不是人民为国家做牺牲的国家。④

“自觉心”即是理智、理性，爱国确实常常表现为情感，但爱国不是非理性的、无条件的，将爱国之感情诉诸于理性的态度，充分展现了思想者的深度。陈独秀并非否定人民为国家牺牲的价值，但前提是国家必须是保障人民权利、为人民谋利益的团体，以此为目的国家必然值得人民以生命去捍卫。应该说，拥有这种理智的爱国主义才是真正充满启蒙精神的思想者。

---

① 陈独秀：《我们究竟应当不应当爱国?》，载《陈独秀著作选》第二卷，第22页。

② 陈独秀：《爱国心与自觉心》，载《陈独秀著作选》第一卷，第114页。

③ 同上书，第119页。

④ 陈独秀：《我们究竟应当不应当爱国?》，载《陈独秀著作选》第二卷，第24页。

（三）爱国主义与民族主义

爱国主义与民族主义既互相区别又彼此联系。从理论起源和表现形态而言，爱国主义不同于民族主义，比如我们可以说屈原是爱国主义者，却不称其为民族主义者。但这两者又是交织在一起的，处理恰当，可以相得益彰。孙中山指出："如果再不留心提倡民族主义，结合四万万人成一个坚固的民族，中国便有亡国灭种之忧。我们要挽救这种危亡，便要提倡民族主义，用民族精神来救国。"[①] 在近代中国，爱国主义的对象是作为民族国家的中国和中华民族，在这个意义上，爱国主义也是民族主义。以孙中山为代表的民族主义者要求用相应的新伦理支撑建立民国时，爱国就有了新的内涵，即"忠于国家和民族"。胡适说："若以袁世凯与威尔逊令人择之，则人必择威尔逊。其以威尔逊为异族而择袁世凯者，必中民族主义之毒之愚人也。"这些"愚人"，"往往高谈爱国，而不知国之何以当爱；高谈民族主义，而不知民族主义究作何解"[②]。在胡适看来，袁世凯代表皇权专制，威尔逊代表现代民族国家的政治体制——民主政治。无道和有道，乃以制度论。若因为威尔逊为异族而择袁世凯，这是非理性的民族主义。现代政治民族主义虽基于民族，但更基于制度，在"民主"与"民族"的排序中，民主优先，民主比民族更重要。民族的爱国，是"血缘"的爱国，发于自然之情；民主的爱国，是制度的爱国，发于理性。国家因为民主制度而必须爱护国民，这样的国家才会成为爱国者的精神家园。不但是民族国家，而且是宪政国家，"才能在精神上把我们连结在一起"。爱国主义绝不会盲目肯定一切民族性中糟粕的东西，理性的民族主义者必然要批判民族自身的弊病。胡适当时所倡导的爱国主义，秉承了启蒙运动的理性精神，体现了一种更深沉的民族主义。

陈独秀与胡适以理性精神言爱国无疑具有异曲同工之处，而更为深刻的是，陈独秀所言之爱国主义，不仅仅规定了国家的性质、内涵，而且从民族国家的角度对国家成员提出了相应的道德要求。他在《我之爱国主义》中说："我之爱国主义，不在为国捐躯，而在笃行自好之上，为国家

---

① 孙中山：《三民主义·民族主义》，载《孙中山全集》第九卷，第189页。

② 胡适：《论"去无道而就有道"》，载《胡适日记全编》2，安徽教育出版社2001年版，第553—554页。

惜名誉，为国家弭乱源，为国家增实力。我爱国诸青年乎！为国捐躯之烈士，固吾人所服膺，所崇拜，会当其时，愿诸君决然为之，无所审顾；然此种爱国行为，乃一时的而非持续的，乃治标的而非治本的。吾之所谓持续的治本的爱国主义者：曰勤、曰廉、曰俭、曰洁、曰诚、曰信。”此六德本来是中国传统伦理思想体系中的旧德目，但经陈独秀的诠释被赋予了新的内涵，如“勤”：“人力废而产业衰，产业衰而国力堕，爱国君子，必尚乎勤”；如“俭”：“人人节衣省食，以为国民兴产殖业之基金，爱国君子，何忍而不出此”；如“洁”为注重个人卫生之公德；等等。对此，陈独秀说：“之数德者，固老生之常谈，实救国之要道。人或以为视献身义烈为迂远，吾独以此为持续的治本的真正爱国之行为。盖今世列强并立，皆挟其全国国民之德智力以相角，兴亡之数，不待战争而决。其兴也有故，其亡也有由。唯其亡之已有由矣，虽有为国献身之烈士，亦莫之能救。故今世爱国之说与古不同，欲爱其国使立于不亡之地，非睹其国之亡始爱而殉之也。夫国亡身殉，其义烈固自可风，若严格论之，自古以身殉国者，未必人人皆无制造亡国原因之罪。故爱其国使立于不亡之地，爱国之义，莫隆于斯。”[①] 实质上，陈独秀是以这种爱国主义在打造“公民”的美德。

总之，政治民族主义为了政治目标，对于传统伦理文化，特别是对于儒学中与封建政治相关的内容，予以特别的关注，既进行了颠覆性的批判，又作了推陈出新的改造。由于中国伦理传统的沉积极为厚重，对新道德之养成阻碍甚大，以致士大夫不敢言及。梁启超说：“今世士夫谈维新者，诸事皆敢言新，惟不敢言新道德，此由学界之奴性未去，爱群、爱国、爱真理之心未诚也。盖以为道德者，日月经天，江河行地，自无始以来，不增不减，先圣昔贤，尽揭其奥以诏后人，安有所谓新焉旧焉者。殊不知道德之为物，由于天然者半，由于人事者亦半，有发达有进步，一循天演之大例。前哲不生于今日，安能制定悉合今日之道德？”[②] 陈独秀也说：“伦理思想，影响于政治，各国皆然，吾华尤甚。”“继今以往，国人所怀疑莫决者，当为伦理问题。……吾敢断言曰：伦理的觉悟，为吾人最

① 陈独秀：《我之爱国主义》，载《陈独秀著作选》第一卷，第212—213页。

② 梁启超：《新民说·论公德》，载《饮冰室合集·专集之四》，第15页。

后觉悟之最后觉悟。”① 提倡新道德，高扬爱国主义，既是政治的需要，更是伦理觉悟之体现。

四　文化民族主义与传统伦理精神

文化民族主义是民族主义的又一重要形态，是民族主义在文化方面的表现，强调的是文化的民族性，它与政治民族主义相辅相成，相互依赖。张汝纶在其《中国近代思想史研究》中指出，一个民族国家的自我认同，是要在历史的海洋中给自己确定方向。它至少包括理想政治、价值承诺和文化品格三个主要方面。它们关系到我们要建设什么样的国家；我们要过什么样的生活；我们如何来理解自己。② 这是一个非常精辟的观点。无疑，这三个相互关联的问题是民族主义最核心的内容，“要建立什么样的国家”是政治民族主义的问题，“过什么样的生活”，这是政治与文化民族主义都涉及的内容，而“我们如何来理解自己”，则主要是文化民族主义所关注的问题。

（一）文化民族主义及其价值

如前所言，民族国家既是一个政治共同体，又不限于政治共同体。因为对民主政治的制度性认同，并不意味着可以忽视一个民族的历史、语言与伦理传统。当代德国哲学家哈贝马斯看到了政治认同与文化认同之间的关联，即政治民族主义要建立自由平等的民族国家，而生来便同源同宗的人们，原本就生活于由共同的语言和历史而铸就的这一共同体之中。一方面，政治民族主义必须以文化共同体（民族）为基础，另一方面，文化民族主义的诉求也必须通过政治方式才能达到。所以，在民族国家的形成过程中，每个公民其实都具有双重特征：“一种是由公民权利确立的身份，另一种是文化民族的归属感。”③ 就是说，现代民族具有双重归属，既是“法律—政治”共同体，也是“历史—文化”共同体。没有对文化共同体的“共识”而产生的凝聚力，民族国家共同体是难以形成的。关

① 陈独秀：《吾人最后之觉悟》，载《陈独秀著作选》第一卷，第179页。

② 张汝纶：《现代中国思想研究》，上海人民出版社2001年版，第223页。

③ ［德］哈贝马斯：《欧洲民族国家》，载《包容他者》，曹卫东译，上海人民出版社2002年版，第133页。

于这个问题，梁启超说：

凡一国之能立于世界，必有其国民独具之特质，上自道德法律，下至风俗、习惯、文学、美术，皆有一种独立之精神，祖父传之，子孙继之，然后群乃结，国乃成。斯实民族主义之根柢源泉也。我同胞能数千年立国于亚洲大陆，必其所具特质，有宏大高尚完美，厘然异于群族者，吾人所当保存之而勿失坠也。①

文化民族主义一般都有意识地承继其光荣的历史传统和曾经灿烂辉煌的文明，以增强人们对本民族的自豪感和自信心。梁氏通过对精神形态的历史延续性的描述，强调了民族文化乃是国民的一种独立的精神特质。文化民族主义者既服从于政治民族主义的国家理想，又坚守民族的文化特征与精神属性，企求以此为近代中国找到一块立国之基石。梁启超指出，民族之立国，"必须尽吸纳其本族中所固有之精神势力而统一之于国家"，突出"以界他国而自立于大地"的特性，彰显与其他民族的不同点。辛亥革命以后，形式上的民族国家已经建立，但民族危机丝毫未减，梁启超卓有远见地看到了民族国家的文化属性即"国性"对于立国的重要性，他在其 1902 年发表的《国性篇》和《中国道德之大原》中说：

国于天地，必有与立。国之所以与立者何？吾无以名之，名之曰国性。……缘性之殊，乃各自为国以立于大地。苟本无国性者，则自始不能以立国；国性未成熟具足，虽立焉而国不固。立国以后而国性流转丧失，则国亡矣。②

国民既有一种特异之国性，以界他国而自立于大地，其养成之也固非短时间少数人所能有功，其毁坏之也亦非短时间少数人所能为力，而生其间者苟常有人焉发扬淬厉之，以增美释回，则自能缉熙以着光晶。③

① 梁启超：《新民说·释新民之义》，载《饮冰室合集·专集之四》，第 6 页。

② 梁启超：《国性篇》，载《饮冰室合集·文集之二十九》，第 82—83 页。

③ 梁启超：《中国道德之大原》，载《饮冰室合集·文集之二十八》，第 13 页。

“国性”是立国的根本。它作为异于他国的特性，乃是一国民族的集体意识，是国家的凝聚力和向心力。国性以文化为载体，代代相传，若文化失落，则国性危殆。所以，文化危机是更深刻的民族危机。梁启超说，国性无具体可指，亦难知其始于何时，人们共栖于一地域中，缘血统之陑合，群体生活之磨砺，共同利害之密切，言语思想之感通，积千百年而养成各种无形之信条，深入乎人心，“搏捖全国民而不使离析也”，“镕冶全国民使自为一体而示异于其它也”。如此言“国性”似乎太过抽象，故他又展开说：“就其具象的事项言之，则一曰国语，二曰国教，三曰国俗，三者合而国性仿佛可得见矣！”此三项所指，虽依然不甚具体，但我们可以看出，梁启超的文化民族主义思想之主旨，是尊重传统，而非醉心欧化。这种态度落实到伦理道德领域，便成为“现代建构的伦理传统”。继《国性篇》以后，梁氏又发表了《中国道德之大原》，揭示了国性所包含的长达数千年的伦理道德意蕴。梁启超认为，吾国立于大地者五千年，“其与我并建之国，代谢以尽者不知几何族矣，而我乃如鲁灵光岿然独存，其国性之养之久而积之厚也，其入人之深也”[①]。依此而言，“自非有一种善美之精神，深入乎全国人之心中，而主宰之纲维之者，其安能结集之坚强若彼，而持续之经久若此乎？夫既已有此精神，以为国家过去继续成立之基，即可用此精神，以为国家将来滋长发荣之具”[②]。这种善美精神所体现的伦理内涵，经由数千年之遗传熏染而构成，乃一切道德之所从出，而社会亦赖之以维持。

（二）传统善美精神之三大内涵

梁启超认为，传统美德的德目数量是很多的，但影响广大民众品性和国家文化属性的主要有三项。一是“报恩”。报恩之义各国皆有，而中国最重。中国一切祀事皆以报恩德一义贯通其间，祖先、天地山川、社稷农蚕、先圣先师、贤臣名将、神医大匠，凡列于祀者，皆以其有德于民或为民捍难者也。恩我者多，故祀事日滋，并衍成礼俗、制成法律。其意义在于，如恩始于家庭，先报于父母，推父母所恩而及兄弟，递推于宗族，又念乎非有国家，则无所托以存活、安居乐业，因国家与社会深恩于无形，

① 梁启超：《国性篇》，载《饮冰室合集·文集之二十九》，第85页。

② 梁启超：《中国道德之大原》，载《饮冰室合集·文集之二十八》，第13页。

故报国之义更重。这是“联属全国人使之若连环相缀而不可解者，此其最强力之主因也”。欧美国家以个人为其单位，虽有伦理学者大声疾呼，而为效盖寡，盖报恩德之心未深入人心。据此而言，“夫报恩之义，所以联属现社会与过去之社会，使生固结之关系者，为力最伟焉。吾国所以能绵历数千年使国性深入而巩建者，皆恃此也。而今则此种思想若渐已动摇而灭其效力，其犹能赓续发挥光大与否，则国家存亡之所攸决也”[①]。报恩德这种伦理的纽带连接了个人与家庭、社会、国家，沟通了历史与现实，是维系社会和谐、人际融洽、家庭亲睦、国家团结的伟大力量。

二是“明分”。伦理秩序井然离不开明分。荀子早就强调了“分”的重要性，而梁启超则对“分”作了新的阐释，他说：“分也者分也，言政治者重分权，言学问者重分科，言生计者重分业。凡一社会必赖多数人之共同协力，乃能生存发达。全社会中所必须之职务无限无量，而一一皆待社会之个人分任之。人人各审其分之所在，而各自尽其分内之职，斯社会之发荣滋长无有已时。”此明分之义，抛弃了传统纲常明教的等级之分，把其作为社会分工后的涉身处世之则，“而社会之组织所以能强固致密搏之不散者，正赖此矣”[②]。

三是“虑后”。此“虑后”指对将来应当承担的道德义务，应尽的社会责任。梁启超指出：“我国最尊现实主义者也，而又最重将来。”中国人服膺此义，故常觉对于将来之社会，负莫大之义务，放弃此义务即有罪恶感，故以未来责任为天职。反观西方，“今日欧西社会受病最深者：一曰个人主义，二曰现在快乐主义”。不但纵情享乐，而且以家为累，对未来无丝毫责任。总之，此三项传统伦理观念维系着国性，具有重要的启蒙道德价值：

> 有报恩之义，故能使现在社会与过去社会相联属；有虑后之义，故能使现在社会与将来社会相联属；有明分之义，故能使现在社会至赜而不可乱，至动而不可恶也。……我国所以能数千年立于大地经无量丧乱而不失其国性者，皆赖是也。……根此三义而衍之为伦常，蒸

① 梁启超：《中国道德之大原》，载《饮冰室合集·文集之二十八》，第16页。

② 同上书，第19页。

之为习尚，深入乎人心而莫之敢犯，国家所以与天地长久者，于是乎在。①

梁启超此文在今天看来并不引人注目，但置之于当时的历史情境下却意义重大。其一，“报恩”、“明分”、“虑后”并非虚构，确实是中国传统伦理思想的重要组成部分，只不过它们并未处于最重要、最突出的地位，而且它们的本然形态并不完全符合现代价值观念。在一般人的心目中，“报恩”重在父母养育之恩、忠君报国之恩；“明分”重在安于本分，礼无僭越；“虑后”乃重在明善有善报以及传递香火；等等。而梁启超则在这些本有的内容中引申出了具有现代价值的伦理内涵，使我们看到，传统与现代并不截然对立、互不相容。传统伦理中孕育着现代伦理的萌芽，在一定条件下是可以生长为伦理新苗的。以伟大传统作为源头活水所生发出的观念，既尊重了中国人的感情，也更能深入人心，具有外铄观念无可比拟的生命力。其二，中国伦理道德思想之转变，一味守旧固然不合时宜，但醉心欧化，对西洋思潮不加选择，统统引进，皆尊之学之，亦不可行。虽然自由主义对于中国近代思想解放具有重要价值，但作为自由主义之极端化和畸形表现的“自我主义”，对于近代中国社会也只能起消极作用，故梁启超坚决排斥之。其三，传统伦理庞大复杂，择其要者而合理地发扬光大才有现实意义。梁启超这里所选择的“报恩”、“明分”、“虑后”三项虽不全面，但经其重新阐述，使历史、现在与将来紧密联系，而成为“国性”的根本，这是对国人有启蒙意义的。与此相比，历来被视为传统伦理重要内容的“正心诚意之谈，穷理尽性之旨”，在梁氏看来，只是少数士人君子所以自励的内容，“其力皆不能普及于凡民，故其效亦不能大裨于国家”。在民族存亡国家危机的时代，梁启超大声疾呼：“吾愿世之以德教为己任者，毋骛玄远之谈，毋炫新奇之说，毋养一指而遗肩背，毋厌家鸡而羡野鹜，宝吾先民所率由之庸德，而发挥光大之编为教科，播诸讲社，而当立法行政之轴者，尤本此精义以出政治施教令，以匡教育所不逮而先后之，则民德之蒸蒸，岂其难矣！”②

梁启超对传统伦理的挖掘尽管并不充分，但其独立之思考，理性之态

① 梁启超：《中国道德之大原》，载《饮冰室合集·文集之二十八》，第20页。

② 同上。

度，对传统伦理之尊重，对西方思想之合理批判，表明他绝非一个文化守旧者。梁氏所展现出的对传统伦理道德的创造性诠释和“建构性重塑”，不但注重了传统伦理的延续性，亦提倡移植现代观念时的创新性。他承续传统伦理之优良者；淘汰不合时宜者；立足于我之所需，而博采于他人之所长。梁启超说：“凡一国之能立于天地，必有其固有之特性，感之于地理，受之于历史，胎之于思想，播之于风俗。此等特性，有良者焉，有否者焉。良者务保存之，不徒保存之而已，而必采他人之可以补助我者，吸为己有而增殖之。否者务刮去之，不徒刮去之而已，而必求他人之可以匡救我者，勇猛自克而代易之。”① 尤其可贵的是，他对文化虚无主义相当警惕。1902 年，新思想虽然已勃兴，文化虚无主义尽管刚刚露头，远未达到否定一切民族文化的程度，但梁启超已开始忧虑作为“国性”之根基的民族文化“岌岌乎若将摇落”。他警告道：“当国性之衰落也，其国人对于本国之典章文物，纪纲法度，乃至历史上传来之成绩，无一不怀疑，无一不轻侮，甚则无一不厌弃；始焉少数人耳，继则弥漫于国中，及其横流所极，欲求片词只义足以维系全国之人心者而渺不可得。公共信条失坠，个人对个人之行为，个人对社会之行为，一切无复标准，虽欲强立标准而社会制裁力无所复施，驯至共同生活之基础，日薄弱以即于消灭。家族失其中心点，不复成家族；市府失其中心点，不复成市府；国家失其中心点，不复成国家；乃至社会一切有形无形之事物皆失其中心点，不复成社会。国中虽有人亿兆，实则亿兆之独夫偶集于一地域耳，问所以纲维是而团结是者无有也。”② 梁启超的担心并非杞人忧天，接踵而至的新文化运动对传统文化的批判确实如暴风骤雨一般。这固然是反封建的需要，但文化的问题极其复杂，不是用简单的方式就可以完成吐故纳新的。

在这里，胡适的观念很有代表性，他说：“中国的旧文化的惰性实在大得可怕，我们正可以不必替‘中国本位’担忧。我们肯往前看的人们，应该虚心接受这个科学工艺的世界文化和它背后的精神文明，让那个世界文化充分和我们的老文化自由接触，自由切磋琢磨，借它的朝气锐气来打掉一点我们的老文化的惰性和暮气。将来文化大变动的结晶品，当然是一个中国本位的文化，那是毫无可疑的。如果我们的老文化里真有无价之

① 梁启超：《论教育当定宗旨》，载《饮冰室合集·文集之十》，第 60 页。

② 梁启超：《国性篇》，载《饮冰室合集·文集之二十九》，第 84—85 页。

宝，禁得起外来势力的洗涤冲击的，那一部分不可磨灭的文化将来自然会因这一番科学文化的淘洗而格外发辉光大的。”① 与梁氏明确提出对典章文物要持不怀疑、不轻侮、不厌弃的态度不同，胡适的这种主张看似客观公允、胸怀坦荡，实际上意在高扬西方文化而贬抑中国文化，因而是相当危险的。特别是在近代中国社会急剧转型、各种思潮汹涌而至的情况下，如果对传统文化没有自觉的弘扬与保护，任其自生自灭，那必然会造成一场文化危机。

（三）文化民族主义者的伦理启蒙主张

梁启超是早期文化民族主义的代表者，后来持这一态度的学者大都认同梁启超的思想厘路，即所有中国人彼此之间存在着一些根源性的联系，恪守共同的道德准则和价值观念，有着绵延不断的历史和深厚的集体记忆。由于这些共同的文化纽带，在特定时期会产生强烈的生命共同体的感觉。这是中国文化所具有的独特的价值与地位的表现，也是中华民族维持民族的独立与尊严的基础。活跃于辛亥革命前后至 20 世纪 30 年代的“东方文化派”、“国粹派”、“学衡派”以及“现代新儒家”，尽管他们的立场、观点各异，却具有基本一致的价值取向与文化特征，即反对文化上的西化，强调对传统文化的吸纳与开新。如“学衡派”主张的“论究学术，阐求真理，昌明国粹，融化新知”即是如此。故而在对待传统伦理的态度上，政治民族主义以批判与否定为主，文化民族主义则以坚守和继承为特色。

不过，在庞大复杂的传统伦理中，哪些应该保存，又如何弃旧求新呢？康有为和梁启超的保教运动带有明显的固守儒家伦理的意味，“国粹派”章太炎、刘师培（1884—1919）主张的“弃教存学”则区分了传统文化中的“国学”与“君学”，并主张维护“国学”而批判“君学”。与此相应，传统伦理也可分为两个部分：一是与封建统治紧密相连的纲常礼教，二是具有超越性的道德精神。扬弃前者和弘扬后者是文化民族主义的基本对策。梁启超在著名的《自由书》中，既对儒家伦理作了种种批评，又认为恪守以孝为核心的家庭伦理是理所当然的，儒家关于个人道德修养的内容也极有价值。现代新儒家的开山者梁漱溟既批判儒家伦理中的封建

① 胡适：《试评所谓“中国本位的文化建设”》，载《胡适文集》第 5 册，第 451—452 页。

内容："所谓礼教名教者……数千年以来使吾人不能从种种在上的威权解放出来而得自由；个性不得申展，社会性亦不得发达，这是我们人生上一个最大的不及西洋之处。"① 但同时又表示要"举起孔子的旗帜"，因为孔子所关心的是人的生活和个体生命的拓展。同一时期的"学衡派"也持有相似的观点，认为"寡妇守节"之弊俗当革除，而贞节观念不应铲去；君臣之义不合理，但上下从属之实不应否定。其代表者吴宓甚至认为，"以一事而攻击宗教道德之全体，以一时形式之末，而铲绝万古精神之源，实属诬罔不察之极"②。而其中影响最大、学者众多的现代新儒家们追求的则是"新内圣外王之道"：内圣为人之内在德性、人格之养成与完善；外王为仁心之价值本源中内生出的作为现代文明标志的民主与科学。其具体内涵，以牟宗三在《道德的理想主义·序》中的"三统之说"表达得较为系统，即一是道统之肯定，护住孔孟所开辟之人生宇宙之本源；二是学统之开出；三是政统之继续。而 1958 年发表的《为中国文化敬告世界人士宣言》则代表了现代新儒家的集体意识，其中说："中国文化依其本身之要求，应当伸展出之文化理想，是要使中国人不仅由其心性之学，以自觉其自我之学一'道德实践的主体'，同时当求在政治上，能自觉为一'政治的主体'。"③ 此宣言将新的政治共同体与传统伦理作了有机的整合。

文化民族主义对待传统伦理的这种态度，有其理性而深刻的一面。伦理具有时代性与民族性，政治民族主义强调伦理的时代性，对主体属于封建时代的传统伦理基本上持否定态度，主张革故鼎新。文化民族主义看重的则是传统伦理的民族性，强调继承与开新。梁漱溟指出，文化就是"一个民族的生活样态"，伦理表征着对生活的价值态度，在这一点上，东西方没有高下优劣之分。"东方文化派"的学者杜亚泉先生在其《静的文明与动的文明》中认为，东西文化"乃性质之异，而非程度之差"，各有存在的理由和意义，中国传统伦理乃立国之本；又说："吾以为中国道

---

① 梁漱溟：《东西文化及其哲学》，载《梁漱溟全集》第一卷，山东人民出版社 1989 年版，第 479 页。

② 吴宓：《论新文化运动》，《学衡》1922 年 4 月第 4 期。

③ 张祥浩：《文化意识宇宙的探索——唐君毅新儒学论著辑要》，中国广播电视出版社 1992 年版，第 354 页。

德之大体，当然可以不变，不特今日不变，即再历千百年而亦可以不变。”① 不啻如此，这种民族性的伦理还具有普世性，同属东方文化派的陈嘉异更言：“吾族所有之德目，如仁爱等各词，以及‘四海一家’，‘民胞物与’之语，无不含有极普遍极博大之精神。质而言之，吾族之传统道德，实世界道德、人类道德，而非仅国家道德。”②

综上所述，政治民族主义看到了伦理传统整体上的封建性，指出纲常积弊之深，使得政治变革之难，民族建国之不易；文化民族主义看到了文化是民族的根，指出伦理精神是民族之魂，既必须抛弃与封建政治体制相关的纲常礼教以及与现代自由、民主观念相悖的伦理观念，又必须保留人伦常理、心性之学、个体道德修养等精华，并且在此基础上用与民主政体相适应的新伦理丰富之，使之成为走向现代社会的源头活水。不过，在实践上，激进的政治民族主义对待传统伦理往往把复杂的问题简单化，因而引起了文化民族主义者的忧虑。而后者的情感和态度，也被政治民族主义视为保守。余英时指出：“无可否认地，国家观念与民族意识仍是现代人生活中不可或缺的基本价值。不过它们也还是有极限的。无限地强调国家观念将不免歧入沙文主义的险途，无限地强调民族意识也很容易滑向‘种族优越论’的绝径。这两条路都曾在近代世界史上造成过严重的灾害。但是，从另一方面说，提倡国家观念而不能确立‘主权在民’的基础，宣扬民族意识而不能归宗于文化传统，其结果则必然是双双落空的！”③ 因此，在国人的民族意识充分高涨的今天，正确处理两者的关系，既使优秀的民族伦理与现代文明接轨，又防止保守心态，以超越狭隘的民族情绪而走向世界，依然任重而道远。

---

① 杜亚泉：《国民今后之道德》，载《杜亚泉文存》，上海教育出版社 2003 年版，第 291 页。

② 陈嘉异：《东方文化与吾人之大任》，载《东方杂志》1921 年 1 月第 18 卷第 2 号。

③ 余英时：《国家观念与民族意识》，载《余英时文集》第七卷，第 302 页。

第五章　自由:伦理启蒙的基础性理念

自由是近代中国伦理启蒙的关键性理念，其内涵丰富，其地位重要，其意义非凡。美国著名汉学家和近代史专家本杰明·史华兹曾言，在19世纪末以前，许多所谓“对西方的反应”，大多发生在中国传统思想的框架内。这个框架不是别的，乃是文人学士一向身处其中的精神的和理性的世界。中国近代思想家对于社会问题作出反应所依据的，是与过去有着有机联系的思想。这种对西方的反应是在中国的思想流派的背景中进行的。[①] 但是，1895年甲午战争和1898年戊戌变法的失败，终于使追求富强的中国知识分子认识到，武器和科技、政治组织和社会制度不是能够从西方那里轻易复制的，西方领先中国的根本之处，其实是在思想层面。于是，中国开始了深层的思想启蒙进程。西方启蒙运动以来的各种思潮都受到关注，其中，尤以自由主义思想对中国传统伦理的颠覆、对新伦理的奠基影响最为深远。

西方“自由”的理念源远流长，从古希腊、罗马到欧洲的中世纪，自由思想绵延不绝。尽管如此，“自由主义”却是近代西方思想的结晶，其基本内涵是西方启蒙运动以来逐渐确立起来的。自由作为一种政治思潮，产生于17世纪的英国，其后遍及欧洲。19世纪90年代，自由主义思想开始在中国传播。尽管在自由主义的标签下混杂了数不清的、互不相同的内容，对自由主义的定义众说纷纭、莫衷一是，但无论对自由主义的解释如何紊乱繁杂，其基点却是大家公认的，即自由主义是关于个人权利的理论。传统自由主义的核心价值是保护个体权利。“（自由主义）围绕的中心是个人的自主地位，个人有至高无上的自主权，可以选择自己所想

---

① ［美］本杰明·史华兹：《寻求富强：严复与西方》，江苏人民出版社1996年版，第5页。

要的事物，可以为了相互得益而彼此订立契约。简言之，这种自由主义，首先是关于‘自由’的，除了个人的自由外，再也没有什么别的自由。”①这意味着，个人是第一位的，社会、国家是第二位的。为了维护个人自由，保护个体权利，人们通过契约结成社会、组成国家，个人的自由权是由国家法律进行保护的，这也是国家存在的重要理由。同时，自由主义在思想上主张开放、多元和宽容；政治上反对一切形式的专制主义，实行代议制民主。当然，个人自由必须尊重和不损害他人的自由权利。所以，自由主义的内容尽管庞杂，但必然包括两个基本要义：一是个人主义，即对于个人来说，都无一例外地享有“自然权利”；个人的自由、私有财产等等权利是不可侵犯、不可剥夺的。在价值序列中，个人是高于国家、社会的最高存在。二是这种以个体主义为根本特征的价值观必然要求捍卫个人的“自然权利”，国家不能干涉和侵犯个人权利，并通过相应的制度实现出来。因此在法理上，国家的权力必须得到公民的同意，不是国家给予个人自由，而是民众授予政府权力，正如胡适在《自由主义》中所说：“觉悟到只有民主的政治方才能够保障人民的基本自由。”② 简言之，自由主义尊奉个体价值至上，民主政治只是保障个人自由的方式。

与西方的近代自由主义思想相比较，中国的思想传统并未产生出与此相似的自由思想。严复说：“政界自由之义，原为我国所不谈。即自唐虞三代，至于今时，中国言治之书，浩如烟海，亦未闻有持民得自由，即为治道之盛者。”③ 因此，在中国近代思想史上，从西方传入之自由主义在中国生根十分艰难，并且因为它“水土不服”，故产生的影响也十分微弱。但随着其逐渐适应中国的“水土”之后，便显出了旺盛的生命活力，对中国思想界发生了深远影响，以至有学者称自由主义是很多知识分子的“价值寄托所在”。近年来，随着对晚清以来自由主义思潮多视角、多维度研究的展开，它对中国所产生的积极意义亦逐渐被发掘出来。当然，中国引进和传播自由主义的先驱者如严复、梁启超等人，虽然在终极层面上并不否定个人价值，但皆视自由主义为国家富强的工具，几乎不约而同地

① ［匈］安东尼·德·雅赛：《重申自由主义：选择、契约、协议》，陈茅等译，中国社会科学出版社1997年版，第11页。

② 胡适：《自由主义》，载《胡适文集》第12册，北京大学出版社1998年版，第807—808页。

③ 严复：《政治讲义·第五会》，载《严复集》第五册，中华书局1986年版，第1279页。

首先将其作为实现国家目标的思想而不是个体价值的学说。自由主义的这种伦理目标的改变，使它展现为一种与中国社会相适应的“中国式的自由主义”。尽管如此，自由主义的积极意义依然不可小觑。一方面，它昭示了不能保障自由和平等的社会制度是恶的，从而使封建专制社会失去了道德正当性。另一方面，自由和平等对于中国传统伦理来说，从根本上动摇了其“依附性的伦理关系”的根基，并对德性主义人性论和重义轻利等封建伦理思想产生了革命性的影响。

一 自由主义的传入及其伦理内涵

如上所述，中国的自由主义不是中国土生土长的思想理论，它是从西方传入的。在这方面，严复功不可没。

(一) 自由主义的引入

自由主义思想系统传入中国始于严复。1895 年，严复在其发表的《论世变之亟》、《原强》、《辟韩》、《救亡决论》等许多著名的论文时，多处提到了自由主义的思想。特别是在《原强》中提出的“以自由为体，以民主为用”的口号，大大启发了中国的知识界。而自由主义思想的系统引入，主要反映在他的两部译著中。一本是英国社会学家斯宾塞(1820—1903)的《群学肄言》(Herbert Spencer, *The Study of Sociology*, 1873，现译为《社会学研究》)。1898 年，严复在《国闻报》的旬刊《国闻汇编》上，发表了《砭愚》和《倡学》两文，题为《劝学篇》。1903 年，他又于上海文明编译局出版《群学肄言》足本。该书强调“以天演为宗”，认为社会现象的因果关系，是受天演规律所支配的。其中关于人的自由与能力的发展之间的关系的思想，启发了严复对自由主义思想的认识。另一本是 1903 年翻译的约翰·斯图亚特·穆勒(John Stuart Mill, 1806—1873，现译作密尔)的《群己权界论》(*On Liberty*，现译《论自由》)。穆勒《论自由》初版于 1859 年，这部论述自由主义理论的代表作，不仅对于西方的思想界产生了持久而深远的影响，而且随着严复的译介，它对中国的思想启蒙和社会变革也产生了巨大的影响。可以说，严复既是中国近代最早深入研究并引进西方自由主义思想的学者，又是探索中国自由主义之路的开山者。现在我们已经清楚地知道，严复对自由主义思想的介绍并没有忠实地翻译穆勒的《论自由》以及赫胥黎的《进化论与伦理学》。他翻译这两部著作不是为了单纯的学术目标，而是为了解决中国贫弱的现实问题。这种当下的“目的性”使其翻译的内容自然地因解决某种亟待解决的问题的需要，而在一定程度上渗入了主观的意见，因而带有某些曲解的性质。

严复的第一部与自由主义思想有关的译著，是1898年开始发表的《群学肄言》。严复从斯宾塞的解放个人“才能”的观点中看到了“自由”的意义。民众的德、智、体能力在一个自由制度与生存竞争所构成的环境中充分发展，可以使民族国家的生存竞争能力大大提高。英国因为解放了个人能力，并建立了使它与国家的利益结合起来的观念和制度，才成为世界强国。严复身处民族危亡迫在眉睫的中国，敏锐地发现了整个社会在为社会的生存而竞争，社会内的个人也在为个人的生存而竞争，而这又不是两种历时性的竞争，而是共时性的相互加强的竞争。国际竞争中的一国之优胜地位，乃是因为该国每个人能力的充分发挥的结果。严复这种对自由主义的理解也许是西方学者没有意识到的。因此，史华兹评价说，严复思想的绝大部分来自斯宾塞，但在吸收过程中发生了微妙的变化。通过严复所关心的主题而反映出的原体系要素，已被以崭新的方式展现出来，从外部观察自由的严复或许比西方思想家更强有力地抓住了自由主义的另一种特性。①

严复翻译的第二部有关自由主义的著作是约翰·穆勒的《论自由》，这是自由主义思想在中国传播的重要事件。原作名为 *On Liberty*，即《论自由》，严复将其命名为《群己权界论》。对于自由，严译称之为“自繇”，严复说：“中文自繇，常含放诞、恣睢、无忌惮诸劣义，然此自是后起附属之诂，与初义无涉。初义但云不为外物拘牵而已，无胜义亦无劣义也。夫人而自繇，固不必须以为恶，即欲为善，亦须自繇。其字义训，本为最宽。自繇者凡所欲为，理无不可，此如有人独居世外，其自繇界域，岂有限制？为善为恶，一切皆自本身起义，谁复禁之？但自入群而后，我自繇者人亦自繇，使无限制约束，便入强权世界，而相冲突。故曰人得自繇，而必以他人人之自繇为界，此则《大学》絜矩之道，君子所

① ［美］本杰明·史华兹：《寻求富强：严复与西方》，第72页。

恃以平天下者矣。穆勒此书，即为人分别何者必宜自繇，何者不可自繇也。”[①] 应该说，严复将“自由”翻译为“自繇”并无不妥，特别是“人得自繇，而必以他人之自繇为界”译得相当精辟传神。但是，从译名的转变中已表现出严复翻译与原著的差异。在处理个体与社会、国家之间的“群己关系”时，政府的权力与个体的权利如何限定，确实是个大问题。严复的译名似乎并不背离穆勒的主旨。但是，译为“论自由”和译为“群己关系论”的侧重点是不同的，后者的译义表现出有压抑个人优先原则的倾向。穆勒论证了社会与个人自由的界限，但其总的倾向是强调个体如何在自由的环境下不受拘束地充分发展，在他那里个人价值一直是第一位的。穆勒恐惧“多数的暴政”，但更恐惧“社会的暴政”，前者是多数压制少数，至多只是压抑少数人意见的表达；后者则逼使社会中非主流的意见向主流意见靠拢、整合。结果是社会趋向另一种类型的专制（其深刻的洞见在纳粹德国那里得到了例证）。因此，译名的斟酌反映的是重心的位移。在《群己权界论》“译者序”中，严复强调说：“穆勒此篇，本为英民说法，故所重者，在小己国群之分界。然其所论，理通他制，使其事宜任小己之自繇，则无间君上贵族社会，皆不得干涉者也。”[②] 因此，“学者必明乎己与群之权界，而后自繇之说乃可用耳。”[③]

（二）穆勒之自由主义思想

穆勒（密尔）是英国哲学家、经济学家、伦理学家。他在道德上与政治上是功利主义者，赞成边沁（Jeremy Bentham，1748—1832）的学说。其《论自由》即严复所翻译的《群己权界论》，为论述自由主义的经典之作，他由此而成为19世纪鼓吹与捍卫自由的代表人物。《论自由》从三个方面阐述了“真正的社会自由”：一为意识的自由，包括在科学、道德和宗教信仰等问题上的自由；二为个性的充分发展的自由；三为个人社会活动的自由。自由的这三个方面贯穿着两大原则：其一，个人的行动只要不涉及他人的利害，个人就有完全的行动自由，不必向社会负责，他人对此行为不得干涉。其二，关于对他人利益有害的行动，个人则应当对

---

① 严复：《〈群己权界论〉译凡例》，载《严复集》第一册，第132页。

② 同上书，第134页。

③ 严复：《译〈群己权界论〉自序》，载《严复集》第一册，第132页。

此负责，并且还应当承受社会的或法律的惩罚。社会只有在这个时候，才能对个人的行为有裁判权，也才能对个人施加强制力量。[①] 可见，穆勒试图为个人自由划定一个不可侵犯的最小范围，使个人自由与社会控制之间相互制约。这一思想的最大意义在于抑制社会、国家权力的过度扩张，避免个人的基本生存和发展权利受到社会专制的侵犯和束缚。

在西方思想史上，穆勒在思想上继承边沁。边沁是英国伦理学家、法学家与哲学家，其理论以个人的幸福、个人的利益为基础，同时考虑个人利益与社会的幸福、利益之关系。穆勒对边沁理论有重要发展——边沁认为快乐只有量的差别，没有质的不同，快乐本身就是一种善。穆勒则认为，快乐有质的高低优劣之分，理性的、有道德情操的快乐比仅仅出于感官方面的快乐有更高的价值。最能够反映边沁思想特点的是其“最大多数人的最大幸福”之伦理学著名命题，这是他处理个人利益与多数人利益之间关系的基本原则。在边沁看来，每个人在自由追求功利的同时，全社会的功利也随之增加；公共利益是由个人利益组成的，离开了个人利益就没有公共利益。社会只是“一种虚构的团体，由被认做其成员的个人所组成”。因此，所有个体成员利益的实现就是社会利益，而每个人都能够真正地追求自己的最大利益和幸福，就可以达到社会利益的最大化。[②] 也正是出于这种考虑，边沁的理论十分注重社会制裁力的研究，以保障个人正当逐利行为的自由，使之既不受外来力量的干涉，同时也不侵害他人的利益。可见，这不是“自我主义”（Egoism），而是“个体主义”或“个人主义”（Individualism）。在边沁的思想体系中，个人主义或个体主义与“利他主义”（Altruism）之间有一种张力，这并非必然矛盾，也不是完全并行不悖。

穆勒尽管对边沁多有批评，但两人的基本目标是一致的，都强调如何实现个人幸福，并且都认为个人的幸福是同个体的精神和个性的自由发展密切相关。穆勒进步之处在于，他在充分肯定个人优先原则和绝对地位的同时，又主张对个人的权利和自由加以适当的限制，故而更加缜密地分析了国家或社会权力的边界与个人自由的限度。因此，穆勒对自由主义作出了更为全面而系统的深刻阐述，并力求使其理论具有更强的实践性，如其

① ［英］约翰·密尔：《论自由》，许宝骙译，商务印书馆1959年版，第112页。

② 周辅成主编：《西方伦理学名著选辑》下卷，商务印书馆1987年版，第212页。

在《论自由》的开篇所言:“这篇论文的主题不是所谓意志自由，不是这个与那被误称为哲学必然性的教义不幸相反的东西。这里所要讨论的乃是公民自由或称社会自由，也就是要探讨社会所能合法施用于个人的权力的性质和限度。”[①]

按照英国思想家伯林（Isaiah Berlin）的理论，自由可区别为“积极的自由”和“消极的自由”。前者指的是“成为某人自己的主人的自由”[②]，这种自由是在主体的意愿的引导下，通过理性的自我主导、自我努力、自我发展而获得的。这种自由的主体只做自己愿意做的事情，并且具有清除一切障碍的意志，无论这种障碍来自他人的行为还是制度的限制。至于“消极的自由”，则指的是个人在特定领域内保护自己的空间不受阻碍和干涉，在这个意义上，自由就是“免于被侵害”的自由。1789年法国大革命爆发，其强烈的主观意志导致了过度的暴力与血腥，思想家在反省这一历史事件时，“积极的自由”受到了质疑。“积极的自由”的思想是积极的、通过理性获得解放的学说，但同时也存在着一种危险，即自由的主体会将他的意志强加于他人，尤其是当主体由个人膨胀成某种超人的实体，比如民族或国家时，积极自由便与极权、专制相去不远了。

穆勒的自由思想体现了19世纪中期英国资产阶级的要求。一方面，此时英国的资本主义制度已经稳固，但还需要进一步扫除封建势力的残余。另一方面，资产阶级希望无限地扩大殖民地和海外市场，要求破除一切障碍，以实行自由竞争、自由贸易。这些都反映了英国在工业革命后强盛的国家力量以及获得平等政治地位的各阶层，尤其是资产阶级的利益诉求。

（三）严复对西方自由主义理念之创造性发挥

严复在翻译、引入西方自由理念时发现其中存在着与儒家的“絜矩之道”和“恕道”的相似性。他认为孔子所说的“己所不欲，勿施于人”乃恕道，而“人得自繇，而必以他人之自繇为界，此则《大学》絜矩之道”，并认为此二者都是在保护个人有限的免受侵害的权利。但另一方面，严复也看到这仅仅是表面上的相似而已。“自由”是西方社会认同的

① ［英］约翰·密尔:《论自由》，第1页。

② ［英］以赛亚·伯林:《自由论》，胡传胜译，译林出版社2003年版，第200页。

终极价值，而在儒家伦理思想体系中，“恕道”并不起核心作用，与三纲相比，其被重视的程度是有限的。他指出：“自由一言，真中国历古圣贤之所深畏。”“中国理道与西法自由最相似者，曰恕，曰絜矩。然谓之相似则可，谓之真同则大不可也。何则？中国恕与絜矩，专以待人及物而言。而西人自由，则于及物之中，而实寓所以存我者也。”[①]

尽管如此，他对西方强调个人利益、个人自由的理念作了“修正”或创造性的发挥，他重群轻己之辨，但强调的是群体自由而非个人自由。在《群己权界论》“译者序”中说：“学者必明乎己与群之权界，而后自繇之说乃可用耳。”[②] 这一观点体现在严复各个时期的论著中，如在《原强修定稿》中指出：“一身之内，形神相资；一群之中，力德相备。身贵自由，国贵自主。”[③] 在《法意》中说：“特观吾国今处之形，则小己自由，尚非所急，而所以去异族之侵横，求有立于天地之间，斯真刻不容缓之事。故所急者，乃国群自由，非小己自由也。”“群己并生，则舍己为群。”“两害相权；己轻群重。”[④]

总之，在严复的自由观念中，“群”优先于“己”。史华兹指出，穆勒的主要目的是保护个人身上最独特的价值不受社会干涉；他首先关心每个人的自由、每个人的权利不受侵害，不管他是杰出的竞争优胜者还是社会底层的人。他所捍卫的，不仅是才智超群者得以在社会发展自己的自由，而且甚至也包括笨拙的和低能的人们具有坚持他们自己的存在方式的自由。个人自由本身就是一种目的，这种目的理所当然地包括所有的人。而严复在翻译斯宾塞的《群学肄言》时，却十分注重“适者生存”。他认为，那些“对国家的富强几乎并无实质性的贡献”的人，其自由与否并不重要。这就是说，穆勒所论及的自由与严复所关心的自由，是两种不同类型的自由。[⑤] 严复的自由理念与穆勒的自由理念，其重心是不同的。群和己是两端，穆勒将平衡点倾向于个人的权利和自由，只有当个人的权利和自由妨碍他人的权利和自由时，群体才通过契约的方式来制衡个人。而群体也只有对个人的自由和权利有益时，才有积极的价值与意义。而在严

---

① 严复：《论世变之亟》，载《严复集》第一册，第3页。
② 严复：《译〈群己权界论〉自序》，载《严复集》第一册，第132页。
③ 严复：《原强修定稿》，载《严复集》第一册，第17页。
④ 严复：《天演论·善群》，载《严复集》第五册，第1357页。
⑤ ［美］本杰明·史华兹：《寻求富强：严复与西方》，第120—121页。

复这里，重心在群体，个人只是群体的一个组成部分，只有当个人的自由和权利有利于群体的自由和利益时，个人的权利和自由才值得肯定并得到充分的尊重。

当然，穆勒信奉“最大多数人的最大幸福”，故而他也把社会利益和社会幸福放在重要地位。这使得严复既能将其自由思想与国家利益联系起来，又不至于在翻译时完全脱离穆勒的思想。

如前章所言，民族主义是中国近代最具影响力的思潮，任何有违民族主义核心价值的思想都会失去生存、传播的正当性。实际上，正是在救亡图存的过程中，自由主义进入了中国近代仁人志士的视线。从师夷长技到洋务运动、戊戌变法，尽管中国的富强梦想一次次破灭，但要救亡图存就必须向西方学习，一直是有识之士的共识。严复这位中国近代西学第一人的认识，代表了19世纪末20世纪初大部分中国知识分子的看法：“夫士生今日，不睹西洋富强之效者，无目者也。谓不讲富强，而中国自可以安；谓不用西洋之术，而富强自可致；谓用西洋之术，无俟于通达时务之真人才，皆非狂易失心之人不为此。”[①] 但是，如何向西方学习？是中体西用吗？洋务运动的破产、戊戌变法之艰难进程与归于失败，终于使一批士人开始探究西方强盛的根本原因，进而认识到制度上的改革只是治标，先进的价值观化为风俗、深入人心才是治本。严复说：“不为其标，则无以救目前之溃败；不为其本，则虽治其标，而不久亦将自废。标者何？收大权、练军实，如俄国所为是已。至于其本，则亦于民智、民力、民德三者加之意而已。……然则三者又以民智为最急也。”[②] 又说：“是以今日要政，统于三端：一曰鼓民力，二曰开民智，三曰新民德。”[③] 这三者是中国走向富强的根本之道。那么，民智的内容是什么？民力的动力何来？民德的核心又是哪些？对于这些“西洋之术”的真谛，西方强大的“命脉”，严复精辟地指出：

> 夫与华人言西治，常苦于难言其真。……如汽机兵械之伦，皆其形下之粗迹，即所谓天算格致之最精，亦其能事之见端，而非命脉之

---

① 严复:《论世变之亟》，载《严复集》第一册，第4页。

② 严复:《原强》，载《严复集》第一册，第14页。

③ 严复:《原强修订稿》，载《严复集》第一册，第27页。

> 所在。其命脉云何？苟扼要而谈，不外于学术则黜伪而崇真，于刑政则屈私以为公而已。斯二者，与中国理道初无异也。顾彼行之而常通，吾行之而常病者，则自由不自由异耳。[①]

这一番论断实际上是中国自由主义发轫之宣言。“学术则其黜伪而崇真”即是科学求真活动，开民智意味着普及现代科学知识，“欲开民智，非讲西学不可”，具体有二：一是废除科举旧制，包括八股、策论等陈腐教育。二是学习西方教育，“其教子弟也，尤必使自竭其耳目，自致其心思，贵自得而贱因人，喜善疑而慎信古”[②]。即确立自我学习、独立思考的中心位置；“于刑政则屈私以为公”乃是民主政治。鼓民力不但是禁绝鸦片、缠足等解放体力的行为，从根本上说，个人权利得到保障是社会活力之源，而民主政治、现代国家所要求的国家观念、公民意识才是民德的核心。而此二者又可归于一点，即自由问题。进而言之，由“自由”所引申出的正是五四运动两大口号的雏形——民主和科学。这种超越前贤的高瞻远瞩，其重要的启蒙价值是显而易见的。

（四）自由主义与民族主义、爱国主义

自由主义在近代中国的伦理目标与西方相比是迥然不同的，这种差别在自由主义与民族主义的相互关系中表现得十分独特。就起源来说，自由主义与民族主义是近代西方两大具有相对独立性的思潮。民族主义的最高价值目标是民族国家，其重心在于如何建立、实现和完善以民族为基础的民主国家。而自由主义的最高目标则是有效地制约国家和政府的权力，以实现个体权利。两大思潮不一定必然对峙，但却是各有所重。抽象地说，“自由”是现代社会的终极价值，具体地说，自由又有诸多表现形态。在近代中国，当救亡图存成为中华民族压倒一切的需要时，民族主义与自由主义的关联似乎是天经地义的。特别是在自由主义引入中国初期，民族主义主导了自由主义的发展，这就决定了西方自由主义的基本价值——个人主义——不可能成为中国直接的价值目标。西方自由主义把“自由”看成一种内在价值，是因为自由本身就是值得追求的人的“天然权利”。相

---

① 严复：《论世变之亟》，载《严复集》第一册，第2页。

② 严复：《原强修订稿》，载《严复集》第一册，第29页。

反，其他价值是追求自由的副产品。但是在近代中国，自由主义的这种伦理目标并不具有天然的合理性。在严复的思想中，占突出地位的是对国家存亡的极大忧虑。我们对于严复的所有信念，都必须放在国家危机这一大背景中来观察。假如科学、自由、平等和民主与严复所关注的事业没有直接关系，那么人们大可怀疑，他对自由主义的信仰是否还会如此热诚。这些原则可能有它们自己抽象的内在价值，但引起严复强烈反响的，则是它们能够成为达到国家富强这一目标的工具。也就是说，个人具有终极价值、以个体本位作为伦理目标的西方自由价值观，在近代中国无论如何都是难以为志士仁人所接受的。国家和民族的独立、解放更是迫在眉睫的时代主题，强调个人自由与和个人权利的自由主义与挽救民族存亡的现实需要是难以完全契合的。因此，严复认为，个人自由、小己自由非当务之急，国群自由才是刻不容缓的，故国家自由必须高于、优先于个体自由，他说：

> 西士计其民幸福，莫不以自由为惟一无二之宗旨。试读欧洲历史，观数百年、百余年暴君之压制，贵族之侵陵，诚非力争自由不可。特观吾国今处之形，则小己自由，尚非所急，而所以祛异族之侵横，求有立于天地之间，斯真刻不容缓之事。故所急者，乃国群自由，非小己自由也。求国群之自由，非合通国之群策群力不可。欲合群策群力，又非人人爱国，人人于国家皆有一部分之义务不能。欲人人皆有一部分之义务，因以生其爱国之心，非诱之使与闻国事，教之使洞达外情又不可得也。①

不仅严复，梁启超也同样认为："自由云者，团体之自由，非个人之自由也。野蛮时代，个人之自由胜，而团体之自由亡；文明时代，团体之自由强，而个人之自由灭。斯二者盖有一定之比例，而分毫不容忒者焉。使其以个人之自由为自由也，则天下享自由之福者，宜莫今日之中国人若也。绅士武断于乡曲，受鱼肉者莫能抗也，驵商逋债而不偿，受欺骗者莫

---

① 严复：《〈法意〉按语》，载《严复集》第四册，第981—982页。

能责也。”[①] 在君、民、社稷（国家）的相互关系中，其地位之先后、轻重不是一成不变的，而是历史地发生变迁的。梁启超认为：

> 十八世纪以前君为贵社稷次之民为轻
> 十八世纪末至十九世纪民为贵社稷次之君为轻
> 十九世纪末至二十世纪社稷为贵民次之君为轻[②]

梁启超的这种说法是他独立思考的结果。他以宏大、久远的历史眼光，看到了 18 世纪以前之君贵民轻，乃是封建专制时代的情况；从 18 世纪至 19 世纪之民贵君轻，乃是自由主义思想逐渐发挥作用、世界进入君主立宪时代的情况；而从 19 世纪至 20 世纪，则是民族国家时代。国家利益至上后，出现了社稷为贵、民次之、君为轻的情况。不同于西方自由主义，梁启超将国家置于个人之前，因为他理解的国家社稷主要是“公益”而非权力。他看重“公益”之根本目的是：“要以能发达于内界而竞争于外界为归。”[③] 梁氏强调指出：“人不能离团体而自生存，团体不保其自由，则将有他团焉自外而侵之压之夺之，则个人之自由更有何有也！”[④]

由此可见，在讨论个人自由问题时，由于与西方自由主义者迥异的历史环境，中国的自由主义者强调的是国家、社稷、团体的重要性，因为他们大多同时又是坚定的民族主义者、爱国主义者，故主张民族—国家具有价值优先性。西方列强以其近代国家形态在全球范围内展开竞争，也许持自由主义思想的西方人没有体验过被压迫民族那种主权受到限制、民主政治亦无从谈起的痛苦感受。严复、梁启超尽管了解以个人利益为基础的自由主义是西方国家制度的核心，但是，处于外无主权、内无民权的双重困境的中国，在对待个人自由与国家自由孰轻孰重、孰先孰后时，无暇顾及个体的权利是在情理之中的。环顾当时的世界列强，代表自由主义思想成果的人权宪法都是在民族独立、主权完整、不

---

① 梁启超：《新民说·论自由》，载《饮冰室合集·专集之四》，中华书局 1989 年版，第 44—45 页。

② 梁启超：《国家思想变迁异同论》，载《饮冰室合集·文集之六》，第 22 页。

③ 梁启超：《论政府与人民之权限》，载《饮冰室合集·文集之十》，第 2 页。

④ 梁启超：《新民说·论自由》，载《饮冰室合集·专集之四》，第 46 页。

受外国干涉内政的条件下颁布的。像中国这样国土沦丧、领土不断被蚕食鲸吞，主权日渐丧失、列强划分势力范围日益扩大，而亡国之忧日甚一日的情况下，强调个体权利当然缺乏合理性、现实性。据此，以西方自由主义的思维方式评价严复、梁启超的思想，他们无疑不是“纯正”的自由主义，因而他们高扬的自由主义，在有的学者看来，在中国的实践也是失败的。

其实，就伦理价值目标而言，国家自由（享有完全主权，领土完整，与其他国家享有平等的权利）的价值优先性并非不合理。自由主义在起源时未曾碰到的问题、未曾考虑的维度，严复、梁启超碰到了、考虑到了，并给出了解决的答案，应该说这不仅并不背离自由主义，相反是丰富与发展了自由主义。如果说，从洛克的《契约论》到法国大革命的《人权宣言》，西方思想家从“自由”的预设中引申出了个人权利，西方自由主义的发展脉络从理论到实践都将个人权利放在最高位置，而国家则以保障自然权利为其存在的理由，那么，严复、梁启超作为中国倡导自由主义的先驱，不约而同地将国家自由置于个人自由之上，也是维护个人权利的必由之路；在他们的诠释中，自由是本源性的价值，又是工具性的价值。那么，其关注了对于国家富强的意义，是否会丧失了自由的真精神？当然不是。在民族危机和国内政治危机的重压下，个人自由与国家自由之间有一种内在的紧张，这也是近代思想家彷徨困惑的地方。从思想启蒙的角度来说，西方自由主义重在强调个人自由的不可让渡性，认为个人自由是国家民族自由之目的，国家乃积个人而成，国家是为个人自由而存在，而不是相反。而在半封建半殖民地的中国，个人的自由实系于国家的自由，面对来自外来的统治压迫，首先要解决的是国家民族的自由，只有国家有了自由，才谈得上个人自由的权利，因而把国家的独立自由置于个人的独立自由之上是绝对需要的、合理的。正如近来研究者所指出的，在追求富强的主题下，严复、梁启超虽然对自由主义的理解充满了“误读”或故意的“曲解”，但他们的误读、曲解，更可称为创新与丰富，这种理解使西方学者发现了他们从未注意到的中国自由主义理念的独特意义，而且这也是合理的、可贵的。

在近代中国的历史语境中，个体权利优先是不现实的。追求富强、救亡图存是根本目标，而西方自由主义思想是达到这一目的的工具。路易斯·哈茨在为史华兹的名著《寻求富强：严复与西方》所写的序言中说："根据西方的自由伦理中最珍贵的方面所产生的文化力量来解释这些方面，就像他在赞扬孟德斯鸠的平等权利观念或穆勤的思想自由观念对于增强西方的国民能力所起的作用时所做的那样。可以说，严复以他的观点为前提，完全有权用这种方法来论证。"① 史华兹也认为，严复的《群己权界论》为我们提供了一些最明显的通过翻译阐明他自己观点的例子。假如说穆勒常以个人自由作为目的本身，那么，严复则把个人自由变成了促进"民智民德"以及达到国家目的的手段。他说："在我看来，严复所关注的事是很重大的，他设法解决这些事情的努力颇有意义，他所提出的问题，无论对中国还是西方都意味深长。"另外，国家富强在西方自由主义思想中并非全然没有涉及，比如穆勒，他之所以坚决捍卫自由主义的原则，强调个人思想和创造性、经济和政治活动的自由，是因为只有这样，才能使社会的总体功利达到最大值。反之，扼杀自由的最大代价是全社会的平庸，最终导致总体功利的巨大损失。我们看一下穆勒（密尔）《论自由》的最后一段话："国家的价值，从长远看来，归根结底还在组成它的全体个人的价值。一个国家若只图在管理技巧方面或者在事务细节实践上所表现的类似的东西方面稍稍较好一些，而竟把全体个人智力的扩展和提高这一基本利益推迟下来；一个国家若只为——即使是为着有益的目的——使人们成为它手中较易制驭的工具而阻碍他们的发展，它终将看到，小的人不能真正做出大的事；它还将看到，它不惜牺牲一切而求得的机器的完善，由于它为求机器较易使用而宁愿撤去了机器的基本动力，结果将使它一无所用。"② 在这里，个人价值优先，实质上也是为了国家、社会的总体功利，而这种总体功利，被严复视为国家整体力量的强大，也不是无稽之谈。可以说，严复、梁启超对自由主义的诠释是理性的、有创见的。自由是具有多层次价值意蕴的范畴，自由主义伦理目标从个体转向国家是历史的需要；而且这只是一个开始。自由主义在中国近代伦理启蒙中的作用独特而重要，而这些作用的发挥，其实不是歪曲了自由主义，而是丰富和发展了自由主义。

---

① ［美］本杰明·史华兹：《寻求富强：严复与西方》，序言第3页。

② ［英］约翰·密尔：《论自由》，第125页。

二 “自由为体”对传统伦理政治的颠覆

虽然中国与西方国家走出封建社会的条件不同，但“自由”在中西方启蒙过程中都产生了巨大作用。因为近代中国的启蒙思潮与西方的启蒙运动都发生在从封建社会向近代社会的前进过程中，面对的敌人都是强大的封建体制和某种神圣不可侵犯的“权威”。而破除权威的首要的武器，就是“自由”的理念。

（一）中西传统“权威”之异同

根据马克斯·韦伯的理论，任何一种稳定的社会秩序都离不开“权威”，而对“权威”的服从则是源于对其合法性的信仰或对其正当性的信念。合法统治或权威的正当性有三种“纯粹”的类型：（1）基于“理性的基础”之合法型（法制型）统治；（2）基于“传统的基础”之传统型统治；（3）基于某种超凡领袖基础上之魅力型统治。[①]

具体来说：在法制型统治中，权威的核心在于“法”，人们服膺于为着理性（目的理性、价值理性或两者兼而有之）之目标而制定的外在的、非个人性的秩序和制度，这是现代社会的主要特征。而在先理性时期的封建社会中，人们的行为取向几乎全由传统型权威和个人崇拜决定，主要表现为个人因居于传统所认可的支配地位而得到广泛的服从，“如果一种统治的合法性是建立在遗传下来的（“历来就存在的”）制度和统治权力的神圣的基础之上，并且也被相信是这样的，那么这种统治就是传统型的”[②]。这种统治的正当性源于历代相传的规则及其权力的神圣性，对他们的服从是由于传统赋予他们的固有的尊严。在这种制度支配下，统治者与被统治者是“主仆”关系，既定的秩序导致了臣民的习惯性服从以及墨守成规的无意识行为。虽然在历史上没有任何一种权威是以“纯粹”的形式出现过，而且中西方的社会形态也有着巨大的差异，但我们可以认为，中世纪的欧洲和晚清时期的中国都可归属为基于“传统的基础”的统治。

---

① ［德］马克斯·韦伯：《经济与社会》上，林荣远译，商务印书馆1997年版，第241页。

② 同上书，第251页。

在欧洲从中世纪迈向近代文明的进程中，“传统的基础”是神权，是作为上帝的化身和代言人的制度化的天主教会。一方面，它阻碍科学的进步和知识的拓展，因为神学教义严格限制着人的理性能力的发挥，人的理智仅在于认识神所创造的那种不可移易的、既定的、必然的秩序。“认识‘自然’就等于认识被创物。说它是知识，只不过是说它能认识有限的、被创的、依附的存在。”另一方面，只能论证而不能质疑的“还有关于法、国家甚至宗教及其基本真理的自然知识”等这些社会生活领域中的法则。[①] 因此，从世俗科学的原理到宗教启示的基础，从形而上学到伦理原则，从君王特权到民众法律，教会的影响无处不在。故欧洲的启蒙运动的主要目标就是要否定宗教启示的权威，否定神学经典的神圣，否定各种清规戒律和一切来自非理性的、先验的知识形式的权威。[②]

与欧洲的封建统治力量来自“传统的基础”——制度化的教会组织不同，中国的封建基石则源于另一种传统——伦理与政治相结合的意识形态。中国封建社会的专制主义、蒙昧主义和禁欲主义虽然亦以超验的“天”的神圣权威作后盾，但主要是与世俗的统治直接关联。西周以后，“天”对人间的干预逐渐淡出，而牢固地支撑着中国封建秩序的是礼教。它一方面规范着“五伦”关系，成为中国传统社会的基本伦理要求，另一方面也是封建政治制度的基础。“所谓五伦，属家者三，君臣视父子，朋友视昆弟，推之则四海同胞，天下一家。”[③] 国是家的放大，国法衍生于宗法。家是国的缩小，血缘维系着社稷。这种“家国一体”的社会结构使得宗法家族制度成为政治制度坚实的基础。所以，礼教是一种政治和伦理相结合的意识形态，或曰以伦理为根基的政治结构。这种独特的封建意识形态，一方面强调对心性的改造，压抑着人的自然情欲，使人盲从于“圣贤之教”而丧失了自由思考的能力，成为滋生蒙昧主义与禁欲主义的重要土壤；另一方面，其确立的尊卑秩序将世俗权威神圣化，否定了人的基本权利、自由意志和独立人格。可见，礼教是中国两千多年来“超稳定”的社会秩序的基础，也是民众蒙昧、盲从的根源。正如美国学者微拉·施瓦支所说：“十八世纪欧洲启蒙学者渴求从宗教的思想禁锢中解放

① ［德］E. 卡西勒：《启蒙哲学》，顾伟铭等译，山东人民出版社 1998 年版，第 37 页。

② ［英］以赛亚·伯林：《反潮流：观念史论文集》，冯克利译，译林出版社 2002 年版，第 1 页。

③ 郁龙余主编：《中西文化异同论》，三联书店 1989 年版，第 172 页。

出来，中国知识分子则为着改造自己身上的奴性而斗争，这种奴性源于家族权威而不是神权专制。历史条件的差异使得启蒙具有不同的内涵：在康德那个时代，启蒙意味着一种觉醒，从自然王国中发现真理，用真理取代宗教迷信；在二十世纪的中国，启蒙意味着一种背叛，要求砸碎几千年以来的‘君为臣纲，父为子纲，夫为妻纲’的封建纲常礼教的枷锁。”① 因此，西方的启蒙是依靠自然科学方法和理性能力来消解宗教权威的神学启蒙和政治启蒙，而在以纲常维系的腐朽没落的清王朝统治下的中国，则是以反纲常、反礼教、反宗法制度和争取自由、民主、平等为起始状态的“伦理启蒙”。主体的初步觉醒，首先表现为以批判传统的政治伦理为中心内容而展开的。

既然中国近代将自由主义思想的伦理目标指向民族国家的富强，那么，“自由”的理念毫无疑问便要冲击与自由相对的封建政治伦理。尽管中西方可以对自由有不同的诠释，但一切有关专制的理论及其制度一定是自由主义所反对的。

中国的反封建斗争的进程之所以曲折而复杂，传统伦理与封建政体紧密关联是一大原因。张之洞在其影响一时的《劝学篇》中提出了“中学为体，西学为用”的主张，认为伦常、心性之术等儒教的核心不能变，孝、悌、忠君是永恒的价值观念。戊戌变法前后，康有为推出“保教论”，主张保教和保国是统一的。正如有学者指出的，由于这“教”的基本内容已经缩小为儒家关于个人和家庭道德的某种基本特征，以及集中体现为作为封建王朝标志的君主政体，所以“保教”包含了“保国”。对此，史华兹作了一个形象的比喻：人们可以想象，富强就像一道外墙，儒教的价值观和制度是墙所要保护的内室，现在的事情就如同建筑外墙要以毁掉内室为条件，“它不再是我们怎样达到富强和保国，以便‘保教’，而是我们怎样才能既富强又保教？说到底，假如必须在保国和保住基本的儒教价值观念之间作最后的抉择，那么，哪一方将让路呢?”② 在这个问题上，康有为、梁启超在戊戌变法时期没有作出合乎历史发展规律的回答。但严复这时所持的鲜明的立场促使梁启超猛然觉醒。据梁氏说，自己

---

① ［美］微拉·施瓦支:《中国的启蒙运动——知识分子与五四运动》，李国英等译，山西人民出版社 1989 年版，第 3—4 页。

② ［美］本杰明·史华兹:《寻求富强：严复与西方》，第 17 页。

开始时接受了康有为的保教主张，而在收到严复来信后，立场即变，并致信康有为曰："严幼陵有书来，夫规甚至，其所规者，皆超所知也。然此人之学实精深，彼书中言，有感动超之脑气筋者。"冲击梁启超的正是严复信中所阐明的，国之富强与保教是一条分界线：1897 年，严复致信梁启超："教不可保，而亦不必保，又曰保教而进，则又非所保之本教矣。"[①] 保教必误国，强国必弃教，近现代民族主义者在这里抛弃了阻碍民族独立、国家富强的传统。据梁启超记载，他读严复来信，"读至此，则据案狂叫语人曰：不意数千年闷葫芦，被此老一言揭破，不服先生之能言，而服先生之敢言之也。……既已立教，则士人之心思才力皆为教旨所束缚，不敢作他想，窒闭无新学矣"[②]。严复此时的敏锐与勇气，确是展现出了如康德所言之启蒙者的风范。20 多年后，蔡元培在 1923 年写成的《五十年来中国之哲学》中指出："五十年来，介绍西洋哲学的，要推侯官严复为第一。"[③] 梁启超也说，严氏选译之书目标明确，切合中国救亡图存之实际，"西洋留学生与本国思想界发生关系者，（严）复其首也"[④]。

一旦有了教不可保、教不必保的观念，追求富强的途径无疑会发生翻天覆地的变化。严复将矛头直指君、父："有一道于此，致吾于愚矣，且由愚而得贫弱，虽出于父祖之亲，君师之严，犹将弃之，等而下焉者无论已；有一道于此，足以愈愚矣，且由是而疗贫起弱焉，虽出于夷狄禽兽，犹将师之，等而上焉者无论已。"[⑤] 戊戌变法处处受制，极其困难。如梁启超致严复信中所说："变法之难，先生所谓'一思变甲，即须变乙，至欲变乙，又须变丙'数语尽之，启超于此义，亦颇深知。然笔舌之间，无可如何，故诸论所言，亦恒自解脱。当其论此事也，每云必此事先办，然后他事可办。及其论彼事也，又云必彼事先办，然后余事可办。比而观之，固已矛盾。而其实互为先后，迭相循环，百举毕兴，而后一业可就。其指事责效之论，抚以自问，亦自笑其欺人矣。"[⑥] 由于儒教纲常的限制，

---

① 丁文江、赵丰田编：《梁启超年谱长编》，上海人民出版社 1983 年版，第 76 页。

② 同上书，第 76—77 页。

③ 蔡元培：《中国伦理学史》，东方出版社 1996 年版，第 124 页。

④ 梁启超：《清代学术概论》，东方出版社 1996 年版，第 89 页。

⑤ 严复：《与〈外交报〉主人书》，载《严复集》第三册，第 560 页。

⑥ 严复：《梁启超致严复书》，载《严复集》第五册，第 1567—1568 页。

不可逾越的陈规旧习束缚了改革者，戊戌变法时期的先进人物如康有为企图从“今文经学”曲折地引申出自由这一新观念，而严复则从弃儒教出发，开始直截了当地宣传自由的意义与价值。在严复看来，戊戌变法中提出的眼花缭乱的变革主张都缺乏章法，康、梁的具体主张，多属“治标”性质；虽说“事亟，则不能不先事其标”，迫在眉睫的事非“治本”之事，但治标不治本绝难有持久的效力。所谓治本，严复认为应是“鼓民力、开民智、新民德”三事，因为个体是国家力量的源泉。三事之中，民智与民德皆是传统意义上的心性范畴，而人心之变在于接受崭新的价值观念，特别是“自由”。

那么，中国传统思想中是否有“自由”的元素呢？对此，严复的说明相当深入，他通过对道家思想的梳理，指出了中西方两种自由的差异。《老子》三十五章曰：“往而不害，安、平、太。”严复解释说：“安，自由也；平，平等也；太，合群也。”[①] 这一思想火花是严复为了与近代自由思想衔接而发掘出的传统思想资源，虽然其中有类似于近代西方自由思想的某些特征，但还是有着根本的差别。近代西方的自由重点在政治实践，以有效的途径实现和保障个人权利，而《老子》的思想或者《庄子》“逍遥游”所表达的“自由”，至多是一种个体精神状态，这种“无待”的逍遥虽能引申出自由意志、独立人格乃至平等意识，但这只是无视外在环境的个体精神世界的自由意志，与西方近代自由相比，如胡适所说的，不过是“面向自己求内心的自由”。这种“自由”不在于改造社会环境，不追求自由的制度保障，所以不可能走上民主政治的道路。相比之下，“西方的自由主义的绝大贡献正在这一点：他们觉悟到只有民主的政治方才能够保障人民的基本自由”[②]。而自由主义之最大影响也正在这里，即不但在学理上阐明了“自由”是无上的价值，专制主义在道德上是无正当性的，而且更从实践上找到了民主政治的实现方式。

（二）“自由”之伦理价值

在严复之前，中国的近代思想启蒙虽然有不少进展，但一直在旧体制内部进行，没有突破儒学框架。鸦片战争后，国人“益震于西人之‘船

---

① 严复：《〈老子〉评语》，载《严复集》第四册，第1090页。

② 胡适：《自由主义》，载《胡适文集》第12册，第807—808页。

坚炮利’。于是上海有制造局之设，附以广方言馆，京师亦设同文馆，又有派学生留美之举，而目的专在养成通译人才，其学生之志量，亦莫或逾此。故数十年中，思想界无丝毫变化”①。所谓无丝毫变化者，显然是指封建伦理纲常。魏源主张“师夷之长技以制夷”，其目的只是抗抵外来侵略，所固守的依然是“天不变，道亦不变”的纲常名教：“乾尊坤卑，天地定位”，“君令臣必共，父命子必宗，夫唱妇必从”②。洋务派代表人物张之洞提倡“中学为体，西学为用”也是如此：“中国学术精微，纲常名教以及经世大法，无不毕具，但取西人制造之长补我不逮足矣。”③ 他将体、用割裂开来，企图以西方工业、炮舰维护中国的封建制度。甲午之役丧师辱国，朝野无不震骇，“年少气盛之士，疾首扼腕言‘维新变法’”，然多数国人“绝不承认欧美人除能制造能测量能驾驭能操练之外，更有其他学问，而在译出书中求之，亦确无他科学问可见”。总之，这一时期，“盖固有之旧思想，既深根固蒂，而外来之新思想，又来源浅觳，汲而易竭，其支绌灭裂，固宜然矣”④。直至戊戌变法失败，继以庚子赔款之祸，“清室衰微益暴露”，先进的中国人才感到必须学习西方的思想文化，于是青年学子相率求知海外，且“译述之业特盛”，“新思想之传入，如火如荼”，但也是饥不择食，唯以多为贵。这种情况至严复为之一变。他深刻地指出：

> 西国言论最难自繇者，莫若宗教。故穆勒持论，多取宗教为喻。中国事与相方者，乃在纲常名教。事关纲常名教，其言论不容自繇，殆过西国之宗教。观明季李贽、桑悦、葛寅亮诸人，至今称名教罪人，可以见矣。虽然，吾观韩退之《伯夷颂》，美其特立独行，虽天下非之不顾。王介甫亦谓圣贤必不徇流俗，此亦可谓自繇之至者矣。至朱晦翁谓虽孔子之言，亦须明白讨个是非，则尤为卓荦俊伟之言。谁谓吾学界中，无言论自繇乎?⑤

---

① 梁启超：《清代学术概论》，第88页。

② 魏源：《默觚·魏源集·学篇十一》，辽宁出版社1994年版，第30页。

③ 张之洞：《劝学篇》自序，中江书院1898年刊本。

④ 梁启超：《清代学术概论》，第88页。

⑤ 严复：《〈群己权界论〉译凡例》，载《严复集》第一册，第134页。

严复之所以重视西方的自由理念并着力予以鼓吹，首先是因为中国没有超越纲常礼教的自由传统，因而没有民主与平等。他说：“夫自由一言，真中国历古圣贤之所深畏，而从未尝立以为教者也。彼西人之言曰：唯天生民，各具赋畀，得自由者乃为全受。”[①] 他赞成天赋自由说：“民之自由，天之所畀也，吾又乌得而靳之！”[②] 一些学者认为自由的思想中国古已有之，比如庄子就是追求“自由”的，然而，通过研读《庄子》可以看出，庄子仅局限于自我意识的精神逍遥游，只是通过自我的内心调适而达到无条件的精神的自我满足，最多也不过是一种无制度保障的“精神”上的自由，而与现代社会的“自由”全然不同，根本无助于现实的制度安排。现代社会的“自由”理念是现实的，能够在伦理、法律、政治等方面展现为具体的形态。严复深刻地看到了这种区别。面对“世俗的权威”，中国的启蒙必须打破血缘—伦理—政治三位一体的纲常礼教，质疑三纲的合理性根据。理性固然不可或缺，但最有力的、直接的理念则是“自由”。“自由”不但会打破人身依附关系，使个体获得独立，还会从中引申出“平等”观念，否定“君为臣纲”这一封建等级制度的基础，这对于中国走向近代民主制度具有根本性的意义。在严复看来，平等、民主等是贯彻自由原则之必然结果。

> 贵族之治，则民对贵族而争自繇。专制之治，则民对君上而争自繇，乃至立宪民主，其所对而争自繇者，非贵族非君上。贵族君上，于此之时，同束于法制之中，固无从以肆虐。故所与争者乃在社会，乃在国群，乃在流俗。[③]
>
> 彼西洋者，无法与法并用而皆有以胜我者也。……推求其故，盖彼以自由为体，以民主为用。[④]

也就是说，民主政体必须建立在自由理念的基石之上，这也是西方国强民富的一大原因。作为一种政治思潮与知识传统，自由主义从 17 世纪资产阶级启蒙时期逐渐成为一种支配性的意识形态，并据此对各种形式的

---

① 严复:《论世变之亟》，载《严复集》第一册，第 2—3 页。

② 严复:《辟韩》，载《严复集》第一册，第 35 页。

③ 严复:《〈群己权界论〉译凡例》，载《严复集》第一册，第 134 页。

④ 严复:《原强》，载《严复集》第一册，第 11 页。

独裁、专制展开了政治与道德的批判，反对压迫、不平等、人身束缚，反对一切绝对权力，不论这种权力来自国家、教会或政党。其中政治自由主义是其基本的价值，即个人自由、普遍权利、平等和分配正义等等。自由主义的目标是创造出维护、促进这些价值的政治制度与道德理论，并通过它们实现自主。[①] 君主立宪也好、共和政体也罢，都要求国家实行民主，权力受到限制，法治与分权必须实行。美国 1776 年的《独立宣言》、1787 年的《美利坚合众国宪法》，先后以政治纲领和法律形式确立了自由主义原则；而法国 1789 年的《人权与公民权宣言》则成为 18 世纪最典型的自由主义宣言。可以说，自由主义是西方国家近代化最重要的思想基础，而严复对自由重要性的认识远远超越了同时代的知识精英与政治人物。

严复认识到，中西政治、伦理之异，皆由有无自由而来。“自由既异，于是群异丛然以生。粗举一二言之：则如中国最重三纲，而西人首明平等；中国亲亲，而西人尚贤；中国以孝治天下，而西人以公治天下；中国尊主，而西人隆民。”[②] 中国没有政治自由的思想传统，充其量只有“民本”的观念。然而“民本”的主导力量在于“仁政”，民众只是一种可敬可畏的力量。中国社会自古不讲“自由”，是为了消弭臣民的自我意识，以利于专制。而西方国家以天赋自由为基石，肯定自主意识，以平等为本。于此，造成的结果是：“上既以奴虏待民，则民亦以奴虏自待”；在民众的道德观念中，只有君王一家一姓之兴衰，“无所谓天下也，无所谓国也，皆家而已。一姓之兴亡，则亿兆为之臣妾。其兴也，此一家之兴也，其亡也，此一家之亡也”[③]。所以在严复看来，西方社会因保护个人自由，故在个人与社会这两极中，个人是本原性的存在；因为尊重了个人的权利，社会于是成为实现个人目的的方式，故而上下利害相通，万民一心。在《原强》一文中，他对“自由”的解释是：“自其自由平等观之，则捐忌讳，去烦苛，决壅敝，人人得以行其意，申其言，上下之势不相悬，君不甚尊，民不甚贱，而联若一体者，是无法之胜也。”[④] 人人有自

---

① 参见［美］约翰·凯克斯（John Kekes）《反对自由主义》，江苏人民出版社 2003 年版，第 5 页。

② 严复：《论世变之亟》，载《严复集》第一册，第 3 页。

③ 严复：《〈法意〉按语》，载《严复集》第四册，第 948 页。

④ 严复：《原强》，载《严复集》第一册，第 11 页。

己的意志自由、言论自由，君不尊、民不贱，因自由而平等，进而“联若一体”。可以看到，严复这里所说的“自由”主要是政治自由和人与人之间关系的平等。同时，严复把平等与自由看做“无法”，这种不同于纲常的治国方式既保障自由之实现，又对自由具有约束性。这不仅是中国所不具备的，还是中国伦理政治的对立面。所以，政治的革新必然要求以自由思想来奠基，因为“自由”所挑战的正是封建专制与集权，以及与此紧密关联的一系列伦理上的价值诉求。

总之，严复之所以对中国近代思想界产生了振聋发聩的影响，就在于他首次告诉国人，西方国家之所以强大，既不只是科技与武器的先进，也不只是经济的发达，政治组织、制度设施的完善，而在于决定以上二者的思想文化与价值观之优势，这就是将自由作为核心价值目标。而民主、法制与权力制衡都是为实现此核心价值的手段。严复确信，只要向国人揭示自由的真谛，便能够唤起实现自由所必需的力量，并且“以自由为体”，必将产生“以民主为用”，即建立起一系列现代社会制度，并使每个人都享有均等的自由权（平等），而民众享有这些权利，则是国家强大的前提。他在《原富》按语中说：“吾未见其民之不自由者，其国可以自由也；其民之无权者，其国之可以有权也。”这个价值目标当然是未来的而不是当下的。而从现实作用来说，严复提倡的自由主义价值观比器物、制度上的效法西方更难有成效。因为前者的模仿相对容易，其直接目的也较易达到，比如洋务运动确实催生和促进了中国近代工业的发展，而“自由”的理念不仅显得抽象，而且实现的条件更难以具备，故客观效果甚微。此外，严复的启蒙也有其理论的与阶级的局限性，还未彻底摆脱明君统治的桎梏：“今而弃吾君臣，可乎？曰：是大不可。何则？其时未至，其俗未成，其民不足以自治也。”在他看来，愚弱而无公心之民只有在明君引导下达到“才逮”、“力长”、“德和”之后，才能“悉听其自由”而自治。[①] 这种主张无疑是保守主义的，也是不符合国情民心的。不过就学术而言，它并不妨碍严复成为这一时期最重要的启蒙学者。梁启超指出：“（启蒙者）凡以求建设新思潮也。然建设必先之以破坏（旧思潮），故此期之重要人物，其精力皆用于破坏，而建设盖有所未遑”；然而，“其建设之主要精神，在此期间必已孕育”。“故此期之著作，恒驳而不纯，但

① 严复:《辟韩》，载《严复集》第一册，第34—35页。

在淆乱粗糙之中，自有一种元气淋漓之象，此启蒙期之特色也。”① 启蒙时期新旧驳杂、精粗并存的特征，正是启蒙思想之价值所在。严复的启蒙工作虽不如创建工业那样立竿见影，但从辛亥革命到五四运动，都可见到其思想的深远影响。因而可以说，这是中国走向近现代社会的第一次具有根本意义的启蒙。对此，李泽厚评价说，“它标志着向西方寻找真理由感性到理性、由具体到抽象、由形式到内容、由现象到本质这条‘天路历程’中不断上升的一个界碑。”②

三　从“个性自由”到“公共精神”

自由主义在政治、经济、文化方面的主张皆冲击了中国传统伦理观念，动摇了专制政治的伦理基础，拉开了近代“人的解放”的序幕。自由主义隐含着这样的信念，即个体具有独立的道德地位，并不先验地从属或依附于某个实体而对这个实体负有某种无可置疑的道德义务。在严复看来，所有社会政治关系的建立，都要立足于个体，才具有道德上的正当性。卢梭根据自然法的原则指出，“人生而自由”，但由于人类社会的非理想状态，“却无往而不在枷锁之中”。人在社会中确实不可能完全不受限制，但如何使这些限制具有正当性，则是现代社会应当关注的。

（一）自由意志与道德选择

一切伦理秩序皆包含着人为设计的因素，自由主义强调以个体为本的道德立场，虽然有其片面性，但是对于近代中国来说，却是一种进步。③ 这种进步，在理论上表现为注重自由意志在道德选择中的作用。严复在《〈群己权界论〉译凡例》中说：“斯宾塞《伦理学说公》（*Justice in Principle of Ethics*）一篇，言人道所以必得自繇者，盖不自繇则善恶功罪，皆非己出，而仅有幸不幸可言，而民德亦无由演进。故惟与以自繇，而天择为用，斯郅治有必成之一日。”④ 严复的自由观将标志着西方“理性时代”

① 梁启超：《清代学术概论》，第2页。

② 李泽厚：《中国近代思想史论》，载《中国思想史论》中（修订本），安徽文艺出版社1999年版，第589页。

③ 周保松：《什么是自由主义》，载《读书》，2009年12期，第71—77页。

④ 严复：《〈群己权界论〉译凡例》，载《严复集》第一册，第133页。

结晶的自由意志作为道德选择的前提，认为道德行为若不能自由选择，就不成其为道德选择，这是中国近代引进西学以来第一次阐述自由意志之于道德行为的意义。道德行为应是自愿地选择、自觉地践行，然意志自由方能选择，也方能践行，若无选择而听命于绝对伦理法则，这就是严复所说的“善恶功罪，皆非己出，而仅有幸而不幸可言”。人没有理性的能力，那便必然会陷入道德宿命论，而“民德亦无由演进”。

中国古代不能说毫无意志自由的意识，但在整个伦理传统中，意志自由一直是被压制的。这使人们无法或难以选择自己的道德行为，从而无法或难以自觉地承担社会责任与道德义务。以“人的依赖关系”为特征的“家族本位主义”的价值原则和宗法家族制度，是压抑个性自由的强大力量。自由主义的传入促进了中国近代的“伦理革命”和“人的解放”。严复指出：自由“只是平实地说实话求真理，一不为古人所欺，二不为权势所屈而已，使理真事实，虽出之仇敌，不可废也；使理谬事诬，虽以君父，不可从也，此之谓自繇。亚理斯多德尝言：‘吾爱吾师柏拉图，胜于余物，然吾爱真理，胜于吾师。’即此义耳。盖世间一切法，惟至诚大公，可以建天地不悖，俟百世不惑。未有不重此而得为圣贤，亦未有倍此而终不败者也。使中国民智民德而有进今之一时，则必自宝爱真理始。仁勇智术，忠孝节廉，亦皆根此而生，然后为有物也”[①]。中国传统伦理动辄冠之以天道、天理、天命，“多谓有超乎人类以外者以为之宰”，“谓有监越乎吾上者，吾对之不敢不尽义务也”[②]，使人只能恪守而不敢思考此法则的合理性。而自由意志正是判断伦理正当性的前提；所谓“人的解放”，实指人的“个性自由”，它不等同于法权意义上的人身自由，而是指人格健全、意志自由，表现为人格独立、人格平等、人格尊严。如导言中所论述的，中国的宗法家庭伦理固然有凝聚家庭成员、稳固家族秩序、增强家庭社会功能等优点，但从另一个角度看，父权与夫权的至上性，压制、束缚了子、妇的个性自由，侵犯了个人的权利与尊严，成为中国封建制度的土壤，人们若不能从这种家族宗法制度中解放出来，中国近代社会的进步就难以实现。对此，严复说：

---

① 严复：《〈群己权界论〉译凡例》，载《严复集》第一册，第 134 页。

② 梁启超：《非斯的人生天职论述评 · 人生各自之天职》，载《饮冰室合集 · 文集之三十二》，第 77 页。

> 或谓旧翻自繇之西文 Liberty 里勃而特，当翻公道，犹云事事公道而已，此其说误也。谨案：里勃而特原古文作 Libertas。里勃而达乃自由之神号，其字与常用之 Freedom 伏利当同义。伏利当者，无罣碍也，又与 Slavery 奴隶、Subjection 臣服、Bondage 约束、Necessity 必须等字为对义。人被囚拘，英语曰 To lose his liberty 失去自由，不云失其公道也。释系狗，曰 Set the dog at liberty 使狗自繇，不得言使狗公道也。公道西文自有专字，曰 Justice 扎思直斯。二者义虽相涉，然必不可混而一之也。①

国人之所以难以理解"自繇"或"自由"，是因为中国文化中缺失这一思想。在严复看来，"西名东译，失者固多，独此大成，殆无以易"，对于"自由"这个关系中国走向现代社会的观念，不容误译。为了说明这一观念，严复独具匠心地运用了以"自由"的反义词奴隶、臣服、约束等来说明"自由"的基本义。这些词虽然还不足以全面说明自由主义的深义，但针对性还是很强的，即以"自由"批判封建伦理。同样，陈独秀在论及自由之道德价值时也说："盖自认为独立自主之人格以上，一切操行，一切权利，一切信仰，唯有听命各自固有之智能，断无盲从隶属他人之理。非然者，忠孝节义，奴隶之道德也。……以其是非荣辱，听命他人，不以自身为本位，则个人独立平等之人格，消灭无存，其一切善恶行为，势不能诉之自身意志而课以功过；谓之奴隶，谁曰不宜？"②

（二）臣民与公民、奴隶道德与公民道德

臣民隶属于君主，恪守忠孝节义，奉行奴隶道德，与此相反，公民则以自身为本位，人格是独立的，其以自由意志选择道德标准、判断功过是非，由此便必然衍生出平等的伦理关系。平等赋予每个人相同的政治权利和社会地位，梅茵在《古代法》中说，家长权（Potestas Roatisicia）乃是一切社会秩序中最古老的要素，而一切进步社会的运动都是一场"从身份到契约"的运动。在这里，"身份社会"指人的社会地位是给定的；"契约社会"指人的社会地位是平等的。而伦理关系的平等，才是现代社

① 严复：《〈群己权界论〉译凡例》，载《严复集》第一册，第132页。

② 陈独秀：《敬告青年》，载《独秀文存》，安徽人民出版社1987年版，第4—5页。

会的标志。因此，反抗家庭伦理对人的束缚就成为自由主义的一种必然要求。如李大钊（1889—1927）在批判家庭制度时所说："社会上种种解放的运动，是打破大家族制度的运动，是打破父权（家长）专制的运动，是打破夫权（家长）专制的运动，是打破男子专制社会的运动，也就是推翻孔子的孝父主义、顺夫主义、贱女主义的运动。"①

在封建宗法专制社会的伦理形态中，忠、孝、节、义这些道德要求，都体现了人格上的不平等。这些等级观念、尊卑观念实质上是一种卑者"从属于"尊者的人伦关系，而支配这种关系的则是主奴意识。反抗家长制的逻辑延伸，是一个从臣民到公民的深刻主题。从个性自由产生的不仅仅是个人的人格独立，更重要的是形成与现代社会相吻合的公民伦理道德观念。

我们知道，严复并不赞成自由主义的神圣核心，即个人的价值就是目的本身，因为这与国家富强的目标并不一致。西方有关人格独立与人的自主性的哲学基础是所谓人的"天然权利"，即个人对自己拥有绝对主权，"涉己"的事务不能干涉，"涉人"行为则需要法律与道德约束。这种追求个体价值的至上性是与群体价值至上性存在矛盾的。因此，自由主义发展到极端时，由于太重视自我而会忽视群体，使社会出现涣散、无序的形态，故 19 世纪中叶后有马克思主义对它的批判，20 世纪又有社群主义对它的反思。而严复从朴素的经验出发，认识到了公民伦理道德观念之重要性，他举例说："夫一国犹之一身也，脉络贯通，官体相救，故击其头则四支皆应，刺其腹则举体知亡。而南北虽属一君，彼是居然两戒；首善震矣，四海晏然，视邦国之颠危，犹秦越之肥瘠。合肥谓'以北洋一隅之力御倭人全国之师'，非过语也。此君臣势散而相爱相保之情薄也。"② 可见，臣民忠君这一中国传统政治伦理的核心完全不能与西方的公民精神相比。因此，严复试图在"新民德"中着力唤起民众的这一意识。这种意识，史华兹称之为 Public Spirit,③ 直译为"公共精神"，但是，根据他所表达的思想，我认为将其理解为公民道德意识更符合其原义，即民众普遍

---

① 李大钊：《李大钊全集》第三卷，人民出版社 2006 年版，第 148 页。

② 严复：《原强修订稿》，载《严复集》第一册，第 19 页。

③ benjamin schwartz：*in search of wealth and power*：*yen fu and the west*，p68. the belknap press of harvard university press，1964. 并见［美］本杰明·史华兹《寻求富强：严复与西方》，江苏人民出版社 1996 年版，第 63 页。

参与公共事物的观念，积极协调个体利益与整个社会利益一致性的美德。它既是一个社会自由的体现，又是平等与自治的表征。自由主义所倡导的个体权利意识，以此为目标的民主制度，造就了相应的公共道德观念。相比之下，中国的传统道德观念与西方的这种观念是不同的。中国人的道德感主要体现在“特殊的”关系之中。这种特殊，一是指小群体，最典型者如家族；二是指任何共同的背景所形成的特殊关系，如同乡、同学、相识等等。一般而言，人皆生存于伦理共同体之中，传统伦理重视的是家(族)、国、天下，但家族利益与国家利益其实是难以一致的。尽管忠君被大力提倡，但忠君却不是现代社会的民德。新民德就是要启迪民众，使天赋自由、万民平等的思想深入人心，从而打破纲常伦理的人身依附关系，以公民社会的关系取代以家族为单位的宗法关系，创造向近代民主社会前进的伦理基础与政治前提。①

（三）培育新民德之途径

如何“新民德”？严复说：“是故居今之日，欲进吾民之德，于以同力合志，联一气而御外仇，则非有道焉使各私中国不可也。……然则使各私中国奈何？曰：设议院于京师，而令天下郡县各公举其守宰。是道也，欲民之忠爱（中国）必由此，欲教化之兴必由此。”② 要有一个具备最大限度地包括“民权”在内的近代化总体纲领，设议院、公选产生地方官，以引导民众认识到自己的利益与国家富强的一致性，进而产生国民忠爱国家、关心社会的公共伦理道德观念。在清末朝野昏昧、百废待举的社会转型时期，虽然严复的主张没有引起清王朝的重视，而“立宪”也终于因清政府的阻碍而被革命浪潮淹没，但严复的主张还是有其历史的、启蒙的

---

① 应说明的是，严复的这种态度不是始终如一的，时而激进时而又保守。他认为，民主的实现必须依赖一定的社会历史条件，其中，“民之可化，至于无穷，惟不可期之以骤”。“治化天演，程度愈高，其所得以自繇自主之事愈众。由此可知自繇之乐，惟自治力大者为能享之。”（《原强修订稿》、《〈群己权界论〉译凡例》，载《严复集》第一册，第25、133页）对于一个德、智完全处于蒙昧状态的民族，开明君主是实现民主的条件：“然则及今而弃吾君臣，可乎？曰：是大不可。何则？其时未至，其俗未成，其民不足以自治也。”（《辟韩》，载《严复集》第一册，第34—35页）在1914年的《〈民约〉评议》中，严复甚至说：“夫言自由而日趋于放恣，言平等而在［在］反于事实之发生，此真无益，而智者之所不事也。自不佞言，今之所急者，非自由也，而在人人减损自由，而以利国善群为职志。”（见《严复集》第二册，第337页）

② 严复：《原强修订稿》，载《严复集》第一册，第31—32页。

意义的。严复提出的问题，是中国走向近代社会必须要解决的问题。

四　“自由”的价值与新义利观

“自由”理念的传播不但产生了新的伦理观念，也冲击和改造了传统的义利观。这一结果是自由价值作用于传统伦理的延伸。自由、个体权利与充分发挥人的能力联系在一起，而全面发挥人的体力、智力不但是个人生存竞争的需要，也是国家富强的需要，于是，义利之辨这一古老的话题有了新的时代内涵。

（一）义利论及其意义

中国传统伦理的深层内核凝聚于道德价值，而义利论则是其核心内容，朱熹指出：“义利之说，乃儒者第一义。”[①] 在2000多年的伦理思想演进过程中，义利论逐渐积淀为一种稳定的伦理传统，它不但历史地规定着整个中国社会的价值目标和价值取向，而且绵绵不断、延续到近代。值得注意的是，儒家义利论的价值导向在很大程度上阻碍了近代中国社会的进步，与此同时，自由主义则对颠覆僵化的义利观起了重要的作用。严复之所以推崇西方之自由价值观，是因为自由所蕴涵的个人权益能充分发挥人的全部才能，解放与激发人的内在力量，以及创造使人的能力得以展现的社会环境。他说：“自乾嘉以来，欧洲民权忽伸，庶业猛进，说者谓百年所得，不啻古之千年。非佞诞也。国既日富，则其为守愈严，而武备之修，遂亦远迈古者。……国之强弱，必以庶富为量。而欲国之富，非民智之开，理财之善，必无由也。”[②] 中国的富强之道，应借鉴亚当·斯密的经济自由观、斯宾塞的竞争观念，西方国家的富强就缘于发挥了每个人的能力。而这种能力也只有在一个推崇个人利益的社会氛围中才能真正展现出来。但是，在中国传统伦理观念中，重义轻利却是一个深入人心的价值观念，农本商末的经济结构，士、农、工、商的等级顺序，无不表现出传统义利观的广泛影响。因此，欲国家富强，必须破除无所不在的传统义利观的束缚。

---

① 朱熹:《与延平李先生书》，载《晦庵集》卷二十四。

② 严复:《原富》，载《严复集》第四册，第899—900页。

义与利是中国传统伦理中特有的一对范畴，也是被异常关注的一大问题。中国的义利思想理论萌芽于商、周之际，兴起于先秦百家争鸣时代，定向于汉唐盛世，大成于宋明，而延续至近代社会。义与利作为一对独立的范畴出现，标志着对道德价值的自觉意识与理性反思。义和利这两个概念在产生之初并不具备道德意义，对道德的自觉意识，即赋予义利关系以道德与物质利益关系的意义，在殷商时期还没有产生，那时占统治地位的思想是对天命的尊崇。到殷周之际，由于社会的剧烈变革，周革殷命，才使人产生了“以德配天”、修德求福[①]的思想。《礼记·表记》把这一时期的思想概括为：“殷人尊神，率民以事神，先鬼而后礼，先罚而后赏，尊而不亲。……周人尊礼尚施，事鬼敬神而远之，近人而忠焉。”[②] 殷人意识形态的主导观念是敬鬼事神，崇尚天命。这种绝对命定论导致道德无用论，从而使殷人亡国。周取代殷以后，从国家的长治久安出发，提出了“皇天无亲，唯德是辅”和“以德配天”的敬德观念。从殷人对财富赤裸裸的追求到周人的“修德求福”，反映出后者已自觉地意识到道德有工具性价值。虽然这时人们看到的只是义利的一致性，还没有认识到两者之间存在的矛盾以及由此而产生的道德价值目标的选择性问题，但已包含着后世被称之为义利论或义利观的萌芽。

到春秋战国时，义利之辨已有了具体的内容，利指物利、财利，“义”为应然之则，有时被当做道德之总称，为判断人之行为善恶的神圣准则。义利之辨就是讨论究竟以利益还是以道义作为人之行为选择的标准。作为儒家义利论的奠基者，孔子已经明确地将义与利作为两个对立的范畴提了出来，并且认识到义与利之间的矛盾。值得注意的是，孔子虽然说过“君子喻于义，小人喻于利”[③] 和“君子义以为上”[④] 的话，将君子、小人与义、利并列对举，但并不意味着他只讲义不要利，是只问动机不问效果的唯道义论者。孔子已深刻地认识到“放于利而行，多怨”，认为如果人人都以逐利作为行动的指南，社会将会陷于混乱，所以他主张

---

① 《诗经·大雅·文王》记载了周人的观念、意识，其中有“聿修厥德，永言配命，自求多福”。

② 《礼记》卷五十四。

③ 《论语·里仁》。

④ 《论语·阳货》。

“见利思义”：“富与贵，……不以其道得之，不处也。”[①] 人必须在符合道义的前提下去获利致富。孟子也认为：“若民，则无恒产，因无恒心。”[②] 没有物质基础，道德只是一句空话。在他看来，仁义礼智都是人固有的本性，所以，“大人者，言不必信，行不必果，惟义所在。”[③]“义”是人之有异于禽兽者，是人之所以为人的标准，孟子见梁惠王时还说过“王何必言利”的话，说明他已有重义轻利的倾向，这是中国伦理史上道义论的最初端倪。

儒家的义利论为汉代董仲舒所继承和发挥，他正确地指出：“天之生人也，使之生义与利。利以养其体，义以养其心。心不得义不能乐，体不得利不能安。”[④] 认为义和利是人类两大基本需要。不过，董氏又说：“仁人者，正其谊不谋其利，明其道不计其功。”[⑤] 这话所展示的道义论倾向更加明显。宋明时期，重义轻利被空前地强化，提高到了前所未有的高度。二程说：“天下之事，惟义利而已。”[⑥] 理学家们将重义轻利绝对化，并引而申之，乃至进一步提出了“存天理，灭人欲”的口号，在社会生活中起了相当恶劣的作用。从总体上评价儒家义利论，虽然有义利兼顾的思想，但重义轻利的倾向还是明显的。这表现在各时代的思想家，不管认为利多么重要，但在解决义利矛盾时，大体上都以义约束个人的利益欲望，甚至以义为利，鼓吹禁欲主义。

从现代价值论角度讲，义和利分别代表着两种不同的价值，传统义利论所反映的是义和利之间的一种特殊的价值关系。一般来说，价值是指作为主体的人同满足主体需要的客体之间的一种特定关系，即客体属性满足主体需要和主体需要被客体属性满足的关系，也就是客体属性对主体需要所具有的意义。这种“意义”是有不同层次的，不同的客体对人的价值也是不同的，总的说来，大体上可以概括为对人或人类的生存、发展、完善或自我实现的意义。在人类历史进程中，物质生活资料是人和人类社会存在和发展的基础性需要，而对政治制度、法律、道德等价值的自觉意识

① 《论语·里仁》。
② 《孟子·梁惠王上》。
③ 《孟子·离娄下》。
④ 董仲舒：《春秋繁露·身之养重于义》卷九。
⑤ 董仲舒：《春秋繁露·天道施第八十二》卷十七。
⑥ 《二程遗书》卷十一。

与追求，既是人类文明的标志，更是人类追求根本性价值的结果：从个体的生存到自身人格的完善，从个体的功利性满足到社会整体秩序的和谐，从本能的需要指向超越的要求和对人的本质的确证与展现，价值展现出丰富多彩与层次高低不同的内容。在这里，“利”指物质价值或功利价值，即在物质与功利方面满足主体需要的价值；“义”指道德价值，即道德作为一种相对独立于主体之外的精神力量，对于主体所具有的意义，也就是由它所指导的人的行为在什么性质和程度上有助于自己的利益满足与人格完善，符合社会和他人物质与精神的需要，使之达到至善与至美的境界。因此，义利关系包含了对物质价值和精神价值、个人利益和社会利益、功利目标与道德理想等价值追求和价值选择。传统义利论的理论实质是道德价值论，而现实作用则是对全社会价值目标和价值导向问题的回答或解决。

义利关系既是对立的，又是统一的。其统一性首先表现在，利是义的基础，即利代表了一种基础性、动力性的价值。利首先是人类社会生存的前提，正是为了物质需要的满足，才促使人们对利的价值追求；旧的需要的满足又产生新的物质要求，又促使人们作新的努力，从而推动人类的实践活动的发展和社会生活的进步。人们在对利的追求中，会引发出对利的目的、意义与手段等等的思考，这些思考的深化与升华，能超越个人的利益而达到社会利益，超越物质的追求而趋向精神的追求，也就是利能生发出“义”来。所以，利是义的基础和重要内容。其次，义是利的导向，是人们正确处理个人与他人、个人与社会之间利害关系的准则。利有个人之利、群体之利和社会之利，调节好这三者关系，是维护正常的社会秩序之必备条件。义作为植根于客观需要的实践理性，其主要任务是，使个人利益符合社会公利。在保障社会利益实现的层面上，义与利也是统一的，所谓“废公义不立”，就是讲义含公利，义可导利。

然而，义与利作为两种不同的价值导向，又是对立的，彼此排斥的。“义与利，只是个公与私也”①，“大凡出义则入利，出利则入义。天下之事，惟义利而已”②，以利为价值导向体现了主体以谋求利益为目的，常常会直接地表现为追求私利。因此，传统义利观总的倾向是看重两者的对

① 《二程遗书》卷十七。

② 《二程遗书》卷十一。

立，强调以义制利，趋向道义论。

由上面的论述可知，中国古代的义利论有得失、利弊的两重性。应该看到，古代思想家看重道义，在一定条件下有其积极性、合理性的一面。在封建社会中，不同主体的利益追求在通常情况下是互相矛盾和彼此冲突的。这种利益冲突往往激起社会动荡、秩序混乱，这对统治阶级当然是不利的。因而，客观上要求有一个凌驾于不同利益主体之上的最高主体来充当调解冲突的角色，以引导不同主体的利益由对立走向统一。而这种社会角色一般由统治者担任。当统治者代表社会发展方向，有利于社会生产力提高，特别是在国家民族遭到外敌入侵需要组织力量抗拒时，强调社会公利（义）重于个人私利（利），提倡为了国家民族利益而“杀身成仁”[①]、“舍生取义”[②]、“精忠报国”[③]，为了社会的长治久安而以“义克利”[④] 等等，都是必要的，因为这时掌握政权的“明君圣主”作为最高主体，大体上能代表不同主体的根本利益与全局利益，担当起协调诸利益主体利益的角色，是社会所需要的，也是有积极意义的。这里包含着对处理个人利益与社会利益关系的深层思考，而提倡超越个人功利和生死的人格追求的伦理精神，具有很高的理论价值。

（二）传统义利观之缺陷

但另一方面，传统义利观的消极性、不合理的方面也不可忽视。一般情况下，处于特权地位的统治阶级通常是背离社会发展方向、阻碍社会进步的，因而那种代表社会利益、公众利益的最高主体通常只是观念上的，而所谓代表根本利益、全局利益也往往是虚幻的，他们在现实生活中不是真实存在的，也根本不可能担当起协调不同利益关系的大任。不啻如此，恰恰是权力阶层的私利与社会大众公利之间的不可调和的矛盾，才使统治者将一己之私利披上了社会公利的外衣，以超越各阶级利益之上的国家利益的姿态出现，也就是采取了脱离公众实际利益的虚幻的共同体形式。史华兹说，儒家经典中所蕴涵的伦理思想没有划清统治阶级中的个人道德败坏和可称作国家政策的道德败坏之间的界限。国家，特别是作为国家象征

---

① 《论语・卫灵公》。

② 《孟子・告子上》。

③ 王阳明：《王文成全书》卷三十八。

④ 《荀子・大略》。

的皇帝，在自己追求财富和权力的过程中，与一个追求个人私利的贪官在本质上是一样的。①

这种“政治—伦理”形态在中国近代追求富强的过程中产生了严重的阻碍作用。在通常情况下强调重义轻利，“存天理，灭人欲”，只能对少数统治者有利，而对广大民众则是有害无益的。因此，封建社会，义与利、个体利益与整体利益、个人至善与社会至善是对立的、分离的。义利传统的最大弊病，根源于它是建立在虚幻的整体利益基础上的。梁启超说：“大抵中国善言仁，而泰西善言义。仁者人也，我利人，人亦利我，是所重者常在人也。义者我也，我不害人，而亦不许人之害我，是所重者常在我也。”② 仁与义在语言上的区别并无意义，梁启超所言之实质是，西方人具有鲜明的主体性，既是利益主体，又是道德主体，而中国人缺乏独立的主体意识，也无法成为一个独立的利益主体。因此，个人追求利益的欲望被压抑，社会的创造力与活力明显不足。严复指出：“而治化之所难进者，分义利为二者害之也。孟子曰：‘亦有仁义而已矣，何必曰利？’董生曰：‘正谊不谋利，明道不计功。’泰东西之旧教，莫不分义利为二涂。此其用意至美，然而于化于道皆浅，几率天下祸仁义矣。”③ 又云：“民不能无私也，圣人之制治也，在合天下之私以为公。……是道也，欲民之忠爱必由此，欲教化之兴必由此，欲地利之尽必出此。……欲民各束身自好而争濯磨于善必由此。呜呼！圣人复起，不易吾言矣！”④ 可以看出，严复反对封建道德是因为其消弭了人的活力，而中国富强必须遵循人类进化的共同道路——尊重个人利益是社会进步的条件。

（三）义利与自由

严复将义利与政治联系起来，认为利民之政或政欲利民，就要否定重义轻利的传统义利论，使民能自利、民得自由，以充分发挥其创造财富的才干、能力。严复说：

> 夫所谓富强云者，质而言之，不外利民云尔。然政欲利民，必自

① ［美］本杰明·史华兹：《寻求富强：严复与西方》，第10页。

② 梁启超：《新民说·论权利思想》，载《饮冰室合集·专集之四》，第35页。

③ 严复：《〈原富〉按语》，载《严复集》第四册，第858页。

④ 严复：《原强修订稿》，载《严复集》第一册，第31—32页。

民各能自利始；民各能自利，又必自皆得自由始。[①]

是故富强者，不外利民之政也，而必自民之能自利始；能自利自能自由始；能自由自能自治始，能自治者，必其能恕、能用絜矩之道者也。”[②]

严复进一步指出，提倡利己不但对于创造财富、富强国家有重要意义，而且合理的个体之“利”与“义”并非水火不容，二者具有一致性：

自天演学兴，而后非谊不利，非道无功之理，洞若观火。而计学之论，为之先声焉。斯密之言，其一事耳。尝谓天下有浅夫，有昏子，而无真小人。何则？小人之见，不出乎利。然使其规长久真实之利，则不与君子同术焉，固不可矣。人品之下，至于穿窬极矣。朝攫金而夕败露，取后此凡所可得应享之利而易之，此而为利，则何者为害耶？故天演之道，不以浅夫昏子之利为利矣，亦不以溪刻自敦滥施妄与者之义为义，以其无所利也。庶几义利合，民乐从善，而治化之进不远欤！[③]

严复对富民强国的关注，使他被西方文明中的“浮士德性格”所震撼。所谓“浮士德性格”，意谓人的一种内在的自主驱动力，一种永不满足、不断进取的精神。这是西欧从文艺复兴到19世纪300年来凝聚起来的一种精神气质。当合理地追逐利益不受限制乃至受到鼓励时，个体所激发出的能量是巨大的。史华兹看到，一方面，严复对中国的文化传统未能揭示出人的无限的浮士德式的能力而感到深深的不满和怨忿；另一方面，他对西方浮士德式的力量也怀有愤恨与憎恶，因为这种力量奴役与羞辱了缺乏这种能力的人们。[④] 严复看到，富强和利己并行不悖，在西方，利己和利他两种倾向都被用于实现国家目标。而在中国，儒家消极的义与享乐主义的自私都对社会没有积极作用。中国的君主与圣贤们用各种手段使民众“知足常乐”、安于现状，限制与禁锢他们活力与潜力的发挥，扼制每

① 严复:《原强修订稿》，载《严复集》第一册，第27页。

② 严复:《原强》，载《严复集》第一册，第14页。

③ 严复:《〈原富〉按语》，载《严复集》第四册，第858—859页。

④ ［美］本杰明·史华兹:《寻求富强：严复与西方》，第223页。

个人的潜在能力的展现，“中国圣人之意，……盖生民之道，期于相安相养而已”。“故宁以止足为教，使各安于朴鄙颛蒙，耕凿焉以事其长上。”①由此造成了国人之愚、贫、弱。严复指出：“今吾国之所最患者，非愚乎？非贫乎？非弱乎？则径而言之，凡事之可以愈此愚、疗此贫、起此弱者皆可为。而三者之中，尤以愈愚为最急。何则？所以使吾日由贫弱之道而不自知者，徒以愚耳。”②

愚造成贫与弱，而智则导致富与强：“民民物物，各争有以自存。其始也，种与种争，群与群争，弱者常为强肉，愚者常为智役。”③ 竞争创造强者、智者，斯宾塞的思想使严复坚信，使西方社会有机体最终达到富强的是蕴藏于个人中的能力。如史华兹所言，自由意味着无约束地发挥人的全部才能，意味着创造一个解放和促进人的建设性的能力，以及使人的能力得以充分发挥的环境。近代西方创造和培育了旨在解放这些能力的制度和思想，而调动这些能力的动力则在于近代文明意义上的利己。个人之间的利己行为“始于相忌，终于相成”，趋于和谐，从而使人的体、智、德的潜在能力得到充分的展现。这里，我们看到了相忌相成的善美结局。可以说，这种自由所激起的“利己”活力，是建设性的利己主义。儒家伦理总的来说没有把追求个人利益作为一种道德价值加以肯定。严复对西方社会利己的赞扬与儒家对追求物质利益的憎恶两者之间是对立的，所以，“个人自由不可避免地要抛弃正统的儒家伦理的基本原则——追求利己（即‘言利’）是罪恶的根源”④。

确实，严复有着强烈的“重利”倾向，他指出：“然而不痛改讳言利之习，不力破重农抑商之故见，则财且遗弃于不知，夫安得而就理。是何也？以利为讳，则无理财之学。”⑤ 因此，他很注重对西方经济学说的翻译：“晚近欧洲富强之效，识者皆归功于计学，计学者首于亚丹斯密氏者也。其中亦有最大公例焉，曰：‘大利所存，必其两益’。”⑥ 计学指经济学，清末最初将经济学译为“富国策”。严复在翻译亚当·斯密（Adam

---

① 严复：《论世变之亟》，载《严复集》第一册，第 1 页。

② 严复：《与〈外交报〉主人书》，载《严复集》第三册，第 560 页。

③ 严复：《原强修定稿》，载《严复集》第一册，第 16 页。

④ ［美］本杰明·史华兹：《寻求富强：严复与西方》，第 54 页。

⑤ 严复：《〈原富〉序》，载《严复集》第五册，第 1553 页。

⑥ 严复：《天演论·恕败》，载《严复集》第五册，第 1349 页。

Smith，1723—1790）的《原富》（又称《国富论》）时将经济学译为计学。在《原富》中，斯密将利己主义同国家富强联系起来，说“政治经济学……其目的在于富国裕民”[①]，而国富，民亦受益，个人利益便与国家利益相结合。对于斯密来说，“国民财富”首先是指构成社会的全体个人的财富，而对于严复来说，则首先是指“民族—国家”的实力。这个“民族—国家”作为一个共同体处在世界之中，并在为生存而进行竞争。[②]

亚当·斯密的理论是经济的，其目的是伦理的，即实现个人的幸福。斯密对全社会每个个人的利益的关注超过了对国家力量的关心。严复则相反，他认为追求个人利益之所以合理，是因为此乃国家富强之路。尽管如此，严复与近代洋务派的代表人物如张之洞、李鸿章不同，他们也提倡富强，但并不认为个人利益是国家利益的基础。牢牢建立在统治阶级利益和文人学士的儒家正统义利观基础之上的偏见，使他们不可能对商人及其自由放任的气质重新进行评价。[③] 在本课题“内源性伦理启蒙的理论形态与历史意义”一章中，我们曾经谈到王阳明的重商意识，这个注重实践的儒者在晚明时其实已经看到此经济发展趋势。但令人遗憾的是，350 年后，儒者的重义轻利却依然如故，他们对于西方经济学充满了歧视，如严复所言：“然而犹有以斯密氏此书为纯于功利之说者，以谓如计学家言，则人道计赢虑亏，将无往而不出于喻利。驯致其效，天理将亡，此其为言厉矣。独不知科学之事，主于所明之诚妄而已。其合于仁义与否，非所容心也。且其所言者计也，固将非计不言，抑非曰人道止于为计，乃已足也。从而尤之，此何异读兵谋之书，而訾其伐国，睹针砭之伦，而怪其伤人乎！”[④]

严复将自由理念贯彻于经济领域，对伦理传统中的“义利之辨”产生了革命性的影响，在一定程度上颠覆了儒家重义轻利的义利观，为民主政治与“开明自营”、谋求功利开辟了道路，使近代伦理启蒙发生了突破性的进展。

在结束这一章的时候，让我们回顾一下严复在 100 多年前的自由

---

① ［英］亚当·斯密：《国民财富的性质和原因的研究》下，郭大力等译，商务印书馆 1974 年版，第 1 页。

② ［美］本杰明·史华兹：《寻求富强：严复与西方》，第 109 页。

③ 同上书，第 109—111 页。

④ 严复：《译斯氏〈计学〉例言》，载《严复集》第一册，第 100 页。

理想：

> 是故使今日而中国有圣人兴，彼将曰："吾之以藐藐之身托于亿兆人之上者，不得已也，民弗能自治故也。民之弗能自治者，才未逮，力未长，德未和也。乃今将早夜以孳孳求所以进吾民之才、德、力者，去其所以困吾民之才、德、力者，使其无相欺、相夺而相患害也，吾将悉听其自由。民之自由，天之所畀也，吾又乌得而靳之！如是，幸而民至于能自治也，吾将悉复而与之矣。唯一国之日进富强，余一人与吾子孙尚亦有利焉，吾曷贵私天下哉！"诚如是，三十年而民不大和，治不大进，六十年而中国有不克与欧洲各国方富而比强者，正吾莠言乱政之罪可也。[①]

遗憾的是，自由主义在中国的发展不尽如人意。本杰明·史华兹在其《寻求富强：严复与西方》一书的最后意味深长地说道，人们几乎无法对严复或者近代中国的知识界对国家富强问题的探求作出评价。中国的确被深深地羞辱了。在近代世界里，没有一个社会能够不具备国家力量而能幸存下来。不过，事实依然是，凡在价值观念被认为是达到强盛的手段的地方，这些价值观念就很可能是靠不住的、无生命力的和被歪曲了的。[②] 即使如此，自由主义在近代中国的意义依然不可低估。富强，是百年来中国人的梦想；自由，是启蒙先驱心目中的富强之道，也是伦理启蒙的标志性理念。

① 严复：《辟韩》，载《严复集》第一册，第 35 页。

② ［美］本杰明·史华兹：《寻求富强：严复与西方》，第 227 页。

第六章　文化论争中的伦理启蒙（上）

在中国近现代伦理启蒙过程中，文化方面的论战贯穿始终，并产生了重要作用。前文论述的科玄论战不过是文化论争中的一个重要问题。科玄论战与尔后的文化激进主义、文化保守主义之间的争论相关联，胡适与张君劢便分别是此两大文化派别的重要代表。文化激进主义可追溯到戊戌变法的领袖人物的一些思想，而梁启超于1919年发表的《欧游心影录》，则可说是文化保守主义产生的标志。激进主义、保守主义这些用语虽然在表达相关思想时未必准确，但它们是与自由主义、科学理性等一起从西方传入并且与民族主义交织在一起的。

中国在甲午战争失败以后，一些思维敏锐的知识分子已经察觉到，封建专制体制无法应对所面临的巨大危机，枝节末梢地进行改良是远远不够的，必须对各项制度，包括政体在内，进行较为彻底的更新。为此，就必须相应地对传统文化进行根本性的改造。不过，对多数知识分子来说，他们在理智方面虽选择了西方的价值，但在情感方面却仍固执于中国的旧传统。具体来说，他们在情感上囿于历史文化环境而认同儒家的人文主义，而在理智上因了解世界大势而认同西方的价值观。他们对中国历史文化的留恋，缺乏科学的依据，而他们对西方的认同，则缺乏情感上的认同。①对传统文化的这两种心态的不同侧重，是形成文化保守主义与文化激进主义对峙的一个重要原因。

鉴于中国的封建专制制度是以三纲为中心的价值观为基础的，故伦理转型与道德革命的首要任务是必须颠覆三纲。在这一认识指导下，从戊戌维新运动到20世纪初期的新文化运动，对旧有伦理道德的批判一浪高过

① 余英时：《五四运动与中国传统》，载《余英时文集》第二卷，广西师范大学出版社2004年版，第87页。

一浪。文化激进主义在很大程度上是这个时代思潮的引领者。但是，民族伦理观念是一个多层次的庞大体系，完全否定它不但做不到，而且也是非理性的。一个民族如果没有自己的文化特征，那么这个民族本身亦被消解。以三纲为核心的传统伦理固然是封建政治制度的基础，但它不是传统伦理的全部精神；中华民族恪守了几千年的伦理规范，特别是其中的优秀美德，具有重要的精神价值。对此，与文化激进主义相对的文化保守主义，提出了“昌明国粹、融化新知”[①] 的口号，坚定地捍卫着包括传统伦理在内的中国文化。文化激进主义与文化保守主义之分野与对峙，使得伦理启蒙出现了不同的厘路。

一　两种伦理启蒙路向

西方自启蒙运动以来，就一直存在着激进和保守两种基本态度，与其相关的内容是多样的，体现于政治、经济、文化等方面，而其重心亦因时而变。中国的自由主义、激进主义、保守主义是从西方传入的，虽然在中国特定的社会环境下，它们大都“改头换面”[②]，但要探索其所由来，我们仍要在西方语境下求其原义。

（一）激进主义与保守主义的本义

在一般意义上，激进主义是指要求从根本上改变某种制度、某种秩序或某种观念的思想与行动，而保守主义则是大体上承认和维护现存的制度、秩序或价值观念，不主张彻底的变革。保守和激进都是相对于现状而言的，企图完全改变现存秩序与希望基本保持现存秩序是两种极端的状态，而在完全的保守和绝对的激进之间，又存在着程度不同的中间立场。西方的激进主义和保守主义主要体现在政治领域，两者是互相制衡的政治力量，它们都服膺于启蒙运动所奠定的基本价值。所不同的是，英国的资产阶级革命采取温和、渐进或保守的方法变革政体，而法国大革命则以激进的、暴风骤雨的方式打碎封建政治秩序。对此，艾得蒙·伯克（Ed-

① 学衡派的宗旨：“论究学术，阐求真理，昌明国粹，融化新知。”见《学衡·学衡杂志简章》。

② ［美］本杰明·史华兹：《论“五四”前后的文化保守主义》，见许纪霖等编《史华兹论中国》，新星出版社 2006 年版，第 80 页。

mund Burke，1729—1797）通过深入分析，在1790年出版了《法国大革命的反思》（*Reflections on the Revolution in France*）一书，对这场大革命中激进的做法进行了批评。他认为，政治改革与社会改革应尊重宗教信仰，不得侵犯个人权利，尽可能使变革逐步进行而不打乱稳定的秩序，等等。但法国大革命却未能这样做，因而最终演变为一场颠覆传统和正当权威的暴力叛乱，无辜的人受到残害，人权被无端践踏，这种暴乱无法实现真正的民主制度。而英国的“光荣革命”则是一条正确的道路，即限制王权、反抗专制暴政、争取和捍卫自由并逐渐确立社会秩序和宪政制度。伯克的这些观点，使他成为近代保守主义的创始人，而《法国大革命的反思》也成为保守主义的奠基之作。在这里，伯克所宣扬的“保守”并不是反对一切变革，只是反对过于激进的方式，他对于启蒙运动所提倡的民主、自由的制度是赞同的。因此，本杰明·史华慈说，人们常称保守主义是法国大革命的反动，但是，说它是启蒙时代具有某种倾向的“辩证的反动”似乎更正确。[①] 因而可以这样说，保守主义有着自己特定的含义，英国、美国的保守主义就是指对民主、自由的制度基本满意，他们主张保持这种政治秩序的稳定性，不作根本变化。

（二）激进主义、保守主义与自由主义、民族主义之关联

西方激进主义与保守主义这两个概念的基本意义为中国知识分子所采纳，它们与自由主义一起传入中国并经过改造而形成了具有民族特色的理论形态。史华兹说：“保守主义作为一种‘主义’，只是在18世纪末19世纪初的西方才出现，并且只是在19世纪初，某些人才被称为或自称为保守主义者。这种说法颇有见地。保守主义作为一种自觉的理论，是以三位一体——保守主义、自由主义、激进主义——之不可分割的整体而出现的。我认为，这三个范畴共生的事实有力地证明，它们是在一个共同的观念框架中运作的，而这些观念产生于欧洲历史的特定时期。要说明保守主义的方法之一就是要指出，随着法国大革命和进步思想的蓬勃兴起，一些人（无论持何动机）竭力维护旧事物，于是他们创立了保守主义这一自

---

① ［美］本杰明·史华兹：《论“五四”前后的文化保守主义》，见《史华兹论中国》，第74页。

觉的理论。”①

保守主义、激进主义与自由主义不仅同时产生，还与民族主义相关联。史华兹指出，保守主义具有历史物循环论、整体主义、唯社会论、有机发展论和民族主义特征。关于与民族主义之关联，他说：“保守主义的另一特征是它卷入民族主义的发展中去。我之所以使用‘卷入民族主义’这个说法，是因为这种民族主义，很难说仅仅是在保守主义的思想环境中诞生的。常有人指出，在卢梭的书中和在法国革命的实践中所遇到的激进民族主义，如果不是先于、也是与保守主义一同产生的。”② 至于民族主义与自由主义的关联，史华兹指出：“人们终究爱自己的国家，这完全因为‘它是自由的乐土’，或者像严复、梁启超，甚至胡适，因为它能增强国力而有价值。”自由主义注重个性自主，强调人有能力改变人类环境，并且应该成为社会历史变革的受益者。正因为这样，它与民族主义紧密相连是很自然的。③ 这些说法是正确的，对严复等人的评价也是公允的。在中国人看来，无论是民族主义还是自由主义，确实是因为它们“能增强国力而有价值”。

（三）中国的文化激进主义与文化保守主义

中国的情况与欧美不同，因为中国人没有一个能够共同接受的政治体制，坚持封建政体的保皇派、在封建制度框架内作有限变革的洋务派、戊戌变法前后的维新派以及辛亥革命时期激烈的革命派，他们主张各异而没有一个共同的政治基础。由于传统的政治制度、伦理秩序不能使中国摆脱内外危机，对西方政治制度的学习也达不成共识，随着国家危机的加深，基本政治秩序又不值得维护，于是，政治上的保守便为时代所不容，激进的变革成为国人的主要选择，从而使政治变革一浪高过一浪，并且很快超越政治领域，深入思想、文化层面。

不过，这种激进的思想并不是所有知识分子都赞成的，其中有些人提出了一些比较缓和的或保守的主张，并且形成了一个稳定的思潮。他们主张复苏传统文化的一些方面，同时坚信中国文化应该和西方文化一样，都

---

① ［美］本杰明·史华兹：《论“五四”前后的文化保守主义》，见《史华兹论中国》，第74页。

② 同上书，第76—77页。

③ 同上书，第77—78页。

应当得到尊重，“提倡融合的中西文化，指出未来的世界文化——或最起码将来的中国文化，会是一种中西文化的结合体。”这种立论被称作“文化守成主义论”。[①] 尽管这种主张在当时没有多大现实意义，影响也非常微弱，对激进思潮并不能产生有效的制衡作用，但却能随着时间的流逝而薪火相传。文化保守主义者并非是泥古不化的一群旧式学人，在国粹派、学衡派、东方文化派、现代新儒家中，许多人都在西方著名大学受过教育，游历或考察过不少西方国家，他们对西方文化有着深入的认知，并且拥护西方的民主制度与价值观念，反对专制制度以及与此关联的文化要素，因此，除了个别思想极端者外，中国的文化保守主义者并不“守旧”。这种反映民族感情的文化保守主义所隐含的价值，正日甚一日地凸显出来。作为对西方文明冲击所作出的一种被动性反应，文化保守主义者所作的深度思考充满了睿智，他们所主张的新的文化必须与中国传统文化对接、有限度地肯定中国历史文化中所蕴涵的智慧和价值、强调科学价值与人生价值的不可替代性、重视对中国传统伦理道德、精神追求的时代意义等等，在今天都得到了肯定性评价。艾恺（Guy Salvatore Alitto）说：“中国文化守成论这个概念，此词英文称之为 Cultural Conservative；Conservative 习惯上中译为‘保守主义’，通常有很重的政治含义与价值指向，但和我希望指出的文化现象有出入：特别是民初的反现代化思想，其不但不保守，进取的精神反而很明显。”[②] 这种重视中国文化价值的意识，对于中华民族的独立自强无疑是有意义的，其中对中国文化的核心——传统伦理的理性分析，也成为中国近代伦理启蒙的重要组成部分。

从戊戌变法到五四运动，前后不过短短二十年时间，两千多年的封建政治制度便全面瓦解。这种变革并没有达到预期的目标，虽然封建王朝已随着皇帝下台而不复存在，但以民主、共和新制度为核心的新秩序却遥遥无期。辛亥革命推翻帝制后，政府在形式上转变为近代形态，社会性质实际上并没有根本改变，特别是袁世凯的复辟，彰显了儒家思想与专制制度的紧密关联。因此，中国近代社会与思想文化呈现出这样一种态势：一方面，大多数的民众一如既往地生活在传统方式中，秉持着

① ［美］艾恺（Guy Salvatore Alitto）：《世界范围内的反现代化思潮——论文化守成主义》，贵州人民出版社 1991 年版，前言第 5 页。

② 同上书，前言第 4 页。

千百年来的观念与行为准则。另一方面，认识到危机的政治人物、知识阶层却在为改变社会面貌、革新民众观念奔走呼号，他们感受到的是文化传统厚重如牢笼，任何改变都异常艰难。为了变革社会，他们不得不越来越深入地否定一切传统的东西。于是，一批时代思潮的引领者以激进的面貌登上历史舞台，转瞬之间，他们又被更激进的后来者所超越，而以保守的形象谢幕。

对此，余英时指出，如果说在晚清和民初，中国人还能把“变”而无成的责任推在旧制度的身上，那么，“五四”以后则不能如此了，因此必须寻找新的理由。新秩序之未能建立，当然不能归咎于已崩溃的制度，而是制度后面的精神或思想，于是，问题深入思想层面。五四新文化运动确立了两个根本价值——民主与科学。中国文化本身不仅没有产生近代科学和西方式的民主，反而是民主与科学的最大障碍。“中国为什么总是产生不了‘民主’，为什么‘科学’始终难以生根？大家想来想去，自然只有儒学及其残留的影响才可能是‘民主’和‘科学’的真正敌人，精神或观念总是在文化或社会大变动中最后退出历史舞台的东西。”[①] 在革命大洪流中，最先被冲垮的是军队、政府机构等等，最后才涉及或清算到思想意识形态、文化传统，而儒学即是后者，它集中代表了维护旧制度的思想意识形态与文化传统。中国历史上虽有诸子百家之学，亦有儒、道、佛三足鼎立之说，但若言与政治、经济、教育种种制度的关联，并且深入百姓日常生活、风俗习惯，贯穿于人生追求、人心寄托、社会秩序，则儒家学说都不是其他学说可以相比的。所以，新文化运动矛头所指，即是以儒学为主体的“旧文化”。

20世纪初期，以新文化运动为中心，在其前后的一段时间内，中国近代思想上一个最重要的事件就是对传统文化进行了全面的批判与清算，同时更广更深地引进西方文化，一时间欧风美雨飘洒于中华大地。新文化运动的基调是激进的、抨击旧文化的，其主流意识形态是反传统的。因此，从思想史的角度来看，“严格地说，中国没有真正的保守主义者，只有要求不同程度变革的人而已。要求变革较少的人往往就变成了保守主义

---

① 余英时：《现代儒学的困境》，载《现代儒学的回顾与展望》，三联书店2004年版，第56页。

者"①。即使是持调和论的人，也被视为文化上的保守者。② 这种激进的态度发展到五四新文化运动以后，即出现了要从根本上否定中国文化的全盘西化论者，其否定的最重要的内容就是儒家伦理文化。如陈寅恪所指出的，三纲六纪之说，其所依托以表现者，实为有形之社会制度；随着社会经济制度剧疾之变迁，纲纪之说，无所凭依，亦终归于不可救疗之局。③ 1905 年废除科举，1911 年辛亥革命终结帝制，纲纪之说在制度层面固然已"无所凭依"，但一个社会的道德风尚、文化传统是不可能在朝夕之间改变的。受纲纪论影响的伦理文化依然在制度以外的方面保持着巨大的影响，广大民间社会的伦理观念和生活习俗层面并没有太大的变化。1915 年兴起的新文化运动，正是要涤荡这些深入日用人伦的旧意识。陈独秀说："乡里人家厅堂上，照例贴一张'天地君亲师'的红纸条，讲究的还有一座'天地君亲师'的牌位。这腐旧思想布满国中，所以我们要诚心巩固共和国体，非将这班反对共和的伦理文学等等旧思想，完全洗刷得干干净净不可。"④

二　文化激进主义之伦理启蒙

洋务运动失败后，维新派人士开始引领思想潮流。然而中国思想文化的变化极其迅速，激进的思想不过风行几载，即为更激进的思想所覆盖，而先前的激进者转瞬成为保守者，进步者很快变成守旧者，刚刚被前人启蒙，即刻抛弃了启蒙导师而一跃成为思想先锋。这便是伦理启蒙的高潮时代。作为一种思想文化领域的革命，中国的启蒙思潮，特别是具有近代性意味的启蒙始于 19 世纪末，此后，启蒙的旋律便前后相继更迭。当康有为、严复、梁启超还活跃在思想领域时，读着他们的论着、被他们启蒙的新一代思想者又成长起来了，严、梁等人不是后来的文化激进主义者，只是以自己的思想启迪了后者。有论者指出，鲁迅之于严复，胡适之于梁启

---

① 余英时：《中国近代思想史上的激进与保守》，载《现代儒学的回顾与展望》，第 18—19 页。

② 高力克：《五四的思想世界》，学林出版社 2003 年版，第 99 页。

③ 陈寅恪：《王观堂先生挽词并序》，载《陈寅恪集 · 诗集》，三联书店 2009 年版，第 12—13 页。

④ 陈独秀：《旧思想与国体问题》，载《独秀文存》，第 104 页。

超即是如此。[①]

中国近代进步思想家的基本取向是求新求变，而判断新与变的标准，则是从西方传播过来的由平等、自由、民主等构成的价值体系。可以这样说，近代化与西化在当时的知识界几乎是同义的，故中国的近代伦理启蒙虽有内源性的一面，但同时更受西方的影响。破除传统伦理的宗法家族本位、人身依附、等级尊卑的伦理体系，是一切变革的前奏，也是新文化运动中文化激进主义的起点。当然，在此起点之前其实已经出现了文化激进主义的态度，那就是戊戌变法运动中维新派人士的许多思想言论。这些言论实已包含着文化变革之激进与保守两种观点或两种态度的萌芽。以下梳理了几位代表人物的“激进”思想。

（一）康有为提倡“人理至公”、“平等公同”

康有为是戊戌变法运动的领袖，激进的制度改革者，在给光绪皇帝的六次上书中，其政治改革的方案一次比一次完善、激烈。他企求在极短的时期内实现“宪政”，为将来建立一个人人平等、无所用其私的大同社会、极乐世界创造条件。其理论依据，一是近代西方启蒙运动中提倡的平等观念，二是《礼记·礼运》所言之中国古代的“天下为公”、“大同”理想。他说：“人人独立，人人平等，人人自主，人人不相侵犯，人人交相亲爱，此为人类之公理。”又说：“不平者天造之，平均者圣人调之，故凡百制度礼义，皆以趋于平而后止。”[②] 这两段话极具启蒙性质，类似于卢梭在《社会契约论》中所言：“人是生而自由的，但却无往不在枷锁之中。”人人因自由而平等，此是应然之理，是“人类公理”。康有为在《实理公法全书》中列举了种种“大背公理”、“无益人道”的伦理观念，如“男为女纲，妇受制于夫”、“无自主之权，身为父母所有”、“身为其师所有，不能自立”等等。对此，康有为力图以改制的方式来变革此不平等的伦理关系，并卓有远见地预言：“百年之后必变三者：君不专、臣不卑、男女轻重同，良贱齐一。”[③] 此论虽未发表，但已道出戊戌变法所

① 参见张宝明《启蒙与革命——五四激进派的两难》，学林出版社 1998 年版，第 14—16 页。

② 康有为：《孟子微卷一·总论第一》，载《孟子微》，中华书局 1987 年版，第 18、23 页。

③ 康有为：《康子内外篇·人我篇》，载《康有为全集》第一集，中国人民大学出版社 2007 年版，第 108 页。

依据的新思想与追求的理想目标。

康有为所追求和设计的未来的大同社会，是一个“至平、至公、至仁、治之至”的太平盛世：“公者，人人如一之谓，无贵贱之分，无贫富之等，无人种之殊，无男女之异。分等殊异，此狭隘之小道也；平等公同，此广大之道也。无所谓君，无所谓国，人人皆教养于公产，而不恃私产，人人即多私产，亦当分之于公产焉，则人无所用其私，何必为权术诈谋以害信义？更何肯为盗窃乱贼以损身名？非徒无此人，亦复无此思，内外为一，无所防虞。故外户不闭，不知兵革，此大同之道，太平之世行之。”[①] 在当时条件下要实现这样的社会，显然是一种主观空想，是根本不可能实现的。故有学者评论道：康有为这个“大同之世”的乌托邦成分是一目了然的，他对未来社会目标的设定不是基于一种经验主义的“工具理性”，而是诉诸于主观意图的“价值理性”。又说：“其思想具有强烈的‘反智论’倾向。以‘反智论’为形式，以政治文化为实质的中国文化激进主义思潮，实以康有为为肇始者。”[②] 说康有为是文化激进主义的肇始者而不单纯是个政治改革者，是因为康氏的平等观与大同之世已涉及消弭三纲的根本问题，这是有伦理启蒙价值的。他所设计的改革方案中，也有彻底废除科举制的方案，[③] 而科举制是中国帝制时代纲常名教传承的基础与根本保障。可以说，康有为的文化改革意识是很浓厚的，在当时的思想氛围中是相当激进的。

（二）谭嗣同“以仁黜礼”，冲决“重重网罗”

这一时期文化激进主义的最重要代表当属谭嗣同（1865—1898）。谭氏是中国近代知识分子思想骤变的典型，他在1866年即他21岁时写的文章，思想相当守旧。在他眼中，中国是一个“八荒风雨之所和会，圣贤帝王之所爰宅，而经纬、风教、礼俗于以敦，而三纲五常于以备也”，这时他不但以纲常名教的守护者为荣，而且认为对于列强之侵凌，三纲五常

---

① 康有为：《礼运注》，载《孟子微》，第240页。

② 胡希伟、田薇：《中国文化激进主义思潮的历史演进》，《中国人民大学学报》2001年第6期，第111页。

③ 康有为：《上清帝第四书》，载《康有为政论集》上，中华书局1981年版，第149—163页。

之道足以应付。[①] 甚至在数年以后，他依然认为，“中国圣人之道，无可云变也”，[②] 并讥讽魏源“以夷攻夷”之策。但是，未过几年，谭嗣同在目睹甲午战争失败并从游梁启超后，思想为之大变，其标志是1896年写成的不朽之作《仁学》。戊戌变法前，他对封建专制制度已表现出强烈不满，要求“尽变西法”，认为“二千年来之政，秦政也，皆大盗也；二千年来之学，荀学也，皆乡愿也。惟大盗利用乡愿；惟乡愿工媚大盗。”[③] 意谓封建政治是残害人民之暴政，思想是以“尊君统”为目标之“荀学”，必须以平等、自由的道德原则，来打破这些束缚人民的枷锁。从1886年到1896年10年时间里，谭氏由一个倭仁（1804—1871，晚清顽固派首领，反对学习西方技艺，反对新法，1900年八国联军入北京时自缢而死）、徐桐（1820—1900）式的士大夫，迅速地转变成当时引领风气的思想家。他的立场已徘徊于变法与革命之间，而他的文化思想已超过与他同时代的所有的先进知识分子，而与以后五四的激烈反传统主义相颉颃，成为文化激进主义的奠基者。[④] 在那个激荡的时代中，谭嗣同的思想巨变是无数知识分子的缩影，这种情况不是偶然的，包括孙中山在内，他们之越来越激进，乃是现实使然。

谭嗣同的激进思想表现在对仁之新义的阐发中。在传统伦理思想体系中，“仁”具有至上的地位，它含万理、包诸德，一本万殊。而谭嗣同在其《仁学》这部名著中，借用近代物理学上的“以太”概念对仁作了诠释，认为“仁为天地万物之源”，“仁以通为第一义”、为根本特征，并以此抨击了封建专制和礼教，力破所有“不仁”、“不通”的黑暗局面。相比之下，康有为与谭嗣同皆以“仁”作为思想的核心，但意义却不尽相同。梁启超曾这样评价乃师康氏的学说：“先生之哲学，博爱派哲学也。先生之论理，以‘仁’字为惟一之宗旨。以为世界之所以立，众生之所以生，家国之所以存，礼义之所以起，无一不本于仁。”[⑤] 传统儒家伦理以血缘之爱为根基，始有血亲之爱，由近至远，推己及人，称之为仁者爱

---

① 谭嗣同：《治言》，载《谭嗣同全集》增订本（上），中华书局1981年版，第232页。

② 谭嗣同：《石菊影庐笔识·思篇·十五》，载《谭嗣同全集》增订本（上），第131页。

③ 谭嗣同：《仁学·二十九》，载《谭嗣同全集》增订本（下），第337页。

④ 张灏：《梁启超与中国思想的过渡（1890—1907）：烈士精神与批判意识》，新星出版社2006年版，第270页。

⑤ 梁启超：《南海康先生传·康南海之哲学》，载《饮冰室合集·文集之六》，第71页。

人。爱虽有差等，但均可称爱，更重要的是，在“等差之爱”中蕴藏了尊卑关系。康有为的思想在一定程度上对传统儒家伦理是有突破的，即认为这种差等会走向平等。《康子内外篇》中说：“百年之后必三变者：君不专、臣不卑、男女轻重同，良贱齐一。”不过，他对儒家伦理的变革意愿并不强烈，把改变不平等的君臣关系、男女关系等推至百年以后，而且这一理想依然是从儒家伦理中引申出来的。谭嗣同虽然在变法方面追随康有为，但在对待传统伦理上远比康有为激进，其《仁学》与儒家的“仁”几无实质性的联系，只是在最一般意义上代表了一种道德理想。张之洞认为，“不可变者，伦常、纲纪”，而谭嗣同恰恰对它们进行了反叛与颠覆。他尖锐地指出：“以名为教，则其教已为实之宾，而绝非实也。又况名者，由人创造，上以制其下，而不能不奉之，则数千年来，三纲五伦之惨祸烈毒，由是酷焉矣。君以名桎臣，官以名轭民，父以名压子，夫以名困妻，兄弟朋友各挟一名以相抗拒，而仁尚有少存焉者得乎?”[①] 谭氏批判的重点是三纲及由此而来的道德准则：“曰‘仁’，则共名也，君父以责臣子，臣子亦可反之君父，于钳制之术不便，故不能不有忠孝廉节等一切分别等衰之名，乃得以责臣子曰：‘尔胡不忠，尔胡不孝，是当放逐也，是当诛戮也。’忠孝既为臣子之专名，则终必不能以此反之。虽或他有所摭，意欲诘诉，而终不敌忠孝之名为名教之所出，反更益其罪。”[②]

在这里，谭嗣同在仁的观念里融摄了儒家以外的许多思想，从而产生了一种激进的抗议精神，这种抗议精神最大的特色，就是“以仁黜礼”。谭嗣同认为，礼是仁通行的一种障碍，只有把这种障碍除去，仁才能完全实现。因此，他在《仁学》里对礼展开了全面地批判，而这种批判又是与“三纲”连在一起进行的。[③] “今中外皆侈谈变法，而五伦不变，则举凡至理要道，悉无从起点，又况于三纲哉!”[④] 在谭嗣同看来，三纲既非“天理”，亦非源自良知，而是维护封建专制的“钳制之器”，不但“能制人之身者，兼能治人之心”。三纲之为精神枷锁，既有法律的严厉，又如密不透风的罗网，无处不在。再加上两千多年来的提倡，使人们“奉腐儒古老之谬说为天经地义”、“敬若天命而不敢渝”。这种无形的精神禁

① 谭嗣同：《仁学·八》，载《谭嗣同全集》增订本（下），第299页。

② 同上。

③ 张灏：《梁启超与中国思想的过渡（1890—1907）：烈士精神与批判意识》，第295页。

④ 谭嗣同：《仁学·三十八》，载《谭嗣同全集》增订本（下），第351页。

锢，“名之所在，不惟关其口，使不敢昌言，乃并锢其心，使不敢涉想”，“三纲之慑人，足以破其胆而杀其灵魂”。谭氏对三纲的抨击，是以西方的价值观为圭臬的。

他在批判君为臣纲时云：中国有君臣一伦，而“（西方）所谓民主者，犹为大公至正，彬彬唐、虞揖让之风，视中国秦以后尊君卑臣，以隔绝不通气为握固之愚计，相去奚止霄壤”[①]。“二千年来君臣一伦，尤为黑暗否塞，无复人理，沿及今兹，方愈剧矣。”[②] 从原初状态而言，是先“有民而后有君”：“生民之初，本无所谓君臣，则皆民也。民不能相治，亦不暇治，于是共举一民为君。夫曰共举之，则非君择民，而民择君也。夫曰共举之，则其分际又非甚远于民，而不下侪于民也。夫曰共举之，则因有民而后有君。”就重要性而言，是民本君末，“君末也，民本也。天下无有因末而累及本者，亦岂可因君而累及民哉？夫曰共举之，则且必可共废之。君也者，为民办事者也；臣也者，助办民事者也”。[③] 从立君的本义而言，推举君主是为了民，但是，在中国社会发展过程中，君逐渐拥有无上的权威：君可以“专责之臣下”，而不知君之职责。不过，不为民之君，民亦可共废之。谭氏此论与孟子之说相近，可说是古代朴素民本思想之近代复兴。既然“君为臣纲”不是天理之应然，那么与此对应的“忠”便大有问题。追本溯源，“忠”的本义是平等的交往之道：“忠者共辞也，交尽之道也，岂又专责之臣下乎？”君臣之间，“抚我则后，虐我则仇”，臣可视君对己的态度而决定对君的态度，若“君为独夫民贼，而犹以忠事之，是辅桀也，是助纣也。其心中乎，不中乎？呜呼，三代以下之忠臣，其不为辅桀助纣者几希！”[④] 在君权神授的思想坚如磐石的时代，去挑战君为臣纲是需要勇气的。当然，若论思想深度，谭氏“君末民本”思想不及严复的“主权在民”思想深刻，[⑤] 但他表现出的大无畏的气概却是严复所不及的。

谭氏批判父为子纲时云：“君臣之祸亟，而父子、夫妇之伦遂各以名

---

① 谭嗣同：《思纬氤氲台短书·报贝元徵》，载《谭嗣同全集》增订本（上），第197—198页。

② 谭嗣同：《仁学·三十》，载《谭嗣同全集》增订本（下），第337页。

③ 谭嗣同：《仁学·三十一》，载《谭嗣同全集》增订本（下），第339页。

④ 谭嗣同：《仁学·三十二》，载《谭嗣同全集》增订本（下），第340页。

⑤ 参见严复《辟韩》，载《严复集》第一册，第32—36页。

势相制为当然矣。此皆三纲之名之为害也。”[①] 确实，君臣一伦在明清之际已受到诸多批判，黄宗羲在其《明夷待访录·原君》中说：“为天下之大害者君而已矣”；在其《原臣》中又说：“谓之臣，其名累变。夫父子固不可变者也。”黄氏认为父子关系是天经地义、亘古如一的。但谭嗣同却从平等观念出发，抨击了父为子纲，他说：“相忘为上，孝为次焉。”[②]“夫大同之治，不独父其父，不独子其子。”

谭氏在批“夫为妻纲”时云：“夫既自命为纲，则所以遇其妇者，将不以人类齿。……自秦垂暴法，于会稽刻石，宋儒炀之，妄为‘饿死事小，失节事大’之瞽说，直于室家施申、韩，闺闼为岸狱，是何不幸而为妇人，乃为人申、韩之，岸狱之!”[③] 谭氏所言之“岸狱”即监狱，“申韩”指战国时法家申不害和韩非，将岸狱与申韩并举，乃是指对妇女实行严法酷刑。值得一提的是，谭嗣同还对道学家们贬抑的“性”、“欲”等男女合欢之事，从平等、科学的视角给予了拨乱反正，他说：“苟明男女同为天地之菁英，同有无量之盛德大业，平等相均，初非为淫而始生于世，所谓色者，粉黛已耳，服饰已耳，去其粉黛服饰，血肉聚成，与我何异，又无色之可好焉。则将导之使相见，纵之使相习，油然相得，澹然相忘，犹朋友之相与往还，不觉有男女之异，复何有于淫？淫然后及今可止也。”[④] 因此，重男轻女是“无礼之法”。“男女构精，特两机之动，毫无可羞丑，而至予人间隙也。中国医家，男有三至、女有五至之说，最为精美，凡人皆不可不知之。若更得西医之精化学者，详考交媾时筋络肌肉如何动法，涎液质点如何情状，绘图列说，毕尽无余，兼范蜡肖人形体，可拆卸谛辨，多开考察淫学之馆，广布阐明淫理之书，使人人皆悉其所以然，徒废一生嗜好，其事乃不过如此如此。”[⑤] 若夫妻双方“本非两情相愿，而强合漠不相关之人，系之终身，以为夫妇，……实亦三纲之说苦之也”[⑥]。指出“（西方）自君至民，无置妾之例，又皆出于两情相愿，故伉俪笃重，无妒争之患，其子孙亦遂无嫡庶相猜忌之患”[⑦]。在这里，他

---

① 谭嗣同：《仁学·三十七》，载《谭嗣同全集》增订本（下），第 348 页。

② 同上。

③ 同上书，第 349 页。

④ 谭嗣同：《仁学·十》，载《谭嗣同全集》增订本（下），第 304 页。

⑤ 同上书，第 305 页。

⑥ 谭嗣同：《仁学·三十七》，载《谭嗣同全集》增订本（下），第 348—349 页。

⑦ 谭嗣同：《思纬氤氲台短书·报贝元徵》，载《谭嗣同全集》增订本（上），第 198 页。

主张婚姻平等、自愿，实行一夫一妻制，并且进行性科学研究、性伦理教育，以去除将性生活神秘化之陋见。所有这些论述，在维新人士中是仅见的，也是非常难得的。

此外，谭嗣同还以平等为圭臬，将对夫为妻纲、父为子纲的批判延伸到宗法家族制度之其他伦理关系，如婆媳关系、后母与前子关系、庶妾与嫡子关系、主人与奴婢关系等，认为这些都是黑暗的，“无复人理”的。尤其是女子作为男子的附属物，她们所受“缠足之酷毒”，便是男女地位不平等的象征。谭氏甚至将这种陋习上升为“亡国之由”。缠足始于南唐、盛于赵宋，从北宋起，中华大地连续遭到蒙古人、满人、西人“迭主华人之中国，彼其不缠足一事，已足承天畀佑，而非天之误有偏私也。又况西人治化之美，万万过于北狄者乎？华人若犹不自省其亡国之由，以畏惧而亟变缠足之大恶，……将不惟亡其国，又以亡其种类，不得归怨于天之不仁矣。”[①] 这种恶俗陋习不变革，不惟亡国、亡种不可避免，就连怨天怨地的理由也是没有的。

谭氏将一切不合理、不平等的思想、学问、制度统统归之于拘束人的言行、阻碍嗜好发展的“重重网罗”，号召人们起来“速其冲决”：“初当冲决利禄之网罗，次冲决俗学若考据、若词章之网罗，次冲决全球群学之网罗，次冲决君主之网罗，次冲决伦常之网罗，次冲决天之网罗，次冲决全球群教之网罗，终将冲决佛法之网罗。”[②] 总之，要冲破传统政治、社会、宗教、伦常、学术等等的网罗，否定礼法，超越传统，趋同西方。可以说，谭嗣同是中国近代伦理思想史上激烈地、全面地抨击“三纲”的第一人，是近代道德革命的先驱者，故张灏在研究近代知识分子时，充满敬意地将谭嗣同的思想概括为“烈士精神与批判意识”。

不过，谭氏并不完全否定传统。在礼教之外，他肯定了传统文化中有价值的著作。他所阐释的“仁”虽然不是本原意义上的儒家伦理观念，但还是有一定表达的。至于如何对待传统文化，谭氏说过这样的话：

> 凡为仁学者，于佛书当通《华严》及心宗、相宗之书；于西书当通《新约》及算学、格致、社会学之书；于中国书当通《易》、

① 谭嗣同：《仁学·十》，载《谭嗣同全集》增订本（下），第303页。
② 谭嗣同：《仁学·自序》，载《谭嗣同全集》增订本（下），第290页。

> 《春秋公羊传》、《论语》、《礼记》、《孟子》、《庄子》、《墨子》、《史记》，及陶渊明、周茂叔、张横渠、陆子静、王阳明、王船山、黄梨洲之书。[①]

对此，梁启超在《清代学术概论》中指出：“《仁学》之作”，是“欲将科学、哲学、宗教冶为一炉”。也就是说，谭氏对优秀的中、西文化是十分看重的，其文化态度是兼容的，其思想来源是多元的。他挖掘了佛学思想中的“平等”观念，并接续了明清之际黄宗羲、王夫之等人的思路与启蒙观点，在谭嗣同的解释中，仁这种“通”的精神体现于各派学说及宗教中：

> 孔谓之“仁”，谓之“元”，谓之“性”；墨谓之“兼爱”；佛谓之“性海”，谓之“慈悲”；耶谓之“灵魂”，谓之“爱人如己”、“视敌如友”。[②]

谭氏认为，墨家的“兼爱”，大乘佛教的“众生平等”、“慈悲”，“绝无重男轻女之意”；心学的“道德自主”以及《庄子·齐物论》中“道通为一”的思想（以超越的道看待区别），[③] 与西方的民主思想、基督教的“爱人如己”，[④] 都意在取消一切差异、隔阂，反对等级差别关系。在谭氏看来，无私的爱心与慈悲等观念，历来被纲常礼教所遮蔽，自己的任务就是去遮解蔽，推行“平等”、“自由”的价值观，使自然人性得到解放，个性生命得到张扬，人人享有生存与发展的权利。谭氏很是推崇自由：

> 庄曰：“闻在宥天下，不闻治天下。”治者，有国之义也；在宥者，无国之义也。□□□曰“在宥”，盖“自由”之转音。旨哉言乎！人人能自由，是必为无国之民。无国则畛域化，战争息，猜忌

---

① 谭嗣同：《仁学界说》，载《谭嗣同全集》增订本（下），第293页。

② 谭嗣同：《仁学·一》，载《谭嗣同全集》增订本（下），第293—294页。

③ 谭嗣同：《仁学·自叙》，载《谭嗣同全集》增订本（下），第289—291页。

④ 谭嗣同：《仁学·二十七》：“人人皆为天父之子，使人人皆为天之一小分，使人人皆有自主之权，破有国有家者之私。”（《谭嗣同全集》增订本（下），第334页）

绝，权谋弃，彼我亡，平等出；且虽有天下，若无天下矣。[①]

谭嗣同的"仁学"虽与各派思想理论有相同或相通之处，但不同点也是很明显的。如墨子所构想的兼爱并不含有改变社会政治制度的意思；孔子讲的"仁者，爱人"，尽管有普遍意义，但在他的思想体系中，爱是亲疏有别、推己及人的，或者说，爱是区分亲疏贵贱的等差之爱；宋代张载《西铭》所讲的"万物一体"、"民胞物与"，虽有消除畛界的博爱意味，但他并不主张废除宗法等级制度；程朱强调"理一分殊"，依然指"爱有分别"之说。所有这些，当然为谭氏所不容：

> 不能超体魄而生亲疏，亲疏生分别。分别亲疏，则有礼之名。自礼明亲疏，而亲疏于是乎大乱。心所不乐而强之，身所不便而缚之。缚则升降拜跪之文繁，强则至诚恻怛之意汩。……故曰："礼者，忠信之薄，而乱之首也。"夫礼，依仁而著，仁则自然有礼，不待别为标识而刻绳之。……礼与伦常皆原于仁，而其究也，可以至于大不仁，则泥于体魄之为害大矣哉。[②]

同时，谭氏对五伦也不是全部否定，认为兄弟、朋友两伦尤其是朋友之间，是存在某些仁的精神的："无纤毫之苦，有淡水之乐，其惟朋友乎。顾择交何如耳，所以者何？一曰'平等'，二曰'自由'，三曰'节宣惟意'。总括其义，曰不失自主之权而已矣。兄弟于朋友之道差近，可为其次。余皆为三纲所蒙蔽，如地狱矣。……伦有五，而全具自主之权者一。"[③] 正因为这样，谭氏主张以朋友为一切伦理关系的圭臬："世俗泥于体魄，妄生分别，为亲疏远近之名，而末视朋友。夫朋友岂真贵于余四伦而已，将为四伦之圭臬。而四伦咸以朋友之道贯之，是四伦可废也。"[④]

谭嗣同对封建伦理的全面抨击颇具特色，而抨击所依据的原则在很大程度上是基于道德的合理性：由平等而自由、自主。他说："天与人不平等，斯人与人愈不平等。中国自绝地天通，惟天子始得祭天。天子既挟一

---

① 谭嗣同：《仁学·四十七》，载《谭嗣同全集》增订本（下），第 367 页。

② 谭嗣同：《仁学·十四》，载《谭嗣同全集》增订本（下），第 312 页。

③ 谭嗣同：《仁学·三十八》，载《谭嗣同全集》增订本（下），第 349—350 页。

④ 同上书，第 350 页。

天以压制天下，天下遂望天子俨然一天，虽胥天下而残贼之，犹以为天之所命，不敢不受。民至此乃愚入膏肓，至不平等矣。”① 先是“绝地天通”，然后是借助天的威权以压制天下，这是造成不平等的总根源。因此，冲决天的网罗势所必然。

在戊戌变法期间，谭嗣同与康有为、梁启超都是激进的改革者。他们的伦理变革意识在19世纪末皆属进步之列，甚至说他们皆为激进的思想家也不为过。只是，康有为于1927年去世之前，相继发生了辛亥革命、五四运动、十月革命、中国共产党成立等一系列重大事件，时间向前推移，他的思想不仅并未随之前进，反而成为前进的绊脚石，曾经是“其思想为吾人所不能达，其言论为吾人所不敢言”② 的康有为，终于逐渐变成一个保守者。谭嗣同虽定格于1898年，但他的思想却是超前的。谭嗣同在致贝元徵和欧阳瓣姜的信中，不但强调西方也有伦常，而且认为西方的伦常在许多方面比中国的伦常更具理性，值得效法。他甚至认为西方的侵略有利于抑制君主专制之祸害。同时，他对纲常的批评带有明显的基督教思想和西方近代进步观念的印记。张灏这样评价：“谭对本国文化充满强烈而激进语调的控诉，在晚清思想界是无与伦比的。从某种程度上说，其最激进之处甚至超过了‘五四’那代知识分子的反传统主义。”③

（三）梁启超之“道德革命”

如果说，谭嗣同的“冲决网罗”在于冲破三纲，破坏旧伦理体系之核心内容，那么梁启超鼓吹的“道德革命”，则重在建设新道德、培养新国民。梁氏在政治上未能随时代潮流前进，渐渐趋向保守，可说是失败者，但在文化上却与时俱进，作出了很大贡献。在戊戌变法失败后一段时间内，他还保持着对待传统伦理的激进态度。在流亡日本后，梁氏于1899年至1901年整理与发表谭嗣同之《仁学》的同时，开始着手写作《新民说》，并在1906年定稿。1901年，梁启超在《清议报》上发表了《中国积弱溯源论》一文，认为中国贫弱之由来非一时，其酿成之非一

---

① 谭嗣同：《仁学·二十七》，载《谭嗣同全集》增订本（下），第333页。

② 梁启超：《清议报一百册祝辞并论报馆之责任及本馆之经历》，载《饮冰室合集·文集之六》，中华书局1989年版，第54页。

③ 张灏：《危机中的中国知识分子：寻求秩序与意义》，高力克等译，新星出版社2006年版，第120页。

人，其败坏之非一寥。“故推原其所以积弱之故，其总因之重大者，在国民全体；其分因之重大者，在那拉一人。其远因在数千年之上，其近因在二百年以来，而其最近因又在那拉柄政三十年之间。”[①] 既然冰冻三尺，非一日之寒，那么要从根本上解决“积弱”问题，就要通过长期的启蒙教育，去改变“全体国民”的封建观念。梁氏看到了“国民性”对于中国富强的意义：国家乃“积民而成”，“民弱者，国弱；民强者，国强；殆如影之随形，响之应声”[②]。他于是提出了“新民”说。“新民”观念虽受严复思想的影响，但更有梁氏的创造性。

梁启超对封建道德也进行了深入的批判，但他的批判有自己的特点：一是通常不用激烈的词汇，只是采取平实的语言；二是多以对比的方法，从多个侧面点出为止；三是深入到道德心理、国民性格层面；四是强调新旧融合，中西结合，推陈出新。故初看虽比较温和，细味起来却不失其深刻而系统。在他看来，封建道德最大的危害是抹杀个性、禁锢人心，使人陷于奴性心理或“心奴”而不能自拔。为此，国人应做到“四勿”：勿为古人之奴隶；勿为世俗之奴隶；勿为境遇之奴隶；勿为情欲之奴隶。[③] 有奴性或“心奴”就是无独立人格，而这是由封建专制长期压迫所造成的。“（国人）二千余年俯首蜷伏于专制政体之下，以服从为独一无二之天职”[④]，再加上生计窘迫，正常的心理与性格便被扭曲，出现了奴性、愚昧、为我、好伪、怯懦、无动等不良因素，[⑤] 造成了爱国心薄弱、独立性脆弱、公共心缺乏、自治力欠缺等品格缺憾，[⑥] 形成了贪鄙之性、褊狭之性、凉薄之性、虚伪之性、谄阿之性、暴弃之性、偷苟之性，[⑦] 不过，一旦封建专制政体瓦解，近代工商业发展，国民性中的不良因素是会发生改变和被矫正的。在这里，提倡公德，培养“新民”是重要的伦理对策。

---

① 梁启超：《中国积弱溯源论·积弱之源于近事者》，载《饮冰室合集·文集之五》，第41页。

② 梁启超：《新民说·就优胜劣败之理以证新之结果而论及取法之所宜》，载《饮冰室合集·专集之四》，第7页。

③ 梁启超：《新民说·论自由》，载《饮冰室合集·专集之四》，第47—49页。

④ 梁启超：《论独立》，载《饮冰室合集·文集之十四》，第6页。

⑤ 梁启超：《中国积弱溯源论·积弱之源于风俗者》，载《饮冰室合集·文集之五》，第18—26页。

⑥ 梁启超：《论中国国民之品格》，载《饮冰室合集·文集之十四》，第2—4页。

⑦ 梁启超：《新民说·论私德》，载《饮冰室合集·专集之四》，第125页。

(四) 新民说

1902 年梁启超创办了《新民丛报》，其创刊号之《本报告白》曰："本报取名《大学》'新民'之义，以为欲维新吾国，当先维新吾民。"《新民丛报》的宗旨是号召国人摆脱封建奴性，树立独立、自由和爱国家、爱民族的思想，激励人们都要具有"自尊"、"进步"、"利群"以及"进取冒险"等奋发图强、积极向上的精神。从 1902 年到 1906 年，《新民丛报》连续刊载了《新民说》，力图唤起中国人民的自觉，以从封建时代的臣民转化为近现代国家的国民。《新民说》全文共 20 节，分期刊载，历时五年，后发行了单行本。因其切中时弊，故发表后立即在国内外引起了强烈反响。

梁启超认为，培养新民极其重要。"凡一国之存亡，必由其国民之自存自亡，而国也者，积民而成。""凡一国之存亡，必由其国民之自存自亡，而非他国能存之能亡之也。苟其国民无自存之性质，虽无一毫之他力以亡之，犹将亡也。苟其国民有自存之性质，虽有万物之他力以亡之，犹将存也。"又说："然则为中国今日计，必非恃一时之时贤君相而可以弭乱，亦非望草野一二英雄崛起而可以图成，必其使吾四万万人之民德、民智、民力皆可与彼相埒，则外自不能为患，吾何为而患之？"①

那么什么是"新民"？《新民说·释新民之义》："新民云者，非欲吾民尽弃其旧以从人也。新之义有二：一曰淬厉其所本有而新之；二曰采补其所本无而新之。""凡一国之能立于世界，必有其国民特具之特质，上自道德法律，下至风俗、习惯、文学、美术，皆有一种独立之精神。"此新民之特质，首先是有公德，故培养新民，重在有新德、公德。梁氏说："我国民所最缺者，公德其一端也。公德者何？人群之所以为群，国家之

---

① 梁启超对于严复的"开民智"的主张推崇备至，认为民智不只是文化水平，更重要的是使民众走出封建时代的蒙昧状态。他说："今国家而不欲自强则已，苟欲自强，则悠悠万事，惟此为大，虽百举未遑，犹先图之。"（《变法通议·学校总论》，载《饮冰室合集·文集之一》，第 20 页）又说："今之策中国者，必曰兴民权。兴民权斯固然矣，然民权非可以旦夕而成也。权者，生于智者也，有一分之智，即有一分之权。……昔之欲抑民权，必以塞民智为第一义，今日欲伸民权，必以广民智为第一义。"（《论湖南应办之事》，载《饮冰室合集·文集之三》，第 41 页）

所以为国，赖此德焉以成立者也。”[①] 其次是有私德：“道德之本体一而已，但其发表于外，则公私之名立焉。人人独善其身者谓之私德，人人相善其群者谓之公德，二者皆人生所不可缺之具也。无私德则不能立，合无量数卑污虚伪残忍愚懦之人，无以为国也；无公德则不能团，虽有无量数束身自好、廉谨良愿之人，仍无以为国也。”[②]

这些话道破了中国千年伦理道德在新时代所面临的困境。在梁启超看来，中国自古道德发达，与各大文明相比，不可谓不早熟，但这种道德“偏于私德，而公德阙如”，比如《论语》、《孟子》，国人皆以之为立身范本，而其中所言以私德为主。《论语》中所谓温、良、恭、俭、让，所谓克己复礼、忠信笃敬、刚毅木讷；《大学》所谓知止慎独，戒欺求慊；《中庸》所谓好学力行知耻、戒慎恐惧，所谓致曲；《孟子》所谓存心养性，所谓反身强恕等等，凡此之类，关于私德者，“发挥几无余蕴”，足够完备。然而，仅有私人之资格，对于现时代来说，就是“完全之人格”吗？“是固不能”。若以中国旧伦理与西方诸国新伦理相比较，我们即可知公德之于“完全之人格”的重要性，梁启超指出：

> 旧伦理之分类，曰君臣，曰父子，曰兄弟，曰夫妇，曰朋友；新伦理之分类，曰家族伦理，曰社会（即人群）伦理，曰国家伦理。旧伦理所重者，则一私人对于一私人之事也；新伦理所重者，则一私人对于一团体之事也。夫一私人之所以自处，与一私人之对于他私人，其间必贵有道德者存，此奚待言！虽然，此道德之一部分，而非其全体也。全体者，合公私而兼善之者也。[③]

旧伦理之弊，是只注重了独善其身和私人之间的道德。从新伦理的视阈来看旧伦理，父子关系、兄弟关系、夫妇关系均属于家族伦理，朋友关系属于社会伦理，君臣关系属于国家伦理或政治伦理。但朋友一伦，不足以囊括社会伦理关系，君臣一伦，尤不等同于国家伦理或政治伦理。谭嗣同期望以朋友一伦为伦理模型改造传统人伦关系，梁启超却

---

① 梁启超：《新民说·论公德》，载《饮冰室合集·专集之四》，第12页。

② 同上。

③ 同上书，第12—13页。

认为，凡人对于社会之义务，绝不只是相知之朋友而已，即使不与人交往，对于社会仍有不可不尽之责任。至于国家伦理，尤非君臣所能专有，所谓君臣之义——君使臣以礼，臣事君以忠，全属两个私人感恩效力之事，无关大体，古代有逸民不事王侯者，难道就与国无关了吗？一人独处、人与人交往，“其间必贵有道德者存”，而这又只是道德的一部分。任何人必备此三伦理之义务，“合公私而兼善之者”，才可谓有完全之人格。总之，“中国之五伦，则惟于家族伦理稍为完整，至社会、国家伦理，不备滋多。此缺憾之必当补者也，皆由重私德轻公德所生之结果。”“吾中国数千年来，束身寡过主义，实为德育之中心点。”[①] 梁氏将传统伦理之不完整归咎于对公德提倡不力：孔子无过，而后世陋儒因不解儒家真义而有所偏，乃至“谬种流传，习非胜是，而国民益不复知公德为何物”[②]。

梁氏的注重点是新道德之增补性的建设。在他看来，“道德之立，所以利群也”。虽然由于文明程度的差别，不同民族所适宜的道德往往不同，但殊途同归，均是为着“固其群、善其群、进其群”。梁启超认为，近现代国家必须有公共道德、爱国观念，故将公德观念上升为最高伦理原则：“是故公德者，诸国之源也，有益于群者为善，无益于群者为恶。此理放诸四海而准，俟诸百世而不惑者也。”[③] 以此新伦理观念衡量传统道德，为官者束身寡过，以清、慎、勤为处事之道，不求有助于国家，但求无过于己身，为民者无一人视国事为己事，不知无国无群乃性命财产无所托，此皆不明公德大义，足以误国家。但伦理道德是随着历史发展而不断进步的。前人所没有的，后人可以发明创造，“德也者，非一成而不变者也，非数千年前之古人所能立一定格式以范围天下万世者也”[④]。吾辈既然生于此族，行于今日，即应发明一种新道德，以求所以固吾群、善吾群、进吾群之道，不可以因为前王先哲所罕言，而画地为牢不敢求变。只有“知有公德，而新道德出焉矣，而新民出焉矣”[⑤]。

---

① 梁启超：《新民说·论公德》，载《饮冰室合集·专集之四》，第13页。

② 同上。

③ 同上书，第15页。

④ 同上。

⑤ 同上。

（五）道德革命

为了使新民有新道德，梁启超在中国近代思想史上第一次明确提出了“道德革命”的主张，并表示为进行这场革命，自己不怕“与一世流俗人挑战决斗”：

> 今世士夫谈维新者，诸事皆敢言新，惟不敢言新道德，此由学界之奴性未去，爱群、爱国、爱真理之心未诚也。盖以为道德者，日月经天，江河行地，自无始以来，不增不减，先贤昔圣，尽揭其奥以诏后人，安有所谓新焉旧焉者。殊不知道德之为物，由于天然者半，由于人事者亦半，有发达有进步，一循天演之大例。前哲不生于今日，安能制定悉合今日之道德？使孔孟复起，其不能不有所损益也，亦明矣。……道德革命之论，吾知必为举国之所诟病，顾吾特恨吾才之不逮耳，若夫与一世之流俗人挑战决斗，吾所不惧，吾所不辞。①

梁氏“道德革命”的口号一提出，国人的耳目便为之一新，精神便为之一振。不过，此口号在激进中也透露出几分温和与折中的意味。梁氏说：“淬厉（砺）其所本有而新之，采补其所本无而新之”；“故吾所谓新民者，必非如心醉西风者流，蔑弃吾数千年之道德、学术、风俗，以求伍于他人；亦非如墨守故纸者流，谓仅抱此数千年之道德、学术、风俗，遂足以立于大地也”②。梁氏的原则是固本开源，切实而理性。他以“公德”、“利群”补旧伦理之不足，固然是有价值的做法，然而对纲常名教之批判力度不够，③ 则不能不是一种缺憾。这是梁氏一直坚持君主立宪的政治立场在伦理观念上的表现。尽管如此，提出道德必须革命的主张，仍

---

① 梁启超：《新民说·论公德》，载《饮冰室合集·专集之四》，第15页。

② 梁启超：《新民说·释新民之义》，载《饮冰室合集·专集之四》，第7页。

③ 梁启超《西学书目表后序》：“三代以后，君权日益尊，民权日益衰，为中国致弱之根原。”（《西学书目表后序》，载《饮冰室合集·文集之一》，第128页）梁氏对君权至上有批评，但他只主张对君权进行限制，不主张废除。虽然梁启超没有像谭嗣同那样激烈地批判三纲思想，但是他的政论文章中决无为三纲辩护的内容，而从他提倡的新伦理观而言，明显具有伦理启蒙意味。例如，发表于1897年的《倡设女学堂启》中说：“圣人之教，男女平等，施教劝学，匪有歧矣。”（《倡设女学堂启》，载《饮冰室合集·文集之二》，第20页）此虽不驳男尊女卑之观念，但以立为破，所起到的作用也是积极的。

不失其振聋发聩的作用。

“道德革命”的要旨是确立公德在道德体系中的核心地位，进而以公德培育“新民”，变臣民为国民。梁氏指出，公德之大目的，即在利群，具体而言，首明“国家思想”：“一曰对于一身而知有国家，二曰对于朝廷而知有国家，三曰对于外族而知有国家，四曰对于世界而知有国家”①。又说：“昔之政府，以一君主为主体，故其帝国者，独夫帝国也。今之政府，以全国民为主体，其帝国者，民族帝国也。”② 苟无公德，即无合力。因而必须将“发明群义”视为大事，即“以国事为己事，以国权为己权，以国耻为己耻，以国荣为己荣”③。从鼓吹“合群”，到宣扬民族主义，进而到爱国所依赖的伦理准则——公德，梁启超的思想脉络一以贯之。对此，胡适评价说：“梁任公为吾国革命第一大功臣。……去年武汉革命，所以能一举而全国响应者，民族思想政治思想入人已深，故势如破竹耳。使无梁氏之笔，虽有百十孙中山、黄克强，岂能成功如此之速耶!”④ 此话说得有些过头，把辛亥革命胜利完全归功于梁氏是不妥的。孙中山也大力宣传过与梁启超类似的思想：“个人不可太过自由，国家要得到完全自由。到了国家能够行动自由，中国便是强盛的国家，要这样做去，便要大家牺牲自由。”⑤

梁启超重公德是他对中国近代道德革命的重要贡献，而对于私德如修身养性，他采用了旧瓶装新酒的方法进行革新。在 1896 年和 1897 年的《湖南时务学堂学约》和《万木草堂小学学记》中，梁氏从传统的修身方法中选出了“立志”、“养心”、“治身”、“读书”、“穷理”、“经世”、“传教”等项，以时代内容进行诠释：“立志”当以天下国家为己任；“读书”中有中西群学，更注重“专求致用”的科学；“经世”非指独善其身，而是指“天下兴亡，匹夫之贱，与有责焉”；“穷理”是秉承古希腊以来之“理性”精神，探究科学真理；“传教”乃昌明孔子之学，以抗西方基督教；凡此等等。梁启超对传统道德修养所作的合乎近代要求的诠释

① 梁启超：《新民说·论国家思想》，载《饮冰室合集·专集之四》，第 16 页。

② 梁启超：《国家思想变迁异同论》，载《饮冰室合集·文集之六》，第 22 页。

③ 梁启超：《爱国论》，载《饮冰室合集·文集之三》，第 69 页。

④ 胡适：《胡适日记全编》1，安徽教育出版社 2001 年版，第 180 页。

⑤ 孙中山：《三民主义·民权主义第二讲》，载《孙中山全集》第九卷，中华书局 2006 年版，第 282 页。

与引申，其价值目标是使士人能成为经世致用的人才，而儒者历来所提倡的“内圣外王”的价值理想，也由此获得了新的内涵。[①] 他的这些思想与“淬厉（砺）其所本有而新之，采补其所本有而新之”等方法，后来成为文化保守主义之滥觞。对此，梁氏自我评价道：自己是“保守性与进取性常交战于胸中”、“所执往往前后相矛盾”的。[②]

（六）新文化运动之荡涤“孔教”

与梁启超提倡“道德革命”同时与稍后一段时间，批判封建纲常名教的启蒙活动渐趋激烈。但最后脱去儒学外衣，而将锋芒直指孔子，则要到五四新文化运动时期。在此之前，抨击三纲、冲决网罗的言辞尽管激烈，但儒学的外衣并未脱去，孔子的权威与尊严仍然存在。谭嗣同的《仁学》和康有为的《新学伪经考》、《孔子改制考》既不动摇孔子的地位，又不全面否定儒家思想，而只是要恢复所谓“真正的孔教”。或者说，孔子及其代表的儒学作为一种文化象征，被抽象地继承下来，而这种方式也是为当时不少进步人士所认同的。1899 年，何启（1858—1914）、胡礼垣（1847—1916）针对此前一年张之洞的《劝学篇》写了《劝学篇书后》一文，对《劝学篇·内篇》展开了全面批判，指出：“君臣不言义而言纲”、“父子不言亲而言纲”、“夫妇不言爱而言纲”，“勇威怯、众暴寡、贵陵贱、富欺贫，莫不从三纲之说而推，是化中国为蛮貊者，三纲之说也”[③]。同时又认为，“三纲之说，非孔孟之言也”。“孔孟之道，情理而已。情理者，人所同具，孔孟不过于情理之中能造乎其极，而先觉牖民

---

① 梁启超十分看重“内圣”的养成，他在《读孟子界说》中指出：“不动心者经世传教之总根源也。”（《饮冰室合集·文集之三》，第 20 页）这一思想与谭嗣同如出一辙，谭在《石菊影庐笔识》中提到“学莫大于养气”。养气是道德修养的过程，目的是“操之自我”，即对“自我”的把握，“操之自我，而又知言以辨其得失，于是无有能惑之者，而不动心之功成矣”（《石菊影庐笔识·思篇·二十八》，载《谭嗣同全集》增订本，第 137 页）。此“不动心”与梁启超之“不动心”无异，皆指不受外界风云变化之扰动，一切取决于自我的意志力。这不是简单的巧合。考诸谭、梁的年谱，两人正是在写此文时交往频繁，故思想相互影响实属正常。从思想史的角度来看，更深的原因在于谭、梁投身变法是异常困难的事业，无疑需要强大的内心信念。而源于孟子的“不动心”为后世儒家重视，正是因为它是道德精神完善的基础。因此，梁、谭不约而同倡导“不动心”，是因为内在的心性修养是实现政治思想的重要环节。

② 梁启超：《清代学术概论》，载《饮冰室合集·专集之三十四》，第 63 页。

③ 张岱年主编：《新政真诠——何启、胡礼垣集》，郑大华点校，辽宁人民出版社 1994 年版，第 354 页。

耳。"[①] 认为三纲出于《礼纬》，董仲舒释之，马融集之，朱熹述之，于是流毒遍天下。也就是说，胡氏与戊戌变法诸君一样，反三纲而尊孔孟。刘师培（1884—1920）在1903年撰《攘书》，其中《罪纲篇》严批"三纲"，但也未将矛头直接指向孔子，认为三纲之说本于纬书而于秦之前未闻："贱儒扶强锄弱，饰邪说而文奸言"；"小儒至谓三纲乃天所为，非人所设"，只不过为了钳锢民心，束缚才智，才有三纲天道之说；"莫若本墨家兼爱之仁而行以儒家之恕"[②]。认为抛弃由近及远之仁，而采墨家"兼爱"思想，则更近平等观念。1907年，《新世纪》上刊出了一篇署名为"真"的作者的文章，题名为《三纲革命》[③]，这昭示着近代伦理启蒙的荡涤儒家伦理文化之高潮快要到来了。

这场酝酿已久、彻底清除旧道德、提倡新道德的文化的革命，不仅有康有为、谭嗣同、梁启超等维新派人士准备了较为充分的思想条件，而且有着雄厚的"物质"载体。根据现今能找到的资料，清王朝最后的十年间，出现过140种传播新思想的白话报和杂志。仅从名称即可发现，这些报刊带有极强的启蒙意味，比如《清议报》、《国民报》、《开智录》、《新民丛报》、《国民日日报》、《童子世界》、《女子世界》、《觉民》、《警钟日报》、《醒狮》、《民报》、《新世纪》等等。其宗旨大体相似，皆鼓吹摆脱封建奴性，树立独立、自由的人格和爱国家、爱民族的思想，激励人们要具有"自尊"、"进步"、"利群"以及"进取冒险"等奋发图强、积极向上的精神。此外，具有启蒙性质的、以地域命名的刊物也遍布中国各地，如《浙江潮》、《蜀报》、《安徽俗话报》、《江苏》、《大陆》、《湖北学生界》、《扬子江》、《东方杂志》、《云南杂志》等等。在这些报刊上，对传统文化的质疑已经全面展开，深刻而有见地的反省与批判比比皆是。可以说，辛亥革命前十年间的时论已经充满了激进的言论。《国民日日报》上曾发表了一篇无作者署名的《箴奴隶》的文章，其中说道："奴隶非生而为奴隶者也，而吾族人乃生而为奴隶者也。盖感受三千年奴隶之历史，熏染数千载奴隶之风俗，只领无数辈奴隶之教育，揣摩若干种奴隶之学派，

---

① 张岱年主编：《新政真诠——何启、胡礼垣集》，第339、348页。

② 刘师培：《刘申叔遗书》上，江苏古籍出版社1997年版，第641页。

③ 参见张枬、王忍之编《辛亥革命前十年间时论选集》第二卷，三联书店1963年版，第1015—1021页。

子复生子，孙复生孙，缪种流传，演成根性。"[①] 法家"专取已成之奴隶，拣选之，锻炼之"；道家"专务铸造奴隶之模范，以供治者之拣选之锻炼"；而儒家为独夫民贼所利用，"阳崇孔子，奉以文宣成王大成至圣种种徽号"，于是"孔子遂为养育各项奴隶之乳姬，生息而不尽"[②]。这不但将传统思想文化的主要学派一网打尽，而且连儒家的创始者孔子也列入其中。

这场新的文化革命的显著特点是废止"以复古求解放"的口号，尽管它曾在中国近代启蒙运动中起过历史性的进步作用。梁启超说："'清代思潮'果何物耶？简单言之，则对于宋明理学之一大反动，而以'复古'为其职志者也；其动机及其内容，皆与欧洲之'文艺复兴'绝相类；而欧洲当'文艺复兴期'经过以后所发生之新影响，则我国今日正见端焉。"[③] 梁启超是"清代思潮"的亲历者与引领者，他的说法是有根据的。但是"以复古求解放"的启蒙方式固然是中国传统文化内生的合乎逻辑的一种延展，却有着不可忽视的局限性，对此，梁启超于1920年写成的《清代学术概论》中评述道："综观二百余年之学史，其影响及于全思想界者，一言蔽之曰：'以复古求解放'。"[④] 具体而言，即是复宋之古，而解放于王学；复汉唐之古，而解放于程朱理学；复西汉之古，而解放于许郑伪经；复先秦之古，而使孔孟复其原貌。这种打着复古旗号而求思想解放、舍弃新权威而跪拜旧权威的思维方式，虽是越反越古，但最后仍免不了受权威压抑：于王学而得解放却回到了程朱；于宋学而得解放却信了汉学；解构了古文伪经却又陷于今文经学的微言大义；最后以孔子真义为标尺而回到孔子，推崇三代礼乐，以周礼为美善制度。不断疑古不断尊古，以"权威"取代"权威"，这不但难以为继，而且与启蒙精神格格不入。"以复古求解放"的集大成者康有为，他的《新学伪经考》、《孔子改制考》已达到复先秦之古的极限。然而，即使恢复了孔子的本来面貌，也不能从这位被历代封建帝王尊为"至圣先师"的学说中引申出现代社会所需要的理念，从"君君、臣臣、父父、子子"之尊卑上下关系中，是

---

① 《箴奴隶·国民日日报》，载《辛亥革命前十年间时论文集》第一卷，三联书店1960年版，第702页。

② 同上书，第707页。

③ 梁启超：《清代学术概论》，载《饮冰室合集·专集之三十四》，第3页。

④ 同上书，第6页。

无论如何也阐发不出近代民主、平等的制度的。康氏晚年的保皇、保教，足以说明了这一点。而五四新文化运动的又一特点，就是改变了这种状况，把孔子的权威打倒了。

（七）辛亥革命后的尊孔复古活动

与基于礼教立场的启蒙不同，五四新文化运动的锋芒指向所有的传统文化。五四时期新文化运动的引领者们，不但摆脱了孔子的神圣礼教，而且颠覆了以儒学为主流的传统伦理。与此同时，他们对西学的引进也更加深广，遂使西化浪潮滚滚而来。

然而，腐朽的社会势力与陈旧的社会礼俗是不会自动退出历史舞台的，新价值观的传入亦会遭到旧思想的抵制。辛亥革命后，共和政体陷入困境，封建势力图谋复辟，尊孔复古大行其道。1915 年，袁世凯（1859—1916）指示教育部拟定“提倡忠孝节义施行办法”，制定《教育纲要》，规定以《论语》、《孟子》、《礼记》、《春秋》等为中小学“教科书”。是年秋，由杨度（1874—1931）等人成立“筹安会”，劝进袁世凯复辟帝制。1915 年 12 月 13 日，袁世凯接受了文武百官的朝贺，并下令自 1916 年 1 月 1 日起改元“洪宪”，举行皇帝登极大典。所有这一切，均与辛亥革命所追求的政治体制及其相应的思想文化背道而驰。对此，陈独秀指出：“盖主张尊孔，势必立君；主张立君，势必复辟。”这样，“以复古求解放”在很大程度上沦为封建专制的守护神。民国初年的孔教运动、复古思潮与帝制复辟的合流，表明儒家伦理与封建专制有着密切的联系。后来，《新青年》上一篇署名彭啸殊的文章说：“中华民国开幕，是依崭新的思想，成崭新组织。然其中演员与剧情，都是些古人古事，古色斑驳，古味盎然。”[①] 这段文字生动地概括了这段历史。辛亥革命摧毁了千年帝制，形成了崭新的政治组织结构，但新的思想体系却未能形成，旧思想、旧意识、旧价值观在相当程度上未能改变，这是袁世凯复辟、孔教运动得以再起的深层社会原因。退一步说，即使是“真孔学”恢复，也不能满足中国社会转型的需要，填平儒学与“现代性”之间的鸿沟。1913 年，年轻的李大钊在一篇文章中感叹：“暴君仆矣，共和成矣”，然而如水益深，如火益热，民生益沦于涂炭，可以说，民权之旁落，“不患在无

① 彭啸殊：《古迷》，《新青年》1919 年 3 月第 6 卷第 3 号。

护权之政制，患在无享权之能力；不患无为之争权之人，患在为之争权者，转而为窃权之人”。“但叹悼吾民德之衰、民力之薄耳！民力宿于民德，民权荷于民力，无德之民，力于何有？无力之民，权于何有？即无图攘窃于其后者，恐此权之为物，终非乏担当力者所能享有。”① 在李氏看来，若伦理方面不觉醒，“虽尧、舜、华（盛）顿复生，亦难睹真正共和之隆治，况其下焉者乎？所望仁人君子，奋起奔走革命之精神，出其争夺政权之魄力，以从事于国民教育。……不劳尔辈先觉君子，拔剑击柱，为吾民争权于今日。……国民教育，乃培根固本之图”②。

物极必反，残酷而黑暗的社会现实，终于催生了五四新文化运动，引发了真正意义上文化激进主义思潮。陈独秀、李大钊、胡适成为这一新思潮的引领者，他们将中国社会转型的失败归咎于延续了两千年的封建土壤——传统文化特别是儒家伦理的阻碍。在这新一代的知识精英看来，“孔教与帝制，有不可离散之因缘”③，两者必须彻底打碎。于是一场以反儒教为中心的文化批判运动终于拉开了大幕——不但要继续打碎以三纲为核心的封建礼教，孔子作为旧文化的精神偶像也必须推倒。

（八）陈独秀、李大钊之直批孔教

陈独秀早年留学日本，1915 年主编《新青年》，是五四运动著名的领袖人物。他在《孔子之道与现代生活》等文中指出：

> 孔子生长封建时代，所提倡之道德，封建时代之道德也；所垂示之礼教，即生活状态，封建时代之礼教，封建时代之生活状态也；所主张之政治，封建时代之政治也。封建时代之道德，礼教，生活，政治，所心营目注，其范围不越少数君主贵族之权利与名誉，于多数国民之幸福无与焉。何以明之？儒家之言：社会道德与生活，莫大于礼；古代政治，莫重于刑。而《曲礼》曰：“礼不下庶人，刑不上大夫。”此非孔子之道及封建时代精神之铁证也耶？④

---

① 李大钊：《论民权之旁落》，载《李大钊全集》第一卷，人民出版社 2006 年版，第 40—41 页。

② 李大钊：《论民权之旁落》，载《李大钊全集》第一卷，第 43 页。

③ 陈独秀：《驳康有为致总统总理书》，载《独秀文存》，第 71 页。

④ 陈独秀：《孔子之道与现代生活》，载《独秀文存》，第 85—86 页。

又说：

> 分汉、宋儒者以及今之孔教孔道诸会之孔教，与真正孔子之教为二，且谓孔教为后人所坏。愚今所欲问者：汉、唐以来诸儒，何以不依傍道法杨、墨，人亦不以道法杨、墨称之？何以独与孔子为缘而复败坏之也？①
>
> 全部十三经，不容于民主国家者盖十之九九，此物不遭焚禁，孔庙不毁，共和招牌，当然挂不长久。②

李大钊（1889—1927）早年也留学日本，1916年回国历任《晨钟报》总编、北大教授、《新青年》编辑，他也将批判矛头直指孔子：

> 孔子生于专制之社会，专制之时代，自不能不就当时之政治制度而立说，故其说确足以代表专制社会之道德，亦确足为专制君主所利用资以为护符也。历代君主，莫不尊之祀之，奉为先师，崇为至圣。而孔子云者，遂非复个人之名称，而为保护君主政治之偶像矣。……故余之掊击孔子，非掊击孔子之本身，乃掊击孔子为历代君主所雕塑之偶像的权威也；非掊击孔子，乃掊击专制政治之灵魂也。③

胡适批判孔子的言辞更为激烈：

> 这个道理最明显：何以那种种吃人的礼教制度都不挂别的招牌，偏爱挂孔老先生的招牌呢？正因为二千年吃人的礼教法制都挂着孔丘的招牌，故这块孔丘的招牌——无论是老店，是冒牌——不能不拿下来，捶碎，烧去！④

---

① 陈独秀：《答常乃惪》，载《独秀文存》，第640—641页。

② 陈独秀：《答钱玄同》，载《陈独秀著作选》第一卷，第320页。

③ 李大钊：《自然的伦理观与孔子》，载《李大钊全集》第一卷，第247页。

④ 胡适：《〈吴虞文录〉序》，载《胡适文集》第2册，北京大学出版社1998年版，第610页。

虽然陈独秀所说的“三纲五常”是“孔教之根本教义”①，在今天看来并不准确，但孔子学说确实是旧道德的代表，是维护封建宗法等级制度的思想工具，是中国“帝制根本思想”的源头。孔子的时代已经过去了，他的思想绝不能继续作为新时代精神价值的主体。因此，谓孔子思想可以指导近代化，非欺世之言，即迂阔之论。在陈独秀看来，新文化运动反对礼教，在于其不适于现代生活，而这种旧伦理至今还支配社会人心，已成为中国文明进步的阻力。而且其学说已成完整而稳定的系统，不可枝枝节节地改良，只能对其根本排斥：“盖以其伦理学说，与现代思想及生活，绝无迁就调和之余地也。”②“记者非谓孔教一无可取，惟以其根本的伦理道德，适与欧化背道而驰，势难并行不悖。”③蔡元培也明确指出：“忠君与共和政体不合，尊孔与信教自由相违。”④故彻底改变在所难免。

五四新文化运动的目标在于四个方面：一、提倡民主、平等、自由、个性解放，反对封建专制，以建立真正的民主共和国；二、提倡科学，用理性精神作为一切是非之判断标准，以之强国；三、提倡新道德，破除旧道德，反对尊孔复古思想、迷信鬼神、蒙昧无知；四、提倡新文学，反对旧文学和文言文。总之，高举民主与科学的大旗，反对旧思想，提倡新思想，宣传民主主义，促进人们的思想解放。1919 年，陈独秀在《〈新青年〉罪案之答辩书》中所申明的态度可作为新文化运动的精神本质，他说：

> 他们所非难本志的，无非是破坏孔教，破坏礼法，破坏国粹，破坏贞节，破坏旧伦理（忠、孝、节），破坏艺术（中国戏），破坏旧宗教（鬼神），破坏旧文学，破坏旧政治（特权人治），这几条罪案。
>
> 本志同人本来无罪，只因拥护那德莫克拉西（Democracy）和赛因斯（Science）两位先生，才犯了这几条滔天的大罪。⑤

---

① 陈独秀：《宪法与孔教》，载《独秀文存》，第 73—77 页。

② 陈独秀：《再答俞颂华》，载《独秀文存》，第 697 页。

③ 陈独秀：《答佩剑青年》，载《独秀文存》，第 660 页。

④ 蔡元培：《对于新教育之意见》，载《蔡元培全集》第二卷，中华书局 1984 年版，第 136 页。

⑤ 陈独秀：《〈新青年〉罪案之答辩书》，载《独秀文存》，第 242 页。

以上所述，大体上直接或间接地与破除传统伦理相关。其中，提倡新文学与启蒙伦理思想的普及紧密相连。而白话是文化态度，“白话”与“文言”的较量，同整个思想观念的革新及国家近代化运动紧密联系，也是两种不同价值体系与社会意识形态的碰撞。因此，新文化运动提倡新道德与反对尊孔思潮并举具有合理性，并非当时的思想家不够理性，而是形势使然。陈独秀看到“学尚一尊，百家废黜，吾族聪明，因之锢蔽，流毒至今，未之能解；又孔子祖述儒说阶级纲常之伦理，封锁神州”，这均“于近世自由平等之新思潮，显相背驰”[1]。更重要的是：“学尚一尊，百家废黜”、“封锁神州”所造成的封闭与僵化，比纲常伦理本身更为致命。陈独秀说：“吾愿世之尊孔者勿盲目耳食，随声附和，试揩尔目，用尔脑，细察孔子之道果为何物，现代生活果作何态，诉诸良心，下一是非善恶进化或退化之明白判断。勿依违，勿调和，——依违调和为真理发见之最大障碍!”[2] 总之，不能以孔子之言为“所谓一成而万世不易者”。

同样，李大钊也诉诸理性，认为“自我之解放”在欧洲“乃在脱耶教之桎梏”，在吾国“乃在破孔子之束制”[3]。因为“孔子者，历代帝王专制之护符也。宪法者，现代国民自由之证券也，专制不能容于自由，即孔子不当存于宪法”，否则宪法将为野心家所利用，成为专制复活之先声。李大钊尽管张扬了启蒙运动所坚守的“自由”理念，认为“尊崇孔子之人，尽可听其自由以事传播。国家并无法律以禁止之，社会并可另设方法以奖助之”，但不主张以宪法的权威壮孔子的声势，因为这会妨碍他种宗教、学派的发展。[4] 同时代的尼采一声断喝“上帝死了”，需要“重新估价一切价值”；中国的知识分子则言，孔子是专制的护身符，我们首先要从整体上否定儒家伦理的价值。此两者都是时代的需要。

这一时期对封建礼教的批判比之戊戌变法时期之“托古改制”已有了质的飞跃。如陈独秀言：康、梁“皆不越行政制度良否问题之范围，而于政治根本问题去之尚远”，因而局限性是显而易见的。而经历了假共和、真复辟，“吾人于共和国体之下，备受专制政治之痛苦。自经此次之

① 陈独秀：《再答常乃惪》，载《独秀文存》，第649页。
② 陈独秀：《孔子之道与现代生活》，载《独秀文存》，第87页。
③ 李大钊：《宪法与思想自由》，载《李大钊全集》第一卷，第231页。
④ 李大钊：《孔子与宪法》，载《李大钊全集》第一卷，第243页。

实验，国中贤者，宝爱共和之心，因以勃发；厌弃专制之心，因以明确”[①]。因此，新文化运动对于封建道德的批判，是以民主政治为目标的。这一立论基础使得对旧伦理的批判宗旨明确，力度空前。对此，毛泽东在《新民主主义论》中评价道：“自有中国历史以来，还没有过这样伟大而彻底的文化革命。当时以反对旧道德提倡新道德、反对旧文学提倡新文学为文化革命的两大旗帜，立下了伟大的功劳。”[②] 应该说，真正意义上的“道德革命”是从五四新文化运动开始的，其最重要的标志是，新文化运动的引领者站在民主政治立场上，揭示了封建旧道德与民主政治之不相容。陈独秀发表了《吾人最后之觉悟》，堪为“道德革命”的经典宣言：

> 伦理思想，影响于政治，各国皆然，吾华尤甚。儒者三纲之说，为吾伦理政治之大原，共贯同条，莫可偏废。三纲之根本义，阶级制度是也。所谓名数，所谓礼教，皆以拥护此别尊卑明贵贱制度者也。近世西洋之道德政治，乃以自由平等独立之说为大原，与阶级制度极端相反。……
>
> 吾人果欲于政治上采用共和立宪制，复欲于伦理上保守纲常阶级制，以收新旧调和之效，自家冲撞，此绝对不可能之事。盖共和立宪制，以独立平等自由为原则，与纲常阶级制为绝对不可相容之物，存其一必废其一。……
>
> ……继今以往，国人所怀疑莫决者，当为伦理问题。此而不能觉悟，则前之所谓觉悟者，非彻底之觉悟，盖犹在惝恍迷离之境。吾敢断言曰：伦理的觉悟，为吾人最后觉悟之最后觉悟。[③]

1915 年 12 月袁世凯正式宣布恢复帝制，改次年即中华民国五年为洪宪元年，于元旦之日即皇帝位。为此，陈独秀于 1616 年 2 月 15 日发表了《吾人最后之觉悟》一文。“觉悟”有两个方面：一为“政治的觉悟”，主要内容是“必弃数千年相传之官僚的专制的个人政治，而易以自由的自治的国民政治”；一为“伦理的觉悟”，主要内容是必须抛弃“别尊卑

① 陈独秀：《吾人最后之觉悟》，载《独秀文存》，第 38—39 页。

② 毛泽东：《新民主主义论》，载《毛泽东选集》第 2 卷，人民出版社 1991 年版，第 700 页。

③ 陈独秀：《吾人最后之觉悟》，载《独秀文存》，第 41 页。

明贵贱”的“三纲之说”。就这两方面的“觉悟”来说，陈独秀又认为“伦理的觉悟”比之“政治的觉悟”更为重要。这是中国知识分子又一次认识上的飞跃。政治革命可以在数年之间完成，但封建观念的消除却不是朝夕之间的事。如陈独秀所言，伦理影响于政治，各国皆然。民主政治需要相应的伦理观念，因为民主共和的伦理观念和君主专制的伦理观念全然相反，“一个是重在平等精神，一个是重在尊卑阶级，——万万不能调和的”①。若没有“伦理的觉悟”，则别尊卑、重阶级、主张人治、反对民权的观念根植于人的思想中，必将成为制造专制帝王之“恶因”。“袁世凯之废共和复帝制，乃恶果非恶因；……吾国思想界不将此根本恶因铲除净尽，则有因必有果，无数废共和复帝制之袁世凯，当然接踵应运而生。”②陈独秀把袁世凯复辟帝制的恶因归结为根深蒂固的封建伦理，这种认识是深刻的，揭示了伦理道德上的复古逆流与政治上的复辟帝制之密切联系。

（九）抨击宗法家族制度

陈独秀的四川同道吴虞（1872—1949），也在他一系列批判封建旧道德的文章中，将专制制度与封建伦理联系在一起。他尖锐地指出，君主专制之所以利用家族制度，是因为“夫孝之义不立，则忠之说无所附；家庭之专制既解，君主之压力亦散；如造穹窿然，去其主石，则主体堕地”。可以说，儒家“孝悌”之类的道德观念。“为二千年来专制政治与家族制度联结之根干，而不可动摇”，而中国“顿于宗法社会之中而不能前进。推原其故，实家族制度为之梗也”③。

对于由家族伦理支撑的宪法社会成为专制的土壤，李大钊也指出：

> 看那二千余年来支配中国人精神的孔门伦理，所谓纲常，所谓名教，所谓道德，所谓礼义，那一样不是损卑下以奉尊长？那一样不是牺牲被治者的个性以事治者？那一样不是本着大家族制下子弟对于亲

① 陈独秀：《旧思想与国体问题》，载《独秀文存》，第103页。

② 陈独秀：《袁世凯复活》，载《独秀文存》，第89—90页。

③ 吴虞：《家族制度为专制主义之根据论》，载《吴虞文录》，黄山书社2008年版，第1—6页。

长的精神?[1]

社会上种种解放的运动，是打破大家族制度的运动，是打破父权（家长）专制的运动，是打破夫权（家长）专制的运动，是打破男子专制社会的运动，也就是推翻孔子的孝父主义、顺夫主义、贱女主义的运动。[2]

由家族伦理到整个社会的等级关系、封建专制制度是相互支持、互为因果的。由于共和之政立，而儒教尊卑贵贱不平等之义未及时淘汰，因而才发生专制制度复辟的闹剧一再上演。所以，吴虞激烈地指出："孔氏主尊卑贵贱之阶级制度，由天尊地卑演而为君尊臣卑，父尊子卑，夫尊妻卑，官尊民卑。尊卑既严，贵贱遂别；……故二千年来，不能铲除阶级制度，……守孔教之义，故专制之威愈衍愈烈。"所以，"儒教不革命、儒学不转轮，吾国遂无新思想、新学说，何以造新国民？悠悠万事，惟此为大已吁！"[3] 宗法家族伦理为孔子所重视、儒家所提倡，近世又为保守者所坚守。吴虞的批判不但态度坚决，而且有细密的理论分析，故胡适评价说，吴虞先生的非孔文章大体都注意那些根据孔道的种种礼教、法律、制度、风格，他先证明这种种礼法制度都是根据儒家的基本教条的，然后证明这种种礼法制度都是一些吃人的礼教和一些坑陷人的法律制度。这一方法解释了何以那种种吃人的礼教偏爱挂孔老先生的招牌。所以，胡适称吴虞是"四川省只手打孔家店的老英雄"、"中国思想界的一个清道夫"。[4]

（十）否定一切传统文化

以否定孔子为标志的激进的文化主张普及开来，渐渐形成了一种共识，即不管高雅文化还是民俗文化，必须将其精华与糟粕一并清除。吴稚晖（1866—1953）认为，"这国故的臭东西，他本同小老婆吸鸦片相依为命。小老婆吸鸦片，又同升官发财相依为命。国学大盛，政治无不腐败。"又说："孔孟老墨便是春秋战国乱世的产物。非再把他丢在毛

---

① 李大钊：《由经济上解释中国近代思想变动的原因》，载《李大全集》第三卷，第144页。

② 同上书，第148页。

③ 吴虞：《儒家主张阶级制度之害》，载《吴虞文录》，第33—37页。

④ 胡适：《〈吴虞文录〉序》，载《胡适文集》第2册，第608、610页。

厕里三十年，……人家用机关枪打来，我也用机关枪对打，把中国站住，再整理什么国故，毫不嫌迟。”[①] 在这方面，钱玄同（1887—1939）的主张更为彻底。他早年留学日本，回国后历任北京大学、北京师范大学教授，五四新文化运动时期发表了不少激进的言论，把否定中国古代文化的主张贯穿到古籍、文字、姓氏、礼俗、节日等一切方面，钱氏说：“我要请你们千万不要拜那宗法遗毒的祖宗牌位！千万不要拜那主张忠孝的孔丘！千万不要再拜那杀人魔王的关羽和尽忠报国（君的国）的岳飞！”[②] 又说：“端午、中秋，正该废除。若要吃箬壳包的糯米，玫瑰白糖馅儿的圆饼，什么时候都可以吃。现在特别定了这两个日子来吃这两样东西，白白的耗费了两天的光阴，已觉荒唐。何况端午还要挂什么没有做过人的鬼的鬼脸，叫做什么钟馗；中秋还要供什么‘兔儿爷’，磕上一阵子头。这简直是疯子胡闹，当然应该废除，当然应该禁止。”[③] 真可谓是彻头彻尾、彻里彻外的传统文化的否定者。

三　全盘西化论之得失

全盘西化论是文化激进主义的极端表现，是对本国文化之完全否定，持虚无主义态度，对外国文化顶礼膜拜，鼓吹全盘西化，认为中国万事不如人，一切都以西方为标准，从物质、制度到精神，一切都唯西方是从。全盘西化的思潮萌生于戊戌变法时期，随着民国以后复古主义的抬头而兴起，至20世纪30年代而达到巅峰。学界一般认为，戊戌变法时期，湖南的维新人士樊锥（1872—1905）是全盘西化论的最早倡导者。此人醉心欧化，主张破除中国传统文化，包括“洗旧习，从公道，则一切繁礼细故，猥尊鄙贵，文武名场，恶例劣范，铨选档册，谬条乱草，大政鸿法，普宪均律，四民学校，风情土俗……一革从前，搜索无剩，唯泰西者是效”。“唯泰西者是效”，这是全盘西化论的最初表达。樊锥之同时代人易鼐，于光绪二十四年（1898）在《湘报》发表了《中国宜以弱为强说》，

---

① 吴稚晖：《箴洋八股化之理学》，载《科学与人生观》，山东人民出版社1997年版，第309—310页。

② 钱玄同：《我对于耶教的意见》，载《钱玄同文集》第2卷，中国人民大学出版社1999年版，第45页。

③ 钱玄同：《随感录》，载《钱玄同文集》第2卷，第17页。

主张中国"若欲毅然自立于五洲之间，使敦之会以平等待我，则必改正朔，易服色，一切制度，悉从泰西"。"悉从泰西"即一切遵从西方行事，为全盘西化的另一种说法。不过，有学者认为，樊锥接着还说过"用孔子纪年，除拜跪繁节，以与彼见而道群"[①]等话，而且其目的是"保国、保种、保教"，所以并不"全盘"[②]。五四新文化运动时期，文化激进主义者的许多否定中国传统文化的言论，不是为全盘西化扫清障碍，就是带有全盘西化论色彩。如钱玄同说："既在二十世纪建立民国，便该把法国美国做榜样；一切'圣功王道'，'修、齐、治、平'的鬼话，断断用不着再说。""民国人民，一律平等，彼此相待，止有博爱，断断没有什么'忠、孝、节、义'之可言。"[③]他主张诚心诚意向西方学习。这里应该说明的是，主张"全盘西化"的"全盘"，除陈序经（1903—1967）主张百分之百地把西方文化不分优劣良莠、精华渣滓全部拿来，将中国传统文化一概抛弃外，大多数西化论者都是在"整体"西化或"充分"西化的意义上使用的。

全盘西化论的产生与形成不是偶然的，它是近代中国各种不同的乃至对立的思潮交汇、撞击的产物。在近代伦理启蒙过程中，一方面是有识之士对中国传统伦理文化危害性的揭露、批判，另一方面是引进与传播西方近代的政治思想、伦理文化与科学技术。在这种情况下，从五四新文化运动到20世纪30年代，西方文化滚滚而来，潮水般地涌入中国，使国人大开眼界，更多地了解了西方，从而出现了向往西方文化的热潮。与此同时，复古势力也强力反弹，拼命反扑，五四运动前有袁世凯（1859—1916）尊孔、称帝之倒行逆施，接着是张勋（1854—1923）在1917年与康有为拥护溥仪复辟；五四运动后又有何健（1887—1956）、陈济堂（1890—1954）的"读经运动"之类的复古活动；到1935年，又出现了王新命等十教授在《文化建设月刊》上联合发表《中国本位的文化建设宣言》，代表了文化保守主义者张扬中国传统文化的主张。正是在这样的背景下，激发了全盘西化论的兴起，也产生了中国本位文化论与全盘西化论的争锋。

---

① 樊锥撰、方行编：《开诚篇三》，载《樊锥集》，中华书局1984年版，第12页。

② 龚书铎：《"全盘西化"论的历史考察》，《北京师范大学学报》（哲学社会科学版）1987年第3期。

③ 钱玄同：《随感录》，载《钱玄同文集》第2卷，第14—15页。

(一) 胡适的全盘西化观点

1926年，胡适发表了《我们对于西洋近代文明的态度》一文，以中西文化对比的方式，几乎否定了中国传统文化的全部价值，同时极度颂扬西方文明。1929年，他又发表《新文化运动与国民党》一文，要国人"承认中国旧文化不适宜于现代的环境"，去充分地"接受世界的新文明"。同年，他又在《中国基督教年鉴》上发表了用英文撰写的《中国今日的文化冲突》一文，应用了 Wholesale Westernization 和 Wholehearted Modernization 两个词汇。① 潘光旦在《中国评论周报》上写了一篇英文书评，指出两词的意义不同，前者可译为"全盘西化"，后者可译为"全力的现代化"，或"充分的现代化"②。这是胡适在报刊上最早提出并明确使用"全盘西化"一词。1935年"中国本位文化"、"全盘西化"争论时，胡适连续发表文章重申他是"完全赞成全盘西化论"的。③ 胡适劝诫国人说：

> 我们必须承认我们自己百事不如人，不但物质机械上不如人，不但政治制度不如人，并且道德不如人，知识不如人，文学不如人，音乐不如人，艺术不如人，身体不如人。肯认错了，方才肯死心塌地的去学人家。④

全盘西化说虽有反对封建复古主义和接纳西方近现代文明的合理内容，但由于其基本立场的错误，即完全抛弃中国传统文化而不论优劣、完全效仿欧美而不管好坏，故不断受到学者们的批评、诘难。为此，胡适在其1935年发表的《充分世界化与全盘西化》一文中作了"修正"，将"全盘西化"改为"充分世界化"。这是因为，一是"避免了'全盘'字样，可以免除一切琐碎的争论"；二是"避免了'全盘'的字样，可以容易得着同情的赞助"；三是"数量上的严格'全盘西化'是不容易成立

---

① 胡适：《充分世界化与全盘西化》，载《胡适文集》第5册，第453页。

② Quentin Pan, *Book Review: China Christian Year Book*. 1929, The China Critic, February 27, 1930.

③ 参见龚书铎《"全盘西化"论的历史考察》。

④ 胡适：《介绍我自己的思想》，载《胡适文集》第5册，第515页。

的。文化只是人民生活的方式，处处都不能不受人民的经济状况和历史习惯的限制，这就是我从前说过的文化惰性。你尽管相信‘西菜较合卫生’，但事实上决不能期望人人都吃西菜，都改用刀叉。况且西洋文化确有不少的历史因袭的成分，我们不但理智上不愿采取，事实上也决不会全盘采取。你尽管说基督教比我们的道教佛教高明的多多，但事实上基督教有一两百个宗派，他们自己就互相诋毁，我们要的是那一派？若说，‘我们不妨采取其宗教的精神’，那也就不是‘全盘’了”①。

（二）陈序经的全盘西化主张

如果说胡适的“全盘西化”主张前后有所变化和打了些折扣的话，那么时为广东省岭南大学教授的陈序经，则是个前后一贯的、不折不扣的“全盘西化”论者。1933年底陈序经在中山大学作了《中国文化的出路》的演讲，主张“全盘西化”，不久，演讲稿刊登在广州《民国日报》副刊《现代青年》专栏上，并由此引发了一场文化论战。1934年初，商务印书馆出版了陈序经的《中国文化的出路》一书，批评了文化上的复古派和折中派，进一步阐述了其“全盘西化”的理由和主张：一是认为文化是一个整体，分开不得。文化之各方面都有连带及密切的关系，如果因内部或外来势力的冲动使某一方面发生变更，那么，其他方面也必然会受到影响，发生变更。“所以我们要格外努力去采纳西洋的文化，诚心诚意的全面接受他，因为他自己本身是有种系统，而他的趋势，是全部的，而非部分的。”② 二是西洋文化各方面都好，中国文化无论哪方面都比不上。陈序经在《中国文化的出路》中强调，西洋文化无论在思想上、艺术上、科学上、政治上、教育上、宗教上、哲学上、文学上，都比中国的好。后来，他又在《关于全盘西化答吴景超先生》一文中说：“我们不能不承认中国文化无论在哪一方面都比不上西洋文化。”“从东西文化的程度来看，我们无论在哪一方面都没有人家的那样进步。……从东西文化的内容来看，我们所有的东西人家统统有，可是人家所有的好多东西，我们却没有。从文化的各方面的比较来看，我们所觉得最好的东西，远不如人家的好，可是我们所觉得为坏的东西，还坏过人家所觉得最坏的千万倍。因

---

① 胡适：《充分世界化与全盘西化》，载《胡适文集》第5册，第454—455页。

② 陈序经：《东西文化观》，《社会学刊》1931年4月第2卷第3期。

此，“我们为什么不全盘彻底的采纳（西洋文化）”[①]。三是认为西方文化是世界文化的趋势。陈氏在其《东西文化观》一书中说：“所谓西洋文化，可以叫做现代文化，或是世界文化”；全世界任何一国都采纳这种文化，“是现代世界的文化。”因此，中国如果要做现代世界的一个国家，就“应当彻底采纳而且必须全盘适应这个现代世界的文化”[②]。陈序经全盘西化的主张尽管事出有因，其理由也有片面的合理性，但总体而言是不正确的。他在1935年7月《独立评论》（第一六〇号）上发表的《全盘西化的辩护》一文，站在西方文化中心主义的立场上，把世界化、现代化和西方化混为一谈，认为“百分之百的全盘西化不但有可能性，而且是一个较为完善较少危险的文化出路”，这更是一种主观幻想。

全盘西化论有多种说法，除胡适、陈序经外，较有特色的还有王青云、张佛泉的“从根西化”、“根上西化”论和熊梦飞的“西体中用”说等等。王青云认为，“唯有从根上西化”，才是中华民族的唯一出路，“若抱残守缺，夜郎自大，亟亟于中国文化的保守，是非亡国不可的”[③]。张佛泉讲的“根上西化”或“基础上西化”，是指将国人中式的头脑改造为西式的头脑，把《论语》式的头脑换成柏拉图《共和国》式的头脑，否则，中国人永远也逃不脱那些陈旧的窠臼，故只有“从根上西化才是我民族的出路”[④]。毕业于北京师范大学史地部、曾任大学教授、湖南省立第一师范学校校长等职的熊梦飞，提出了“西体中用”说，主张全盘地吸收西洋文化之根本精神；局部地吸取西洋文化枝叶装饰；运用西洋文化根本精神，调整中国固有之优美文化，剔除中国固有之毒性文化；在中西文化动向一致之条件下，保留中国的民族特征。熊氏认为，文化之价值目标是“人类全体和谐幸福”，但是现今世界文化尚未到此顶点，故还要“发挥我们创造的精神”，“向遥远的前途迈进，使将来世界最高文化之塔累成，其中有我们一份劳积”，加以中国民族创化，成为一种新文化。[⑤]

---

① 陈序经：《中国文化之出路》，《民国时报》1934年1月15日。

② 陈序经：《东西文化观》，台北牧童出版社1976年版，第166—176页。

③ 王青云：《论中国的文化建设问题》，《济南通俗日报》1935年4月21日。

④ 张佛泉：《西化问题之批判》，《国闻周报》第12卷第12期。

⑤ 熊梦飞：《谈“中国本位文化建设”之闲天》，原载《文化建设月刊》1935年5月第1卷第9期，见罗荣渠主编《从“西化”到现代化》中册，黄山书社2008年版，第569页。

（三）全盘西化之得失

一般来说，西化论对伦理启蒙是有得有失的。西化论一旦走向极端化、绝对化，成为全盘西化论，更多地表现出的是负面影响。全盘西化论之失误在于形式主义地、偏执一面地看待中西方文化，一切以“西洋是尚”，这是对五四新文化运动中所存在的缺点之进一步强化。毛泽东在《反对党八股》中指出：“五四运动的发展，分成了两个潮流。一部分人继承了五四运动的科学和民主的精神，并在马克思主义的基础上加以改造，这就是共产党人和若干党外马克思主义者所做的工作。另一部分人则走到资产阶级的道路上去，是形式主义向右的发展。”① 这形式主义向右的发展，包括了“全盘西化”的主张。“全盘西化”论完全否定中国传统文化，完全肯定西方文化，他们不懂得任何一个民族国家的文化都不是划一的，而是一分为二的，其中有优秀的，也有粗劣的；有精华的，也有糟粕的；有高雅的，也有低俗的。笼而统之地说西方文化都优于中国文化，中国文化都劣于西方文化，并不符合中国文化与西方文化的客观实际。用虚无主义反对复古主义，这是从一个片面走向另一个片面，无益于伦理启蒙。文化既有时代性、变易性，又有民族性、传承性。一个时代的伦理文化，首先反映该时代的经济和政治，其次是对前一时代的伦理文化进行有分析的继承，再次是对外来伦理文化作有选择的吸纳，如此才能形成、保持与发扬自己的民族精神，创造具有中国特色的伦理文化。

但也要看到，全盘西化论也有其片面的真理性或合理性。首先，它以极端的形式表达了某种深刻的认识：在尽其所能揭示中国传统文化之落后、丑陋的同时，又多方面展示了西方科技文明之发达、民主政体之先进、文化艺术之精美。这是有助于国人在对比中开阔眼界、拓展思路，改变闭目塞听、墨守成规、孤陋寡闻的精神状态的。陈序经在作了《中国文化之出路》的演讲后，得到了许多人士的认同、喝彩，岭南大学的《岭南周报》、《南风》等刊物也为之呐喊。时人王虚如评论斯时的三种思潮说，复古论不值一谈；全盘西化派“主张把中国文化连根扫荡，而来全盘接受西洋文化。这个见解当然比那折衷派高明得多。因为西洋资本主义的文化正比中国封建式的文化高着一个阶级，拿人家的好的来代替我们

---

① 毛泽东：《反对党八股》，《毛泽东选集》第3卷，人民出版社1991年版，第832页。

的坏的，当然是合理的主张。他们看透了文化接触是优者胜，劣者败，所以主张应使中西文化有接触的完全自由。他们又认清了这其中的障碍是中国文化的惰性，所以他们与折衷派不同，不畏惧中国本位之动摇，而是焦虑着中国保守性之太大”[①]。这里所包含的伦理启蒙意义是不言而喻的。此外，如有学者指出的，“对人权的重视、对女权主义的兴起、对自由的诉求、对个人价值的肯定，西化思潮都有一定的功绩”[②]。

其次，它敢于正视现实，勇于承认落后。中国自古以来就有一种以礼义之邦自居，视周边民族为夷、戎、蛮、狄的妄自尊大的心态。这种道德心理在鸦片战争失败、有识之士提出“师夷”口号后虽有所改变，却又出现了畏惧“以夷变夏”、丧失民族文化的心结。于是出现了既完全保留中国传统文化又引进西方文化的折中调和主张。然而正如陈独秀所指出的：“无论政治学术道德文章，西洋的法子和中国的法子，绝对是两样，断断不可调和迁就的。”“要想两样并行，必至弄得非牛非马，一样不成。中国目下一方面既采用立宪共和政体，一方面又采唱尊君的孔教，梦想大权政治，反对民权；一方面设立科学的教育，……一方面提倡西洋实验的医学，一方面又相信三焦，丹田，静坐，运气的卫生，我国民的神经颠倒错乱，怎样到了这等地步。”[③] 因而必须立场坚定，旗帜鲜明，“要拥护那德先生，便不得不反对孔教、礼法、贞节、旧伦理、旧政治；要拥护那赛先生，便不得不反对旧艺术、旧宗教；要拥护德先生又要拥护赛先生，便不得不反对国粹和旧文学”[④]。应该说，陈独秀所指出的在学习西方过程中所出现的这些矛盾、紊乱、退化都是客观存在的，应该引起重视的，也是必须解决的。

再次，它主张创新民族文化。全盘西化论者通常是民族主义者，他们主张全盘西化，不是要中国人变成西方人，而是为了解决中国的文化危机，寻求新的出路，创造民族的新文化。他们是有民族自信心的人士，认为即使全盘西化也不会使中国人丧失民族特性。胡适指出，历史上罗马人接受希腊文化，北欧野蛮民族接受罗马与希伯来文化，中国接受印度文

---

① 王虚如：《中国文化建设的途径》，《青年文化月刊》第2卷第1期。

② 张世保：《从西化到全球化——20世纪前50年西化思潮研究》，东方出版社2004年版，第285页。

③ 陈独秀：《今日中国之政治问题》，载《陈独秀著作选》第一卷，第386—387页。

④ 陈独秀：《〈新青年〉罪案之答辩书》，载《独秀文存》，第242—243页。

化，日本接受古代中国文化与近代西方文化，无论物质生活、思想学术、政治制度如何变化，“文化本位”都没有毁灭的危险，“日本人还只是日本人，中国人还只是中国人”，民族特性依然存在。[①] 在上面所引陈梦飞的《西体中用说》一文中，也明确指出：“我们将来之新文化，自然还保有中国民族的面貌。”即使百分之百的全盘西化论者陈序经，也是出于“实为中国创造别一种新文化”，才提倡诚心诚意地全盘接受西洋文化的。[②] 应该承认，尽管全盘西化论以失败而告终，但他们的动机是好的，应该予以肯定的。

四　“伦理的觉悟”

对于启蒙来说，无论是东方还是西方，都以“人的觉醒”、“人的解放”为最终目标，而以伦理启蒙而言，则意味着独立人格的形成。这也是文化激进主义所追求的“伦理的觉悟”的重要内容。梅茵曾在《古代法》中说：“一个古代社会的单位是‘家族’，而一个现代社会的单位是‘个人’。”[③] 在政治与法律上承认个体的自由与权利，由家族本位向个人本位的转变，是传统社会向现代社会转型的标志，而其中包含的伦理转型则意味着独立人格的形成。因此，中国近代伦理启蒙的重要一环就是破除家族伦理桎梏，塑造具有独立人格的新人。新文化运动对于传统家族伦理一破到底的决心，并不意味着只破不立。其实，破与立是一体两面，改造国民性，培养新国民，促使其“伦理的觉悟”，是一个统一的任务。而“伦理的觉悟”即是以“立人”为标准。“由立人而立国”是一种曲折的救亡图存，“国人思想倘未有根本之觉悟，直无非难执政之理由”。即“欲图根本之救亡，所需乎国民性质行为之改善”[④]。

这种深刻的意识，严复、梁启超已有了初步表达。严复的“开民智、新民德”、梁启超的“新民”，最终指向皆是“立人”。如前所述，梁启超的“新民说”侧重于国家主义的伦理观，强调个体以国家利益

---

① 胡适：《试评所谓“中国本位的文化建设”》，载《胡适文集》第5卷，第451页。

② 陈序经：《走出东方——陈序经文化论著辑要》，中国广播电视出版社1995年版，第259页。

③ ［英］梅因：《古代法》，沈景一译，商务印书馆1959年版，第72页。

④ 陈独秀：《我之爱国主义》，载《独秀文存》，第61页。

为重，个体忠于国家。但同时，梁启超也看到了个体自由的价值、独立人格的意义。在《新民说》发表前两年，他与康有为在信中就激辩过自由之于中国的意义，康氏对自由深恶痛绝，而梁氏则力争曰："自由者，非对于压力而言之，对于奴隶性而言之，压力属于施者，奴隶性属于受者。中国数千年之腐败，其祸极于今日，推其大原，皆必自奴隶性来，不除此性，中国万不能立于世界万国之间。而自由云者，正使人自知其本性，而不受钳制于他人。"① 同时代的思想者也开始关注个体自由、独立的意义，1901 年《国民报》上发表的《说国民》即表达了精神独立的意义：

> 奴隶无权利，而国民有权利；奴隶无责任，而国民有责任；奴隶甘压制，而国民喜自由；奴隶尚尊卑，而国民言平等；奴隶好依傍，而国民尚独立。此奴隶与国民之别也。
>
> 若能跳出于数千年来风俗、思想、教化、学术之外，乃所谓自由之精神也。无自由之精神者，非国民也。②

从唤醒国人的爱国意识到培养具有独立人格的国民，伦理启蒙在"立人"过程中发生了悄然转变。究其原因，其一，奴隶道德百弊丛生。"自由者，奴隶之对待也"③。在"奴隶道德"的统制下，人无自由意志、独立人格，"社会上种种之不道德，种种罪恶，施之者以为当然之权利，受之者皆服从于奴隶道德下而莫之能违"④。不仅如此，这种"中国固有的道德"助长着"虚伪"、"利己"的行为，是一切"作恶的工具"。同时，"中国历史上现社会上种种悲惨不安的状态，也都是这三样道德（指忠、孝、贞节）在那里作怪"⑤。其二，对辛亥革命后中国没有走向真正的共和与奴隶道德有着直接关系。1911 年以后，孔教运动、帝制复辟、军阀混战此起彼伏。袁世凯曾言："中国人民教育未能普及，程度幼稚，

---

① 丁文江、赵丰田编：《梁启超年谱长编》，上海人民出版社 1983 年版，第 234—235 页。

② 张枬、王忍之编：《说国民》，载《辛亥革命前十年间时论选集》第一卷，三联书店 1960 年版，第 72—73 页。

③ 梁启超：《新民说·论自由》，载《饮冰室合集·专集之四》，第 40 页。

④ 陈独秀：《答傅桂馨》，载《独秀文存》，第 663 页。

⑤ 陈独秀：《调和论与旧道德》，载《独秀文存》，第 565 页。

若以专制治之易于就范。立宪之后权在人民，恐画虎不成，发生种种流弊。"[①] 这一番话道出了某种实情，即中国人的奴隶性是专制的温床。因此，要实现真正的共和政权，就必须"改造国民性"，变奴隶人格为独立自主的人格。梁启超指出，州县之视百姓，如视奴隶，及其对道府以上，则自居于奴隶。监司道府之视州县，视若奴隶矣，及其对督抚，则又自居于奴隶。督抚视司道以下，皆若奴隶，及其对君后，则又自居于奴隶。"若是乎，举国之大，竟无一人不被人视为奴隶者，亦无一人不自居奴隶者，而奴隶视人之人亦即为自居奴隶之人，岂不异哉！岂不痛哉！盖其自居奴隶时所受之耻辱苦孽，还以取偿于彼所奴隶视之人，故虽日日为奴，而不觉其苦，反觉其乐，不觉其辱，反觉其荣焉。"[②] 而更为可怕的是，"辱莫大于心奴，而身奴斯为末矣。……若有欲求真自由者乎，其必自除心中之奴隶始"[③]。陈独秀在《一九一六年》中也指出，儒者三纲之说，为一切道德政治之大原：君为臣纲，则民于君为附属品，父为子纲，则子于父为附属品，夫为妻纲，则妻于夫为附属品，故皆无独立自主之人格。"缘此而生金科玉律之道德名词，——曰忠，曰孝，曰节，——皆非推己及人之主人道德，而为以己属人之奴隶道德也。人间百行，皆以自我为中心，此而丧失，他何足言？奴隶道德者，即丧失此中心，一切操行，悉非义由己起，附属他人以为功过者也。自负为一九一六年之男女青年，其各奋斗以脱离此附属品之地位，以恢复独立自主之人格！"[④]

中国近现代伦理启蒙所注重的人的自由，以形成独立自主的人格为其重要目标之一。民族救亡强调的是民族国家之富强，但富强的根基在人。救亡与立人是一致的。

首先，自由赋予人格独立的内涵。殷海光说："自由的伦理基础有而且只有一个：把人当人。"[⑤] 也就是说，自由的伦理基础是人对他人的尊重。当以自由作为价值目标时，尊重他人即成为不言而喻的伦理要求。胡适的解释更是简洁有力，他说："'自由'在中国古文里的意思是：'由于

---

① 参见张一麐《古红梅阁笔记》，载《心太平室集》，卷八。张一麐（1868—1943），江苏吴县人。民国初年曾任袁世凯总统府秘书，1915 年任民国教育总长，1916 年因不满袁世凯称帝而辞职。参见《古红梅阁笔记》，上海书店出版社 1998 年版，第 45 页。

② 梁启超：《中国积弱溯源论》，载《饮冰室合集 · 文集之五》，第 19 页。

③ 梁启超：《新民说 · 论自由》，载《饮冰室合集 · 专集之四》，第 47 页。

④ 陈独秀：《一九一六年》，载《独秀文存》，第 34—35 页。

⑤ 贺照田编：《思想与方法——殷海光选集》，上海三联书店 2004 年版，第 71 页。

自己'，就是不由于外力，是'自己作主'。在欧洲文字里，'自由'含有'解放'之意，是从外力裁制之下解放出来，才能'自己作主'。"① 也就是说，自由包含两层内容，一是解放，人从外在束缚中解脱出来，"解放云者，脱离夫奴隶之羁绊，以完其自主自由之人格"②。二是自主，人要摆脱奴性，陈独秀说："人间百行，皆以自我为中心，此而丧失，他何足言?"③ 他甚至认为："除去个人，便没有社会；所以个人的意志和快乐，是应该尊重的"。④

其次，"立人"亦是为了"富强"。早在1907年，鲁迅《文化偏至论》就提出了"立人"以强国的主张："欧美之强，莫不以是炫天下者，则根柢在人，而此特现象之末，本原深而难见，荣华昭而易识也。是故将生存两间，角逐列国是务，其首在立人，人立而后凡事举；若其道术，乃必尊个性而张精神。"⑤ 辛亥革命以后，经过了二次革命，先进的知识分子认识到，为确保共和体制，就必须提倡新道德，树立"自主的"、"独立的"、"平等的"伦理观念。陈独秀指出，西方诸国各民族之所以兢兢于独立自主之人格，平等自主之人权，原因在于"集人成国，个人之人格高，斯国家之人格亦高；个人之权巩固，斯国家之权亦巩固"⑥。

那么如何"立人"?如何才能摆脱这种奴性人格而恢复独立自主之人格呢?陈独秀的回答是，"第一，自居征服（To Conquer）地位，勿自居被征服（Be Conquer）地位。第二，尊重个人独立自主之人格，勿为他人之附属品"⑦。第三，有独立的经济作保证。

"立人"不是庄子式的精神自由，庄子所追求的"无待"的逍遥游在现实生活当中往往沦为虚幻的梦想，真正的独立人格需要经济上的自主与独立。黑格尔在《法哲学原理》中说："惟有人格才能给予对物的权利，所以人格权本质上就是物权。这里所谓物是指其一般意义的，即一般对自由说来是外在的那些东西，甚至包括我的身体生命在内。这种物权就是人

---

① 胡适：《自由主义》，载《胡适文集》第12册，北京大学出版社1998年版，第805页。

② 陈独秀：《敬告青年》，载《独秀文存》，第4页。

③ 陈独秀：《一九一六年》，载《独秀文存》，第35页。

④ 陈独秀：《人生真义》，载《独秀文存》，第126页。

⑤ 鲁迅：《文化偏至论》，载《鲁迅全集》第一卷，人民文学出版社1981年版，第56—57页。

⑥ 陈独秀：《一九一六年》，载《独秀文存》，第34页。

⑦ 同上。

格本身的权利。……家庭关系毋宁是以牺牲人格为其实体性的基础。"[①]人格独立的前提是他的所有权（占有）。黑格尔先从一个预设出发，即肯定自己是一个人同时尊重他人为人。那么人如何确证自身、规定自己？通过人格确证。人如何获得人格？一开始靠所有权来确定。怎么确定我是自由的？我是主体性的存在？我拥有自己的财产，因为对财产的权力，于是人格的独立有了初步的规定。所以，黑格尔认为，人最初的自由，最初的规定来自于他的财产，来自于对财产的所有权。而"家庭关系毋宁是以牺牲人格为其实体性的基础"，意味着人依附于家庭或家族以后，其独立人格的本质即无法存在。正是这种意义上，陈独秀指出，"现代生活，以经济为之命脉，而个人独立主义，乃为经济学生产之大则，其影响遂及于伦理学。故现代伦理学上之个人人格独立，与经济学上之个人财产独立，互相证明，其说遂至不可摇动。"人一旦经济上独立，独立人格即获得现实的基础，社会风纪、物质文明将因此而大进。而中国传统的纲常礼教，为人子为人妻者，若以一人而附属一人，既无个人独立之财产，即丧失其自由自尊之人格。所以说，"盖以夫为妇纲，为妇者当然被养于夫，不必有独立生活也"，"妇人从父与夫，并从其子"，"父兄养成年之子弟，伤为父兄者之财产也小，伤为子弟者之独立人格及经济能力也大。……此甚非个人独立之道也"[②]。可以说，将"立人"这一伦理目标诉诸于经济自立，这是近代以来伦理启蒙的一个重要突破。道德革命、伦理觉悟这些启蒙口号固然伟大，但从实践层面来说，陈独秀触及了问题的本质。于是，"以个人本位主义，易家族本位主义"，使得每个人"莫不发挥其个人独立信仰之精神，各行其是：子不必同于父，妻不必同于夫"。"妇人参政运动，亦现代文明妇人生活之一端。""西洋妇女独立自营之生活，自律师医生以至店员女工，无不有之。"[③] 以个人为本位，破除家庭伦理的桎梏，营造自主的经济基础，积极参与社会活动，既是"立人"的必然要求，也是"立人"的重要结果。

新文化运动提倡的"新道德"是以合理利己与个人本位主义为基本原则的，但这并非单向度的极端利己主义，而是主张在人我、群己、公私

---

① ［德］黑格尔：《法哲学原理》，范杨、张企泰译，商务印书馆 1961 年版，第 48—49 页。

② 陈独秀：《孔子之道与现代生活》，载《独秀文存》，第 83—84 页。

③ 同上。

的关系中选择两利的行为，培养“相爱，互助，同情心，利他心，公共心”[①]。这些德目在中国传统伦理思想中并非没有，但却为中国社会所漠视。吴稚晖在其《一个新信仰的宇宙观与人生观》一文中指出：“我们中国已迎受到两位先生——‘赛先生’、‘台［德］先生’——迎之固极是矣。但现在清清楚楚，还少私德的迎受。这是什么东西呢？就是可以迎他来，做我们孔圣人续弦的周婆的，叫做‘穆勒儿’（Moral）姑娘的便是。”[②] 吴稚晖所迎受的“私德”是一种带有某种西方特点的伦理道德，关涉的内容既包括亲情、仁义，还包括饮食、卫生、公德等，也就是说，吴稚晖所提倡迎受的“私德”，可以看做现代意义上的个体道德，不但包括私德和公共道德，而且在很大程度上代表了一种社会文明的要求。在今天看来，迎受西方的“私德”是相当激进的，它涉及了中国传统“修身”所未及的内容。使“立人”在塑造“完全人格”的道德内涵更加丰富，更能体现近现代的启蒙伦理精神。

“立人”作为新文化运动的重要伦理目标，被赋予了重要的使命，“吾人首当一新其心血，以新人格；以新国家；以新社会；以新家庭；以新民族；必迨民族更新，吾人之愿始偿”[③]。由“新人格”而扩展到新国家、新社会、新民族，展示出立人巨大的意义。当然，这是一个极为艰巨的任务。梁启超于1922年写的《五十年中国进化概论》说道：“革命成功将近十年，所希望的件件都落空，渐渐有点废然思返，觉得社会文化是整套的，要拿旧心理运用新制度，决计不可能，渐渐要求全人格的觉悟。”[④]

---

① 陈独秀：《调和论与旧道德》，载《独秀文存》，第564页。

② 吴稚晖：《一个新信仰的宇宙观与人生观》，参见张君劢等《科学与人生观》，第411页。

③ 陈独秀：《一九一六年》，载《独秀文存》，第33页。

④ 梁启超：《五十年中国进化概论》，载《饮冰室合集·文集之三十九》，第45页。

第七章 文化论争中的伦理启蒙(下)

从戊戌变法开始，一方面，否定中国传统文化与伦理道德的思潮一浪高过一浪，并在“全盘西化”的喧嚣声中达到顶峰。另一方面，复辟帝制、尊孔读经的活动在五四运动前后也热闹非凡。两种态度造成的文化虚无主义与文化复古主义，其产生的种种负面影响引起了众多学者的担忧与反对，在这一过程中，文化保守主义悄然兴起。这是基于西方冲击所造成的心理创伤，一些知识分子在情感上需要借着肯定传统而得到弥补的表现。如陈寅恪在悼念王国维的挽词中说：“凡一种文化值衰落之时，为此文化所化之人，必感苦痛。”[①] 这是符合客观实际的。但这只是文化保守主义者的一个方面，在这种情感之外，他们并不缺乏理性的思考和深刻的见解。梁启超认为，以西方伦理思想改造国民，实非易事，中国缺少西方社会的宗教基础、法律体系和社会价值观念，所以照搬西方无异于磨砖作镜、炊沙求饭。中国社会的进步，虽然需要求助于西方的新道德以相补助，但在国民教育尚未大兴的情势下，断非短期所能做到。在今日新伦理未能建立的青黄不接的过渡时期，“所恃以维持吾社会于一线者何在乎？亦曰吾祖宗遗传固有之旧道德而已。”[②] 梁启超此言道出了问题的复杂性，伦理根植于民族文化的深层结构之中，经过两千多年传承，岂能在朝夕之间全然改变，而一个社会又不能出现价值真空、社会失范，更何况，中国传统伦理道德也不是一无是处，梁启超说：

谓中国言伦理有缺点则可，谓中国言道德有缺点则不可。而

---

① 陈寅恪：《王观堂先生挽词并序》，载《陈寅恪集·诗集》，三联书店 2009 年版，第 12 页。

② 梁启超：《新民说·论私德》，载《饮冰室合集·专集之四》，第 132 页。

“一切破坏”之论兴，势必将并取旧道德而亦摧弃之。呜呼！作始也简，将毕也巨。……吾愿有言责者一深长思也。①

伦理是人伦关系，如三纲五伦，道德乃个人品德，如仁、智、勇、温、良、恭、俭、让之德。封建礼教之弊病毋庸讳言，但追求一种崇高的道德人格却具有永恒的意义。“一切破坏”的做法最简单，但其负面恶果也最巨大。这是文化保过守主义的基本看法。两千多年伦理传统竟一无是处，于理于情皆难认同。“打倒孔家店”无疑具有彻底的反封建精神，它的进步意义也受到许多人士的赞同，但以我们今天的认识，从纯粹的学理上说，这恰恰是启蒙精神所反对的做法。启蒙精神否定任何不证自明的权威，它主张运用自己的理性对所面临的问题作出独立的思考，而不是迷信和盲从于任何现成的模式和结论。任何重大的原则，只有经过理性的判断，充分的辩论，并通过经验的检验，才可称其为“原则”。而以西方的某一观念为权威而不是以合理与否为原则，不运用自己的理性深入地研究，这实际上还是一种理智上的“不成熟”状态。此外，新文化运动对民族文化的极端立场和激烈情绪，对传统文化的过分否定，客观上确实导致了精神上的某种虚无感，在一定程度上瓦解了民族这一伦理实体的聚合力。文化与民族可说是一体两面、相互诠释的：民族是文化的载体，文化是民族的精神，其中，伦理精神是民族精神的核心组成部分，失去了伦理传统的民族，还能成为一个民族吗？因此，激进的文化运动是否会造成中国文化的断层、民族精神的湮灭呢？这些都是不可忽视的问题。文化保守主义对此类问题之谨慎、“保守”的态度是有其必要性的。

文化保守主义在清末民初已经呈现。其初始形态主要表现为以章太炎、刘师培为代表的“国粹派”②，中坚力量包括许多同盟会成员、南社的成员，如黄节、陈去病、马叙伦、马君武、柳亚子、黄侃等人。他们创办《国粹学报》（1904 年 2 月至 1911 年 9 月），以“发明国学，保存国粹”为宗旨，认为国粹是一种“民族精神”，它蕴涵于古代的典章制度、

---

① 梁启超：《新民说·论私德》，载《饮冰室合集·专集之四》，第 132 页。

② 辛亥革命后康有为发起的后期孔教运动也是文化保守主义的早期形态。和国粹派一样，康有为也主要是把他所珍视的那部分传统文化——孔教，作为文明的象征和立国之本而加以认同的。他认为孔教即“国魂”，只要“国魂不亡，国形乃存”。但是，由于其活动与袁世凯复辟关系密切而被诟病，其影响亦较短暂。

诸子百家著述和文学遗产之中。他们参照欧洲的文艺复兴，从复兴中国的“古学”入手，致力于经传的章句训诂，历史典籍的考订和语言文字的研究，期望从中挖掘出中国文化中包含的“自由”、“平等”、“人权”甚至“民约”思想。国粹派虽然提倡国粹，维护传统，但他们将中国文化区分为“国学”和“君学”，提倡蕴涵民主、自由的内容的“国学”，反对纲常名教等“君学”。所以，美国学者史华慈认为，在20世纪的中国，几乎没有肯定现行社会政治制度的保守主义，所能发现的只是反映民族感情的文化保守主义，也就是说，近现代中国的保守主义主要是一种文化的保守主义，基本上不牵涉社会政治现状。许多文化保守主义者对文化要素更为关注，并竭力加以保护。[①] 章太炎是同盟会和辛亥革命的重要领袖之一，他反对社会对个人的压抑，主张个性的绝对自由，并强调道德的力量，“以国粹激励种性”，“以宗教发起热情”，提倡“革命之道德”。可以说，他们虽然不是激进的革命者，却不同于顽固保守、不思进取的守旧派。而随着激进的文化态度的高涨，初始的国粹派逐渐被具有更宽阔视野的新一代文化保守主义所取代，后者在文化论争过程中，对传统伦理的价值的认识，越来越理性、客观，伦理启蒙也由此走向深入。

一　文化特性与伦理的价值

激烈地反传统激发了一种民族情感——对中国传统文化的保护意识，如余英时在其《现代儒学论》一书的序言中所说：“我很了解五四时期反传统、反儒家的知识分子的内在根据，他们并不是‘无的放矢’。但是我不能接受他们的极端立场和激烈情绪。我不承认一切儒家价值都和现代文化处于势不两立的地位。相反，我认为儒学的合理内核可以为中国的现代转化提供重要精神动力。”在此进程中出现的文化保守主义对传统伦理价值的肯定，展现的独立思考、理性省思、弃绝盲从的启蒙精神，有助我们全面认识中国传统伦理的现代价值。

20世纪初所提倡的“新民”、“立人”以及道德革命、伦理的觉悟等等主张，直接或间接地针对了“国民性”这一问题。有识之士对于中国

① ［美］本杰明·史华兹：《论“五四”前后的文化保守主义》，许纪霖等编：《史华慈论中国》，第80、83页。

人的公德阙如、私德狭隘、民族精神涣散等进行批判、反思，最后得出一个结论：由传统伦理观念养成的许多国民品性不能适应现代中国的需要。若真是中国文化、传统伦理造成了低下的国民性、国民精神乃至民族性格，那么，全面否定势所必然。可以说，新文化运动所面对的是一个整体性的问题，涉及了中国文化的方方面面，而如何面对传统伦理则是其中的核心问题。全面否定中国文化的价值，即意味着彻底的道德革命，如“打倒孔家店”之类。反之，若肯定传统文化价值，则需仔细发掘其中的合理因素。对待传统文化的态度包含着对待传统伦理的态度。

早在1910年，章太炎就指出，由于不同的地理环境与社会背景的影响，各国、各民族的文化都有自己的特性与发展规律，因而中西文化各有短长，正如“饴豉酒酪，其味不同，而皆可于口。今中国之不可委心远西，犹远西之不可委心中国也”[①]。这是“国粹派”对于“文化”所采取的守成态度。仅仅数年之后，第一次世界大战爆发，西方各参战国以其科学所发明之利器，互相戕杀，一千多万人死于战争，这是人类历史上空前的灾难，亦为中华数千年历史之所无。由此审视西方科学文化的弊病而反观中国文化，后者显示出了不同于现代科技文明的价值。在第一次世界大战结束前后，杜亚泉的《静的文明与动的文明》(1916)、梁启超的《欧游心影录》(1920)、梁漱溟《东西方文化及其哲学》(1921年)相继发表与出版，文化保守主义与文化激进主义的论争于是拉开了大幕。

(一) 杜亚泉之中西文明互鉴说和道德“精神救国论”

杜亚泉(1873—1933)，中国近代的科学教育家与启蒙思想家，毕生致力于普及自然科学，是一位对中国文化进行独立思考的学者。他从多元文化各有独特价值的观念出发，提倡“中西会通”、“文明对话”，强调中国传统伦理的现代价值。1916年，杜氏在《静的文明与动的文明》中指出，西洋文明与中国固有文明，“乃性质之异，而非程度之差；而吾国固有之文明，正足以救西洋文明之弊，济西洋文明之穷者”[②]。什么是文明？胡适认为：“文明(Civilization)是一个民族应付他的环境的总成绩。文

① 章太炎：《原学》，载《国故论衡》，上海古籍出版社2003年版，第103页。

② 杜亚泉：《静的文明与动的文明》，载《杜亚泉文存》，上海教育出版社2003年版，第338页。

化（Culture）是一种文明所形成的生活的方式。”① 杜亚泉以及后来的梁漱溟等人多是在这一意义上比较中西文化、文明的。杜氏认为，西洋社会以民族对抗纷争为常态，至于今日，仍以民族的国家，互相角逐，至有今日之大战。中国社会，民族亦非纯一，但同化已久，虽不无对抗纷争，但民族之争不似西人剧烈。由此，西洋人以为社会之存在，乃互相竞争之结果，依对抗力而维持，弱者败者，即失去存在之资格。中国人则以为社会之存在，乃各自相安之结果，凡社会中个人，皆为自然存在者，天然有其存在之资格。杜氏指出，西洋社会注重人为，中国则注重自然；西洋人生活向外进取，中国人生活勤俭克己、安心守分；西洋社会内有种种团体，崇尚团体之间之竞争，民族观念、国家观念深入人心；中国社会内不尚竞争，无团体，只有家族、亲友、乡党，是由亲及疏之差等关系；西洋社会既重竞争，故胜利第一，道德之作用，在巩固团体以对抗他团体，故重公德，以为竞争之具，个人行为则放任自由。中国社会尚平和，道德之作用在于消灭竞争，与世无争，与物无竞，拘束身心，清心寡欲，故于私德上竞兢注意。杜氏认为，以上五方面区别，可归为动与静之不同：

> 综而言之，则西洋社会，为动的社会，我国社会，为静的社会；由动的社会，发生动的文明，由静的社会，发生静的文明。两种文明，各现特殊之景趣与色彩。②

动静两种文明，各有其利弊、乐苦。动的社会，个人富于冒险进取精神，故生活日益丰裕；静的社会，专注于内部之节约，故其生活日益贫啬。中国社会受自然之苦（饥寒、疾病），西洋诸国，受自造之人为之苦痛（宗教战争、政治战争、民族战争）。“动的文明”因进取不断而物质生活富足，“静的文明”因知足而精神安闲。而精神安闲与物质丰裕对人的幸福来说皆有不可替代的价值，中西文化因此不但可以取长补短，而且更有相互调和的需要。杜亚泉说：“至于今日，两社会之交通，日益繁盛，两文明互相接近，故抱合调和，为势所必至。”③ 精神上之交换在于，

① 胡适：《我们对于西洋近代文明的态度》，载《胡适文集》第4册，北京大学出版社1998年版，第3页。

② 杜亚泉：《静的文明与动的文明》，载《杜亚泉文存》，第341页。

③ 同上书，第343页。

动的文明，必辅以静的生活态度，而静的文明，也不可排斥欧风侈谈国粹。因为中国人对于新的观念，几不可易，中国由数千年君主之专制而进为民主之共和，“不徒改革其国体，且当改革其人心。”① 然国体改革虽已六年，而人心之积垢，则与六年前所异无几，安足尚静使中国社会缺乏活力。杜亚泉的这种观点，胡适也是认同的。在他看来，不知足的国民性造就了奋进不止的民族，“不知足是一切革新一切进化的动力”②。

不仅中西方文化各具价值，应互相吸纳，中西伦理也是如此，也应相互借鉴。杜氏指出，西方社会之道德优胜于中国社会者，“在于具力行之精神，慈善团体之发达，协同事业之进步。”但是，其现代道德观念由于受物质主义、达尔文生存竞争说与叔本华意志论左右，“为权力本位、意志本位，道德不道德之判决，在力不在理；弱者劣者，为人类罪恶之魁，战争之责任，不归咎于强国之凭陵，而诿罪于弱国之存在。如此观念，几为吾人所不能理解。”也应为人类文明所抛弃。相比之下，“吾人之道德观念，除与现时新输入之科学思想，稍有凿枘外，在历史上未见如何之反动，不受何等之摧残，至于今日，犹能统摄人心。……故就道德状态而言，在东洋社会，为精神薄弱，为麻痹状态；西洋社会为精神错乱，为狂躁状态”③。总之，“吾人当确信吾社会中固有之道德观念，为最纯粹最中正者。”但同时却不可以此自封自囿。世界各国之贤哲，所阐发之名理，所留之精深透辟之言论，足以使中华固有观念益明益确者，皆当研究之。④

（二）竞争对道德与文明之贻害

与当时社会流行的物质救国论相反，杜亚泉提出了“精神救国论”⑤，以拯救物质主义对于社会的贻害。他认为，今日中国社会之危险，在于接受了物质主义的思想。自严复将赫胥黎的《进化论与伦理学》（*Evolution and Ethics and Other Essays*）译为《天演论》流传中国，谬解其学说，全然没有人类社会应有的道德，“往往视进化论为弱肉强食主义之异名，乃

---

① 杜亚泉：《今后时局之觉悟》，载《杜亚泉文存》，第202页。

② 胡适：《我们对于西洋近代文明的态度》，载《胡适文集》第4册，第13页。

③ 杜亚泉：《战后东西文明之调和》，载《杜亚泉文存》，第347—348页。

④ 同上书，第350页。

⑤ 杜亚泉：《精神救国论》，载《杜亚泉文存》，第33页。

主张强者之权利，怂恿弱者之死灭，于人类社会之道德，置于不顾”。中国是此类观念的受害国，而加害中国的西方列强，今日也正是在这种观念下相互残杀，使得现代社会走向堕落。“如此世界，有优劣而无善恶，有胜败而无是非。道德云者，竞争之假面具也，教育云者，竞争之练习场也。”[①] 杜氏认为，这种思想之贻害社会，约为三端：一激进人类之竞争心，二使人类之物质欲昂进，三使人类陷于悲观主义。[②] 所以，对于中国来说，绝不可陷于这种竞争的旋涡中不能自拔。他认为，人类之初，弱肉强食，与禽兽无异，全然营非道德之生活，而所谓进化者，乃是从自由发展的动物世界，进入由道德支配之人间世界，由非道德的人类而进于道德的人类，以共同之和平，取代相互之争斗，文明愈进，竞争之限制愈严，个人之自由，以不害他人之自由为限。由此，应昌明国学，与世界之文明，融洽调和，诚为吾国民之天职。

由此，杜氏提出了道德体用论。杜亚泉说：“中国者，四千年来以道德为治之古国也”，“吾以为中国道德之大体，当然可以不变，不特今日不变，即再历千百年而亦可以不变。若其小端及其应用之倾向，决不能不因时因势，有所损益于其间”[③]。这是杜氏的“道德体用说”：道德之体指道德的根本原则，具有普遍性和永恒性，道德之用是道德之体的表现形态，在具体准则层面则不断变迁。对于中国传统伦理的未来之路，杜亚泉认为，“救济之道，正统整吾固有之文明，其本有系统者则明了之，其间有错出者则修整之”[④]，在他看来，文明的发生，常由于继承、因袭而不由于创作。简言之，中西伦理应走上调和之路，对待伦理传统应是继承、接续、因袭为主，吸收、融合为辅。也就是说，在道德原则和道德本体上保持不变，在具体的道德准则方面要因时因势作相应的损益、调整。

具体来说，中国自周公、孔子、孟子以来，儒家思想统整黄老之学、释氏之典，吸收其精义，与儒术醇化，“吾国所以致同文同伦之盛，而为东洋文明之中心者，盖由于此”[⑤]。他认为，吾国道德，实无根本改革之必要，变其不合时势者，不过十之一二：“一、改服从命令之习惯而为服

① 杜亚泉：《精神救国论》，载《杜亚泉文存》，第 35、37 页。
② 杜亚泉：《精神救国论（续一）》，载《杜亚泉文存》，第 40 页。
③ 杜亚泉：《国民今后之道德》，载《杜亚泉文存》，第 290—291 页。
④ 杜亚泉：《迷乱之现代人心》，载《杜亚泉文存》，第 367 页。
⑤ 同上书，第 363 页。

从法律之习惯也。二、推家族之观念而为国家之观念也。三、移权利之竞争而为服务之竞争也”[①]。可以看出，杜亚泉的表层语言虽然保守，但仅从这三条变革主张以使传统伦理合于时势而言，其伦理思想是相当进步的。从服从命令到服从法律、从家族观念到国家观念，相应的伦理变革即是反对三纲，而“移权力之竞争而为服务之竞争”，其实是提倡共和制度下之政治伦理，反对专制制度下的等级关系。此外，对传统道德中的不少规范，他都根据时代需要，进行了新的诠释。如“忠”，就君臣的狭义关系言之，“忠”已根本不合时宜，“然人民当效忠于其国及他事之宜用其忠，则仍不可废，是所忠之客体变，而忠之主体固未尝或变也”。也就是说，同一道德规范，其内容应随时代而变。“忠”古义为忠实，原为个人之德，后世以忠为臣道，为臣民对于君主之德；而在现时民主政体下，则为忠于国家，为国民对于国家之德。其他如孝、悌、贞、节等德，其内容在现时正次第改变，“苟于新社会无特别冲突之点，均不宜轻议更张。”杜氏特别指出，对于传统道德中的“仁爱”的观念，尤“亟宜注意”；我国道德自古迄今，皆以仁为大本，以仁为统摄诸德之总名，而一切道德，亦非此无所附丽，因此，孔子反复强调“仁爱”，近世欧美学亦以爱为一大原则。在这一重大原则上，中西伦理均相吻合，“则吾先哲见理之高深”[②]。因此，在中国传统伦理的变革中，“吾国亦宜阐明旧有之仁爱，发辉而光大之，使人人知利己必以利他为衡，独善要以兼善为断，以挽此攻夺贪残之末俗，而蕲合乎世界之思潮。此又今后道德扼要之图，而吾国生死存亡之关键也”[③]。

从杜亚泉的道德调和论中可以看出，他所谓的“道德的体不变”，虽然带有保守性，但从中诠释出“仁爱”等道德观念对于人类社会的永恒意义与普世价值，并非没有道理。就其所谓“用不能不变”，即具体道德准则要随着历史条件的变化而变更，亦无不妥。顺便指出，肯定传统道德规范、原则的抽象意义，强调其永恒的价值，而不涉及这些规范的具体的、封建性内容，是文化保守主义者的普遍做法。这个问题，直到1940年，贺麟才真正从哲理上作出了清晰的说明。最后，我们要说，杜亚泉的

---

① 杜亚泉：《国民今后之道德》，载《杜亚泉文存》，第293—294页。

② 同上书，第295页。

③ 同上书，第296页。

伦理文化观是一种道德本位的文化观，他一再强调，道德为立国之本，经济为治国之用，“以科学的手段，实现吾人经济的目的；以力行的精神，实现吾人理性的道德。以主观言，为理想生活之实现；以客观言，即自由模范之表示也”[①]。可以说，杜亚泉以伦理为价值理性，以科学、经济为工具理性，强调中国人的追求，是实现理想的生活，而不是占有和追求无穷的财富，“夫精神文明之优劣，不能以富强与否为标准，犹之人之心地，安乐与否，不能以贫富贵贱为衡”[②]。在这一点上，中国的伦理精神之实现，对于世界是“自由模范之表示”。

（三）梁漱溟之文化三路向和中国文化复兴论

与杜亚泉同时，现代新儒家的开山者梁漱溟（1893—1988）以相似的文化立场活跃于文化论争之中。梁漱溟于1917年登上北大讲坛，起初讲授印度哲学，并且茹素不婚，一心思索人生问题，但是，在北大这个新文化运动的发祥地，他的出世意念受到了多方面的挑战。[③] 面对强大的反传统的势力，他感受到了“刀临头顶、火灼肌肤、呼吸之间就要身丧命倾”的中国文化命脉正在被断绝的威胁，便开始思考“东方文化究竟能否存在”的问题。他说，东方文化对于西方文化之步步退让，西方文化对于东方文化的节节斩伐，现在已到了最后将枝叶去掉，要向咽喉去着刀！而将中国文化根本打倒！我们很欢迎这种问题，因为从前枝枝叶叶的做法，实在徒劳无功，非有根本的解决，中华民族不会打出一条活路来。[④] 面对新思潮的文化虚无主义倾向和北大西化派教授们缺乏忧患意识的坦然心境，梁漱溟深感焦虑，而对于《新青年》杂志对中国传统文化尖锐的批评，他也感到十二分的压迫与不安。于是以极大的热情投入到了如火如荼的文化建设当中，在1922年出版了其当时影响极大的著作《东西文化及其哲学》，并由此成为现代新儒家的第一人。此书主要是为批判

---

① 杜亚泉：《战后东西文明之调和》，载《杜亚泉文存》第350页。

② 杜亚泉：《迷乱之现代人心》，载《杜亚泉文存》第366—367页。

③ 按梁漱溟的自己的说法，他一生关注两大问题，一是中国问题，二是人生问题。促成其实际行动的，如中国问题占了上风，则参加辛亥革命，当新闻记者，进北大教书，等等；如人生问题占了上风，便不结婚，吃素，想出家。后来，中国问题逐渐占主导地位，人生问题便退居次要地位（参见《梁漱溟问答录》，湖南人民出版社1988年版，第29—30页）。

④ 梁漱溟：《东西文化及其哲学》，载《梁漱溟全集》第一卷，山东人民出版社1989年版，第335页。

西化思潮、建立新的文化理论而写的，它出版后所引发的巨大反响是因为旗帜鲜明地提出了文化三路向——坚定的东方文化立场。

(四) 人生三大问题与文化三路向

在《东西文化及其哲学》中，梁漱溟以他的关于文化本质的理论作为划分文化类型的原则，而在对文化作出说明时，他是以“文化”的一般本质立论的。梁漱溟对文化的观点可概括为“意欲—生活—文化”的三段式：

> (文化) 不过是那一民族生活的样法罢了。生活又是什么呢？生活就是没尽的意欲 (Will) ……通是个民族通是个生活，何以他那表现出来的生活样法成了两异的彩色？不过是他那为生活样法最初本因的意欲分出两异的方向，所以发挥出来的便两样罢了。[①]

文化即是一个民族的生活样法，这种看法简洁明了，但所包含的内容却丰富而深刻。梁漱溟的文化概念是由“意欲—生活—文化”的公式逐步导出的。从“意欲”的可能满足与不满足着眼，便出现了人生的三大问题。一是人对物的问题，即向自然索取生活资料，以此满足人类的物质生活需要的意欲问题；二是人对人的问题，即人类自身的和谐共处。这是对他人的要求的“意欲”，因此，其是否满足无法肯定；三是人自身的生命问题，即要求生活而克服生、老、病、死等宗教问题，这是人们无论如何努力，都无法实现的。

与这三大人生问题相对应，便产生了三种不同的“生活样法”或“文化路向”。一是处理物我关系，这就需要人类的意欲向前探索、向外要求，征服自然，以求得个体的生存和种族的繁衍。这种人生态度使西方文化产生了发达的科学方法，其优越性就是在征服自然、改造自然过程中获得了丰富的物质资料。二是处理人我关系，它不能采取处理物我关系的那种向外征服、追求的态度，只能向内用力，反求诸己，求得内心的满足与和谐。这种人生态度决定了中国文化安分知足、随遇而安，不提倡物质享受，从而形成的是物我、人我和自身之间统一和谐的“特异彩色”，而

① 梁漱溟：《东西文化及其哲学》，载《梁漱溟全集》第一卷，第352页。

且没有印度人的禁欲思想。三是处理身与心、灵与肉、生与死的关系，这就既不能向外追求，也不能反求诸己，只能通过宗教禁欲主义的修炼。这种生活态度既不像西方人那样要求物质生活的富足，也不像中国人的知足而安，他们努力地将生活的意欲完全消解。这就产生了“反身向后去要求”的印度文化。举例而言，假如屋漏房破，意欲要求蔽身，西方人的解决之道是拆除旧屋，重建新厦。中国人只是修葺一下破屋，自满自足，而且其乐融融。印度人则不要求蔽身之所，所以根本消除整修房子的欲望。

这就是梁漱溟在《东西文化及其哲学》中为我们描绘的人类文化三种不同的发展图式。意欲向前的奋斗态度形成了西方文化，意欲持中、随遇而安的调和态度形成了中国文化，反身向后、取消意欲的态度则形成了印度文化。在当时流行的各种社会思潮中，无论是西化派的陈独秀、胡适，还是文化保守主义的杜亚泉，尽管他们对东西文化的比较和优劣的评判截然对立，但却都自觉或不自觉地将西方文化作为比较和评价中国文化的唯一参照系。而梁漱溟提出的中、西、印三大文化路向论，则打破了西方中心主义对人们思想的禁锢，使文化发展的特殊性、民族性问题格外地凸显出来，从而为人们比较中西文化提供了一个新的坐标。这无疑是有启蒙意义的。

梁漱溟的文化观强调了文化的多元性，否定了人类文明是单向直线演进的观点。为了肯定世界三大文化都有其不可替代的重要价值，他不是将文化进行优劣的划分，而是以特殊性排斥普遍性，以民族性否定世界性，只讲差别而抹杀同一，从而导致了相对主义的文化价值观，使文化优劣的评价尺度带有主观性的特征。在梁漱溟看来，三种不同的文化路向既是一个历时性进程，又是一个共时性结构。就共时性结构而言，三种不同的文化路向都有其存在的合理性和不可或缺的价值。西方“以意欲向前为其根本精神”的第一文化路向，所解决的是人类生存的基本需要，成就了科学与民主；中国“以意欲自为调和持中为其根本精神”的第二文化路向，所解决的是人类感情和内在生活的需要，它实现了物我、人我和自身的和谐统一，成就了儒家的伦理道德和非功利主义的人生态度；印度“以意欲向后要求为其根本精神”的第三文化路向，所解决的是生命自身——生与死、身与心、人欲与精神的矛盾，注重了个人的精神修炼，成就了至高无上的佛教。因此，从共时性的角度说，三种文化是无所谓孰优孰劣的。中国和印度的文化成熟得太早，第一路向的问题没有解决好，就径直走上了第二和第三文化路向。西洋文化之所以在今天盛行，是因为“适应人类目前的问题，而中国文化印度文化在今日的失败，也非其本身有什么好坏可言，不过就在不合时宜罢了”①。

而从三种文化路向的历时性来看，中国文化和印度文化在历史演进的前后交替中，应该比西方文化处于更高的层次。因为在梁漱溟的文化图式中，人类的三大问题是依次递进的，“问题浅深次第顺然可睹，随着社会发展史的不同阶段，进而人生问题顺序引入转深，实有其自然之势”。人类最初需要解决的是如何生存的问题，在人与自然的问题解决之后，便开始要求获得内在情感的满足和人与人的和谐相处，一旦这个意欲也满足之后，最后要解决的是身与心、生与死、精神与肉体这些矛盾，消除人类与生俱来的痛苦。因此，中、西、印文化之间虽不存在孰优孰劣的问题，但却有高低之分。原来合乎时宜的西方文化，随着人类生存问题的解决，即将失去以往至高无上的价值，“第一路走到今日已病痛百出，今世人都想抛弃他而走这第二路”，西方文化已走入穷途末路。而原来不合时宜的中国文化和印度文化，由于人类需要的不断提升，则将相继复兴。据此，梁漱溟得出了与新文化运动截然相反的结论：西方文化代表着过去，而东方的中国文化和印度文化则代表着现在和未来。这就是梁漱溟的“世界文化三期重现说”。

可以看出，梁氏将人类文化设定为三大精神驿站的前后相继只是一个玄远的理想，在实际生活中是根本走不通的，对于解决现实问题更是不着边际。他也意识到了这一观念上的构想和现实的进程之间难以解决的矛盾，所以又对这个理想的方案进行修改，集中为如何解决中西文化的关系，如何面对西化论的挑战的问题，现实的需要使他不得不承认和肯定以科学和民主为核心的西方文化，而民族主义的情结又使他不能接受全盘西化，因此，他要从文化的哲学理念和人类存在的形而上意义方面来为中国文化争得一个地位。在现实与理想的对峙中，他选择了一条折中之路：既肯定西方文化，又不滞留于西方文化；既阐明人类文化的进程、方向，又不刻意追求和受制于这种玄远的理想。所以，他反对清末民初出现的种种“佛化”倾向，认为在汹涌而至的西方思潮面前，中国固有的思想寂静无

① 梁漱溟：《东西文化及其哲学》，载《梁漱溟全集》第一卷，第526页。

声，而“印度产的思想却居然可以出头露面，这是不正常并与事无补”。中国因未走第一条路而过早走上第二条路产生的病痛，绝不能用第三种态度来救治，否则只能“病上加病”。但同时，梁漱溟在“排斥那向外逐物的颓流”的同时，立足于现实，保留着理想，将西方的科学与民主精神融入中国人的生活态度里面，“提倡一种奋发向前的风气”，使死气沉沉的中国人复活过来，顺应第一路向朝着第二路向的转接，以实现中国文化的全面复兴。他甚至信心十足地预言：“质而言之，世界未来文化就是中国文化的复兴。”[①]

（五）东西伦理文化对比：伦理本位与个人本位

梁氏认为，西方文化以个人为本位、以追求无限的欲望为目的，这样的社会已弊端百出。而中国文化则以伦理为本位，这样的社会是当下最合理的。“孔子的惟一重要的态度，就是不计较利害。这是儒家最显著与人不同的态度，直到后来不失，并且演成中国人的风尚，为中国文化之特异彩色的。”[②] 在梁氏看来，孔教伦理不外两条，“一是孝弟的提倡，一是礼乐的实施”。孝弟实在是孔教唯一重要的提倡。孔子要让人过他那种富有情感的生活，自然要从情感发端的地方出发。人当孩提时最初之情自然是对父母、哥哥、姊姊。这时候的一点情，是长大以后一切用情的源泉，绝不能对于他父母家人无情而反先同旁的人有情。按孔子的意思，只须培养得这一点孝悌的本能，则其对于社会、世界、人类，都不必教他什么规矩。因为孔子看重人的情感，而礼乐是专门作用于人的情感的，不但使人富于情感，尤特别使人情感调和得中。[③] 这种情感的生活是中国伦理特有的，由于情感之深，中国人是无我的：在母亲之于儿子，则其情若有儿子而无自己；在儿子之于母亲，则其情若有母亲而无自己；兄之于弟，弟之于兄，朋友之相与，都是为人可以不计自己的，屈己以从人的。他不分什么人我界限，不讲什么权利义务，所谓孝弟礼让之训，处处尚情而无我。[④] 这种尚情无我的生活态度和伦理原则使得人在家庭和社会上，处处能得到一种情趣，这种从容自足的生活态度，即是孔子不计较利害得失，

① 梁漱溟：《东西文化及其哲学》，载《梁漱溟全集》第一卷，第525页。

② 同上书，第458页。

③ 同上书，第467—468页。

④ 同上书，第479页。

顺天理而无纵欲、安贫乐道的品性修养。在梁氏看来，孔子的伦理思想本身是合情合理的，儒家伦理出现的问题是由宋儒造成的。孔教在宋代以后因为礼教的强化，成为一种单方面的压迫，“数千年以来使吾人不能从种种在上的威权解放出来而得自由；个性不得申展，社会性亦不得发达，这是我们人生上一个最大的不及西洋之处”①。

然而，对于梁氏、杜氏为儒家伦理的这种辩解，胡适并不认同。他在其1926年写的《我们对于西洋近代文明的态度》中进行了批评，指出：东西方文化“一边是自暴自弃的不思不虑，一边是继续不断地寻求真理。”“一边是安分，安命，安贫，乐天，不争，认吃亏；一边是不安分，不安贫，不肯吃亏，努力奋斗，继续改善现成的境地”。东西方文明最大的特色是知足与不知足，知足则自安于简陋的生活，自安于愚昧，自安于现在的环境与命运，不想征服自然、改革制度，只图安分守己。“这样受物质环境的拘束与支配，不能跳出来，不能运用人的心思智力来改造环境改良现状的文明，是懒惰不长进的民族的文明，是真正唯物的文明，这种文明只可以遏抑而决不能满足人类精神上的要求。”相反，西方文明是充分运用人的聪明智慧来寻求真理以解放人的心灵，来制服天行以供人用，来改造物质的环境，来改革社会政治的制度，来谋求人类最大多数人的最大幸福，这样的文明应该能满足人类精神上的要求，这样的文明是真正理想主义的文明。② 毋庸置疑，这种批评是从西方文化中心论立场出发的。对此，王元化认为：“百余年来不断更迭的改革运动，很容易使人认为每次改革失败的原因，都在于不够彻底，因而普遍形成了一种越彻底越好的急躁心态。在这样的气候之下，杜亚泉就显得过于稳健、过于持重、过于保守了。”③ 事实也确实如此。长久以来，以新文化运动为主流的思想史边缘化了梁漱溟、杜亚泉的思想，其实，杜、梁以多元论文化观提出了一个异于新文化派尤其是西化派的观念，即文化的民族性以及现代化中的文化认同问题，而这正是新文化运动所缺失的。在今天新的历史条件下，重新探索这种“东西互补”的调和论的意义与价值，对于新的伦理启蒙不但有所裨益，而且不可或缺。

---

① 梁漱溟：《东西文化及其哲学》，载《梁漱溟全集》第一卷，第479页。

② 胡适：《我们对于西洋近代文明的态度》，载《胡适文集》第4册，第7—13页。

③ 王元化：《杜亚泉与东西文化问题论战——代序》，载《杜亚泉文存》，第5页。

二　昌明国粹 融会新知

在中西文化的比较研究中，杜亚泉、梁漱溟肯定了中国文化、传统伦理具有独特的价值，这种认识相当深刻，这也成为文化保守主义者的一种共识。他们认为，由于在空间地域上的区别，东西文化的发展各有其不同的路径，不宜简单地用新旧、古今来判别其价值高低。在此基础上，文化保守主义者进一步强调了伦理变革的历史延续性。他们将传统文化的道统与封建政统分离开来，甄别传统文化中的有价值的思想，以此作为新伦理建设的基石。认为历史的演变“世世相承连绵不断”，新旧之间无截然界限，“旧者，根基也。不有旧决不有新，不善于保旧，决不能迎新。不迎新之弊止于不进化，不善于保旧之弊，则几于自杀”。东西文化各有其优劣，只有“撷精取粹”，“熔铸一炉”，才可成为“吾国新社会研治之基”[①]。因为肯定文化的延续性，所以他们反对新文化派以引进自由、平等、民主观念为由，而对中国数千年传统文化一笔抹杀，认为“欲造成新文化，则当先通知旧有之文化”、“若不知旧物，则决不能言新”[②]。其中，“学衡派”以其冷静的思考、独立的学术品格而产生了深远的影响。

（一）学衡派之沟通东西事理、改进道德

1922年1月，由梅光迪（1890—1945）发起、吴宓任主编的《学衡》杂志创刊于东南大学，至1933年终刊，前后陆续发行了79期。围绕在《学衡》杂志周围的作者以国立东南大学为依托，抱着相同的道德理想、文化理念著书作文，形成了一个学术流派——学衡派。学衡派独立于新文化运动主流之外、超越于政治党派之见，“论究学术，阐求真理，昌明国粹，融化新知。以中正之眼光，行批评之职事。无偏无党，不激不随”[③]，力图“发挥国有文明，沟通东西事理，以熔铸风俗，改进道德，引导社会”[④]。学衡派代表学者有吴宓（1894—1981）、梅光迪（1890—1945）、

---

① 章士钊：《新时代之青年》，载《章士钊全集》第4卷，文汇出版社2000年版，第109—117页。

② 吴宓：《论新文化运动》，《学衡》1922年4月第4期。

③ 《学衡》之“杂志宗旨”，见每期《学衡》首页。

④ 吴宓：《吴宓日记》第1册，三联书店出版社1998年版，第410页。

胡先骕（1894—1968）、柳诒徵（1880—1956）、汤用彤（1893—1964）、缪凤林（1899—1959）、刘伯明（1885—1923）等一批学贯中西的大学教授，此外，王国维、陈寅恪等国学大师也在《学衡》上发表论文，他们虽不是学衡派成员，但无疑是认同《学衡》文化理念与学术精神的。

"学衡派"的显着特点是对中国传统伦理思想特别是儒家伦理的重新诠释与弘扬。这一学术立场的形成既有内因亦有外缘。就内因而言，自辛亥革命特别是新文化运动以来，旧有的传统伦理秩序虽然崩溃了，但新的民主秩序却未曾建立起来，思想道德、伦理秩序处于真空与混乱状态，这使得文化保守主义者深感忧虑："今之社会道德，旧者破坏，新者未立，颇呈青黄不接之观，……人心世道之忧。莫切于此。""礼法伦纪者，乃吾一种人之所谓道德而立之以为国魂者也。使社会内而无礼法、无伦纪，则国失其魂，人道荡然，而天地亦几乎息矣。"[①] 究其原因，乃是破者恒破，无视新旧之间的联系所致。一味地强调西方文化而贬低中国传统，不但会造成文化虚无主义，也会导致民族的自信心的下降。须知"新机不可滞，旧德亦不可忘，挹彼注此，逐渐改善，新旧相衔，斯成调和"[②]。由于缺乏内心的道德感，价值观混乱、信仰真空、道德失范，致使社会乱象丛生。"故国人言政治法制，垂二十年，而政治法制之不良自若。其言教育、哲理、文学、美术，号为'新文化运动'者，甫一启齿，而弊端丛生，恶果立现，为有识者所诟病。惟其难也，故反易开方便之门，作伪之途，而使浮薄妄庸者，得以附会诡随，窥时俯仰，遂其功利名誉之野心。"[③] 一国之立，必有其所以自立之精神。传统文化是一国精神之所寄，其为学，本之历史，因乎风俗，齐乎人心之所同，故为立国之根本源泉。学衡派强调维护传统道德的重要性的原因即在于此。

就外缘而言，哈佛大学的欧文·白璧德（Irving Babbitt，1865—1933）、[④] 穆尔（P. E. More，1864—1937）的新人文主义思想对学衡派影

---

① 邓实：《鸡鸣风雨楼独立书·风俗独立第四》，载《中国近代史料丛刊续辑：271—280，光绪癸卯 28 年 光绪丁未 卅三年·政艺丛书》，台湾文海出版社 1976 年版，第 178 页。

② 章士钊：《新时代之青年》，载《章士钊全集》第 4 卷，第 114 页。

③ 梅光迪：《评提倡新文化者》，《学衡》1922 年 1 月第 1 期。

④ 欧文·白璧德，美国著名文学评论家，"新人文主义"文学批评领袖。自 1894 年起在哈佛任教直至去世，其间创办了比较文学系，影响遍及哲学、历史、政治、教育等各个领域。其思想与中国儒家学说有着诸多契合之处，故东南大学"学衡派"以及以梁实秋为代表的"新月派"都与其思想有着极深的渊源。

响甚大。这不仅是因为学衡派的主要人物吴宓、梅光迪、汤用彤、胡先骕皆曾就读于哈佛大学，直接、间接地受其熏染，更重要的是，白璧德对西方启蒙思潮的反思与对东方文明的尊崇，契合了一批中国学人的心灵。他极具世界主义眼光，最早主张破除“西方中心主义”。正是由于他的思想与中国儒家学说有着多方面的认同，才强烈地影响了“学衡派”的文化保守意识。

（二）白璧德之新人文主义思想

新人文主义（Neohumanism）乃相对于欧洲文艺复兴时期与启蒙运动时期的人文主义而言，它以解放人的合理欲望、恢复人的本性为目标。西方自启蒙运动以后，“人的解放”导致了近代功利主义和浪漫主义泛滥，造成了道德沦丧和人性失落等社会问题，加上欧战的爆发及其带来的灾难，引起了人们对启蒙的反思与寻求有效的对策。穆尔与欧文·白璧德呼吁节制情感，恢复人文秩序，于是产生了新人文主义思想。白璧德认为，人文主义有别于人道主义，人道主义指“同情于全人类”的思想态度，“专重智识与同情之广被而不问其它”、“漫无甄别之普遍同情”。人文主义则倡“受训练而能选择之同情”，“真正之奉行人文主义者，于同情与选择二者必持其平”，富于同情然必节之以判断，而且“含有规训与纪律之义”，强调人之为人必遵循道德规范与自我约束，不可放任自然。[①] 真正的人文主义不是关于世界、关于人类而偏重于博爱的，而是关于人自身的，是要求得个人“内心之规矩”的，是“使人精神上循规蹈矩、中节合度”的。[②] 欧洲文艺复兴运动前期的人文主义（Humanism），更接近人道主义之泛爱或博爱（Philanthropy），此乃因为中世纪之神学，“足使人性之若干方而桎梏窘乏，又其事神观念过强，乃至生人之才知机能，均加以致命之束缚”，因此才有文艺复兴运动，以试图把人从神的压抑下解放出来。在文艺复兴初期，思想潮流只注重解放，“曰官觉之解放，曰理智之解放”，由此大倡个人主义，“专重智识及同情之开拓”，“若辈急求脱去中古传说之羁勒，又深幸自然与人性今得一而息争，狂喜之余，遂谓礼文与选择毫无需要”，最后竟出现了“漫无标准，凌傲自足，放纵自恣，

① 徐震堮译：《白璧德释人文主义》，《学衡》1924 年 10 月第 34 期。

② 吴宓译：《白璧德之人文主义》，《学衡》1923 年 7 月第 19 期。

于以加甚，或竟足危及社会之生存”的严重后果。

白璧德这里所揭示的西方启蒙运动的负面影响确实存在。16 世纪以来，以培根为代表的科学主义思想日甚一日，在征服自然、追求物欲方面获得成效的同时，人心渐为物役，并发展为功利主义。而以卢梭为代表的泛情主义则演变为放纵不羁的浪漫主义和不加选择的人道主义，“其学说之要点，即痛恶凡百牵累、凡百拘束、凡百规矩、凡百足以阻止吾人率意任情行事者，以及各种义务责任，卢梭皆欲铲除之”。总之，培根与卢梭的思想交互影响，使人类愈来愈失去自制能力和精神追求。“盖弄权作威，尊己抑人，恃强凌弱，乃生人最显著之本性。”[①] 只知追求物欲而不加节制、无暇顾及内心的道德修养，对人类文明是无益而有害的。白璧德认为，科学的自然主义及感情的自然主义，皆未能以内心之规矩供给人类。培根生平纳贿贪财，以此获罪，非无故也。卢梭有子五人，皆送育婴堂而不自抚养，亦非无故也。今日欧洲大战，又非无故也。[②]

正因为科学自然主义和感情自然主义过分泛滥，致使“以物质之律施之于人事，则理智不讲，道德全失，私欲横流，将成率兽食人之局”，人类几乎沦为“物质之律”的奴隶。白璧德认为，20 世纪应尽之天职，就是要使人返本为人，昌明“人事之律”，即希望通过对传统人文精神的弘扬，建立使“物质之律”与“人事之律 ”相互协调的社会运行秩序。白璧德以其世界性的眼界观察中国的启蒙运动，认为儒家的人文主义与西方人文主义是相通的。“孔子以为凡人类所同具者，非如近日感情派人道主义者所主张之感情扩张，而为人能所以自制之礼。此则与西方自亚里士多德以下人文主义之哲人，其所见均相契合者也。若人诚欲为人，则不能顺其天性，自由胡乱扩张，必于此天性加以制裁，使为有节制之平均发展”，从而使“凡愿为人文主义之自制工夫者，则成为孔子所谓之君子与亚里士多德所谓之甚沉毅之人”[③]。在白璧德看来，古希腊文化、儒家文化、基督教文化和佛教文化都是“一切时代共通的智慧”，是克服现代文明弊端的药石。他赞扬道：“伟大的儒学传统，其中包含极其美妙的人文

① 吴宓译：《白璧德之人文主义》，《学衡》1923 年 7 月第 19 期。

② 同上。

③ 胡先骕译：《白璧德中西人文教育谈》，《学衡》1922 年 3 月第 3 期。

主义成分。这一传统需要复兴和调整，使之适应新情况。”[①] 对于中国正在进行的新文化运动，他称之为中国的文艺复兴运动。不过，陈独秀、胡适等人倡导的新文化运动，是以欧洲启蒙运动的人文主义为指导思想的，在西方遭遇危机的情势下，中国人不应重蹈其覆辙，白璧德劝告道：“然须知中国在力求进步时，万不宜效欧西之将盆中小儿随浴水而倾弃之。简言之，虽可力攻形式主义之非，同时必须审慎，保存其伟大之旧文明之精魂也。苟一察此伟大之旧文明，则立见其与欧西古代之旧文明，为功利感情派所遗弃者，每深契合焉。”[②] 依照白璧德的看法，中国的新文化运动应该是“新孔教之运动，摆脱昔日一切学究虚文之积习，而为精神之建设”[③]，即抛弃不合时宜的形式，继承其“精魂”。这“精魂”便是道德：

> 中国立国之根基，乃在道德也。……中国向来重视道德观念，固矣。而此道德观念，又适合于人文主义者也。其道德观念，非如今日欧洲之为自然主义的，亦非如古今印度之为宗教的。中国人所重视者，为人生斯世，人与人间之道德关系。[④]

白璧德从其新人文主义理论出发，强调中国的新文化建设“宜博采东西，并览今古，然后折衷而归一之”[⑤]。而《学衡》诸学者确实认同了白璧德的思想，以新人文主义观念讨论中国的文化问题，评估了传统伦理之现代价值。如梅光迪所言，“白璧德的理念和价值观包含着开阔的历史眼界，能极好地解放人们的思想。它能将你从现代社会狭隘的束缚中解脱出来”。不但撇开了只注重近代西方思想的做法，而且赋予旧世界以新的意义，“就许多基本的思想和原则而言，美国的人文主义运动为它（中国人文主义运动）提供了重要的资料和灵感源泉”[⑥]。吴宓也说，受教于白璧德与穆尔，了解了西洋学术道统，更能认识到中国文化之优点与孔子之

---

① 《欧文·白璧德与吴宓的六封通信》，载乐黛云编《跨文化对话》第 10 辑，上海文化出版社 2002 年版，第 150 页。

② 胡先骕译：《白璧德中西人文教育谈》，《学衡》1922 年 3 月第 3 期。

③ 同上。

④ 同上。

⑤ 同上。

⑥ 梅光迪：《人文主义和现代中国》，载《梅光迪文录》，辽宁教育出版社 2001 年版，第 215 页。

崇高中正。[①] 事实也正是如此，儒家倡导的克己复礼、中庸之道显然与白璧德所强调的克制、平衡有着某种相通之处。白璧德对中国传统儒家思想的肯定以及新人文主义与中国儒家传统文化的契合，是《学衡》学人捍卫传统伦理之一大精神支柱。

鉴于新文化派对传统文化及其价值的否定和欧战引发的西方文化危机，吴宓及学衡同仁认为，欲救亡图存，最重要的事是人的精神世界中道德信仰的重建和理想人格的塑造。他们“以人格而升国格”，使灾难深重的中华民族得以“重建民族的自尊”。学衡派强调，“文化之为物，乃活动而非静止，乃继续而非间断”[②]，“然吾之文化既如此，必有可发扬光大，久远不可磨灭者在”[③]，而这就是孔教。孔子乃“中国文化之中心，其前数千年之文化，赖孔子而传。其后数千年之文化，赖孔子而开。无孔子，则无中国文化”[④]。从更广阔的视野来看，苏格拉底和耶稣代表着西方文明，孔子和释迦牟尼代表着东方文明，这四大圣贤支撑着世界文明的大厦。因此，《学衡》诸公相信，把握孔子学说的精义，阐发、转换以人伦礼教为核心的传统文化，焕发其中普遍有效和亘古长存的价值，不但能重建我们民族的自尊，而且“中国孔子儒道之正大，有裨于全世界”[⑤]。

（三）学衡派与新文化派之异同

新文化派认为西方文化是新文化，中国文化是旧文化，中西新旧之间不可调和。而在学衡派看来，天理、人情、物象，“其根本定律，则固若一”[⑥]。文化作为“宣扬与体现人的规律”的精神成果，本质上是相同的。吴宓发挥柏拉图将世界分为理念世界与现象世界的思想说：“观念为一，千古长存而不稍变，外物实例，则为多，到处转变而刻刻不同。前者为至理，后者为浮象。”[⑦] 文化形式多而杂，但追求真、善、美的实质则一而

---

① 吴宓:《空轩诗话》，载吕效祖主编《吴宓诗及其诗话》，陕西人民出版社 1992 年版，第 250—251 页。

② 陆懋德:《中国文化史》,《学衡》1925 年 5 月第 41 期。

③ 梅光迪:《评提倡新文化者》,《学衡》1922 年 1 月第 1 期。

④ 吴宓:《孔子之价值及孔教之精义》，载徐葆耕编选《会通派如是说——吴宓集》，上海文艺出版社 1998 年版，第 111 页。原载《大公报》1927 年 9 月 22 日。

⑤ 吴学昭:《吴宓与陈寅恪》，清华大学出版社 1992 年版，第 143 页。

⑥ 吴宓:《论新文化运动》,《学衡》1922 年 4 月第 4 期。

⑦ 吴宓:《我之人生观》,《学衡》1923 年 4 月第 16 期。

纯。前者为相对价值，因时而变，后者为绝对价值，亘古如一。对于每一个时代而言，文化应是由古今中外一切真善美的文化因素融汇而成，“宜博采东西，并览今古，然后折衷而归一之”[①]。所以，“西洋真正之文化与吾国之国粹，实多互相发明，互相裨益之处，甚可兼蓄并收，相得益彰”。吴宓认为：“孔孟之人本主义原系吾国道德学术之根本，今取以与柏拉图、亚里士多德以下之学说相比较，融会贯通，撷精取粹，再加以西洋历代名儒臣子之所论述，熔铸一炉，以为吾国新社会群治之基，如是则国粹不失，欧化亦成。所谓造成新文化，融合东西两大文明之奇功，或可企致。”[②] 伦理可分为观念之“本体”与形态之“末节”两个层面，前者为“根本之内律”，后者为“风俗、制度、仪节”[③]。风俗制度可变，但伦理价值观念则不变，我们应变革旧伦理、旧道德的“末节”，而要保存其“本体”，“决不可以风俗、制度、仪节有当改良者，而遂于宗教道德之本体攻击之，屏弃之。盖如是，则世界灭而人道熄矣”[④]。

在学衡派看来，由于缺失基本的道德观念，辛亥革命以后，许多官僚、名流，甚至连革命党人也是“攫党费，猎勋位，购洋房，拥姬妾，大失国人之信用”，不啻如此，“又与官吏盗贼，互相利用，……竟挂民国之旗，瓜分满清之贵遗势”。此外，“而穿插点缀于其间者，又有所谓名流、政客、学生、新闻记者，以至各地方之绅董乡棍地痞流岷，淄渑混淆，玉石错杂，争攘叫号，以谈民治，或以武力，或以阴谋，或以金钱，或以清党，翻云覆雨，光怪陆离”[⑤]。可以说，建立新文化以改造思想，促进民众“伦理的觉悟”，本是新文化派与学衡派的共识。但在以什么样的新文化才能完成这一历史使命问题上，两者又有分歧。新文化派以“民主”与“科学”为旗帜，认为凡与它不相吻合的传统思想文化须涤荡干净。与此不同，学衡派则认为，立德乃共和政治之基，道德修养是其关键。梅光迪在给胡适的信中说：“故言‘人学主义’（笔者按：指人文主义）者，主张改良社会，在从个人做起，使社会上多有善良个人，其社会自善良矣。孔子之言曰：君子修其身，而后

---

① 胡先骕译：《白璧德中西人文教育谈》，《学衡》1922 年 3 月第 3 期。

② 吴宓：《论新文化运动》，《学衡》1922 年 4 月第 4 期。

③ 同上。

④ 同上。

⑤ 柳诒徵：《论中国近世之病源》，《学衡》1922 年 3 月第 3 期。

能齐其家，齐其家而后能治其国。……欲改良社会，非由个人修其身其道安由。……吾国之文化乃‘人学主义的’，故重养成个人。吾国文化之目的，在养成君子。养成君子之德，在克去人性中固有之私欲。”[①] 刘伯明认为，“共和者，人格问题，非仅制度之问题也”。共和失败、社会腐败，多是由于“今人之虞诈无诚，谲而不正”[②]，这就需要以传统道德药之，以养成国民纯正之人格。吴宓是学衡派的灵魂人物，他认为，政治的根本在于道德，“不特一人一家之连命，即一国之盛衰，一民族之兴亡，世界文化之进退，靡不以道德之升降，大多数人人格之高低，为之枢机”[③]。所以欲救世救国，就必须解决人的问题，而人的根本在其精神与道德。吴宓指出：“新文化运动者，反对中国传统，但是在攻击固有文化时，却将其中所含之普遍文化规范一并打倒，徒然损害了人类的基本美德与高贵情操。”[④]

学衡派还认为，新文化派倡导“民主”与“科学”，仅引进现代西方的思想和制度，并不能满足其时代的精神文化需要。他们以传统儒家思想和白璧德新人文主义为核心思想，把对国家和民族的关怀从制度层面深入到人的精神层面，认为欲救国治世必须重建中国人的道德精神。白璧德曾言：“中国之人为文艺复兴运动，决不可忽略道德，不可盲从今日欧西流行之说，而提倡伪道德。若信功利主义过深，则中国所得于西方者，止不过打字机、电话、汽车等机器。”[⑤] “中国今日受西方之压迫，行将起工业革命。其结果，中国旧传之道德必将破坏，特迟速之间耳。而中国之人，精神道德，必致大乱而不可收拾。”[⑥] 对此，吴宓是完全认同的：“国家之盛衰，不在其政体，不在其一二人物，亦不尽由财力兵力之如何。处今之中国，而言兵与财，尤急不能成。所恃以决者，国民全体之智识与道德，故社会教育、精神教育尚焉。苟民智开明，民德淬发，则旋乾转坤，事正易易。不然者，虽有良法美意，更得人而理，亦无救于危亡。”[⑦] 为此，

---

① 梅光迪：《梅光迪信四十五通》，见《胡适遗稿及秘藏书信》33，黄山书社1994年版，第465—466页。

② 刘伯明：《共和国民之精神》，《学衡》1922年10月第10期。

③ 吴宓：《孔子之价值及孔教之精义》，载《会通派如是说——吴宓集》，第111页。

④ 吴宓：《中国之新与旧》，载《中国留学生月报》1921年第3期。

⑤ 胡先骕译：《白璧德中西人文教育谈》，《学衡》1922年3月第3期。

⑥ 吴宓译：《白璧德论欧亚两洲文化》，《学衡》1925年2月第38期。

⑦ 吴宓：《吴宓日记》第1册，第514页。

就应该从中国的传统文化，尤其是孔子所代表的儒家思想中去寻找良方。因为孔子“为其民族道德精神之所寄托……孔子所代表者，乃远古传来之精魄；孔子所教导者，乃若辈之祖先所窥见之真理”。而孔子本人则是“道德意志之完人也……孔子尝欲以礼（即内心管束之原理）制止放纵之情欲。其所谓礼，显系意志之一端也”①。很显然，吴宓把救国治世之道引向对传统儒家思想的诠释与弘扬上，这个方法也是与白璧德一致的；白氏认为，人们要救治这混乱之世界情势，若“治标逐末，从事于政治经济之改革，资产权力之分配，必且无济。欲求永久之实效，惟有探源立本之一法。即改善人性，培植道德是已”。而培植道德，则既不能假借威权，又不能祖述先圣先贤之言，强迫人们承认道德之标准，而应该“令各人反而验之于己，求之于内心，更证之以历史，辅之以科学，使人于善恶之辨，理欲之争，义利之际，及其远大之祸福因果，自有真知灼见，深信不疑。然后躬行实践，坚毅不易”②。可见其中依然内蕴着理性精神。

（四）吴宓提倡“以人为本之道德”

针对新文化派否定传统、“打倒孔家店”的做法，吴宓主张“用新眼光、新理想咀嚼寻味”传统思想，③ 重新确立孔子学说的价值，阐明孔教的精义。1922 年，吴宓发表了《我的人生观》，对传统儒家伦理的现代价值进行了深入阐发。在吴宓看来，人生观乃人立身行事之原则，人对于人生之权利义务，一己与他人及国家社会之关系，以及是非利害得失等之见解。大体而言，人生观约可分为三种：以天为本之宗教，以人为本之道德，以物为本之物本主义（Naturalism）。物本主义以人之本能、自然情欲为出发点，此种追求在人之理智之下；宗教以超乎理智之上的神为本体，信奉此神而能感化人，使之行为趋善；宗教之功固足以救世，然其本意则为人之自救，人为己而信教，而非为人而信教。而纯正健全的人生观则是与人的理智相适应的；因此，“处今之世，以第二种之人本主义即人文主义为最适，故吾崇信之”④。人生观的核心是道德观，而宗教则可以与道德相辅相成，应以宗教般的信仰来践行儒家道德。

---

① 吴宓译：《白璧德论欧亚两洲文化》，《学衡》1925 年 2 月第 38 期。

② 吴宓译：《白璧德论民治与领袖》，《学衡》1924 年 8 月第 32 期。

③ 吴宓：《吴宓日记》第 1 册，第 280 页。

④ 吴宓：《我的人生观》，《学衡》1923 年 4 月第 16 期。

吴宓认为，应继承与发挥儒家道德。儒家道德的中心是“仁”，进而以“仁”为其道德思想体系的中心。不过，他对儒家“仁”的范畴作了新的解读：“仁也者，人之所以同也。仁者诸德之本。而仁又人性之别名，人道之特征也。”这里的出新之处是以仁作为人性、人之所以为人的共同本质、人道（笔者按：人文）的特征。吴宓认为，唯有“在仁字上做工夫，即发挥生人固有之本善，使能尽其人之‘人性’”，那么就可达到“人格以立，道德以成”[①]。于是，“仁”就成了统率人性的道德力量，也成为人们是否“成人”的标准。

如何达仁，吴宓认为应从孝着手：孝始于人性，终于为仁，故孔教又重孝。“人在襁褓”，“天真未凿”，只知有父母，未受外界习染，怀有赤子之心，这时培养孝心，发达其仁心，便“势顺而易成，事半而功倍”。“人既能孝，则是其仁心已发达，其‘人性’已确立。推之其他诸伦，社会国家，由近及远，由亲及疏，无往而不以真诚仁爱待之，无往而不以‘人道’相处。”[②] 这是改良社会的正道。吴宓对孔子思想的诠释，带有浓厚的道德理想主义色彩。

儒家各派皆以人性论作为道德的依据，吴宓也是如此。但历来对人性的看法，有一元论与二元论之别。而在一元论中，又有主张“人性纯善”与“人性纯恶”的区别。在西方，以卢梭为代表的浪漫派及自然派，认为以先天之情，纵本来之欲，所为皆合于善，而为礼教制度所阻碍则转为恶；而耶教之原罪说，则以人生乃与罪恶俱来，此原罪惟遇上帝怜悯而特赐恩典始可获免而得福。然而，这二派主张都不合于事实，而且弊病丛生：“（性恶论）信偶然之机（Chance），主命运之说（Fatalism），谓万事前定（Determinism），而使人废然堕于悲观。”[③] 性善论者以纵情为善，人于其所为不自负责，而归罪于环境，而造就现今极端利己主义之乱世。此二者皆抹杀了人的自由意志，从而也使道德失去了根基。吴宓认为，二元论可以避免这些弊病，因而赞同张载的人性二元论之说：“人性二元，为道德之基本”，这“非因其与吾国先圣先暴风骤雨偶合也，亦非因其说之足以扶植道德也”，而是因为经内观反省，“不信之而不能也”。白璧德将

---

① 吴宓：《孔子之价值及孔教之精义》，载《会通派如是说——吴宓集》，第 114 页。

② 同上书，第 113 页。

③ 吴宓：《我之人生观》，《学衡》1923 年 4 月第 16 期。

宇宙间事物，分为“天、人、物”三界。“天”、“物”为两极端，分别代表神性与物性，“人”居中间，兼具神性（或理性）、物性（或欲望）两者，既有可能提升人格，成为圣人或者君子，亦有可能坠入物界。坠入物界极其容易，只要随心所欲，像动物一样任由欲望就行了；而要保持在人界或者升入天界，则需要自我的身心修养。而如何选择其中之一，则取决于个体的自主性，而支配自主性之力量则来自个体的道德修养。故吴宓认为，人之心性分“理”与“欲”两部分，“欲”为积极的，常思行事；“理”为消极的，常思止欲、抑欲。理具有择辨之功，使欲遵道而驰，此既不同于完全禁欲，也不同于视欲为善、不加禁制者。人能以理制欲谓之善，反之谓之恶。“正惟人有意志之自由，而于其所行事自负道德责任，故世事乃有因果之律。”简言之，人性二元论将人性从神定论或命定论中解放出来，人之善恶全在于个人的选择，“故其结果自负责任，善则我之功，恶则我之罪”。自宋代张载首倡人性二元论之后，中国传统的人性论已定位于此思维框架，并成为道德修养的理论基础，但吴宓不是照搬张载之性二元论，而是以自由意志、道德选择、道德责任等新思想充实其间，从而使儒家传统人性论与道德修养论有了新时代的意蕴。

（五）道德践行之法

吴宓将道德定义为行善事，强调了其践行性。他说：“道德者何？行事之善，而合于正道（Justice）之谓。而所谓正道者，又就人与人之间关系而言。”他将善事付之行动。而论道德实践之法，则认为宜奉行下列之三条：一曰克己复礼；二曰行忠恕；三曰守中庸。关于“克己复礼”，吴宓引入了权利、义务观念，参酌白璧德新人文主义的思想作了新的诠释：“克己者，并非容让他人损失我之权利之谓；……能以理制欲者即为能克己，故克己又为实践凡百道德之第一步矣。”在传统伦理中，克己乃属修身之事，但是，在二三十年代的中国社会中，以个人目的而煽起政治风潮者，为求纵欲而倡废弃婚姻者，都大有害于家庭、社会与国家，故“克己非仅为对己之私德，而亦对天下国家后世之公德之基础也”[①]。而“复礼者，就一己此时之身份地位，而为其所当为者也。易言之，即随时随地，皆能尽吾之义务，而丝毫无缺憾者也”。对父母则孝，对兄弟则友，

① 吴宓：《我的人生观》，《学衡》1923年4月第16期。

对师长则敬，对邻里则睦，与人交往蔼然如春，遇国有大事，则执干戈以卫社稷，等等。在这里，“复礼”所“复”的“礼”乃是传统文化精华而非变易不居的形式，也蕴涵了白璧德注重个人“自制工夫”、防止个人过度自由的思想。

关于“行忠恕”，吴宓说：“尽心之为忠，有容之为恕。忠以律己，恕以待人。忠恕者，严以责己而宽以责人之谓也。”就自我而言，忠者，知人类共有之优点而欲发达之于己身；恕者，则知人类共有之弱点而能怜悯之于他人，二者相资为用。就个人与他人的关系论，“忠恕者，宁使天下人负我，不使我负一人之谓也”。吴宓指出，欲行忠恕，则视我之义务重而视我之权利轻。但近世之新说，却轻视义务而重视权利，谓天赋人权、众生平等，不问各人之才力智德如何，曾尽何种义务，“而惟嚣嚣然、蜂蜂然，惟权利之是争是求”。吾国少年效法欧美者，徒知其权利而不尽其义务，所以他得出结论：“故忠恕之一端，既足察人品之高下，亦能定国家之祸福也。”[①] 吴宓对天赋人权的批评是有见地的，并且切中时弊。他以权利与义务的观念诠释忠恕也是具有新意的。

关于“守中庸”，吴宓诠释为“循规蹈矩与放纵自由两极端间之中庸”[②]。中庸之道在中国由来已久，亦与亚里士多德的中道思想异曲同工。西方之宗教尊上帝而专务敬神灭罪，卢梭为代表的浪漫自然派重物性而徒事纵欲任情。在中国，封建礼教压抑了人性，新文化派则过分强调人性解放而忽略了道德自律，于是社会失范，世风日下，这些皆非中庸之道。吴氏强调中庸是“实际生活之原则，道德行为之原则，也是现今世界或社会生活之原则”[③]，凸显了中庸在现代社会的价值与意义。

总之，以吴宓为代表的学衡派在新文化派全面肃清传统伦理的同时，本着“昌明国粹”的宗旨，着重挖掘了儒家伦理中的修身进德思想，使之与西方新人文主义相互发明，与白璧德的“尊崇、节制、纪律”、“平衡、谐调、重选择”相契合，熔铸于一炉。总之，通过“融会新知”，使儒家伦理生发出新的价值。这个方法昭示的是“共和精神”，“即自动的对于政治及社会生活负责任之谓也”[④]。同时也展示了一条传统伦理现代

① 以上引文皆参见吴宓《我的人生观》，《学衡》1923年4月第16期。

② 吴宓：《文学与人生》，清华大学出版社1993年版，第173页。

③ 吴宓：《文学与人生》，第123—124页。

④ 刘伯明：《共和国民之精神》，《学衡》1922年10月第10期。

化的重要厘路。梁启超曾言，道德与伦理异，道德可以包伦理，伦理不可以尽道德。伦理者，或因于时势而稍变其解释，道德则放诸四海而皆准，俟诸百世而不惑者也。如要君之为有罪，多妻之非不德，此伦理之不宜于今者也。若夫忠之德，爱之德，则通古今中西而为一者也。诸如此类，不可枚举。[1] 采用这种“抽象地继承”的方法，保存忠、爱、仁、信、义等具有普遍价值的传统美德，剥离其封建内容，传统伦理定然可以成为中华民族面向现代社会的宝贵的精神财富。从这一意义上说，文化保守主义的价值绝不可漠视。故孙中山认为，我们今天要恢复民族精神，一定要唤醒固有的道德。他说：

> 中国有一段最有系统的政治哲学，在外国的大政治家还没有见到，还没有说到那样清楚的，就是《大学》中所说的“格物、致知、诚意、正心、修身、齐家、治国、平天下”那一段的话。把一个人从内发扬到外，由一个人的内部做起，推到平天下止。像这样精微开展的理论，无论外国什么政治哲学家都没有见到，都没有说出，这就是我们政治哲学的知识中独有的宝贝，是应该要保存的。[2]

这是孙中山 1924 年在广州国立高等师范学院的演讲，其时已是民国十三年。他认为：“正心、诚意、修身、齐家的道理，本属于道德的范围，今天要把他放在知识范围内来讲，才是适当。”[3] 国家落后固然是因为受了外国军事侵略、政治压迫、经济剥削，而推究其根本原因，还是由于中国人不讲修身，“像这样很精密的知识和一贯的道理，都是中国所固有的。我们现在要能够齐家、治国，不受外国的压迫，根本上便要从修身起，把中国固有知识一贯的道理先恢复起来，然后我们民族的精神和民族的地位才都可以恢复”[4]。

西方学者从另一角度肯定了中国传统伦理。1920 年来华讲学的英国哲学家罗素（Bertrand Arthur William Russell，1872—1970）认为，中国文

① 梁启超：《新民说·论私德》，载《饮冰室合集·专集之四》，第 132 页。

② 孙中山：《三民主义·民族主义》，载《孙中山全集》第九卷，中华书局 2006 年版，第 247 页。

③ 孙中山：《三民主义·民族主义》，载《孙中山全集》第九卷，第 247 页。

④ 同上书，第 250 页。

化的基本精神对西方文化的自我完善具有十分重要的意义。以中国在物质文明方面远比西方落后而言，他主张中国人要向西方人学习科学，而“以西洋之文化而酿成欧战之惨剧”而言，中国文明的礼让、和气、智慧、乐观的人生之道则实为西方文化所不及。罗素说：“中国人所发明人生之道，实行之者数千年，苟为全世界所采纳，则全世界当较今更乐。欧人则不然。其人生之道以竞争、侵略、变更不息、不知足与破坏为要素。夫‘功效’以破坏为目的，其结果必归于灭亡。苟西洋之文化采求东方之经验，仍不能补其缺点，恐去灭亡也不远矣。此予之所以远游东方而大有望于中国也。”①

因此，吴宓从保守主义的立场出发，反对新文化派否定传统伦理文化的做法，是与他看到了西方文化所产生的弊病不无关系。这使他更坚信传统文化尤其是儒家伦理文化具有的普遍意义和永恒的价值，是我们民族的灵魂和根基。他认为，要使国家富强，能够抵御帝国主义之侵略，“其本尤在培植道德，树立品格。使国人皆精勤奋发，聪明强毅，不为利欲所驱，不为瞽说狂潮所中。爱护先圣先贤所创立之精神教化，有与共生死之决心。如是则不惟保国，且可进而谋救世”②。而吴宓对传统的执著守成还具有前瞻性意义。他对自己有个基本评价：“吴宓一生，即兢兢从事于此事（建立道德）；吴宓之为人及其学说文章之价值（虽甚微小），正即在此。”正因为如此，他是“一位道德家，不是诗人；一位现实主义的道德家，或道德的现实主义者，具有浪漫主义（理想主义）气质”③。

（六）对学衡派之评价

以吴宓为代表的“学衡”派，曾长期被视为“封建复古主义派别”、“反对新文化运动”、“鄙视白话文，推崇文言文”、“抵制马克思主义在中国的传播”，但以今天的眼光来看，这种评价是片面的。“学衡”派虽有某种不合时宜的欠缺，但不是主流。有学者指出：《学衡》同仁属文化保守主义，“与政治保守主义疏离，无介入现实政治（如帝制、复辟）的企图。他们对旧制度的合法化、合理性和政府的权威，并不关注，……而是

---

① ［英］罗素：《中国之问题》，赵文锐译，中华书局 1924 年版，第 10—11 页。

② 吴宓译：《白璧德论欧亚两洲文化》，《学衡》1925 年 2 月第 38 期。

③ 吴宓：《文学与人生》，第 168 页。

关注社会变迁、转型所带来的文化基础的变异，尤其注重以儒家伦理为核心的人文传统的保留和重构"[①]。他们以自己独特的方式参加了新文化运动，并作出了重要贡献。

乐黛云教授指出，《学衡》与五四前的国粹派有着显著不同：国粹派强调"保存国粹"，重点在"保存"。而《学衡》强调的是发展，目的不只是保存国粹，而是阐求真理。方法也不是固守旧物，而是批评和融化新知。他们吸收了西方新的因素，以中国文化作为参与世界文化对话的一个方面，他们与激进派、自由派的论辩也与过去的传统保守主义不同，而带有了现代的、国际的性质。[②] 正如吴宓的内心自白："世之誉宓毁宓者，恒指宓为儒教孔子之徒，以维持中国旧礼教为职志，不知宓所资感发及奋斗之力量，实来自西方。质言之，宓爱读《柏拉图语录》及《新约圣经》。宓看明（一）希腊哲学（二）基督教，为西洋文化之二大源泉，及西洋一切理想事业之原动力。而宓亲受教于白璧德师及穆尔先生，亦可云，宓曾间接承继西洋之道统，而吸收其中心精神。宓持此所得之区区以归，故更能了解中国文化之优点与孔子之崇高中正。"[③] 1963 年，吴宓说："《学衡》社的是非功过，澄清之日不在现今，而在四五十年后。"[④]

事实正是这样。学衡派并未被人们所遗忘，其学术价值越来越受到当代学人的重视。吴宓讲此话后才 20 年，1984 年沈松桥所著《学衡派与五四时期的反新文化运动》一书在台北出版。1989 年，乐黛云《世界文化对话中的中国现代保守主义》（《中国文化》1989 年 12 月第 1 期）一文发表，表明已被中国大陆学术界遗忘多年的学衡派及其所提倡的新人文主义，终于再次引起学人的关注。1995 年，孙尚扬、郭兰芳所编《国故新知论：学衡派文化论著辑要》一书出版，孙尚扬在序言中对《学衡》派作了新的评价，并倡议重估《学衡》。1999 年江苏古籍出版社出版了《学衡》影印本，为学衡思想研究提供了良好的条件。

对于学衡思想汤一介先生公允地指出："在相当一个时期，一些人往

---

① 沈卫威：《吴宓与〈学衡〉》，河南大学出版社 2000 年版，导言第 13—14 页。

② 乐黛云：《世界文化对话中的中国现代保守主义》，载《中国文化》1989 年 12 月第 1 期，三联书店 1990 年版，第 134 页。

③ 吴宓：《空轩诗话》，载《会通派如是说——吴宓集》，第 338 页。

④ 华麓农：《吴雨僧先生遗事》，载黄世坦编《回忆吴宓先生》，陕西人民出版社 1990 年版，第 58 页。

往认为，在文化转型时期只有‘激进主义’才对文化的发展起推动作用，而‘自由主义’特别是‘保守主义’则是阻碍文化向前发展的力量。这个看法是不全面的，或者说至少是值得我们重新讨论的。在文化转型时期，对文化问题总会有三种不同的态度，即激进主义的，保守主义的，自由主义的。在二十世纪这一文化转型时期，对中国文化所形成的不同三派都是面对中国社会的急剧变化和世界文化的大动荡这同一问题，而显示出不同的反应和不同的思考层面，正是这三种不同趋向的文化合力推动着文化的发展。”① 汤先生的学生孙尚扬在其序言中展开了乃师的这一思想，不仅表示佩服“《学衡》诸公的卓识和坚持独立的学术研究的勇气和毅力”，还特别指出：他们“在各个学术领域里的巨大贡献更是值得大书特书的。……只要列出王国维、汤用彤、陈寅恪等几位‘会通中外、熔铸古今’的学术大师的名字，就足以说明《学衡》绝非‘假道学所发的假毫光’，而实为中国现代学术的中坚力量之一，更代表着一种不可偏离的学术路向”②。这种路向不是背离而是丰富了伦理启蒙，使伦理启蒙获得了理论上的深刻性和实践上的平稳性，它虽然尚未被普及到平民阶层，但精英阶层中的一些人士得到教益，则是无疑的。在一定意义上说，学衡派的学术精神与理论贡献，有着不可磨灭的价值。

三　“五伦”的价值与“三纲”的精神

新文化运动的主流思想是全面否定与大力声讨传统纲常礼教。与此不同，从现代新儒学到学衡派，文化保守主义者的基本文化立场都是对传统伦理持某种程度的肯定态度。不过，作为坚守中国文化价值的先行者，他们中的大多数人往往只是相当宽泛地提出了观点，在总体的学理上并没有细致地论证传统伦理的现代价值。然而，贺麟与潘光旦等人有所不同。1940 年，贺麟在综合性刊物《战国策》上发表了《五伦观念的新检讨》一文，意在从旧的传统观念里，去发现近现代精神，以求推陈出新。本着“有历史渊源的新，才是真正的新”的观念，贺麟以近代哲学思维与启蒙

① 孙尚扬等编：《国故新知论：学衡派文化论著辑要》总序，中国广播电视出版社 1995 年版，第 2—3 页。

② 孙尚扬：《在启蒙与学术之间：重估〈学衡〉》(代序)，载《国故新知论：学衡派文化论著辑要》，第 15 页。

理念，对五伦与三纲的本质进行了分析，为重建新道德体系作出了重要贡献。

批判传统伦理，既需要勇气，也需要理智。在激进的反传统浪潮中坚持独立思考，更需要这样。可以说，贺麟的这篇论文深具启蒙精神。在贺麟看来，我们每个人都生存于传统与现代之间，无形中支配我们生活的重大力量有二，一为过去的传统的观念，一为现在流行的观念。一个人要想保持行为的独立与自主，不做传统观念的奴隶，不做流行观念的牺牲品，必须具有批评的、反省的精神，才能“把握住传统观念中的精华，而作民族文化的负荷者。理解流行观念的真义，而作时代精神的代表”。对于传统的旧观念与流行的新观念皆未曾加以批评的考察，反省的检讨，重新的估价，就可能会盲从于新名词、新口号，反做传统观念的奴隶而不自觉，既不能保持旧有文化的精华，又不能认识新时代的真精神。[①] 贺麟正是本着这种精神，对五伦、三纲作了颇具新意的诠释与解读。

（一）对五伦的解读

贺麟认为，对于五伦的评判，既不能用考证的方法而失于琐碎，也不能从表面现象或枝叶处立论。五伦不仅概括了五对人伦关系，还提出了相应的伦理规范。对于“五伦”的这种本质特征及其对于中国社会的意义，全面否定是极不理性的，其优劣之判断必须建立在完整的科学认识基础上。他指出：“五伦的观念是几千年来支配了我们中国人的道德生活的最有力量的传统观念之一。它是我们礼教的核心，它是维系中华民族的群体的纲纪。”[②] 我们不能盲目崇拜西方的观念而完全否定了五伦、三纲。“西方自由平等等观念何尝不吃人？许多宗教上的信仰，政治上的主义或学说，何尝不吃人？”从启蒙时代以来，自由与平等相继成为西方国家的主流意识形态，但人剥削人、人压迫人、“人对人是狼”、“一切人对一切人的战争状态”（霍布斯语）也发生在这个时代。从19世纪到20世纪，正是崇尚自由、平等的国家对中国进行了野蛮的侵略，而全世界的宗教迫害、殖民战争、世界大战也日甚一日。所以，对于五伦首要的工作是认识其本质，无视五伦的本质而从实用的观点立说，把中国之衰亡归罪于五伦

---

① 贺麟：《五伦观念的新检讨》，载《文化与人生》，商务印书馆1988年版，第51页。

② 同上。

观念，乃是一笔糊涂账，完全没有意义；不见五伦的本质，而将五伦观念本身是否有价值与五伦的实现形式混为一谈，是“因末流之弊而废弃本源”；以经济状况、生产方式的改变，作为推翻五伦说的根据，亦是相当浮浅。贺麟认为：“即使在产业革命、近代工业化的社会里，臣更忠，子更孝，妻更贞，理论上事实上都是很可能的。换言之，我并不是说，五伦观念不应该批评，我乃是说，要批评须从本质着手。表面的枝节的批评，实在搔不着痒处。既不能推翻五伦观念，又无补于五伦观念的修正与发挥。”①

在贺麟看来，五伦观念包含四层要义：一是五个人伦或五种人与人之间的关系。在人类诸多文化形态和种种价值追求中，注重神而产生宗教，注重物理的自然而产生科学，注意审美的自然而产生艺术，注重人与人之间的关系便产生道德。希腊精神注重物理的与审美的自然，故希腊成为科学与艺术的发祥地；希伯来精神注重神，即注重宗教价值，由此成为西方文明的又一源泉。中国的儒家注重人伦，特别注重道德价值，形成偏重道德生活的礼教，故与希腊精神和希伯来精神皆有不同之处。从近代思想文化发展的趋势来看，西方自文艺复兴以后，人本主义盛行，开始注重人以及人与人的关系，同时，保持了对自然的奥妙的兴趣和对宗教的热情。因此，要提倡科学精神与希伯来精神，又何必放弃自己传统的重人伦的观念呢？因此，贺麟认为：“我们仍不妨碍（朝）着注重人伦和道德价值的方向迈进，但不要忽略了宗教价值，科学价值，而偏重狭义的道德价值，不要忽略了天（神）与物（自然）而偏重狭义的人。”《中庸》训教“欲知人不可以不知天”，《大学》倡导“欲修身不可以不格物”，依照其中的“格物”、“知天”之旨即可充实、发挥五伦学说。②

二是五常的意思。常谓恒常之伦、恒常之道。以五常为重要内容的礼教，作为道德信条要求人们去履践，去调整人际关系，“人不应规避政治的责任，放弃君臣一伦；不应脱离社会，不尽对朋友的义务；不应抛弃家庭，不尽父子、兄弟、夫妇应尽之道。总而言之，五伦说反对人脱离家庭、社会、国家的生活，反对人出世。”中国历史上的“杨朱为我”，即个人离开社会国家而作孤立的隐遁的趋势；“墨子兼爱”有离开家庭的组

① 贺麟：《五伦观念的新检讨》，载《文化与人生》，第 52 页。

② 同上书，第 53 页。

织倾向；佛教徒之脱离家庭、社会、国家的出世生活和行径，这些均为儒家所反对。在贺麟看来，这种注重社会团体生活，反对枯寂遁世的生活，注重家庭、朋友、君臣间的正常关系，反对在伦常之外去别奉主义、别尊教主的团体组织的主张，“亦是发展人性，稳定社会的健康思想，有其道德上政治上的必需，不可厚非。”当然，今天对五伦的反思也是应该的，因为五常伦的思想一经信条化、制度化，发生强制的作用，便损害个人的自由与独立。不但不能发挥道德政治方面的社会功能，而且有损于非人伦的超社会的种种文化价值。相比之下，减少五常伦说之权威性、褊狭性，而以开明、自由的态度处理人伦关系，是发扬五伦观念之方向。①

三是实践五伦观念以等差之爱为准。儒家学说在德行方面，因为爱有差等，似乎与现代西方观念不同而颇受指责。但贺麟认为，爱有差等，乃是普通的心理事实，自然的正常的情绪。我们爱他人，要爱得近人情，让自己的爱的情绪顺着自然地发生。更重要的是，等差之爱的意义，不在正面提倡之，而在反面反对，并排斥那非等差之爱。非等差之爱不外三途：兼爱，不分亲疏贵贱，一律平等相爱；专爱，专爱自己谓之自私，专爱子女谓之沉溺；专爱外物谓之玩物丧志；躐等之爱，如不爱家人而爱邻居，不爱邻居而爱路人。这三种非等差之爱，有不近人情、无节制而狂诞的危险。相比之下，五伦对人的态度大都很合理，近人情而平正。不啻如此，持等差之爱说的人，也并不是不普爱众人，不注重推己及人。所以，等差之爱的说法，最少弊病。

四是五伦观念中最基本意义为“三纲”说。三纲为五伦观念的核心，五伦观念在中国礼教中权威之大，则以三纲说为最。这里值得补充一下潘光旦先生对五伦的看法。社会学家潘光旦在贺麟的《五伦观念的新检讨》之后，先后发表有三篇关于“伦”与“五伦”的论文。② 潘先生指出：“伦”，从人从仑。《说文》：“仑，思也，从亼从册。”亼同集，聚合、汇集之意。故“仑”的基本意思是思想要条理。册指条理之分，亼指条理之合，谓条理与秩序。故“伦”字，“自条理或类别的辨析言之是分，自

① 贺麟：《五伦观念的新检讨》，载《文化与人生》，第54页。

② 潘光旦先生写有三篇文章：《说“伦”字——说“伦”之一》（1947），《“伦”有二义——说“伦”之二》（1948），《说“五伦”的由来》（1948），见《潘光旦文集》10，北京大学出版社2000年版。

关系与秩序的建立言之是合，便已包括了社会生活的全部。”① 一个字的形成，背后可能关涉到一大串社会生活与文化生活的经验，与此种生活有间接关系的字如此，有直接关系的字尤其如此，这是圣人杜撰不来的。说“伦”字“包括了社会生活的全部”，这是一种正确的总结。潘光旦指出，《荀子·荣辱》中的一段话可作为“伦”的注脚：贵为天子，富有天下，是人情之所同欲。但顺从每个人的欲望势不能容，故先王制礼义以分人有贵贱之等、长幼之序，使人各行其是各得其宜。农以力尽田，贾以察尽财，百工以巧尽械器，士大夫、公侯以仁厚知能尽官职。故禄天下而不自以为多，庶民得温饱而不自以为寡。此乃“‘斩而齐，枉而顺，不同而一。’夫是之为人伦”②。简言之，社会生活的秩序井然，不平而平的“群居合一之道”，乃是依靠人伦调节而成的。在此之前，孟子托古创制的一番淑世情怀，更是彰显了思想者的睿智，《孟子·滕文公》云：“（舜使）契为司徒，教以人伦，父子有亲，君臣有义，夫妇有别，长幼有序，朋友有信。”五种人伦关系由此完整呈现。当然，此前此后杂多的伦理关系源流——从二伦、三伦、四伦乃至十伦，到最终以“五伦”为一个定论。至明末清初，“五伦”才最终成为中国传统伦理的主要范型，也就是说，“全部社会生活”无论如何复杂，都简约在五伦之中。③

今天，我们不但依然要面对这些伦理关系，谁能说父子有亲、长幼有序、朋友有信没有合理之处？所以，笼统地将五伦视为封建时代的产物，贴上“吃人的礼教”的标签便加以抹杀，这不是理性的态度。

当然，如贺麟所言，五伦也有不足之处，就是过于偏重亲属关系的等差之爱，未免失之狭隘，因而须补充以“普爱”。所谓普爱者，即以仁心普爱一切，犹如日光之普照，打破基于世间地位的小己的人我之别、亲疏之分。此种普爱，一方面可以扶助、鼓舞善人，一方面可以感化恶人于无形。这不是一般人可遵行的道德命令，而是一种精神境界，大概先平实地从等差之爱着手，推广扩充，有了老安少怀，泯除小己恩德的胸襟，就是距普爱的理想不远了。另一方面，也是最重要者，普爱是宽容之母，宽容是现代社会的道德基础，若无宽容之怀，“则政党间的公开斗争，商业上

① 潘光旦：《说“伦”字——说“伦”之一》，载《潘光旦文集》10，第135页。

② 同上书，第135—136页。

③ 参见潘光旦《说“五伦”的由来》(1948)，载《潘光旦文集》10，第181—241页。

的公平竞争，学术上的公开辩难，均有为褊狭的卑鄙的情绪和手段所支配，不能得互相攻错，相得益彰，相反相成之益”①。

（二）“三纲”之真义

贺麟认为，五伦支配道德生活之普遍与深刻，与三纲说之确立密不可分。故离三纲而言五伦，则五伦说只是注重人生、社会和等差之爱的伦理学说，并无传统或正统礼教的权威性与束缚性。中国自西汉开始真正成为大一统的国家，所以需要一个与大一统国家相匹配的、伟大的、有组织的礼教和伦理系统，于是将五伦观念发挥为更严密更有力的三纲说，使之权威化、制度化，以符合封建帝国的需要。贺麟认为，站在自由解放的思想运动的立场去攻击三纲，说三纲如何束缚个性、阻碍进步，如何不合理，不合时代需要等等，都是很自然的事。② 不过，贺麟的认识若到此为止，则与新文化运动的激进学者相去不远。但他并未这样做，而是以辩证的观点，进一步说明了三纲说发生的必然性及其伦理意义所在。

首先，五伦本是一种“相对的关系”，进展为三纲后变成一种“绝对的关系”。前者指五伦的关系是自然的、社会的、双向的。假如君不君，则臣不臣；父不父，则子不子；夫不夫，则妇不妇。“不”字，包含“应不”与“是不”两层意思。假如，君不尽君道，则臣自然就会不尽臣道，也应该不尽臣道。父子、夫妻关系也是如此，所以五伦是相对的。而三纲说则“要求臣、子、妇尽单方面的忠、孝、贞的绝对义务”。

其次，由五伦进展为三纲包含有由五常之伦进展为五常之德的过程。五常之德就是维持理想的、久长关系的五项道德规范。即人应守住自己的位分，履行自己的常德，尽自己的义务，而不随环境而改变，不随对方而转移。贺麟指出：“所谓常德就是行为所止的极限，就是柏拉图的理念或范型。也就是康德所谓人应不顾一切经验中的偶然情况，而加以绝对遵守奉行的道德律或无上命令。这种绝对的纯义务的单方面的常德观，也在汉儒董仲舒那里达到了极峰，所谓‘正其谊不谋其利，明其道不计其功’。‘谊’和‘道’就是纯道德规范，柏拉图式的纯道德理念。换言之，先秦的五伦说注重人对人的关系，而西汉的三纲说则将人对人的关系转变为人

① 贺麟：《五伦观念的新检讨》，载《文化与人生》，第54—57页。

② 同上书，第58页。

对理、人对位分、人对常德的单方面的绝对的关系。故三纲说当然比五伦说来得深刻而有力量。”①

李大钊曾指出：“总观孔门的伦理道德，于君臣关系，只用一个‘忠’字，使臣的一方完全牺牲于君；于父子关系，只用一个‘孝’字，使子的一方完全牺牲于父；于夫妇关系，只用几个‘顺’、‘从’、‘贞节’的名辞，使妻的一方完全牺牲于夫，女子的一方完全牺牲于男子。孔门的伦理，是使子弟完全牺牲他自己以奉其尊上的伦理；孔门的道德，是与治者以绝对的权力责被治者以片面的义务的道德。”② 李大钊这里讲的孔门的伦理道德，应是三纲说形成后的儒家道德。而忠、孝、顺、从、贞节等封建道德规范确实是三纲之弊，这也是新文化运动前后众多学者的共识。

（三）蔡元培、柳诒徵的解读与贺麟之贡献

这里应该补充的是，早在1919年，蔡元培先生就有另一种解读：“纲者，目之对，三纲，为治事言之也。国有君主，则君为纲，臣为目；家有户主，则夫、父为纲，而妇、子为目。此为统一事权起见，与彼此互相待遇之道无关也。”蔡氏认为，互相对待之道属于五伦范畴：“故君仁，臣忠，非谓臣当忠而君可以不仁也。父慈，子孝，非谓子当孝而父可以不慈也。夫义，妇顺，非谓妇当顺而夫可以不义也。……若如俗所谓君要臣死，臣不得不死，父要子死，子不得不死者，不特不合于五伦，亦不合于三纲也。”③ 蔡元培为三纲、五伦所作的辩护理由，只可称为机智，不可谓深刻。不过，将三纲定位于“治事之言”，目的是“统一事权”，则是一种创见，也有一定实际意义。顺着“治事”、“治权”的思路，5年后即1924年，学衡派的柳诒徵发表了《明伦》一文，进一步为三纲进行辩护，他说：今人所以致疑于伦理者，第一即为君、臣。中国自辛亥革命之后，虽经曲折，但封建帝国变为民主国，便无皇帝、臣子之称谓，故无君臣之义。其实，“君臣其名，而首领与从属其实，君臣之名可废，首领与从属之实不可废。”现代社会实行科层制度，任一组织皆有首领，大如一

---

① 贺麟：《五伦观念的新检讨》，载《文化与人生》，第59—60页。

② 李大钊：《由经济上解释中国近代思想变动的原因》，载《李大钊全集》第三卷，人民出版社2006年版，第144—145页。

③ 蔡元培：《传略》，载《蔡元培全集》第三卷，第321页。

国之总统，小如一校之校长，皆类似君臣之实，否则即无社会组织。其次，父子之伦，新文化派称儒家只教人做成一个儿子，不教人做一个人。其实，“教人为子之道，正是教人为人”。人苟对于父之抚养十余、二十余年之恩者，不赡亲、孝亲，而对于其他漠不相关之人高谈互助、博爱，“是无本也，是无情也”。人伦关系，本不出于理性，而人之异于禽兽者在此。西人不讲家庭伦理，而盛倡个人主义，此是文明之弊，“析于物而昧于人”。复次，夫妇之伦，传统礼教讲同甘共苦、白头偕老，宋儒之说（饿死事小失节事大）固然过严，但三代两汉言夫妇之义并不为过，“人之于人，必须有生死不渝之精神，然后始见性情之可贵。”今西人有一生结婚至数十次者，感情朝热而暮冰，“惟知个人，不知伦理”，于家庭、于子女、于国家社会百弊无益。而中国人以夫妻相助为天职，以助子女为天职，“虽苦不恤，虽劳不怨。于是此等仁厚之精神，充满于社会，流传至数千年，而国家亦日益扩大而悠久，此皆古昔圣哲立教垂训所赐，非欧美所可及也”[①]。柳诒徵完全从积极一面理解三纲，虽有偏执之弊，但比蔡元培所论有所深入。

柳文发表15年后，贺麟再论三纲问题，其认识显然更加深刻。他认为，从抽象的伦理精神来说，每一个道德体系都需要核心的理念，而新文化运动所缺失的正是新伦理的核心价值。在贺麟看来，在中国所特有的最陈腐、最为世人所诟病的旧礼教的核心三纲说中，却包含着与西方正宗的伦理精神相符合之处。具体来说，三纲说与柏拉图的理念论、康德的“绝对命令”不无契合之处。柏拉图是西方哲学的奠基者，他认为，现象世界是变化不定的，只有“理念”才是绝对的、永恒不变的真实的存在。在“理念”世界中，“善”是最高的理念，是认识和真理的源泉，是其他理念追求的目的，是宇宙的最高目的，当然也是社会秩序的追求目标。而西方哲学的另一代表人物康德认为，任何人都应无条件地遵守一种意志或行动的准则，这种准则能够成为所有人都应奉行的“普遍的立法原则”或普遍的道德规范，“不论做什么，总应该作到使你的意志所遵循的准则永远同时能够成为一条普遍的立法原理。”[②] 这便是普遍的、不变的“绝对命令”。“绝对命令”要求的是原则上的应该不应该，而不是经验中的

---

① 柳诒徵：《明伦》，《学衡》1924年2月第26期。

② 康德：《实践理性批判》，关文运译，商务印书馆1960年版，第30页。

利或不利。“定言命令（按：即“绝对命令”）宣称行为自为地是客观必然的，既不考虑任何意图也不考虑其他目的，所以被当做一种必然的实践原则。”[①] 它所涉及的不是行为的感觉与经验，不需要在经验中寻找它的现实性，不是由此而来的效果，而是行为的形式，是行为所遵循的原则。“它是没有任意选择的自由的，它自身就具备我们要求于规律的那种必然性。”[②] 据此，贺麟认为，“就三纲说之注重尽忠于永恒的理念或常德，而不是奴役于无常的个人言，包含有柏拉图的思想。就三纲说之注重实践个人单方面的纯道德义务，不顾经验中的偶然情景言，包含有康德的道德思想”[③]。这种认识，不只是贺麟的观点。陈寅恪先生早在 1927 年的《王观堂先生挽词并序》中，也以贯通中西的学识，简洁地指出：“吾中国文化之定义，具于白虎通三纲六纪之说，其意义为抽象理想最高之境，犹希腊柏拉图所谓 Idea 者。”而王国维先生“所殉之道，所成之仁，均为抽象理想之通性，而非具体之一人一事”。贺麟所言，正与陈寅恪所说的上述精神相通。

所以，三纲所包含的价值，不在其具体的内容，而在于其包含的纯粹的、在任何条件下都不改其志、不渝其度的义务论精神，即“道德本身就是目的而不是手段”、“道德即道德自身的报酬”。它要求一方履践绝对的单方面的义务，而超出世俗一般相互报酬的交易式的道德。举例而言，三纲说之君为臣纲，即是说为臣者须尊重君之理、君之名，亦即是忠于事、忠于自己的职责，完全是对名分、对理念尽忠，不是做暴君个人的奴隶。唯有人人都能在其位分内，单方面地尽他自己绝对的义务，才可以维持社会人群的纲常。要求人尽单方面的纯义务，是三纲说的本质，其对中国社会发挥巨大作用的力量也在这里。

据此，贺麟认为：“由五伦到三纲，即是由自然的人世间的道德进展为神圣不可侵犯的有宗教意味的礼教。”三纲说在礼教方面的权威曾桎梏人心，束缚个性，妨碍进步，其权威已被彻底颠覆。现在，消极地破坏、攻击三纲说的死躯壳已经没有很大意义，关键是如何积极地把握住三纲说的真义，加以新的解释与发挥，以建设新的行为规范和准则。西方哲学以

① 康德：《道德形而上学原理》，苗力田译，上海人民出版社 2005 年版，第 32—33 页。
② 康德：《道德形而上学原理》，第 38—39 页。
③ 贺麟：《五伦观念的新检讨》，载《文化与人生》，第 61 页。

理性的方式，论证了义务论原则，其尽职守、忠位分的坚毅精神，莫不包含有竭尽单方面的爱和单方面的义务之忠忱在内。而中国社会还没有建立起这样积极的伦理精神，贺麟指出：

> 三纲的真精神，为礼教的桎梏、权威的强制所掩蔽，未曾受过启蒙运动的净化，不是纯基于意志的自由，出于真情之不得已罢了。学术的启蒙，真情的流露，意志的自主为准，自己竭尽其单方面的爱和单方面的义务，贞坚屹立，不随他人外物而转移，以促进民族文化，使愈益发扬，社会秩序，使愈益合理。
>
> 传统礼教在权威制度方面的僵化性、束缚性，自海通以来，已因时代的大变革，新思想新文化的介绍，一切事业近代化的推行，而逐渐减削其势力。现在的问题是如何从旧礼教的破瓦颓垣里，去寻找出不可毁灭的永恒的基石。在这基石上，重新建立起新人生、新社会的行为规范和准则。①

康德的"绝对命令"是意志的原则，是人的理性所不能加以否定的，是启蒙思潮的产物。而中国传统的三纲的真精神则未受到启蒙运动的净化，是一种非意志自由状态下强加于人的精神的枷锁。"绝对命令"与"三纲"的本质，都是伦理体系的核心价值，绝对的、无条件履行的义务，两者是一致的，也是不可或缺的。

贺麟将传统伦理视为宝藏与源泉，并积极挖掘，披沙拣金，这无疑是继往开来的、有价值的工作。对此，韦正通评价说，"五四"以来，保守主义者很少能像贺氏那样对传统伦理有深刻的认识，传统在他们的心目中变成有价值的实体，他们甚至把传统神圣化，使传统所提倡的固有伦理，仍被当做一般惯例习俗保留着。② 贺麟的研究启迪我们，对伦理传统的肯定不是感性的怀旧，而是出于生存发展需要的从旧中出新，"必定要旧中之新，有历史有渊源的新，才是真正的新"。五伦观念是中华民族生活方式的组成部分，包含着可贵的价值观：一是注重人与人的关系；二是维系人与人之间的正常永久的关系；三是以等差之爱为本而推己及人。重视人

---

① 贺麟：《五伦观念的新检讨》，载《文化与人生》，第61—62页。

② 韦政通：《伦理思想的突破》，中国人民大学出版社2005年版，第15页。

伦，积极生活，不离世、不避世，合乎人之常情，这些特点既是民族的，又是对世界有所贡献的。它启示我们，破除传统伦理之弊只是重建新伦理之开始，更艰巨的任务是接续传统，寻找出不可毁灭的永恒的伦理基石，并进而在这基石上重建新社会的行为规范和准则。

四 文化论争：两种伦理启蒙

五四新文化运动以后，包括伦理道德在内的中国文化建设，正如钱穆所指出的，出现了两大问题：

> 第一，如何赶快学到欧美西方文化的富强力量，好把自己国家和民族的地位支撑住；第二，是如何学到了欧美西方文化的富强力量，而不把自己传统文化的精神断丧或戕伐了。换言之，即是如何再吸收融合西方文化而使中国传统文化更光大与更充实。第一问题若不解决，中国的国家民族将根本不存在；第二问题若不解决，则中国国家民族虽存在，而中国传统文化则仍将失其存在了。①

其实，如果往上追溯，这两大问题自清末西学东渐以来一直存在着。由于对如何解决此两大问题采取的对策不同，就出现了文化激进主义与文化保守主义的争论。起先，这一争论处于萌芽状态。“最早是儒学一统天下的天朝传统被打破，提出‘中体西用论’，在保中‘体’的前提下采西洋的器用，这样就形成了顽固派（或称正宗儒学派）与体用派（或称儒学修正派，即折衷派）的斗争。及至五四运动前后，对外全面开放，新思潮大量涌入，西化派才异军突起，彻底批判中国传统的旧文化，于是引起了‘孔化’与‘西化’的大辩论。西化派随之一分为二，形成了‘西化’与‘俄化’两大派的斗争。从孔化派中也分化出现代化的新儒学。到三十年代，从‘中体西用’引申出‘中国本位’，从‘西化’发展而为‘全盘西化’，又引起新的论争。”② 具体来说，除散见于各种刊物的不

① 钱穆：《东西接触与中国文化之新趋向》，《思想与时代》1944 年第 32 期。

② 罗荣渠主编：《中国近百年来现代化思潮演变的反思——代序》，载《从“西化”到现代化》上册，黄山书社 2008 年版，第 34 页。

同观点的争论外，影响比较大的有1915—1919年《新青年》与杜亚泉（伧父）任主编的《东方杂志》之间的论战；1919—1921年关于东西文化能否调和的争论，肯定中国文化价值的梁启超《欧游心影录》、梁漱溟《东西文化及其哲学》的出版，使东西文化之争逐渐进入新高潮，并延续到1927年，1922年到1923年科学派与玄学派的论战实际上亦属于这个范围；1922—1933年《学衡》学者与新文化派持续多年的辩论；而1935年《中国本位的文化建设宣言》的发表及其引起的争论，则是抗战全面爆发前的论争余音。客观地说，《宣言》在宏观上不及《学衡》之宗旨，在微观上思考之深入与阐述之精当也远不如吴宓及后来的贺麟之著述。不过，在被它所引发的当时其他学者对其的批评，以及由此而展开的大辩论中，却彰显了文化保守主义与文化激进主义这两种典型的文化态度的伦理启蒙价值。

（一）“中国本位的文化建设宣言”

作为对全盘西化论的回应，1935年1月10日，任职于上海、南京、北平各地的王新命、何炳松、陶希圣等十教授，联名发表了《中国本位的文化建设宣言》；接着，1月19日，各地名流在上海开了“中国本位文化建设座谈会”；3月31日，又有北京部分教授在中山公园召开了同样的座谈会。《宣言》认为，近代以来的几次文化运动，特别是五四新文化运动，导致了中国文化的失落，中国在文化的领域中是消失了；中国政治的形态、社会的组织、思想的内容与形式，已经失去它的特征。由这没有特征的政治、社会和思想所化育的人民，也渐渐地不能算得上是中国人。“从文化的领域去展望，现代世界里面固然已经没有了中国，中国的领土里面也几乎已经没有了中国人。”① 《宣言》指出，引进西方文化势在必行，但同时应该有中国本位的文化建设。不能轻视了中国空间、时间的特殊性，去徒然赞美或诅咒古代的中国制度思想。吸收欧、美的文化应当由现代中国的需要来决定，这样才能与其他文化争辉，对世界文化能有所贡献。《宣言》的纲领是：

---

① 王新命等：《中国本位的文化建设宣言》，《文化建设》1935年第1卷第4期，参见蔡尚思主编《中国现代思想史资料简编》第三卷，浙江人民出版社1983年版，第763页。

> 不守旧；不盲从；根据中国本位，采取批评态度，应用科学方法来：检讨过去，把握现在，创造将来。
>
> 不守旧，是淘汰旧文化，去其渣滓，存其精英，努力开拓出新的道路。不盲从，是取长舍短，择善而从，在从善如流之中，仍不昧其自我的认识。根据中国本位，采取批判态度，应用科学方法来检讨过去，把握现在，创造将来。……用文化的手段产生有光有热的中国，使中国在文化的领域中能恢复过去的光荣，重新占着重要的位置，成为促进世界大同的一枝最劲最强的生力军。[①]

此《宣言》发表后，持全盘西化观点的胡适、陈序经等人立即对其进行了针锋相对的批判。胡适指出，《宣言》虽然批评“洋务”、“维新”时期的“中体西用”，但其主张“正是‘中学为体西学为用’的最新式的化装出现。说话是全变了，精神还是那位《劝学篇》的作者的精神。”[②]应该说，这种批评并不完全合理。张之洞的中学之“体”乃是封建伦常，《宣言》的作者讲的“中国本位”，虽可称之为“中学为体”，但此“体”决非张之洞之“体”。中国文化博大复杂，剔除去封建伦常之后，中国传统文化、伦理精神中的合理部分以及经过重新诠释的伦理准则依然可以成为文化建设之“体”。对此，蔡元培的观点温和而理性，他表示在原则上、在抽象的理论上，可以同意《宣言》的文化建设主张。但是，现在最要紧的工作是说清楚怎样是善。人类公认的善，中西皆同，而要点在于中国人与非中国人对善的相异之见，把这些对象分别列举出来，比较研究何者应取，何者应舍，“然后可以作一文化建设的方案，然后可以指出中国的特征尚剩几许。若并无此等方案，而凭空辩论，势必如张之洞‘中体西用’的标语，梁漱溟‘东西文化’的悬谈，赞成、反对，都是一些空话了。”[③] 蔡元培先生之所以如此说，乃是因为“中体西用”与“昌明国粹，融会新知”这样的口号，若无具体内容，既可能是守旧的，也可能是进步的。因为《宣言》的抽象，则可能沦为守旧；因其含混，即被

---

① 王新命等：《中国本位的文化建设宣言》，《文化建设》1935 年第 1 卷第 4 期，参见蔡尚思主编《中国现代思想史资料简编》第三卷，浙江人民出版社 1983 年版，第 766—767 页。

② 胡适：《试评所谓“中国本位的文化建设”》，载《胡适文集》第 5 册，北京大学出版社 1998 年版，第 448 页。

③ 蔡元培：《复何炳松函》，载《蔡元培全集》第六卷，中华书局 1988 年版，第 484 页。

质疑其动机是提倡旧伦理，为国民党一党专制服务。这场“关于中国文化出路的讨论，实质上是关于如何重建中国文化问题的讨论，因此这次讨论较之‘五四’前后中西文化观的讨论……所涉及问题的广度与深度都远远超过之，学院习气也要少得多。这次大辩论在几个月中就留下大约一百五十多篇论文，参加讨论者包括各方面的知名人士”[①]。故其影响之大是不言而喻的。

（二）文化激进主义与文化保守主义之异同

这两者的根本差异，一般来说，就在于前者对包括伦理道德在内的中国传统文化之价值，着重揭露与批判其负面影响，故主要采取否定态度；相反，对西方文化之价值，则侧重彰显其积极作用，故主要采取肯定的态度，主张多吸纳甚至不分良莠全盘接受。这大体上可以从他们非此即彼的思维方法和相当粗暴、独断的学术品格中可以看出来。五四新文化时期的陈独秀即如此：“（孔教之）根本的伦理道德，适与欧化背道而驰，势难并行不悖。吾人倘以新输入之欧化为是，则不得不以旧有之孔教为非。倘以旧有之孔教为是，则不得不以新输入之欧化为非。新旧之间，绝无调和两存之余地”。[②] 后来，鲁迅等人批评《学衡》派亦如此：1922 年 2 月 9 日，鲁迅先生在《晨报副刊》上发表《估〈学衡〉》一文说：“夫所谓《学衡》者，据我看来，实不过聚在‘聚宝之门’左近的几个假古董所放的假毫光；虽然自称为‘衡’，而本身的称星尚且未曾钉好，更何论于他所衡的轻重的是非。”[③] 鲁迅此番评价相当独断，学衡诸学人的思想也许不合时宜，但并非全无价值。同样，是年初，胡适收到梅光迪从南京寄来的《学衡》创刊号，便在日记中写下一首打油诗评论，其中有两句是：“老胡（按：胡适自称）没有看见什么《学衡》，只看见了一本《学骂》。”[④] 文化激进主义者对于文化保守主义者的轻蔑与不屑一顾、全盘否定的态度，由此可见一斑。

文化激进主义者对于中国传统文化的批判，可说是具体而彻底的。胡

---

① 罗荣渠：《中国近百年来现代化思潮演变的反思——代序》，载《从“西化”到“现代化”》上册，第 22 页。

② 陈独秀：《答佩剑青年》，载《独秀文存》，安徽人民出版社 1987 年版，第 660 页。

③ 鲁迅：《估〈学衡〉》，《鲁迅全集》第 1 卷，人民文学出版社 1981 年版，第 377 页。

④ 罗岗等编：《梅光迪文录》，辽宁教育出版社 2001 年版，“本书说明”第 1 页。

适认为，包括中国伦理文化在内的"东方文明的最大特色是知足"，由于知足，使中国民族形成了"自暴自弃的不思不虑"、"安分、安命、安贫、乐天、不争、不吃亏"等品性，从而丧失了创造发明的动力，沦为贫穷落后的国家。国人"不求物质享受的提高"，"不注意真理的发现和技艺器械的发明"[①]；"天旱了，只会求雨；河决了，只会拜金龙大王；风浪大了，只会祷告观音菩萨或天后娘娘；荒年了，只好逃荒去；瘟疫来了，只好闭门等死；病上身了，只好求神许愿。树砍完了，只好烧茅草；山都精光了，只好对着叹气。这样又愚又懒的民族，不能征服物质，便完全被压死在物质环境之下，成了一分像人九分像鬼的不长进民族。"这样因为知足而不求长进的民族，落后于人是很自然的事："不但物质机械上不如人，不但政治制度不如人，并且道德不如人，知识不如人，文学不如人，音乐不如人，艺术不如人，身体不如人"[②]，总之是百事不如人。与此相反，西方文化的最大特色是不知足，这是推动西方社会不断进步的强大动力："物质上的不知足产生了今日钢铁世界，汽机世界，电力世界。理智上的不知足产生了今日的科学世界。社会政治制度上的不知足产生了今日的民权世界，自由政体，男女平权的社会，劳工神圣的喊声，社会主义的运动。"[③] 与此相似，熊梦飞则从民族精神、生活习俗着眼，他说："全民族人人有种颓唐，衰败的老态。于是无魄力、无耐性、无进取心、无冒险精神，旧文化不能发扬，新文化不能创造，人家现成之文化且无勇气模仿。"还有"大烟鬼、吗啡精、白面魔、小脚女子"。一句话，今日中国真是"衰敝不堪"[④]。不说一部分而说"全民族人人有种颓唐、衰败的老态"，这既过头又武断，无疑是绝对化的思维方法之突出表现。值得一提的是，熊梦飞与胡适不同，认为中西文化基本是不能调和成为"中国本位之新文化"的。他设问道："中国固有的玄学思想，能否容纳科学思想？""（儿童）一面在学校习西洋的数学理化等课，一面在家庭读中国的四书五经，儿童的脑筋是不是要弄的糊涂？""（生了病）今天请中医，明天请西医，后天又请巫师画符念咒，病是不是要弄得不救？"熊氏的回答

---

① 胡适：《我们对于西洋近代文明的态度》，载《胡适文集》第4册，第12页。

② 胡适：《介绍我自己的思想》，载《胡适文集》第5册，第515页。

③ 胡适：《我们对于西洋近代文明的态度》，载《胡适文集》第4册，第13页。

④ 熊梦飞：《谈"中国本位文化建设"之闲天》，载罗荣渠主编《从"西化"到"现代化"》中册，第551—552页。

是："中西调合的结果，就弄的不像样。"① 也就是说，中国民族本位文化是"无法建设"的。

文化激进主义者对传统文化的这种否定态度，是与他们推崇、追求西方自由、平等、科学、民主、发展个性等伦理价值紧密相连的。如陈独秀主张以科学与民主为基础来改造旧道德："西洋人因为拥护德、赛两先生，闹了多少事，流了多少血，德、赛两先生才渐渐从黑暗中把他们救出，引到光明世界。我们现在认定只有这两位先生，可以救治中国政治上道德上学术上思想上一切的黑暗。若因为拥护这两位先生，一切政府的压迫，社会的攻击笑骂，就是断头流血，都不推辞。"② 陈序经则主张在彻底的全盘西洋化、打破传统文化垄断基础上，提倡个人主义，他说："救治目前中国的危亡，我们不得不要全盘西洋化。但是彻底的全盘西洋化，是要彻底的打破中国的传统思想的垄断，而给个性以尽量发展其所能的机会。但是要尽量去发展个性的所能，以为改变文化的张本，则我们不得不我们所觉得西洋近文化的主力的：个人主义。"③

与此相反，在文化保守主义的眼中，西方文化也是百病丛生的。在梁漱溟看来，西方虽然科技发达，征服自然方面战果辉煌，"器物也日新，制度也日新，改造又改造，日新又日新"④，但"机械实在是近世世界的恶魔"，给人类造成了深重的灾难。人们生活得太累、太苦、太空虚、太没有情义、太没有生活味。这种生活的乐趣的丧失，说明发展科学技术没有什么价值，预示着这条路已走到尽头处，其"不合理性必然要改变"，"不可堪忍的局面断不会长此延留"，⑤ 从而使西方的"物质不满足时代"被东方重视精神的时代所代替，而这意味着中国文化的必然复兴。许多文化保守主义者虽也赞成自由、民主、科学的伦理价值，但他们对传统伦理并不彻底否定，而是加以诠释、改造，其中有的学者如贺麟甚至认为，对三纲也应具体分析，要发掘出其精义，揭示其真精神，使之与其他伦理规范一样，进行创造性转化，以为建设现代伦理文化之用。

---

① 熊梦飞：《谈"中国本位文化建设"之闲天》，载罗荣渠主编《从"西化"到"现代化"》中册，第559页。

② 陈独秀：《〈新青年〉罪案之答辩书》，载《独秀文存》，第243页。

③ 陈序经：《中国文化的出路》，商务印书馆1934年版，第123页。

④ 梁漱溟：《东西文化及其哲学》，载《梁漱溟全集》第一卷，第494页。

⑤ 同上书，第489—493页。

但也要看到，文化激进主义与文化保守主义并不是完全排斥、水火不容的。在某些方面，两者是互相包容、彼此渗透、殊途同归的。从启蒙思想渊源看，如顾准先生所指出的，近代世界有两个潮流，一个潮流是走激进的、理想主义的，所谓1789年的法国革命到1871年的巴黎公社，到1917年的俄国革命这么一条路。另外一条道路是英国式的温和的、经验主义的。[①] 然而，1789年流血的法国大革命与1688年英国不流血的“光荣革命”所要解决的问题都是要推翻封建专制统治，尽管彻底程度不同，但两者是殊途同归的。这是中国近代启蒙的国际背景。在戊戌变法前后，中国启蒙的范本大多来自英国。启蒙巨匠严复翻译了赫胥黎的《天演论》、亚当·斯密的《原富》、约翰·穆勒（或约翰·密尔）的《群己权界论》和斯宾塞的《群学肄言》，传播了温和的英国自由主义的思想。只是清末民初宪政的失败，从辛亥革命前后到新文化运动时期，以《新青年》为代表的激进思想倾向才渐成主流。可以说在国际背景相类、国内背景相同的情况下出现的中国的文化激进主义与文化保守主义，其追求的伦理目标也是相似的：反对封建专制政体及其精神支柱封建道德，吸取西方文化以建设中国本位的新文化。

文化激进主义的著名代表人物胡适是赞成“中国文化本位论”的。他于1919年在其《新思潮的意义》一文中，把“输入学理”与“整理国故”视为“再造文明”的两个前提条件。1922年，又在其《先秦名学史·导论》中认为，“思想的这种解放，不能只用大批西方哲学的输入来实现，而只能让儒学回到它本来的地位。”让儒学回到它“本来的地位”，就是指“本位”的地位。他还在其《试评所谓“中国本位的文化建设”》一文中说过这样的话：中国社会的组织、思想的内容与形式，处处都保持着旧的特征，旧文化的惰性实在大得可怕，我们不必替“中国本位”担忧。[②] 这表明胡适不仅并不反对还明确赞成“中国本位的文化”。胡适还说：“我渴望我国人民能看到西方的方法对于中国的心灵并不完全是陌生的。相反，利用和借助于中国哲学中许多已经失去的财富就能重新获得。更重要的还是我希望因这种比较的研究可以使中国的哲学研究者能够按照更现代的和更完全的发展成果批判那些前导的理论和方法，并了解古代的

---

① 顾准：《顾准文集》，贵州人民出版社1994年，第354—361页。

② 胡适：《试评所谓“中国本位的文化建设”》，载《胡适文集》第5册，第451—452页。

中国人为什么没有因而获得现代人所获得的伟大成果。"[①] 从上述言论看，胡适的主张不啻与中国文化本位派有一致之处，还与《学衡》派的"昌明国粹，融会新知"的宗旨并无不可逾越的鸿沟。那么，是什么原因促使胡适激烈地批判文化保守主义呢？1935 年，胡适曾对自己"全盘西化"观点作出过这样的解释：

> 我是主张全盘西化的。但我同时指出，文化自有一种"惰性"，全盘西化的结果自然会有一种折衷的倾向。……旧文化的"惰性"自然会使他成为一个折衷调和的中国本位新文化。……古人说："取法乎上，仅得其中；取法乎中，风斯下矣。"这是最可玩味的真理。我们不妨拼命走极端，文化的惰性自然会把我们拖向折衷调和上去的。[②]

可见，胡适虽然反孔非儒，主张"全盘西化"，但"全盘西化"只是他的手段，而不是他的目标。如其所言："在许多方面，我对那经过长期发展的儒教的批判是很严厉的。但是就全体来说，我在我的一切著述上，对孔子和早期的'仲尼之徒'如孟子，都是相当尊崇的。我对十二世纪'新儒家'的开山宗师的朱熹，也是十分崇敬的"。[③] 胡适等人的立场，从本质与目的看，并非极端的反传统。他们的主张、选择是理性的，他们之所以采取激进的态度，是出于现实的需要。[④] 而建设"中国本位新文化"也是他们的目标。

---

① 胡适：《先秦名学史》，载《胡适文集》第 6 册，第 12 页。

② 胡适：《编辑后记》，载《胡适文集》第 11 册，第 671 页，原载《独立评论》1935 年 3 月第 142 号。

③ 葛懋春、李兴芝编辑：《胡适哲学思想资料选》下册，华东师范大学出版社 1981 年版，第 265—266 页。

④ 在 20 世纪前期，绝大多数的中国人仍懵懵懂懂地生活在古老文化的环境之中，受中国传统的思想与行为习惯的支配。激进主义有充分的理由相信，必须进行彻底的变革。胡适在《试评所谓"中国本位的文化建设"》中说，中国今日最可令人焦虑的，是处处都保持着中国旧有种种罪孽的特征，从娘子关到五羊城，从东海之滨到峨眉山脚，何处不是中国旧有的社会组织，从破败的农村，到簇新的政党组织，从读经祀孔，国术国医，到满街的性史，满墙的春药，何处不是"中国的特征"？这只是中国广袤的大地上的一个缩影。（《胡适文集》第 5 册，第 451 页）

(三) 文化争论之总趋势

是中国伦理启蒙各派思想家长期争论的结果，是推动了中西文化向融合、互补、折中、调和的方向演进，综合为具有本民族特色的新文化。中西文化尽管存在巨大差异，但也有相似、相通乃至共同点。中国伦理文化中的仁、智、勇、爱国、自强以及“己所不欲、勿施于人”的黄金律等等，是和包括西方在内的世界各民族的伦理文化所共有的，具有普世的价值。中国文化的天人合一与西方文化的主客二分是可以互补的。因此，中西两种文化没有必要也不可能以一方代替另一方，中国不会百分之百地西化，西方文明也不需要东方文明去拯救。中西文化只有在互相接触、碰撞、冲突中择善而从，吸取彼之优长以弥补己之劣短，才能双利共赢，形成具有本民族特色的、有强大生命力的新文化。中国近百年来的伦理启蒙表明，这是启蒙志士实际走过的道路。梁启超在其《欧游心影录》这部中国文化保守主义的标志性著作中对当时的青年说：“我希望我们可爱的青年：第一步，要人人存一个尊重爱护本国文化的诚意。第二步，要用那西洋人研究学问的方法去研究他，得他的真相。第三步，把自己的文化综合起来，还拿别人的补助他，叫他起一种化合作用，成了一个新文化系统。第四步，把这新系统往外扩充，叫人类全体都得着他好处。我们人数居全世界人口四分之一，我们对于人类全体的幸福，该负四分之一的责任。不尽这责任，就是对不起祖宗，对不起同时的人类，其实是对不起自己。我们可爱的青年啊，立正，开步走。大海对岸那边有好几万万人，愁着物质文明破产，哀哀欲绝的喊救命，等着你来超拔他哩。”① 梁氏要国人担负起谋求“人类全体的幸福”的伦理责任，作为一种道德理想，是无可厚非的；他在此书中主张“拿西洋的文明来扩充我的文明，又拿我的文明去补助西洋的文明，叫他化合起来成一种新文明”②。这种“中西互补”论也属真知灼见，尤其是其包含的“以中补西”说，乃是依据一战经验而对西方文化进行批判性审视的结果，更是意义非凡。但他由此进一步提出用中国精神文明去挽救西方“物质文明破产”，“超拔”拯救西方世界，这不是无的放矢、自作多情的空话，就是一种用“孔化”取代

① 梁启超：《欧游心影录节录》，载《饮冰室合集·专集之二十三》，第37—38页。

② 同上书，第35页。

“欧化”的非现代化的文化思想，是不可取的。

胡适与梁氏的“中西互补”论不同，他提出“以西改中”论。在他看来，中国旧文化有种“惰性”，这种“惰性”使中国文化非常稳定。即使物质生活骤变，思想学术改观，政治制度翻造，也不会有毁灭的危险。因此不用担心中国旧有的文化本位会动摇或失去，相反地应忧虑其惰性太大不会变化。因此，“只有努力全盘接受这个新世界的新文明。全盘接受了，旧文化的‘惰性’自然会使他成为一个折衷调和的中国本位新文化”[①]。他这一用西方文化改造中国文化的主张，被张佛泉在其《西化问题回顾》一文中概括为“文化上的自然折衷论”[②]。就是既用西方文化改造、调整中国文化，又保存中国文化的本位优势。应该说，胡适的这种动机、目的是值得肯定的，但他的做法则是应该进行商榷的。与文化保守主义者主张在主动、自觉守护中国固有文化基础上吸纳西方文化不同，胡适是要人们将这种自觉的行动让位于自然的过程，任凭欧风美雨冲刷中国传统文化，让其自生自灭，如大浪淘沙，金者自存。其结果很可能是西方文化大行其道，而中国文化则陷于濒危之境。

与胡适不同，熊梦飞主张另一种形式的中西互补论，即“西体中用”论，明确表示对中国本位文化“不敢苟同”。“因为果然在国际政治上有了独立的中国，在文化领域中失去了独立的中国，是值不得那么痛哭流涕。”[③] 他把政治与文化分开，否定文化与政治之相辅相成、相互为用，这在理论上是错误的，在实践上也是有害的。不过，熊氏不认同陈序经的全盘西化论，反对将西方文化的精华与渣滓都取来，而只是“学其神髓”，“全盘地吸取西洋文化之根本精神”，即：“1. 科学化的学术思想。2. 机械化的工业与农业。3. 民主化的政治社会与家庭组织。”[④] 其中第3项具有丰富的现代伦理内容，而不同于封建礼教，“与古代个人独裁异趣”。而对于西方文化中的渣滓、毒瘤，他是主张清除的。这包括四大方面：其一是西洋的资本主义。“资本家代替暴君封主贵族僧侣而兴，农奴

---

① 胡适：《编辑后记》，载《胡适文集》第11册，第671页。

② 张佛泉：《西化问题之批判》，参见罗荣渠主编《从“西化”到“现代化”》中册，第457页。

③ 熊梦飞：《谈“中国本位文化建设”之闲天》，参见罗荣渠主编《从“西化”到“现代化”》中册，第561页。

④ 同上。

变成了工资奴隶，百年来文明之福祉，只是极少数资产阶级之胜利品独占品，而阶级斗争，国际斗争之残酷，且甚于中古上古，这可称西洋文化之癌。”中国不应重蹈覆辙，再走此“错路”[①]。其二是“西洋奢侈文明”。不可传染这“奢侈流行症”。“‘浪费’的文化，不独违背中国‘崇俭去泰’的传统思想，也不是西洋古今哲人的教训。”[②] 其三是不可“复洋古”。“摭拾了西洋历史的遗渣，不拜张天师玉皇大帝，而拜上帝和耶稣，不进城隍庙关帝庙烧香，而入天主堂青年会祷告。”指出：各教会学校举行之拖尸，本尔始游牧时代玩意，及斯巴达敬长凌幼的陋习，“试问大家学会了这一套何益?”[③] 其四是不可效仿“西人日常生活”——衣、食、住、行、乐、性各项。如“诚不必天天电影院，夜夜跳舞场”；“性道德……若完全同化了西洋，太赤裸裸地了”。在他看来，“极度西化，近于‘买椟还珠’”，以致“东效西颦，益增其丑”，“若着高跟鞋登山，着西装避暑，内地商店以英文写招牌，……弄得不三不四，非中非西，惹人笑话”[④]。“儒释道耶并信，缠足，束胸，烫发并行，那就成了现代文化下之妖怪了。”[⑤] 熊氏不学西人生活方面的建议，有些是幼稚可笑的，如国人应穿长袍马褂而“不穿西服”，“不必舍公保鸡而取加里鸡”；“亦不必舍平房而取危险洋楼”；“舍模（麻）将而打扑克……”[⑥] 认为这些方面中国有“四五千年的宝贵经验”，方便、舒服、安全，有“不朽的价值”，为西人所不及。尽管如此，熊氏能够具体地指出这么多西方文化中的“渣”与“癌”，叫国人不必效法，尤其是主张“不可再走欧美的错路了”，“社会主义正在开拓它的新路”，“我们要建设非资本主义的中国”，这在西化派人士中是少有的，也是难能可贵的。熊梦飞是位文化民族主义者，他对中西文化分析、批判、剔除、吸纳的结果，实际上得出了综合、调和的结果：“中西文化过去并非截然鸿沟，将来趋于浑然一体”；根据国情吸取西方文化根本精神，“保留中国民族特征，加以中国民族创化，

① 熊梦飞：《谈“中国本位文化建设”之闲天》，参见罗荣渠主编《从“西化”到现代化》中册，第565—566页。

② 同上书，第565页。

③ 同上书，第564—565页。

④ 同上书，第563—564页。

⑤ 同上书，第565页。

⑥ 同上书，第563页。

成为一种新文化”[①]。

总之，思想论战中出现的各种观点，诸如中体西用论、西体中用论、中西互补论、中西调和论、西化论、中国本位论等等，虽然都一直受到学术界的责难和批判，“但中国的现实思想生活却正是沿着折衷的道路在走着，具体的表现为不中不西，半中半西，亦中亦西，甚至是倒中不西。这说明民族传统事实上是既离不开，也摆不脱的”[②]。无论是文化保守主义还是文化激进主义，其对中西文化的主张有如何的不同，也不管在两大派别中存在多大差别，其结果都趋于中西文化之综合、互补。这种情况，是由于文化激进主义与文化保守主义各有所长也各有所短所致。前者无疑有狂热、浮躁、批判有余、好走极端而理性思考不足等缺憾，如梅光迪在其《评提倡新文化者》一文中所言：“彼等于欧西文化，无广博精粹之研究，故所知既浅，所取尤谬。”新文化派中许多人“非学问家乃功名之士”，“非教育家乃政客”，所作所为已脱离学术范围。[③] 同样，文化保守主义也有非理性的一面，他们在理性与情感之间，后者时常占据上风，过分强调了伦理文化的民族性，而对传统伦理之消极面揭露不够，批判不力。同时，有些学者囿于学识也常常作出不切实际的判断。汤用彤就曾在《学衡》上著文指出，“主张保守旧化者，亦常仰承外人鼻息”，“间闻三数西人称美亚洲文化，或且集团体研究，不问其持论是否深得东方精神，研究者之旨意何在，遂欣然相告，谓欧美文化迅即败坏，亚洲文化将起而代之。其实西人科学事实上之搜求，不必为崇尚之徵，即于彼野蛮人如黑种红种亦考究綦详。且其对于外化即甚推尊，亦未必竟至移易风俗”[④]。故而《学衡》学人的见解亦有相当不足之处。余英时也指出，西方理论代表普遍真理的观念其实早在1905—1911年，已深深地植根于中国知识分子的心中。故国粹派的邓实形容当时知识界的风气，是“尊西人若帝天，视西籍如神圣”[⑤]。也就是说，知识界过分推崇了西方人的见解。

也正因为这样，两者既互相排斥，又相互为用，为中国近现代伦理启蒙

① 熊梦飞：《谈“中国本位文化建设”之闲天》，载罗荣渠主编《从“西化”到“现代化”》中册，第566—569页。

② 罗荣渠：《中国近百年来现代化思潮演变的反思——代序》，载《从“西化”到“现代代”》上册，第39页。

③ 梅光迪：《评提倡新文化者》，《学衡》1922年1月第1期。

④ 汤用彤：《评近人之文化研究》，《学衡》1922年12月第12期。

⑤ 余英时：《中国知识分子的边缘化》，《二十一世纪》（香港）1991年，总第6期。

各自作出了应有的贡献。文化保守主义者在急流涌进的变革时代，能够特立独行，主动守持，不但勇气可嘉，而且成绩斐然。他们的独立思考也是逐渐深入的：从梁漱溟到杜亚泉，主要是在宏观上肯定中国伦理的意义与价值；而学衡派吴宓与现代新儒家贺麟，则由宏观而进入中观、微观，对传统伦理的革新展开了切实的探索。他们重新诠释、衡定传统伦理的价值，重建民族的文化认同，同时吸纳科学、民主、自由等西方价值理念，是必要而有意义的。而文化激进主义者则顺应时代之潮流，踏准了历史前进的节拍，毫不留情地批判旧礼教，大力吸纳西方文化，同时也承续了中国传统文化的优秀部分，[①] 这一工作也无疑是必须的、有价值的。但当时两者之长短优劣，分歧之孰是孰非，并非一目了然、泾渭分明。虽然激进的伦理启蒙一直代表主流趋势，但在今天看来，"激进"者的思想中含有"保守"的成分，"保守"者的思想中也未尝没有"激进"的因子。激进与保守往往是你中有我，我中有你，差别只在其成分多少与程度不同而已。在一个必须变革的时代，"激进"的主张往往得到重视，"保守"的观点则易被忽视乃至鄙夷。但对于维系整个民族文化传统而言，"保守"与"激进"应在紧张之中相互制约，保持一种动态的平衡。而这种平衡是可以达到的。客观而言，文化激进主义和文化保守主义都具理性精神，都有伦理启蒙价值。

今天，我们已经可以心平气和地看待东方文化派、"学衡派"、现代新儒家与胡适、陈独秀、鲁迅等人的论战。陈独秀当年说："我们现在认定只有这两位先生，可以救治中国政治上道德上学术上思想上一切的黑暗。"[②] 这种观点无疑是"多属一偏"。多年以后，要求废除汉字的钱玄同（1887—1939）在给周作人（1885—1967）的一封信中，对自己与新文化派的做法进行反思时说："前几年那种排斥孔教，排斥旧文学的态度狠应

---

① 文化激进主义者中，除极端者即百分之百的全盘西化论者或文化虚无主义者外，均程度不同地承认中国传统文化中有优秀的内容，如熊梦飞就列出四项："（一）学术方面——人生哲学，文学，美术，史学，医学；（二）制度方面——法律，监察，考试；（三）普通生活方面——衣，食，住，乐之方面；（四）贡献世界之大发明——指南针，蚕丝，火药，印刷，造纸。"不过，这里"都有重新调整之必要，使之科学化，民主化，或机械化，以适应于现代生活。"此外，不仅中国古代伟大建筑，早有专家估定其有不朽之价值，就是"养鸟畜鱼栽花"等小技术，"中国过去都有宝贵之经验，不可一笔抹杀"（熊梦飞：《谈"中国本位文化建设"之闲天》，载罗荣渠主编《从"西化"到现代化》中册，第567页）。

② 陈独秀：《〈新青年〉罪案之答辩书》，载《独秀文存》，第243页。

改变。若有人肯研究孔教与旧文学，鰓理而整治之，这是求之不可得的事。即使那整理的人，佩服孔教与旧文学，只是所佩服的确是它们的精髓的一部分，也是狠正当，狠应该的。但即使盲目的崇拜孔教与旧文学，只要是他一人的信仰，不波及社会——波及社会，亦当以有害于社会为界——也应该听其自由。”[①] 数十年后，胡适也认为，“容忍比自由更重要”是自由主义的一项重要原则，而曾经疾言厉色批判杜亚泉的陈独秀，亦承认反对党的自由乃是自由的要义。[②] 所以在某种角度上讲，如同法国式的激进启蒙与英国式的温和启蒙一样，与其把文化保守主义看做新文化运动的对立面，还不如把他们看成同仁以开辟伦理启蒙思想的另一厘路。

在西方启蒙运动后，凡是提升为原则性的思想都必须经得起理性的严格检查，并在经验中获得证验。如果说，“新国民”应该具备何种道德素养，那么，容忍、宽容、给予他人发表观点的自由应是必备的。理论争论是通向真理的前提，亦是启蒙的要义。养成一种宽容的态度，对于“保守的”文化主张持谨慎的态度，认真思考其价值与意义，找到传统与现代的“接榫”之处，在今天依然是一项文化使命。在中国传统伦理被贴上了“吃人的礼教”的标签的时代，在民族存亡的特殊时代，人们难以用平和冷静的心态去对待传统文化与传统伦理，这是自然的，可以理解的。今天回顾、反思这场文化争论，我们仍然需要留有独立思考的空间，以免从一个极端走向另一个极端。陈寅恪先生《王观堂先生纪念碑铭》说得好：“先生之著述，或有时而不彰。先生之学说，或有时而可商。惟此独立之精神，自由之思想，历千万祀，与天壤而同久，共三光而永光。”这段话对评论任何一个时代之真正的探索者都是适用的。

中国知识分子和整个文化遗产的关系，不能简单地等同于保守主义与激进主义的问题，而激进与保守的关系，也不能等于进步与落后的问题。20世纪中国文化的危机所涉及的问题，超出了这种非此即彼的二分法。[③] 许纪霖指出，五四实际是一个多元的、各种现代性思潮互相冲突的启蒙运动。新文化主流思想持转化论，转化论者相信，传统可以像一件旧衣服一

---

① 钱玄同：《致周作人》，《钱玄同文集》第6卷，中国人民大学出版社2000年版，第75页。

② 参见王元化《杜亚泉与东西文化问题论战——代序》，载《杜亚泉文存》，第4页。

③ ［美］本杰明·史华兹：《论“五四”前后的文化保守主义》，载《史华兹论中国》，第83页。

样脱去，新文化可以在理性主义的建构下平地而起。问题只是在于，是否有勇气与传统告别。而相对保守的文化观持调适论。从东方文化派、学衡派到现代新儒家，在近代中国思想史上始终存在着一种调适的变革线索。它不同于激进的启蒙，但绝不能归之于守旧，这是一种温和的、中庸的启蒙，五四，不仅属于激进的“新青年”，也属于温和的调适派。五四的无穷魅力，恰恰在于多元，在于其复杂的多元性内涵。[①] 今天，理性地分析文化激进主义和文化保守主义在伦理启蒙中作出的贡献，是我们塑造新时代伦理精神的必由之路。

---

① 许纪霖:《杜亚泉与多元的五四启蒙》，载《杜亚泉文存》，第495—497页。

结　语

从1840年以后到20世纪中叶的上百年间，中国的伦理启蒙在诸多社会思潮的互相激荡中，缓慢而曲折地前进着。虽然还有种种不足乃至缺憾，但近代伦理观念却从无到有，生根发芽，促进了中华民族的觉醒，推动了中国社会的历史进程。在本课题结束前，还要着重谈三个问题。

一　伦理启蒙与救亡

中国近代的伦理启蒙既遵循了西方启蒙运动所倡导的理性、自由、平等、民主等理念，又服从于救亡图存的迫切需要。任何价值理念，如果不能为救亡作出贡献，或者与救亡相抵牾，那就会失去其正当性与合理性，就不可能得到提倡。正因为民族救亡的需要，在中国近代启蒙中所宣扬的“民族—国家”意识、民主意识、群己关系、自主意识、科学观念等等，始终贯穿着爱国主义精神。从鸦片战争以来的洋务运动、戊戌变法、辛亥革命、五四运动等等，无一不与救亡图存、追求富强相关。百年沧桑巨变，其间各种各样的大小社会思潮无论在起因、内容上有多少差异，但有一点却是共同的，即爱国精神。早年参加同盟会、宣传反清思想的近代教育家马叙伦（1884—1970）说：“爱国精神者，精神之精神也”；人而“无爱国心，是丧其良知者也”[①]。虽然“家天下”与“共和国”有质的区别，但以忠于“民族—国家”而言，林则徐、魏源的品德并不比孙中山、黄兴以及李大钊、陈独秀逊色多少，应该说，“爱国主义”精神贯穿于近代所有社会思潮和社会运动之中。

那么，启蒙观念与体现民族救亡的爱国观念之间是什么关系呢？中西

① 马叙伦：《宋爱国士岳文二公传》，《新世界学报》光绪二十九年（1903），第15号。

启蒙处于不同的历史环境中，因而西方的启蒙思想不能教条式地搬到中国来加以运用。先进的中国人是依据救亡图存的现实需要吸纳西方启蒙观念，并加以创造性的转化，而形成具有中国民族特色的启蒙思想的。以“自由”为例：在英、法这些启蒙运动充分展开的国家，因为国家主权完整，民族独立，所以，启蒙所张扬的是个人自由，并能通过民主政治，在经济、法律、伦理等各个层面加以落实。这不但合理，而且可行。但在半封建半殖民地的中国，国家主权日益沦丧，个人的自由无从谈起。因为在国家没有独立的情境下，强调个体的自由、权利，提倡个人价值优先，不但不切实际，也是无法实现的。所以，并非中国的伦理启蒙过度强调了国家、社会的价值，而倒置了西方启蒙运动的理念，“歪曲”了西方的自由观，使国家至上取代了个体至上，忽略了个体的自由权利。“皮之不存，毛将焉附?”没有独立自主的民族国家，何来民众的自由？如果有，也是做奴隶的自由。所以，中国近代鼓吹自由的思想家固然承认个体自由的价值，但却将重点放在民族国家身上。梁启超在《新民说·论自由》中说：“自由云者，团体之自由，非个人之自由也。”严复在《法意》的“按语”中说得更明白，“特观吾国今处之形，则小己自由，尚非所急，而所以祛异族之侵横，求有立于天地之间，斯真刻不容缓之事。故所急者，乃国群自由，非小己自由也。”可以说，严复、梁启超对自由主义的理解和诠释是理性的，“自由”的伦理目标从个体转向国家是中国社会的现实需要。如果说梁启超凭着对自由的朴素理解而强调了“团体之自由”高于“个人之自由”，那么，深谙西方自由主义传统的严复对“自由”的理解则更充满了睿智，他把提倡个人自由作为促进“民智民德”的手段，并以此达到追求富强的国家目的。路易斯·哈茨教授在为史华兹《寻求富强：严复与西方》所作的序言中指出，严复从西方思想中发现，一方面必须充分发挥人的全部能力，另一方面又要培育把这种能力导向为集体目标服务的公益精神。在西方，由自由主义而产生的个体主义伦理往往把公共利益的观念推置在一边，而严复则在使个体主义作为发挥能力的手段的同时，还把公心置于自由的中心位置，这一创造性的转化工作是极细致微妙而难以描述的，它不是歪曲了自由主义，而是丰富了自由主义的内涵。[①] 对此，史华兹认为，严复的努力颇有意

---

① ［美］路易斯·哈茨：《寻求富强：严复与西方·序言》，叶美凤译，江苏人民出版社 1995 年版，第 2 页。

义，他所提出的问题，无论对中国还是西方都意味深长。[①] 严复将西方个体主义的自由观转变为符合中国现实情况、具有民族特色的整体主义的自由观，其中有两点值得注意：其一，从伦理价值而言，民族国家的独立、自主优先于个体自由。换句话说，国家独立是追求个体自由的前提。其二，追求国家的自立、自主，是一种理性的思考与判断。不论是严复、梁启超的理论阐述，还是孙中山民族、民权、民生的实践，都是如此。这意味着启蒙观念与民族救亡、爱国观念之间有着内在关联。

李泽厚先生曾指出，新文化运动的目的是国民性的改造，是旧传统的摧毁，是思想的启蒙。然而，新文化运动从一开始就包含着或潜埋着政治的诉求。陈独秀提出“伦理的觉悟”，也是指向国家、社会和群体之改造和进步的。即是说，启蒙的目标，文化的改造，传统的扬弃，都是为了国家、民族，为了改变中国的政局和社会的面貌。同时，新文化运动既没有脱离“以天下为己任”的优良传统，也没有脱离中国近代的反抗外侮、追求富强的救亡主线。李泽厚先生说：

> 扔弃传统（以儒学为代表的旧文化旧道德）、打碎偶像（孔子）、全盘西化、民主启蒙，都仍然是为了使中国富强起来，……所有这些就并不是为了争个人的“天赋权利”——纯然个体主义的自由、独立、平等。所以，当把这种本来建立在个体主义基础上的西方文化介绍输入，以抨击传统打倒孔子时，却不自觉地遇上自己本来就有的上述集体主义的意识和无意识，遇上了这种仍然异常关怀国事民瘼的社会政治的意识和无意识传统。[②]

李泽厚先生由此提出了一个著名的论断：在启蒙与救亡的双重变奏中，最终救亡压倒了启蒙，“救亡的局势、国家的利益、人民的饥饿痛苦，压倒了一切，压倒了知识者或知识群对自由、平等、民主、民权和各种美妙理想的追求和需要，压倒了对个体尊严、个人权利的注视和尊重”。[③] 由于个体、个体价值、个体尊严在很大程度上被追求国家独立所

① ［美］本杰明·史华兹：《寻求富强：严复与西方》，第 3 页。

② 李泽厚：《中国现代思想史论》，三联书店 2008 年版，第 6 页。

③ 李泽厚：《中国现代思想史论》，第 29—30 页。

掩盖，在这个意义上可以说，救亡压倒了启蒙。不可否认，与西方的个体主义相比，中国近代思想家确实更看重国家、民族的价值。不过，中国近代的救亡不仅不否认个体的独立与尊严、个体的权利与自由，而且在救亡过程中体现了个体的权利与自由，只是个体的权利、自由与民族独立、国家自主之间存在着一种合理的张力——严复用了一个非常有深意的词——“群己权界论”——来翻译《论自由》（*On Liberty*），以便使个人与国家、个体与团体、个人与社会之权利轻重有一个合理的界限。“个体主义”（Individualism）与“自我主义”（Egoism）不同。“自我主义”是利己的，与“利他主义”是对立的，而“个体主义”并不排斥“利他主义”（Altruism），二者并无根本性冲突。也就是说，在肯定个人权利神圣至上的前提下，可以同时确定个体对于国家、社会的责任，并鼓励个体的公利行为。可以说，“个体主义”与“利他主义”的界限并不是截然清晰、不可变动的，二者既存在着一种张力，又相辅相成。没有利他精神的社会，个体权利得不到合理的满足，而完全要求个人以利他为目标也不现实。不过，在不同的历史条件下，强调的重心会发生变化。不少学者在叹息中国近代启蒙漠视了个体的权利、尊严时，应该知道，个体的权利、尊严是以国家独立富强为基础和前提的。我们不能完全以西方启蒙观念为标准来格义中国近代的启蒙，因为中国的启蒙与西方的启蒙发生在不同的历史境遇中，必然具有不同的特点与要求，以此观察这种“压倒”，不但是合理的，而且是符合中国国情的。救亡虽有不同于启蒙的一面，[①] 而从思想观念看，救亡不是压倒了启蒙，而是启蒙离不开救亡，是救亡的需要产生了启蒙的必要；同时，救亡也离不开启蒙，是启蒙的展开，引导了救亡的进行，而且救亡本身就是一种启蒙。从“家天下”的封建国家意识的破除到“民族—国家”的爱国观念的确立，启蒙促进了中华民族的民族意识的觉醒，从而推动了救亡的开展。

当然，救亡并不排斥反对封建专制。近代的伦理启蒙还贯穿了一条反封建的主线。辛亥革命后，伦理文化上的复古活动与政治体制上的复辟帝制相互为用，使有识之士看到了提倡新道德反对旧道德、扫清封建主义残

---

① 1905 年，孙中山与严复有一番意味深长的对话。严复说：“中国民品之劣，民智之卑，……为今之计，惟急从教育上着手，庶几逐渐更新乎。”而孙中山的回答是：“俟河之清，人寿几何？君为思想家，鄙人乃执行家也。”（参见王蘧常《民国严几道先生复年谱》，台湾商务印书馆 1981 年版，第 74—75 页）

余的重要性。陈独秀指出，中国封建伦理以家族为本位，近代西方伦理以个人为本位，西洋民族在伦理道德、政治法律等方面，“社会之所向往，国家之所祈求，拥护个人之自由权利与幸福而已。思想言论之自由，谋个性之发展也”，而“个人之自由权利，载诸宪章，国法不得而剥夺之”。倘若“国家利益，社会利益，名与个人主义相冲突，实以巩固个人利益为本因”[①]。也就是说，在国家、社会、个人三者利益发生对立时，不是以牺牲后者来维护前二者，而是后两者要维护前者，国法不得剥夺个人之自由权利。新文化运动时期推崇个人主义，维护个人的自由权利与幸福追求，这是和反对封建伦理道德相辅相成的。陈独秀此论，是将梁启超、严复强调自由之“团体性”、“国群性”转变为重视自由之个体性，从而在中国伦理思想上开了推崇个人主义的先河。胡适又进了一步，他明确指出：个人自由是实现国家自由的手段：“争你们个人的自由，便是为国家争自由！争你们自己的人格，便是为国家争人格！自由平等的国家不是一群奴才建造得起来的！”[②] 梁启超、严复把个人自由与团体自由、国群自由视为互相排斥的，认为前者存而后两者亡，后两者存而前者亡，胡适把它们统一起来而更重个人自由。这表明，启蒙伦理观念是因时而变、与时俱进的。

二　伦理启蒙的深化：从观念到实践

民族救亡的忧患意识、爱国精神激发了科学救国、教育救国、实业救国等思想与行动，爱国主义成为一种“时代思潮”和“社会潮流”贯穿于近现代启蒙过程之中。关于“时代思潮”，梁启超说过一段精彩的话：凡文化发展之国，其国民于一时期中，因环境之变迁与夫心理之感召，不期而思想之进路，同趋于一方向，于是相与呼应汹涌如潮然。“思”能成为“潮”者，其“思”必有相当之价值，而又适合于其时代之要求者。并非每一时代皆有“思潮”，“有思潮之时代，必文化昂进之时代也”。但思潮之若要于社会发展有极大作用，则需广大民众的参与，形成“继续

① 陈独秀：《东西民族根本思想之差异》，载《独秀文存》，安徽人民出版社1987年版，第28页。

② 胡适：《介绍我自己的思想》，载《胡适文集》第5册，第511—512页。

的群众运动”。这种运动非必有意识、有计划、有组织，但于同一运动之下，必有一种或数种之共同观念为思想之出发点。此种观念之势力，初时本甚微弱，一部分人，以宣传捍卫为己任，常以极纯洁之牺牲的精神赴之；及其权威渐立，则在社会上成为一种共公之风尚。古之成语曰“风气”，“风气者，一时的信仰也。”① 没有这一由微而著的过程，中国近代的伦理启蒙的社会意义、积极价值无从展现。明末清初的内源性启蒙在伦理观念上的某种突破没有转化为社会运动、社会风气，因而未能成为推动当时社会发展的精神动力，真是令人惋惜。与之相比，新时代的启蒙具有实践性的特点，它是即知即行，认知后就转化为行动的。20 世纪初的知识精英在引进西方各种启蒙观念时，同时注意向大众宣传，从而使这些观念得以普及，成为民众的信仰，而形成“时代思潮”、“社会风气”，并指导其实际行动，从而推进了近代中国社会的进步。

实业救国、科学救国、教育救国的思想成为一种信仰、一种风气，正是通过知识阶层思考、探索、传播，而使伦理启蒙由少数人的思想扩展为“思潮”、“潮流”、“风气”，进而成为改造社会的实践。在外侮日深的逼迫下，有识之士最先认识到的是军事技术、军事工业能强国救国，于是兴起了洋务运动。进而重视工商业，形成了实业救国思想。中国著名近代实业家张謇（1853—1926）即是重视工商业的先驱，他在 1895 年夏替两江总督张之洞起草的《条陈立国自强疏》中提出了“富民强国之本是在于工”的观点，认为“中国须振兴实业，其责任须在士大夫”。由此拉开了实业救国思想之序幕。在办洋务、发展实业过程中，大量的西方自然科学著作被翻译过来、传播开来，而科学救国思想则酝酿其间。为了发展实业与科学，就必须改革教育、培养人才。以王韬（1828—1897）、薛福成（1838—1894）、郑观应（1842—1920）等为代表的早期维新派，在主张发展实业的同时，提出效法西方改革教育，设立学堂，培养各类人才，以“与泰西相颉颃”②，这是近代教育救国思潮之滥觞。郑观应认为：“学校者人才所由出；人才者国势所由强，故泰西之强强于学，非强于人也。”③ 这种认识在当时尽管是进步的，但尚肤浅与笼统。戊戌变法失败后，严复

① 梁启超：《清代学术概论》，东方出版社 1996 年版，第 1—2 页。

② 郑观应：《盛世危言 · 考试下》，载《郑观应集》上册，上海人民出版社 1982 年版，第 301 页。

③ 郑观应：《盛世危言 · 西学》，载《郑观应集》上册，第 276 页。

进行了反思，发人深省地说："仰观天时，俯察人事，但觉一无可为。然终谓民智不开，则守旧维新两无一可。"① "以中国民品之劣，民智之卑，即有改革，害之除于甲者将见于乙，泯于丙者将发之于丁。为今之计，惟急从教育上著手，庶几逐渐更新乎！"② 中国救亡，非一时一事而可毕其功于一役，然无论怎样的主张与措施，如何百转千回，教育是首当其冲的。严复在中国近代史上开国民性改造主张之先河，倡导"开民智、新民德"的教育理念，不但要提高人的科学知识水平，还要更新人的伦理观念、实现人的近代化。

1902 年，梁启超将严复的上述"三新"说用《大学》之"新民"一词概括起来，并在其《新民说》中丰富了"新民德"的内容。把自由、自治、进步、自尊、合群、尚武、进取、冒险、权利、义务和国家观念等作为培养"新民德"、形成"新民德"的主要内容。《新民说》教育了一代青年人。当时，胡适深受启发，后来他回忆说："《新民说》的最大贡献在于指出中国民族缺乏西洋民族的许多美德……他指出我们所最缺乏而最须采补的是公德，是国家思想，是进取冒险，是权利思想，是自由，是自治，是进步，是自尊，是合群，是生利的能力，是毅力，是义务思想，是尚武，是私德，是政治能力。"总之，"《新民说》诸篇给我开辟了一个新世界，使我彻底相信中国之外还有很高等的民族，很高等的文化。"③ 1915 年，陈独秀在此基础上建构出了"现代人"的六大特征："（一）自主的而非奴隶的；（二）进步的而非保守的；（三）进取的而非退隐的；（四）世界的而非锁国的；（五）实利的而非虚文的；（六）科学的而非想象的。"④ 这对培养新青年、新国民是有深远影响的。

1903 年，《浙江潮》第二期有学者撰文言教育之重要性：

> 政治家运神经于内政外交，曰维国。军事家掷身命于硝烟弹火，曰维国。实业家劳心力于农工商贾，曰维国。国之所与立者，国民也。造国民者，教育也。人生之问题虽百其流、千其流，要皆朝宗于教育。何以故？以一国之民皆弟子，一国之民皆教师故。

---

① 严复：《与张元济书》，载《严复集》第三册，中华书局 1986 年版，第 525 页。

② 严复：《侯官严先生年谱》，载《严复集》第五册，第 1550 页。

③ 胡适：《四十自述》，载《胡适文集》第 1 册，第 72—73 页。

④ 陈独秀：《敬告青年》，载《独秀文存》，第 4—8 页。

> 所谓一国之民皆弟子者何？夫民为邦本，本固邦实。……昔之所谓固本云者，对于君而言也，今之所谓本也者，对于外而言也，本而能优也则存，本而劣也则亡。其言也，为国民全体告而非为一人一姓言也。夫民族竞争之世界，其本优则兴，本劣则亡。舍劣就优，厥惟教育，而完全邦本，尤非普及不为功。
>
> 所谓一国之民皆教师者何？夫科学亦伙矣。于茫茫学海中而别树一帜，标其名曰教育。教育者，此其间固非无界限在也，然就其广义言之，则一国之民固皆有教育者之责任。就个人言之，则教育者又己对于己之义务也，是故父母而不教育其子，则贼国民之分子也，其有罪固宜，而己对于己而尽义务，则又自杀之道，罪不容于理者也，举一国之人而皆自杀，而欲其国之兴也，得乎?![1]

1905年科举制终结之后，西式教育兴起，自然科学、社会科学进入了中国的教育体系。而一批有远见的思想家教育家接续了严复和梁启超的思想，意识到在科学知识之外，培养学生的新伦理观具有不可替代的意义。胡适说："从根本下手，为祖国造不能亡之因。……今日造因之道，首在树人；树人之道，端赖教育。……不为，则终亦必亡而已矣。"[2] 蔡元培的思想更有代表性。他任南京临时政府教育总长时，主张采用西方教育制度，废止祀孔读经，规划了我国现代教育体制，确定了教育发展宗旨，他提出的诸多教育理念，尤其在1912年5月《向参议院宣布政见之演说》中首倡"养成共和国民健全之人格"[3]，更是产生了巨大的社会影响。蔡元培后来解释道："所谓健全人格，分为德育、体育、知（智）育、美育四项。换言之，和自由、平等、博爱的意思亦相契合的。都能自由平等，都能博爱互助，共和精神亦发展了。"[4] 其中，体育是健全人格的基础；美育是颐养人的精神；智育给予人丰富的科学知识，"养成学问

① 不黁子：《教育学》，《浙江潮》，光绪二十九年（1903年）2月20日，第二期，引用原文有删节。

② 胡适：《胡适日记全编》2，安徽教育出版社2001年版，第325页。

③ 蔡元培：《向参议院宣布政见之演说》，载《蔡元培全集》第二卷，中华书局1984年版，第164页。

④ 蔡元培：《在北京高等师范学校〈教育与社会〉社演说词》，载《蔡元培全集》第三卷，第395页。

家之人格”；而“德育实为完全人格之本”[①]。吴稚晖（1865—1953）在《蔡孑民先生传略》的序言中，将蔡元培的教育思想概括为两句话：“教育不忘救国，救国不忘读书。”[②]

在教育救国、培养健全人格的大目标、大思潮下，在五四新文化运动前后，兴起了“平民教育”、“乡村教育”、“生活教育”等各种教育浪潮。1922 年，陈独秀作了《平民教育》的讲演，认为教育“为改造社会最后的唯一工具”，教育发展的趋势是向着“由贵族的到平民的”转变。[③]

1923 年，陶行知（1891—1946）与晏阳初（1890—1990）等人发起成立“中华平民教育促进会总会”，晏阳初任总干事。平民教育以“除文盲，作新民”为宗旨，指出：“吾辈羞视三万万以上的同胞，在二十世纪的文明世界流而为文盲；吾辈恐惧四万万的大民族，不能生存于智识竞争的世界；吾辈愧为民主共和制度下的人民，不能自立自新而影响及于全世界的祸乱，更羞见有五千余年的历史，自尊为神明贵胄黄帝的子孙，对于二十世纪的文化无所贡献。”[④] 1926 年，晏阳初在定县（今河北定州）开展平民教育和乡村改造运动实践，他说：“对于民族的衰老，要培养它的新生命；对于民族的堕落，要振拔它的新人格；对于民族的涣散，要促成它的新团结新组织。所以说中国的农村运动，担负着‘民族再造’的使命。”[⑤] 1929 年，晏阳初号召知识分子“走出象牙塔，跨进泥巴墙”，受他感召的数以百计的知识分子，举家迁往平民教育实验区定县，一时影响甚大。晏阳初由此而被誉为“平民教育之父”。平民教育的重点是乡村教育。梁漱溟提出了“乡治”主张和“乡村建设理论”，企图“从乡村自治

---

① 蔡元培在其《对于新教育之意见》中说：“何谓公民道德？……曰自由、平等、亲爱。道德之要旨，尽于是矣。”又说：“（此）三者诚一切道德之根源，而公民道德教育之所有事者也。”他还以儒家道德规范诠释道：自由就是“义”，平等就是“恕”，亲爱即是“仁”，以求融合中西道德。并且指出，此三者中，自由、平等是有缺陷的：“人以自卫力不平等而生强弱，人以生存力不平等而生贫富”；许多人“因生禀之不齐，境遇之所迫”，而往往“企自由而不遂，求与人平等而不能者”（《蔡元培全集》第二卷，第 131—133 页）。这种很难达到的自由、平等，需要发扬亲爱的精神以弥补其缺陷，促成其实现。蔡元培的亲爱道德，不仅受到西方博爱说与中国儒家仁爱说的影响，还受到俄国克鲁泡特金的互助道德的影响，是三者融合的产物。

② 高乃同：《蔡孑民先生传略·吴稚晖先生序》，商务印书馆 1943 年版。

③ 陈独秀：《平民教育》，载《独秀文存》，第 436 页。

④ 晏阳初：《平民教育的宗旨目的和最后的使命》，《晏阳初全集》第 1 集，湖南教育出版社 1989 年版，第 116 页。

⑤ 晏阳初：《农村运动的使命》，载《晏阳初全集》第 1 集，第 294 页。

入手，改造旧中国，建立一个新的中国”[①]。梁氏乡村建设的一个重要内容是建立“乡学”与“村学”。其目标之一是改造“旧礼俗”，“建设新的礼俗”[②]。他身体力行，于1929年开始在河南办“村治学院”，1931年起又在山东邹平、菏泽等地办乡村建设研究院和实验区达六年之久。

人民教育家陶行知主张“生活教育”，提出了“生活即教育”、“社会即学校”、“教学做合一”等口号。他极其重视“科学教育”，认为“教育以科学教育为最重要”[③]，希望师范生将来做“科学教育家”，不要做政客教育家、空想教育家、经验教育家。陶行知也将目光投向乡村教育，于1927年创办试验乡村师范学校即“晓庄学校”。“晓庄学校”重视实践，关心政治，师生参加反帝爱国游行，有30余名学生被捕，其中不少人先后在南京雨花台英勇就义，最大的23岁，最小的才16岁。陶行知的“生活教育”的理论与实践，丰富了爱国教育、科学教育、民主教育等内容，极富启蒙价值。在国内外产生了重大影响，[④] 对今天的教育也有多方面启示。

教育救国与科学救国、实业救国密切相连；科学救国、实业救国只有通过教育培养人才才能实现。实业乃工商业之总称，它在中国传统价值观中并无地位，为社会风气所轻视。严复在1906年的一次演讲时说：“言今日之教育，所以救国，而祛往日学界之弊者，诚莫如实业之有功。”[⑤] 随着其重要性被越来越多的有识之士认同，实业救国也成为一场社会运动。当时的各种刊物如《科学世界》、《时报》、《直说》、《国风报》、《东方杂志》、《建设》、《民铎》、《新群》、《时事新报》等皆放言宣传实业救国的理念。如1903年《科学世界》创刊号《祝词》曰：“若吾中国，不于此时注重实业，恐他日即欲为犹太遗民，犹难言也。”[⑥] 第二期又载文曰：

---

① 汪东林：《梁漱溟问答录》，湖南人民出版社1988年版，第50页。

② 梁漱溟：《乡村建设理论》，载《梁漱溟全集》第二卷，山东人民出版社1989年版，第276页。

③ 陶行知：《师范生应有之观念》，载《陶行知全集》第8卷增补，湖南教育出版社1992年版，第38页。

④ 参见《陶行知教育思想的现代价值》，华文出版社2001年版，第311、507、516页。

⑤ 严复：《实业教育——侯官严复在上海商部高等实业学校演说》，载《严复集》第1册，第206页。

⑥ 钟观光：《祝词》，《科学世界》1903年3月第1期。

“夫二十世纪，生产竞争之时代也。欲图生产力之发达，必致力实业。”[①]梁启超亦著文云，我们想救国，绝非空口说白话。实业家当想着我之实业对于国民经济的价值，尽自己对于国家的责任。[②]在实业救国思想的影响下，一批实业家为中国民族工业的发展作出了巨大贡献。1952 年，毛主席曾和黄炎培等人谈到我国民族工业发展过程时，指出四个实业界人士不能忘记：搞重工业的张之洞，搞化学工业的范旭东，搞交通运输业的卢作孚和搞纺织工业的张謇。认为他们都是为发展我国民族工业有过贡献的人。[③]当然，范旭东、卢作孚、张謇只是其中的卓越代表，当时投身于实业救国的人其实遍布各行各业。同样，蔡元培、陶行之、黄炎培、梁漱溟、晏阳初也只是教育救国运动中的领军人物，还有千千万万的知识分子默默无闻地投于教育救国事业中。这些人虽名不见经传，但他们的贡献也值得后人缅怀。正是他们的努力，如梁启超所言，使“时代思潮”终于成为宏伟壮阔的“社会运动”——民族救亡运动。

这里应当补充说明的是，在 1927 年以后，推动中国社会历史前进的是反帝反封建的武装斗争，教育救国、实业救国、科学救国不是决定中国命运的主要实践形式，而且有的实践活动也并不成功，如梁漱溟企图通过建立“乡农学校”、“合作社”和培养新的礼俗来解决农村问题的试验，因没有解决农民被压迫的根本问题而最终归于流产。[④]不过，这些仁人志士的爱国情怀与历史使命感，他们的善良动机和艰苦探索，其高尚的道德人格是值得后人尊重的。很显然，国家的独立富强是一个庞大的系统工

---

① 王本祥：《汽机发明家瓦特传》，《科学世界》1903 年 4 月第 2 期。

② 梁启超：《如何才能完成“国庆”的意义》，载《饮冰室合集·文集之四十二》，第 53 页。

③ 卢国纪：《我的父亲卢作孚》，四川人民出版社 2003 年版，第 444 页。

④ 这里附带补充的是，有些学者的工作在今天看来对启蒙是有重要贡献的，但在当时则未被重视乃至是被敌视的。如学衡派便是如此。《学衡》学者普遍认为：“以少数贤哲维持世道，而不依赖群众”（胡先骕：《白璧德中西人文教育谈》，《学衡》1922 年第 3 期）；对于文化价值的判定与选择，“当取决于少数贤哲，不当以众人之好尚为归”（梅光迪：《现今西洋人文主义》，《学衡》1922 年第 8 期）。也就是说，文化的传承与发展是少数知识精英的事，与普通民众无关。吴宓曾指责新文化派鼓动的群体行为是“利用国人一时之意气感情，以自占地步而厚植势力”，而民众对此“遂蚁从而蜂动焉。至若学理之精微，众亦不解”（吴宓：《论新文化运动》，《学衡》1922 年第 4 期）。其实，对普通民众的观念启蒙有着举足轻重的意义，学衡派以及其他坐而论道的学者，其对社会的影响力之所以有限，之所以不能影响社会进程，乃是因为他们轻视与社会大众的联系。精深的思考固然有重要价值，但对于当时的中国社会，新思想的普及则尤为迫切。其实，正是这种精英意识导致了学衡派与社会大众思想的疏远，而陷于边缘化的困境。

程，需要各个领域共同奋斗、方方面面的精诚合作，才能最终成功。没有各种形式的教育，没有全民族伦理观念的革新，没有国家赖以自立自强的实业，救亡图存不可能实现。

三 伦理启蒙的未来之路

中国近现代的伦理启蒙使中国发生了巨大的观念上的变革，既给予我们宝贵的精神财富，同时又留下了值得我们深思的问题。

中国近代以来的伦理启蒙是以西方价值体系为参照系的，而这一参照系本身极其复杂，它既奠定了现代文明，可以为其他文明所借鉴，又对其它文明有着强烈的排他性。一方面，西方启蒙运动所塑造的价值观念，导引了西方现代化社会的出现和成长。如当代一些学者所指出的，在发生学意义上，在历史学的层面上，这是一种发展得非常充分的地方经验。而从其历史成就看，则包含了人类可以也应当共享的重要资源，其中，既有思想文化价值方面的资源，也有技术制度与政治体制方面的资源。[①] 另一方面，“启蒙”推崇人的理性，主张以人的理智而不是感性、情感、意志来决断一切、评判价值，但人的欲望应该满足到什么程度才是合理的？这一问题恰恰不是“理性”所可以判别的。此外，启蒙运动所确立的观念被西方世界普遍化为人类的最高价值，它在19世纪衍生出了“社会达尔文主义”，并据此认为西方国家是社会竞争的优胜者，是“文明”的，除此而外即是“野蛮”，西方以外的文化都不值一提，“文明”对“野蛮”的征服是正当的，不需要理由的。理性主义与社会达尔文主义结合在一起（当然还有其他原因，如个性解放导致的“自我主义”等等），导致了西方世界无限的追求、膨胀的欲望与傲慢的心态，使“非西方”民族蒙受了深重的灾难，遍布各大洲的殖民地即是明证。启蒙运动塑造的核心价值，如自由、平等、民主等竟然成为西方霸权的道德理由，启蒙所导致的西方的现代化不但表现为军事与经济上的征服与殖民，还表现为文化上的西方中心论，将接受西方启蒙价值观与世界观视为通向富强的唯一方式。正如有学者所指出的，启蒙作为西方的地方经验一跃而为不容置疑的全球

---

① 参见哈佛燕京学社编《儒家传统与启蒙心态·编者手记》，江苏教育出版社2005年版，第1页。

经验，启蒙因此也成了关于现代化的一个霸权话语。一切西方以外的文化资源全部被排拒在现代化的典范之外。[1]

对此，中国人有着深刻的体验。中国近代启蒙的“动力”来源于西方“启蒙后的灾难”。这在很大程度上不是出于西方文明的感召力，而是面对船坚炮利不得不“师之”的无奈心态。更重要的是，对于文化上的西方中心主义，中国近代以来的启蒙思想家与知识分子并没意识到。如潘光旦先生所言，新文化运动的人格化称谓，即所尊的“德先生”、“赛先生”是一种新的偶像崇拜。而“全盘西化”理论与“科学主义思潮”则更加表明，对于“启蒙”造就的西方的文化霸权，大多数中国知识分子几乎没有仔细分辨就下意识地接受了。余英时先生指出，我们在五四时彻底打垮了儒家的旧“名教”，却一转身又心甘情愿地陷入新的“名教”，我们从中国传统的相对性的权威主义中解放了出来，但马上又投身于绝对性的权威主义。因为我们迷信于“新名教”。如“科学”具有无上的权威，是一切伦理价值的标尺，科学成了不容丝毫怀疑的“名”。“胡适是最能重视‘个人’的价值了，但是他还是相信‘科学’可以‘统一人生观’，果真如此，‘个人’‘自我’还有什么意义？胡适之见尚且如此，其他人可想而知。”[2] 在“科玄论战”中，大部分学者站在科学派一边，因为对科学的盲目崇拜而几乎完全否定了中国传统伦理的价值。

尽管如此，回顾从洋务运动、戊戌变法到辛亥革命、五四新文化运动以来的启蒙，经过仁人志士们的种种努力，中国社会的伦理观念确实已发生了翻天覆地的变化，传统伦理的近代转型是卓有成效的：中华民族实现了历史性的觉醒，民族—国家意识深入人心，带有明显封建社会特征的三纲思想，已然退出了中国社会，爱国观念取代忠君，自由、平等瓦解了宗法家族伦理，而科学思想冲击了各种各样的迷信与盲从，等等。总之，成绩巨大，意义非凡。正如杜维明先生所言，从总体上讲，中国近现代用启蒙精神对于封建礼教的无情批判，其历史意义是积极的；经过启蒙观念的洗礼，传统伦理获得了新生涅槃的活力。[3] 但与此同时，旧的道德观念还

---

① 参见《儒家传统与启蒙心态·编者手记》，第 6 页。

② 余英时：《中国近代个人观的改变》，载《余英时文集》第二卷，广西师范大学出版社 2004 年版，第 36 页。

③ 蒋广学：《儒家人文精神与现代启蒙心态——访美国哈佛大学杜维明教授》，《中国国情国力》1998 年第 8 期。

残留于人们的脑海中。陈寅恪说："夫纲纪本理想抽象之物，然不能不有所依托，以为具体表现之用；其所依托以表现者，实为有形之社会制度。"[①] 封建制度为伦理之依托，封建制度不复存在，无形的伦理观念便失去了依托，但它还沉淀于社会意识的深处。所以，余英时指出，无制度以托身之思想如同"游魂"，但传统道德意识作为一种集体记忆，并不容易除去。[②] 这表明，思想解放的进程是漫长而艰难的，它绝不可能一次或几次就可以完成。故有学者认为，伦理启蒙之路荆棘丛生、困难重重。这是对知识分子坚定性及道德感的艰巨挑战。[③]

今天，我们当以更加健康的心理、从容而清醒的态度，继续我们的伦理启蒙工作。首先，对于以西方启蒙精神为价值内涵的现代意识应积极吸收，并结合中国实际进行创造性的转换；对传统伦理的重新诠释与批判继承应融入自由、平等、民主、人权这些现代文明认同的观念。其次，既要摒弃西方文化中心说，也不能盲目地坚守传统，以防止中国社会陷落在去本土化所造成的社会失范、价值失落、认同离散等深刻的危机之中。[④] 再次，也是最有意义的一点是，通过创造性的诠释，从传统伦理中引申出新的价值，为中国与世界提供有益的伦理资源。余英时先生通过对儒家经典的解读后指出，儒家伦理与封建政治的联系不是必然的，辛亥革命以后，儒学与封建专制完全分离开来，儒学的精神反而能得以新生。孔子直接关怀的是修身、齐家，至于治国则是间接的。按照现代新儒家的观点，"公领域"虽不是"私领域"的直接引申和扩大，但"私领域"中的成就却仍然有助于"公领域"秩序的建立和运用。在儒家的"私领域"之中，修身又比齐家更为根本，这是原始儒学的真正起点，在现代依然不失其有效性。更重要的是，修身这一观念不仅儒家有之，墨家、道家、《管子》也无不有之，这可以说是中国传统伦理的一个公共价值，并且也涵蕴着现代意义。[⑤] 此外，还应该看到，现代西方世界在启蒙之后产生的诸多观念，如科学主义、技术主义、工具理性、人类中心主义、西方中心主义、

① 陈寅恪：《王观堂先生挽词并序》，载《陈寅恪集·诗集》，三联书店 2009 年版，第 12 页。

② 余英时：《现代儒学论》，上海人民出版社 1998 年版，第 37—38 页。

③ 张芝联：《未完成的启蒙：中国的经验》，载《二十年来演讲录》，三联书店 2007 年版，第 35 页。

④ 参见《儒家传统与启蒙心态·编者手记》，第 8 页。

⑤ 参见余英时《现代儒学论》，上海人民出版社 1998 年版，第 37—45 页。

自我主义，都对全球产生了性质不同的影响，应当加以科学的分析、辩证的对待。[①] 而那些整合古今、融合中西的伦理观念，如在自由理念下既张扬个性又慎独自律，在平等理念下提倡儒家的家庭伦理观念，重视血缘亲情，无疑具有极强的现实意义。而在人与自然的关系日益紧张、人与人之间人情冷漠已成为全球问题的时代，儒家伦理所一贯坚持的人与自然之和谐共处的理念，以及人际之间讲求情义、以和为贵的伦理观念，则具有独特的价值。我们坚信，在启蒙观念基础上对传统伦理的重新诠释有着光明的前景，一种既符合现代文明理念、又充满民族价值意蕴的新的伦理形态，必将茁壮成长，焕发出青春活力，为人类、为世界作出积极的贡献。

① 参见哈佛燕京学社编《启蒙的反思·编者手记》，江苏教育出版社 2005 年版，第 2—4 页。

参考文献

凡未注明版本的古籍皆来自《文渊阁四库全书》，上海人民出版社、迪志文化有限公司 1999 年。

［汉］董仲舒：《春秋繁露》。

［汉］班固：《白虎通》。

［汉］班固：《前汉书·董仲舒传》。

［宋］石介：《徂徕石先生文集》，中华书局 1984 年版。

［宋］张载撰、［清］王夫之注：《张子正蒙》，上海古籍出版社 2000 年版。

［宋］沈括著：《新校正梦溪笔谈》，胡道静校注本，中华书局 1975 年版。

［宋］罗从彦：《豫章文集》。

［宋］朱熹：《朱子语类》。

［宋］朱熹：《晦庵集》。

［宋］朱熹：《大学或问》。

［宋］朱熹：《四书集注》。

［宋］朱熹：《宋名臣言行录》。

［宋］程颐、程颢：《二程遗书》。

［宋］陆九渊：《象山集——象山语录》。

［明］王阳明：《传习录》。

［明］王阳明：《王文成全书》

［明］何心隐：《何心隐集》，中华书局 1960 年版。

［明］李贽：《藏书》，中华书局 1974 年版。

［明］李贽：《焚书》，中华书局 1961 年版。

［明］李贽：《续焚书》，中华书局 1975 年版。

[明] 郎瑛：《七修类稿》卷 24，中华书局 1959 年版。

[明] 徐光启：《几何原本》。

[清] 黄宗羲：《明儒学案》，中华书局 1985 年版。

[清] 黄宗羲：《南雷文定》，商务印书馆 1937 年版。

[清] 黄宗羲：《明夷待访录》，中华书局 1981 年版。

[清] 王夫之：《船山全书》，岳麓书社 1988 年版。

[清] 王夫之：《读四书大全说》，中华书局 1975 年版。

[清] 王夫之：《读通鉴论》，中华书局 1975 年版。

[清] 戴震：《孟子字义疏证》，中华书局 1961 年版。

[清] 顾炎武：《日知录》，黄汝成集释，栾保群等校点，上海古籍出版社 2006 年版。

[清] 李调元：《考翰林眼镜题》，《淡墨录》（二）卷 16，商务印书馆 1939 年版。

[清] 唐甄：《潜书注》，四川人民出版社 1984 年版。

[清] 魏源：《圣武记》，中华书局 1984 年版。

[清] 魏源：《默觚——魏源集》，辽宁人民出版社 1994 年版。

[清] 魏源：《魏源集》，中华书局 1976 年版。

[清] 冯桂芬：《校邠庐抗议》，中州古籍出版社 1998 年版。

[清] 郭嵩焘等著：《郭嵩焘等使西记六种》，三联书店 1998 年版。

[清] 王韬：《弢园尺牍》卷四，中华书局 1959 年版。

[清] 王韬：《弢园文录外编》，中华书局 1959 年版。

[清] 张之洞：《劝学篇》，《张之洞全集》，河北人民出版社 1998 年版。

[清] 郑观应：《郑观应集》上，上海人民出版社 1982 年版。

[清] 谭嗣同：《谭嗣同全集》增订本（上、下册），中华书局 1981 年版。

《清实录》，中华书局 1986 年版。

中国史学会编：《中国近代史资料丛刊·戊戌变法》，上海人民出版社 1957 年版。

中国史学会编：《中国近代史资料丛刊·洋务运动》，上海人民出版社 1961 年版。

沈云龙主编：《近代中国史料丛刊》，台湾文海出版社 1966—1987

年版。

张枬、王忍之编:《辛亥革命前十年间时论选集》第一卷,三联书店1960年版。

张枬、王忍之编:《辛亥革命前十年间时论选集》第二卷,三联书店1963年版。

张枬、王忍之编:《辛亥革命前十年间时论选集》第三卷,三联书店1977年版。

丁守和主编:《辛亥革命时期期刊介绍》,人民出版社1986年版。

严复:《严复集》,中华书局1986年版。

康有为:《康有为政论集》,中华书局1981年版。

康有为:《康有为全集》,中国人民大学出版社2007年版。

康有为:《孟子微》,中华书局1987年版。

孙中山:《孙中山全集》,中华书局2006年版。

蔡元培:《蔡元培全集》,中华书局1984—1989年版。

蔡元培:《蔡孑民先生言行录》,新潮社1920年版。

蔡元培:《中国伦理学史》,东方出版社1996年版。

章太炎:《章太炎政论选集》上册,中华书局1977年版。

章太炎:《国故论衡》,上海古籍出版社2003年版。

樊锥撰、方行编:《樊锥集》,中华书局1984年版。

梁启超:《饮冰室合集》,中华书局1989年版。

梁启超:《先秦政治思想史》,东方出版社1996年版。

梁启超:《清代学术概论》,东方出版社1996年版。

梁启超:《中国近三百年学术史》,东方出版社1996年版。

杜亚泉:《杜亚泉文存》,上海教育出版社2003年版。

杨度:《杨度集》,湖南人民出版社1986年版。

吴虞:《吴虞文录》,黄山书社2008年版。

王国维:《王国维先生全集》,大通书局1976年版。

王国维:《王国维集》,中国社会科学出版社2009年版。

陈独秀:《独秀文存》,安徽人民出版社1987年版。

陈独秀:《陈独秀文章选编》,三联书店1984年版。

陈独秀:《陈独秀著作选》,上海人民出版社1993年版。

章士钊:《章士钊全集》,文汇出版社2000年版。

鲁迅：《鲁迅全集》，人民文学出版社 1981 年版。

刘师培：《刘申叔遗书》，江苏古籍出版社 1997 年版。

任鸿隽：《科学救国之梦——任鸿隽文存》，上海科技教育出版社 2002 年版。

钱玄同：《钱玄同文集》，中国人民大学出版社 1999—2000 年版。

张君劢、丁文江等：《科学与人生观》，山东人民出版社 1997 年版。

丁文江、赵丰田编：《梁启超年谱长编》，上海人民出版社 1983 年版。

李大钊：《李大钊全集》，人民出版社 2006 年版。

晏阳初：《晏阳初全集》，湖南教育出版社 1989—1992 年版。

梅光迪：《梅光迪文录》，辽宁教育出版社 2001 年版。

陈寅恪：《陈寅恪集 · 诗集》，三联书店 2009 年版。

陶行知：《陶行知全集》第 8 卷，湖南教育出版社 1992 年版。

胡适：《胡适文集》，北京大学出版社 1998 年版。

胡适：《胡适日记全编》，安徽教育出版社 2001 年版。

胡适：《胡适遗稿及秘藏书信》33，黄山书社 1994 年版。

梁漱溟：《梁漱溟全集》，山东人民出版社 1989 年版。

毛泽东：《毛泽东选集》第 2 卷，人民出版社 1991 年版。

毛泽东：《毛泽东选集》第 3 卷，人民出版社 1991 年版。

吴宓：《吴宓日记》，三联书店 1998 年版。

吴宓：《文学与人生》，清华大学出版社 1993 年版。

吕效祖主编：《吴宓诗及其诗话》，陕西人民出版社 1992 年版。

徐葆耕编选：《会通派如是说——吴宓集》，上海文艺出版社 1998 年版。

吴学昭：《吴宓与陈寅恪》，清华大学出版社 1992 年版。

陈序经：《东西文化观》，台北牧童出版社 1976 年版。

张岱年主编：《新政真诠——何启、胡礼垣集》，辽宁人民出版社 1994 年版。

王蘧常：《民国严几道先生复年谱》，台湾商务印书馆 1981 年版。

葛懋春，李兴芝编辑：《胡适哲学思想资料选》，华东师范大学出版社 1981 年版。

钱锺书：《管锥篇》，三联书店 1988 年版。

汪东林：《梁漱溟问答录》，湖南出版社 1991 年版。

中共中央党校文史教研室中国近代史组编：《中国近代政治思想论著选辑》，中华书局 1986 年版。

中国陶行知研究会编：《陶行知教育思想的现代价值》，华文出版社 2001 年版。

贺麟：《文化与人生》，商务印书馆 1988 年版。

贺麟：《儒家思想的新开展——贺麟新儒学论著辑要》，中国广播电视出版社 1995 年版。

陈衡哲：《西洋史》，东方出版社 2007 年版。

陈衡哲主编：《中国文化论集》，福建教育出版社 2009 年版。

唐君毅：《中国人文精神之发展》，台湾学生书局 1985 年版。

唐君毅：《人文精神之重建》，台湾学生书局 1974 年版。

牟宗三：《现象与物自身》，台湾学生书局 1984 年版。

牟宗三：《道德的理想主义》，台湾学生书局 1985 年版。

牟宗三：《中国哲学的特质》，上海古籍出版社 2007 年版。

牟宗三：《历史哲学》，强生出版社 1955 年版。

熊十力：《体用论·赘语》，中华书局 1994 年版。

熊十力：《新唯识论》，中华书局 1985 年版。

萧公权：《康有为思想研究》，汪荣祖译，新星出版社 2005 年版。

潘光旦：《潘光旦文集》，北京大学出版社 1997 年版。

萧蓬父：《萧蓬父文选》，武汉大学出版社 2007 年版。

余英时：《士与中国文化》，上海人民出版社 1987 年版。

余英时：《现代儒学论》，上海人民出版社 1998 年版。

余英时：《中国思想传统的现代诠释》，江苏人民出版社 1989 年版。

余英时：《现代儒学的回顾与展望》，三联书店 2004 年版。

余英时：《余英时文集》第七卷，广西师范大学出版社 2006 年版。

余英时：《历史与思想》，台湾联经出版事业公司 1976 年版。

余英时：《余英时文集》第二卷，广西师范大学出版社 2004 年版。

张祥浩：《文化意识宇宙的探索——唐君毅新儒学论著辑要》，中国广播电视出版社 1992 年版。

张祥浩：《现代新儒家与传统文化》，江苏人民出版社 2003 年版。

郑大华：《民国思想史论》，社会科学文献出版社 2006 年版。

郑大华、邹小站主编：《中国近代史上的民族主义》，社会科学文献出版社 2007 年版。

李泽厚：《中国近代思想史论》（修订本），安徽文艺出版社 1999 年版。

李泽厚：《中国现代思想史论》，三联书店 2008 年版。

顾准：《顾准文集》，贵州人民出版社 1994 年版。

张芝联：《二十年来演讲录》，三联书店 2007 年版。

周辅成主编：《西方伦理学名著选辑》下卷，商务印书馆 1987 年版。

郑师渠：《思潮与学派》，北京师范大学出版社 2005 年版。

丁伟志、陈崧：《中西体用之间》，中国社会科学出版社 1995 年版。

傅伟勋：《从西方哲学到禅佛教》，三联书店 1989 年版。

冯玉祥：《冯玉祥选集》上卷，人民出版社 1998 年版。

孟德声：《中国民族主义之理论与实际》下册，台北海峡学术出版社 2002 年版。

郁龙余主编：《中西文化异同论》，三联书店 1989 年版。

徐少锦主编：《科技伦理学》，上海人民出版社 1989 年版。

高平叔编：《蔡元培论科学与技术》，河北科学技术出版社 1985 年版。

张子高：《科学发达略史》，中华书局 1923 年版。

李喜所：《近代中国的留学生》，人民出版社 1987 年版。

陈群等编：《李四光传》，人民出版社 1984 年版。

方克立等主编：《现代新儒家学案》上，中国社会科学出版社 1995 年版。

方克立：《现代新儒学与中国现代化》，天津人民出版社 1997 年版。

方克立、李锦全主编：《现代新儒学研究论集》（二），中国社会科学出版社 1991 年版。

成中英：《知识与价值》，台湾联经出版事业公司 1986 年版。

成中英：《中国哲学的现代化与世界化》，中国和平出版社 1988 年版。

周群振等著：《当代新儒学论文集 · 内圣篇》，台湾文津出版社 1991 年版。

杜维明：《现代精神与儒家传统》，三联书店 1997 年版。

高力克:《五四的思想世界》，学林出版社2003年版。

张宝明:《启蒙与革命——五四激进派的两难》，学林出版社1998年版。

乐黛云编:《跨文化对话》第10辑，上海文化出版社2002年版。

乐黛云:《世界文化对话中的中国现代保守主义》，《中国文化》1989年12月第1期，三联书店1990年版。

沈卫威:《吴宓与〈学衡〉》，河南大学出版社2000年版。

唐凯麟:《走向近代的先声——中国早期启蒙伦理思想研究》，湖南教育出版社1993年版。

张岂之、陈国庆:《近代伦理思想的变迁》，中华书局1993年版。

张怀承:《天人之变——中国传统伦理道德的近代转型》，湖南教育出版社1998年版。

王泽应:《现代新儒家伦理思想研究》，湖南师范大学出版社1997年版。

黄世坦编:《回忆吴宓先生》，陕西人民出版社1990年版。

孙尚扬编:《国故新知论：学衡派文化论著辑要》，中国广播电视出版社1995年版。

韦政通:《伦理思想的突破》，中国人民大学出版社2005年版。

蔡尚思主编:《中国现代思想史资料简编》，浙江人出版社1982—1983年版。

高乃同:《蔡孑民先生传略·吴稚晖先生序》，商务印书馆1943年版。

邱若宏:《传播与启蒙——中国近代科学思潮研究》，湖南人民出版社2004年版。

卢国纪:《我的父亲卢作孚》，四川人民出版社2003年版。

哈佛燕京学社编:《儒家传统与启蒙心态》，江苏教育出版社2005年版。

哈佛燕京学社编:《启蒙的反思》，江苏教育出版社2005年版。

刘创楚、杨庆堃:《中国社会与文化》，香港中文大学2001年版。

张汝伦:《现代中国思想研究》，上海人民出版社2001年版。

[美] 约翰·罗尔斯:《道德哲学史讲义》，张国清译，三联书店2003年版。

［美］詹姆斯·施密特编：《启蒙运动与现代性：18 世纪与 20 世纪的对话》，徐向东等译，上海人民出版社 2005 年版。

［美］微拉·施瓦支：《中国的启蒙运动：知识分子与五四运动》，李国英等译，山西人民出版社 1989 年版。

［美］约瑟夫·列文森：《儒教中国及其现代命运》，广西师范大学出版社 2009 年版。

［美］本杰明·史华兹：《寻求富强：严复与西方》，江苏人民出版社 1996 年版。

［美］本杰明·史华兹等：《近代中国思想人物论——保守主义》，时报文化出版事业有限公司 1980 年版。

［美］本杰明·史华兹：《史华慈论中国》，许纪霖等编，新星出版社 2006 年版。

［美］本尼迪克特·安德森：《想象的共同体：民族主义的起源与散布》，吴叡人译，上海人民出版社 2005 年版。

［美］郭颖颐：《中国现代思想中的唯科学主义（1900—1950）》，雷颐译，江苏人民出版社 1998 年版。

［美］张灏：《梁启超与中国思想的过渡（1890—1907）：烈士精神与批判意识》，崔志海等译，新星出版社 2006 年版。

［美］张灏：《危机中的中国知识分子：寻求秩序与意义》，高力克等译，新星出版社 2006 年版。

［美］约翰·凯克斯：《反对自由主义》，应奇译，江苏人民出版社 2003 年版。

［美］艾恺（Guy Salvatore Alitto）：《世界范围内的反现代化思潮——论文化守成主义》，贵州人民出版社 1991 年版。

［英］以赛亚·伯林：《反潮流：观念史论文集》，冯克利译，译林出版社 2002 年版。

［英］以赛亚·伯林：《自由论》，胡传胜译，译林出版社 2003 年版。

［英］安东尼·史密斯：《民族主义——理论，意识形态，历史》，叶江译，上海人民出版社 2006 年版。

［英］埃里克·霍布斯鲍姆：《民族与民族主义》，李金梅译，上海人民出版社 2006 年版。

［英］安东尼·吉登斯：《民族—国家与暴力》，胡宗泽、赵力涛译，

三联书店 1998 年版。

[英] 约翰·密尔：《论自由》，许宝骙译，商务印书馆 1959 年版。

[英] 亚当·斯密：《国民财富的性质和原因的研究》下，郭大力等译，商务印书馆 1974 年版。

[英] 罗素：《中国之问题》，赵文锐译，中华书局 1924 年版。

[德] E. 卡西勒：《启蒙哲学》，顾伟铭等译，山东人民出版社 1988 年版。

[德] 康德：《答复这个问题："什么是启蒙运动"》，《历史理性批判文集》，何兆武译，商务印书馆 2005 年版。

[德] 康德：《实践理性批判》，关文运译，商务印书馆 1960 年版。

[德] 康德：《道德形而上学原理》，苗力田译，上海人民出版社 2005 年版。

[德] 马克斯·韦伯：《经济与社会》上，林荣远译，商务印书馆 1997 年版。

[德] 哈贝马斯：《包容他者》，曹卫东译，上海人民出版社 2002 年版。

[德] 马可斯·舍勒：《价值的颠覆》，罗悌伦等译，三联书店 1997 年版。

[意] 利玛窦、[比] 金尼阁著：《利玛窦中国札记》，何高济等译，中华书局 1983 年版。

[法] 米歇尔·福柯：《何为启蒙》，顾家琛译，载《福柯集》，上海远东出版社 1998 年版。

[法] 卢梭：《爱弥尔：论教育》下卷，李平沤译，商务印书馆 1978 年版。

[法] 卢梭：《社会契约论》，何兆武译，商务印书馆 2003 年版。

[法] 卢梭：《论科学与艺术》，何兆武译，商务印书馆 1963 年版。

[匈] 安东尼·德·雅赛：《重申自由主义：选择、契约、协议》，陈茅等译，中国社会科学出版社 1997 年版。

索　　引

后　记

五年前，一个偶然的机缘，我开始涉入近现代伦理思想史研究，并逐渐被这一段历史所吸引。各种思潮之纷繁复杂，多少思想者苦心孤诣之追求，使我深深体会到了中国一百多年来思想历程之艰辛，震撼于前辈学者留下的宝贵精神财富。由于资料庞杂，学者众多，思想纷呈，对于“中国近现代伦理启蒙”的研究留下了不少未尽内容，因此在今后相当长一段时间里，我将继续沿着这个方向进行探索。对我来说，这是我学术生涯的又一个起点。最后，感谢东南大学伦理学专业博士生李超、商增涛、方旭红的帮助，他们为我检索了大量的珍贵资料，并反复校对了引文。是为记。

徐　嘉

2011 年 11 月于东南大学